西方传统 经典与解释

CLASSIC & INTERPRETATION

HERMES

U0652114

HERMES

在古希腊神话中，赫耳墨斯是宙斯和迈
亚的儿子，奥林波斯神们的信使，道路与
边界之神，睡眠与梦想之神，死者的向
导，演说者、商人、小偷、旅者和牧人的保
护神——解释学（Hermeneutic）一词便
来自赫耳墨斯（Hermes）之名。

西方传统 经典与解释

CLASSIC & INTERPRETATION

HERMES

刘小枫 ● 主编

分裂之家危机：

对林肯-道格拉斯论辩中诸问题的阐释

Crisis of the House Divided

[美]雅法(Harry V. Jaffa) ● 著

韩 锐 ● 译 赵雪纲 ● 校

华东师范大学出版社

上海六点文化传播有限公司　策划

缘　起

　　自严复译泰西政法诸书至 20 世纪 40 年代，汉语学界中的有识之士深感与西学相遇乃汉语思想史无前例的重大事变，孜孜以求西学堂奥，凭着个人的禀赋和志趣选译西学经典，翻译大家辈出。可以理解的是，其时学界对西方思想统绪的认识刚刚起步，选择西学经典难免带有相当的随意性。

　　50 年代后期，新中国政府规范西学经典译业，整编 40 年代遗稿，统一制订新的选题计划，几十年来寸累铢积，至 80 年代中期形成振裘挈领的"汉译世界学术名著"体系。虽然开牖后学之功万不容没，这套名著体系的设计仍受当时学界的教条主义限制。"思想不外义理和制度两端"(康有为语)，涉及义理和制度的西方思想典籍未有译成汉语的，实际未在少数。

　　80 年代中期，新一代学人感到通盘重新考虑"西学名著"清单的迫切性，创设"现代西方学术文库"。虽然从迻译现代西学经典入手，这一学术战略实际基于悉心梳理西学传统流变、逐步重建西方思想汉译典籍系统的长远考虑，翻译之举若非因历史偶然而中断，势必向古典西学方向推进。

90 年代以来，西学翻译又蔚成风气，丛书迭出，名目繁多。不过，正如科学不等于技术，思想也不等于科学。无论学界迻译了多少新兴学科，仍似乎与清末以来汉语思想致力认识西方思想大传统这一未竟前业不大相干。晚近十余年来，欧美学界重新翻译和解释古典思想经典成就斐然，汉语学界若仅仅务竞新奇，紧跟时下"主义"流变以求适时，西学研究终不免以支庶续大统。

西方思想经典即便都译成了汉语，不等于汉语学界有了解读能力。西学典籍的汉译历史虽然仅仅百年，积累已经不菲，学界的读解似乎仍然在吃夹生饭——甚至吃生米，消化不了。翻译西方学界诠释西学经典的论著，充分利用西方学界整理旧故的稳妥成就，於庚续清末以来学界理解西方思想传统的未竟之业意义重大。译界并非不热心翻译西方学界的研究论著，甚至不乏庞大译丛之举。显而易见的是，这类翻译的选题基本上停留在通史或评传阶段，未能向有解释深度的细读方面迈进。设计这套"西方传统：经典与解释"，旨在推进学界对西方思想大传统的深度理解。选题除顾及诸多亟待填补的研究空白（包括一些经典著作的翻译），尤其注重选择思想大家和笃行纯学的思想史家对经典的解读。

编、译者深感汉语思想与西学接榫的历史重负含义深远，亦知译业安有不百年积之而可一朝有成。

刘小枫

2000 年 10 月于北京

目　　录

第一部分　导论

第二部分　道格拉斯的理由

第二十章　昭昭天命的结局 /486

附　　录

中译本说明

　　雅法的《分裂之家危机》成于 1958 年，这本书研究的那场政治论争刚好过去百年——说得贴近些，就好比国朝学界有人写了一本研究晚清新政时期发生的一场政治论辩的书。显然，在我们这里，如此研究类型的书属于史学；但在我们这里，倘若谁真的写了一本这样的书，恐怕会遭到史学界的否定——这哪是史学做法！

　　我们的"史学"如今是按西方 19 世纪开始形成的"历史学"来衡量和型塑的，早在上个世纪三四十年代，我们的"新史学"已经很现代化——社会科学化；新时期以来，"史学"与"国际"接轨的步伐也不慢，很快与人类学接上了轨。

　　西方的古学中没有"史学"——西方古学中有形形色色的文史，但明显不是现代所谓的"史学"，不然的话，在"史学"刚刚冒出来的 19 世纪，尼采怎么会写"历史学对人生的利与弊"这样的不合时宜的沉思？尼采不晓得西方有希罗多德、修昔底德、色诺芬？不知道波里比阿、李维？作为古典语文学家，尼采当然熟悉这些古典文史——既然如此，尼采何以还要攻击现代的"史学"？

　　这问题我迄今没搞懂，从百年来迄今我国任何一位"史学祭酒"那里也找不到解答，只好不了了之。

　　我国古学中很早就有"史学"这个名称，但古代的"史学"与从现代西方学来的"史学"不是一回事。唐代的科举考试项目设立了"史科"，其制度设计的论证是："三史为书，劝善惩恶，亚于六经。比来史学都废，至有身处班列，而朝廷旧章莫能知者"《新唐书·选举志》上——在这里，文史处于辅经的位置。看来，不通经也就无从治史；既然如此，我们如果不说经史不分家是"反动"，就没法说变经学为史学是历史"进步"。

　　在我们的现代初期，王韬作《普法战纪》、《扶桑游记》，黄遵宪作《日本国志》、《日本杂事诗》，王先谦作《日本流源考》，康有为作《法国革命记》，都还多少可以看到一些古典文史的风范。自从"天演论"式的历史社会学或社会学的史学占据主流，文史的味道就变了——新时期以来，我们以为，历史社会学式的史学要不得，有"历史决定论"的毛病，跟着美国学界的意识形态论题搞史学才是正道，其实不过是换成了"自由民主"决定论，于是我们有了古代知识分子史、市民社会史、民间小传统文化史……

　　雅法教授当时就置身于这种现代"自由民主"决定论的史学氛围之中，为了与这种史学划清界限，他宣称自己是从"政治哲学"来研究"林肯—道格拉斯"的那场百年前的论辩——按雅法的博导对"政治哲学"的界定，如此研究路向显得就是要回到西方古典文史的路数，从而要通过解析历史上的事件来探究什么是良好的政治制度和政治德性。美国的历史很短，在研究"林肯—道格拉斯"论辩时，雅法把柏拉图《王制》中苏格拉底与忒拉绪马霍斯的论辩设定为基本的参照框架，无异于在走文史辅经的老路。

　　为了与现代的历史学相区别，古典的"史学"不妨称为"文史"学——孟子所谓"其事则齐桓晋文，其文则史"，"其义则丘窃取之"。无"文"则无"史"，古来如此，不然何以有"辞多则史"、"文胜质则史"的说法？既然"捷敏辨给，繁於文采，则见以为史",那么说到底,所谓"史"实际上原初就是一种书写方式。然而,夫子一出,为史之"文"发生了质变,成为一种高韬的、不同于纪事的"笔法",即蕴涵"义"的"文"。我国的古典"史"(学)就奠基于这显"义"之"文"——"义者,宜也,舜之所察,周公之所思"。雅法把苏格拉底之所察、柏拉图之所思用于"文"林肯-道格拉斯论辩之史,就好像是在学咱们的夫子把"义"用于"文"史,从而致力于"先正王而系万事"。"义"恐怕不能被等于西文所谓的 *natural right*,因为"利者,义之和,变而通之以尽利",需要"察於人伦";但"义"又不可能与所谓 *natural right* 完全没关系,毋宁说,"义"把 *natural right* 与春秋"万事"连接起来,倒相当于 *political right*。

取"义"的"文史"自古相当"难言"——"难言"之处并非首先因为要对君王说清楚什么是"义"很难(当然很难),而是因为,良好的政治生活秩序实际上很难,这个"难"中西方有史以来概莫能外。既然现代-后现代史学自以为解决了这个"难"或者因为太难而放弃了这个"难",雅法也就不便再与历史学专业的史学大师们无谓纠缠,他干脆说,我搞的不是"史学"——尽管如此,美国史学家协会的好些成员还是看不惯,雅法毕竟是在解析一个美国的历史事件呵。

尽管遭到一些史学家们的白眼,雅法的这本"文史"大著仍然成了美国大学中美国史的重要教材之一。文史和文学经典当是大学通识基础教育最基本的读本,亚里士多德、笛卡儿、康德、黑格尔及其后裔的哲学书一类反倒不是。在如今的大学,更多教学生读文史和文学经典还是教学生们读康德、海德格尔,涉及教养教育的成败——然而,即便我们已经清楚认识到,大学教育应该把青年学生们普遍引向文史和文学的甘泉,而非音像"思辩的荒漠",问题还在于,我们有这样的教材吗? 由此可以理解,为什么雅法这部解析美国政制史上的一场重大论辩的书会纳入我们的"经典与解释"系列（关于雅法与古典解经学的关系，参见森特那《哲人与城邦：雅法与施特劳斯学派》，见《经典与解释9：美德可教吗？》，北京：华夏版 2005，页 25—26）。

晚清以来，我国经历的重大政治论争还没列数清楚过——毛泽东与梁漱溟在延安论争了三天三夜，争的就是：谁更清楚何谓现代中国的好政治生活秩序——文献材料都摆在那里，却看不到我们的"文史"……古希腊经典文史家的笔法所及，无不是他们自己的"现当代史"；雅法的这部文史大著无疑承接了西方古典文史的这种"当代史"的政治关怀传统，而我们的当代史学却在与连篇累牍的清宫电视剧共跳探戈。在需要重视新传统的今天，雅法的"文史"会给我们带来怎样的视界呢？如果把本书与其姐妹篇——雅法写的林肯传《自由的新生》（华东师大版 2008）连起来读，可能会更为明朗。

译者韩锐在大学讲授美国史多年，今在香港大学攻读政治学博士学位；校订者赵雪纲博士（法学）今在中山大学做政治哲学博士后研究——本书既涉及"史"、又牵动"义"，十分难译，谨此感谢译、校者为此付出的辛劳。

书中林肯引文的中译，多半采用了朱曾汶老先生信达雅兼具的译本（《林肯选集》，商务，1983 年版；《林肯集》，北京三联，下卷，1993 年版），偶有脱漏或不合者，据雅法提供的文本迻译，特此说明。原书用斜体强调的，用楷体字标出；原书用大写强调的，用黑体字标出。

刘小枫

2007 年 5 月

于中山大学哲学系

芝加哥大学版序言

[iii]芝加哥大学出版社是我的第一位出版商,由于种种原因,《分裂之家危机》①第三版此次由该社出版,我甚感欣慰。1950年春季,我在芝加哥大学政治学系主持了一个学期关于林肯—道格拉斯论辩的研讨课。据我所知,这是林肯—道格拉斯的全部论辩首度被指定为学院或大学课程的阅读文献,或者首度成为一门课程的主题。1956—57学年,作为洛克菲勒基金会的研究员我再次来到芝大,并在此期间完成了《分裂之家危机》的研究;1957年夏天,我在芝大作了三场关于林肯—道格拉斯论辩问题的公开讲座。

施特劳斯(Leo Strauss)在《自然权利与历史》一书中,曾阐

---

① [译按]书名《分裂之家危机》源于林肯的《分裂之家演说》。1858年6月16日,在伊利诺州的斯普林菲尔德(Springfield,Illinois),林肯接受共和党提名,作为该党候选人竞选参议员,竞争对手是民主党候选人道格拉斯(Stephen A. Douglas)。林肯随后即发表演说,该演说旨在分析国家当时面临的重大问题。在演说中,林肯引用《新约·马太福音》的话说道:"分裂之家无可持存"。《新约·马太福音》12:25的原话是:"耶稣知道了他们的意念,就对他们(法利赛人——译者)说:'凡一国自相纷争,必成废墟;凡一城或一家自相纷争,必不得存立。'"

述过古典的自然正义。在美国历史（也许是世界历史）经历最严重的危机时，政治权利思想亦曾引领林肯。古典自然正义思想与政治权利思想之间的关系，至少在我心里是最重要的问题。

对自然正义的古典理解总是同时指出两个方向：一个方向是对人类经验普遍的和超政治维度的哲人式理解；另一个方向是对特定政制中特定人群的个别经验的政治人式理解。政治人必须了解，正当的东西在此时此地应是什么，而古典自然正义则依照那对古往今来和普天万国皆属正当的标准，肩负起指引政治人的责任，以让他们晓得，在此时此地，什么是正当的。在永无休止的理论探询事业中，生死只不过是逆旅过客，而任何建树理论的勃勃雄心，都必然伴随着[iv]怀疑主义；在实践事业中，生死就是冷酷无情的大限，一切决定和行动，都逃不脱这天命大限，而任何要在实践中建功立业的豪情壮志，又必定会与教条主义相伴而行。自然正义的问题，就是如何协调这必然会有的怀疑主义和教条主义。

理论和实践各有自己的要求，进退维谷之境恰恰来自这两种不相关联的要求，而现代哲学则试图摆脱这种两难困境。激进的怀疑主义既能够使理论哲学成为绝对教条，又可以使实践哲学断言自己代表了绝对的哲学真理，而现代哲学就试图要采纳这种激进的怀疑主义。施特劳斯用其毕生的工作证明，现代哲学在理论上的不当怀疑和无理教条，比比皆是。施特劳斯还证明，现代政治哲学努力要使理论和实践接榫，目的是要用理智代替信仰，从而废除理智中的一切信仰，结果是为现代无神论极权主义打下了基础，这是人类经历中最可怖的专制形式。

施特劳斯因此为古典自然正义的重生、也为过去四百年中仅有的真正的新政治学问奠定了基础。这种政治学问的目标，比它要替代的政治科学的目标谨慎谦虚得多。这种政治学问将证明，中庸——以及各种普遍的伦理德性——是王道政治所必需的。这种政治学问还将证明，为什么对政治生活的要求愈低、对自我的要求愈高，人就能够更加幸福。在康德那里，名声的获取与幸福毫不相干，而这种政治学问通过将道德从名声中拯救出来，在某种程度上实现了这些目的。这种政治学问还证明，种种完全现代形式的自然权利，都不能既实现正义，又成就功利。经由这一证明，这种政治学问又修理了康德的老师卢梭。苏格拉底式的自然正义，凸显了哲学智慧在一切可能的人类目的中的至尊地位，若要想既实现正义，又成就功利，则某种苏格拉底式的自然正义实乃不二法门。然而，正义和功利的重新联合表明，政治家的事业和公民的事业若欲彰显王道，则非有实践智慧（*Phronesis* 或 *Prudentia*）来补足不可。这种政治学问指出，修辞是政治人实施其政治智慧的主要工具。从此以后，政治学问——这么叫是合宜的——就当以研究政治家的言行[v]为中心。《分裂之家危机》就是这种新政治学研究的一次尝试，也是这种新政治学研究的先驱。

除了偶尔涉及美国历史以外，《分裂之家危机》并非一本关于美国历史的著作。本书的形式呈现为一个纷争的问题，这本身就是苏格拉底式的对话形式。撰写此书的念头萌生在我与施特劳斯一起研究《王制》(旧译《理想国》)的时候，我发现，林肯和道格拉斯之间的问题，在实质上甚至几乎在形式上，都与苏格拉底和忒拉绪马霍斯(Thrasymachus)之间的问题别无二致。道格拉斯的"人民主权"(Popular Sovereignty)说的涵义只不过是：在民主制度下，正义就是"力量较强"的多数人的利益。然而,林肯坚持认为,民选政府的理由应立基于对和错的标准,而这种标准必须不依赖于纯粹的民意,不能只靠数人头来证明这种标准的正确性。因此,赞同民享和民治政府的林肯式理由,就总是必然意味着要把道德目的注入到人民身上去,这才是真正的民享。把民主转变为"放纵的平等主义",是对民主信条的贬低,而这种民选政府的理由,乃是这种贬低的天敌。

这个对话所采用的形式结合了历史要素和诗的原理。亚里士多德认为,历史关注的是个别事项,而诗所关注的是普遍原则。在美国政治传统中,历史与诗的关系可以说明如下:即使没有林肯,我们也得造出一个林肯来!但是,要想像林肯那样生存,就必须既展现他生命中的机缘要素,又显示他生命中的人为要素。林肯最著名的高贵谎言是:"世界不会注意,更不会长久记住我们在此所说的话。"他更重要的谎言也许是:"我坦然承认,非我宰事,乃事宰我。"这个对话的艺术性部分在于,它让人在表面上觉得——似乎如在历史中一样——一切都受机缘宰制。苏格拉底并不想下到比雷埃夫斯,一旦下去了,也想立即回来。关于正义的对话,似乎是机缘所致,[vi]又似乎是违拗苏格拉底的意愿而强加于他的。就关于正义的对话而言,这是必需的。① 林肯费了很多心思才能够把《解放奴隶宣言》表述为"出于军事必需的……一种正义措施"。

苏格拉底反驳了忒拉绪马霍斯,但这一反驳在苏格拉底自己看来并不足够,在格劳孔和阿德曼托斯(柏拉图的兄弟和替身)看来,这一反驳也不充分。然而,当忒拉绪马霍斯感到苏格拉底比自己更有说服力时,对忒拉绪马霍斯来说,这反驳已经足够了。在那一刻,苏格拉底的自然正义成了忒拉绪马霍斯眼中

---

① [译按]参见柏拉图《王制》第一卷。

的政治正义。① 1858 年春季,格里利(Horace Greeley)②和多数东部共和党人希望林肯退出参议员竞选,支持道格拉斯连任。出于实用主义(用今天的话来说)的理由,更深地说,也就是为了保证他们的利益比对手的利益更重要,所以他们才愿意让道格拉斯领导自由土地运动(free-soil movement)。论辩的重要成果并非参议员选举:毋宁说,重要成果是林肯逻辑论证的胜利,在这一胜利中,林肯切掉了道格拉斯对自由土地运动的领导权。这样,林肯就成功地不仅使自由土地运动、而且使整个政制的未来,都不再敬拜人民主权这只金牛犊。③ 在《库珀学会演说》(*The Cooper Union Speech*)的结语中——该演说结束了林肯与道格拉斯的争论——林肯说道:"我们要坚信正义即力量,并且在这个信念的指引下,敢于像我们所理解的那样把我们的责任履行到底。"对正义的信念——就像林肯那样——使对信念的信仰成为合情合理了。对正义的信念,也使关于自然正义的政治学问似乎合情合理了,这是任何其他信念都无法做到的。

研究政治家林肯的雄才大略,将在《自由的新生》(*A New Birth of Freedom*)一书中完成。我希望,本书的再版,能使大家期待后来的尤为恢宏之作。

1981 年 8 月 27 日

加利福尼亚,克莱蒙

---

① [译按]参见《王制》第一卷。
② [译按]格里利,1811—1872,美国报刊编辑和政治家,创建并主编《纽约论坛报》(1841—1872)。1872 年竞选总统失败。
③ [译按]金牛犊,在此喻邪神。见《旧约·出埃及记》32:4。

初版序言

[1]本书是对林肯政治哲学研究的第一部分,我希望以后会写第二部分。与《分裂之家危机》并行的(必然)是《自由的新生》。在我看来,《分裂之家演说》(*House Divided speech*)和《葛底斯堡演说》(*Gettysburg Address*)构成了林肯生涯和思想的枢纽,倘若《自由的新生》不是这一枢纽的合宜象征,我不会如此鲁莽地公布一本尚未撰写的著作名称。

尽管本书是更大整体的一个部分,但也有自己的统一性。在本书中,我详尽阐述了引领林肯的政治原则,林肯在1854年重新步入政坛,在1858年,他又与道格拉斯竞选参议员,在这一时期内,这些原则一直指导着林肯。然而我发现,如果要理解这些原则,就必须解读他早期作为辉格党党员时期的少数伟大演说。我把这些内容放在了本书第三部分。流行观点认为,林肯是慢慢成熟的,在第三部分,我隐晦地否认了这种观点:我相信,林肯特别早熟。当领导权只能靠不负责任来攫取时,具有十二万分雄心的人就只能自我控制,只作一个政治上的追随者,而林肯的早熟就部分体现于自控。然而,我并没有——除非含蓄地——讨论林肯在作为辉格党党员时期对各种政治问题的立

场,因为这些政治问题与政治原则不同。由于林肯在国内事务
进展和墨西哥战争上持党派立场,最近的史撰对他十分苛责。
修正主义者严厉谴责林肯在 1858 年(以及此前)反对道格拉斯,
而近期史撰的各种原则实际上与修正主义并无二致。本书自始
至终都在批判这种谴责;我希望在另一项研究中,能够批判地检
讨这位克雷(Henry Clay)①追随者②的实际政策,就像我讨论这
位共和党领导人那样。

　　[2]由于林肯对 1858 年竞选运动的问题所持的态度、尤
其由于那些竞选演说,林肯当选了总统。尽管南部脱离联邦
的危机——这与准州的奴隶制危机不同——主导了 1858 年
之后的时期,但两个危机之间并无明显割裂。在本书中,我仅
试图表达 1854 至 1858 年间林肯与道格拉斯论辩的全部涵
义,但是,当我觉得有助于澄清林肯早前所说的话的意思时,
我仍会毫不犹豫地偶尔借用林肯在 1859 至 1860 年的一些演
讲。然而,我并不试图花同等力量来全部解读林肯与道格拉
斯论辩的最后阶段,因为这一阶段后来融进了 1860 年的选举
和南部脱离联邦危机,我觉得,把这一部分放到对战争年代的
讨论更合宜。

　　分裂之家危机是南部脱离联邦和内战之前的精神危机。
本书的主题是,如果林肯在 1858 年没有对道格拉斯提出挑
战,很可能就不会有后来的危机,或至少就不会有相同性质的
危机。1858 年,通过有效地摧毁道格拉斯作为一个全国政治
联盟领导人的地位,以及把道格拉斯既与共和党又与南方分

---

① ［译按］克雷,1777—1852,美国政治家,曾任国务卿(1825—1829)、参议员
　　(1831—1842),推动《密苏里妥协案》在美国众议院通过(1820),努力使自由州
　　与蓄奴州和解。
② ［译按］指林肯,在作为辉格党党员时期,他曾追随克雷从事政治活动。

离开,林肯在道德上保证了整个国家与自己关于国家政治责任的观念结盟,且是以合宪的方式结盟,他完全晓得,大部分南方人都认为,这一观念与他们最切身的利益不能相容。内战年代的危机,尽管充满了痛苦和失败的可能,然而在深层意义上却不像讨论战争是否应当进行时那么重要。这两次危机互不相同,正如维护某一事物并不同于决定维护某一事物一样。或者,两次危机的不同,又像**旷野**中的**激情**不同于**诱惑**,①这是林肯表达自己对美国经历的看法时常用的比喻。当这个国家像林肯相信的那样受到诱惑,要放弃它的"古老信仰"时,林肯对那一时刻的思虑颇含智识,本书的研究就是想记下林肯这一时期的智识思想,我的记录,当然不会不包含激情。

在与道格拉斯的持续论辩中,林肯的思想相当程度上是以辨证的形式呈现的,因此,我们理解林肯的思想,只能以林肯的勇猛对手的政策和原则为参照。职是之故,我试图尽可能充分再现"小巨人"(即道格拉斯)的道德和政治观念。道格拉斯既是劲敌,又是彬彬有礼的男子,[3]还是一位伟大的美国人。如果说他为人比林肯略逊一筹,那是因为当国家的目标莫衷一是和国家的身份模糊未明时,仅有爱国主义是不够的。然而,我还是尽力描述了道格拉斯法案中确实存在的较高程度的一致性和尊严。这种描述需要的努力,性质上不同于解释林肯思想的原理所需要的努力。对于美国在自

---

① ［译按］这一比喻来自圣经,指以色列人逃离埃及后曾在旷野行走四十年,其间他们屡屡受到诱惑,并凭激情而犯罪。见《旧约·出埃及记》、《旧约·申命记》和《旧约·约书亚记》等描述。

由政府方面的整体经验所产生的问题,道格拉斯从未留下任何思考记录(登在《哈珀斯杂志》上的那篇文章显属例外),而林肯则在早年的《青年讲堂演说》和《禁酒演说》中,以及后来的《葛底斯堡演说》和《第二次就职演说》中,留下了记录。在与林肯的较量中,道格拉斯表现出了政治家的雄才,要令人信服地描述这种雄才大略更广的意义,就得详细回顾从1845年到1854年1月这段时期,道格拉斯对准州奴隶制问题的操纵策略,并据此阐明他的政策,因为在1845年,德克萨斯并购决议形成,而在1854年1月,随着《内布拉斯加法案》的修订,道格拉斯发表了参议院报告。这些内容我放在第五章至第八章,在这几章中,我还提出,废除《密苏里妥协案》并非道格拉斯的意愿,而是强加于他身上的,并且我还为这种理论作了辩护。正是在这个理论的基础上,我以宽容的沉默略过了道格拉斯为废除《密苏里妥协案》作辩护时极端浮夸的论点。

撰写本书,必须要用历史材料充实文本,但我们又无法确保读者拥有理解本书观点所需的历史知识,因此,本书遇到的一个问题就是,如何在这两者之间确定界限。我希望,读者对此能够报以宽容的态度。证据和推论、前提和结论之间的距离,原本已经困难重重,由于说理的需要,因此自认为会增加这种距离的东西,我一般都略掉了,以便解决我的问题。在附录一中,我以简洁的形式说明了这个研究所依赖的最重要、但又未在文本中充分解释的历史事实。我希望,这对那些直到最近还没有读过共和国最初八十年通史的人来说,已经足够。

我们的诗人告诉我们:"静默,是表示快乐的最好的方法。"①[4]倘若我能说出他人对我的惠助，我不知对他们的感激有几多之深。为免静默遭到误解——当然，那些我所感激的人必不会误解——让我感谢以下这些人。首先是芝加哥大学的施特劳斯教授，1944 至 1949 年，他在社会研究新学院的政治和社会科学研究生院指导了我研究生阶段的学习。在古老、但并不因时久而不重要的意义上，他过去是，现在仍然是——我的老师。限制学者获益的，只有他本身的能力。

如果不是我先写了这本书，同属芝加哥大学的克罗普西教授(Joseph Cropsey)会就同一主题写出更优秀的著作。我只想说，朋友的协助并不只是提出反面意见，他以充溢的热心，践履了友谊之情。

对芝加哥大学的布鲁姆教授(Allan Bloom)，以及先在芝大现在克莱蒙男子学院(Claremont Men's College)的戴蒙德(Martin Diamond)，我都心存感激。在芝加哥撰写本书期间，我得以常与这些贤人们交谈，这对激发和梳理我的思考有着不可估量的意义。

贤妻承担了打字工作，因她拥有我的全部手稿。她机敏的建议——因为这些建议慎重而内敛——可能比我所意识到的更具渗透性影响力。尽管这些建议的影响力并非她有意为之，但这影响力确实不小。在学术的前沿，先驱者爱妻的工作也在继续，其艰苦和尊严从未稍有或减。

最后，我把本书献给我的父母，关于他们，我也想说几句。很多年以前，我第一次从耶鲁大学图书馆为父亲借了有关林肯

---

① ［译按］我们的诗人是指莎士比亚，这句话见于莎翁剧作《无事生非》第二幕第一场，是克劳狄奥所说，接下来的一句是："要是我能够说出我的心里多么快乐，那么我的快乐只是有限度的。"

的书籍,很多年以后,我自己才开始读这些书。言传身教的方式虽然缓慢,却无疑最为有效。如果说我像父亲那样成了一个林肯研究者,那么,我的母亲也同样教会了我爱林肯之所爱。

雅法

1958 年 10 月 7 日

俄亥俄州立大学

俄亥俄州,哥伦布市

鸣　谢

[5]本书的撰写和研究得益于两个基金会的赞助。在1952—53年，我获得了教育促进基金（福特基金会）的研究员薪金，在1956—57年，我又获得洛克菲勒基金会法律和政治哲学项目的津贴。由于这些伟大基金会的开明运行方式，他们对我的研究结果并无预先了解，故而，他们对这一成果不应负任何责任。

我想对兰德尔夫人（Mrs. James G. Randall）致以谢忱，因为她慨允我引用她丈夫致我的一封信。我也感谢以下出版商，因为他们许可我引用他们出版的书籍：刀德米德公司、哈珀兄弟公司、米佛林公司、瑙普弗公司、普林斯顿大学出版社、罗格斯大学大学出版社、斯克莱伯森公司、肯塔基大学出版社、新墨西哥大学出版社。

引　言

[7]《分裂之家危机》于 1958 年春天杀青,时值林肯－道格拉斯论辩百年纪念的前夜。撰写此书的目的之一,就是想展示论辩所关注的那些问题的生命力。值得注意的是,在论辩发生一百周年之后以及本书首版之后的年代中,美国黑人地位的变革,不再如当初论辩之后的年代中所出现的变革那么猛烈。然而,与其说这是一个特殊群体的地位的变化,也许还不如说这是美国公民资格的变化更好。1860 年代或 1960 年代发生的猛烈变革,必然影响了所有公民及其公民资格的性质。我们希望这样一本著作,可以帮助人们理解发生于本书撰写之前、之后的那些变化的意义。

总体而言,读者们都满意地接受了《分裂之家危机》对林肯和道格拉斯的政治思想的解释。在本书中,我批评了历史学家协会——我并未要求参加这个协会——的某些成员,其中一些人认为我的批评太过刻薄。在撰写此书十八年之后,再来重读其中某些篇章,我发现自己偶尔也会同意批评我的人的观点。然而,需要澄清的是,我曾经认为,现在仍然认为,林肯－道格拉斯论辩中所讨论的问题,至今仍是美国政治中的基本问题,这些问题本身就是解释那些论辩的基础。像查恩伍德勋爵（Lord Charnwood）①一样，我觉得自己不应"过于胆怯地退缩，不去展示党派意识，无论从哪一方来看，不去感受这种党派意识就显得自己缺乏感受能力"。与他一样，我认为"公正的真正要求是，即使事实与自己心中的观念不相一致，一个人也不该隐瞒这样的事实"。

[8]在一点上，我相信我与历史修正主义者所持看法不同的那些问题，超越了论辩内部的观点分歧。他们坚持认为，那些论辩并非是在严肃面对和处理一个严重问题。然而林肯和道格拉斯对待彼此却十分认真，而且尽管在论辩中针锋相对，他们都尊敬对方的政策和观点。修正主义者把内战之前在准州问题上的全部争议——不论这争议存在于民主党内部，还是存在于民主党和共和党之间——描述为一场关于"身处不可能之地的想象中的黑人"的论辩。这表明了对整个民选政府政治的一种严重贬低，因为修正主义者谴责了对那一代人政治观点中的每个重要部分的政治理解，正如这些历史学家们所认为的，那一代人是跌跌撞撞地误入内战的。

谴责"跌跌撞撞的一代人"，当然表示了一种不跌跌撞撞的可能性。无论法庭中做出裁断的法官，还是为子孙后代做决定的人，都不应擅自谴责被告无力避免的事。但我认为，这些历史审判官并不了解他们的权限。他们对自己的判断对象采取了一种浅薄的高高在上的态度，认真审视一下就会发现，这种高高在上的态度只不过是事后诸葛的后知之明。他们相信，奴隶制不会进入准州，因为奴隶制确实没有进入准州，他们表示，1850 年

---

① ［译按］英国人，林肯传记作者，他的著作《亚伯拉罕·林肯》为林肯传记的早期佳作之一，迄今仍颇有价值。

代的人们都明白这一点。如果这些人是历史协会更有智慧的成员的话,他们应该明白,自己的责任首先是尽可能像历史理解自身那样去理解历史,然后再试图以不同或更好的方式去理解历史。林肯和道格拉斯在面对不确定和未知的将来时,有自己的逻辑,按照这一逻辑,我相信,我能够证明,爱国和温和的人们为何会有不同意见,我相信,我也能够证明,当爱国和温和的人们动机纯良、判断冷静时,为何仍会把国家领向战争之路,难道这是唯一荣耀和高贵的解决方式吗?

在我看来,阐明一场论辩的妙道似乎是站在——不论多么临时性地——论辩者自身的立场。而且,在我看来,似乎苏格拉底的方法——尤其是这一方法在中世纪采取的形式,即论辩式——是[9]达此目地的合宜模式。在《神学大全》(Summa Theologica)中,阿奎那(Thomas Aquinas)提出问题,给出答案,然后给出对答案的反对意见,再给出对反对意见的答复。对每一个问题,阿奎那都会给出一种源自权威的回答,然后自己再给出支持这个回答的论据。反对意见则会详尽阐明另一方的观点,以致专注的学者可能会感到,反对方的理由比阿奎那的理由还要有力。无论如何,我在这个过程中发现了一种对冲突观点的开放态度,这种态度在我们这个自由时代中却不多见。

但是,阿奎那与当代权威的不同之处,还不仅仅在于他习惯于将每个问题的正反两方论点都陈述出来。阿奎那相信,在多数情况下,如果反方的观点被充分和敏锐地表达出来,那就可能对什么是真理这一问题达成合理的认识。正是这种对理性力量的信仰——理性力量引导我们的判断,因此它不仅在对与错、而且在好与坏和正义与非正义方面指导人类的生活——才使阿奎那的学术及其代表的传统与众不同。我还感到,不论阿奎那和杰斐逊之间存在怎样的差异,他们对政治哲学与政治权威的关系都持有相同的信念,这种信念与——比方说——过去十任美国政治学协会主席的观点都不一致。我认为,他们两位都相信,政治哲学的任务是阐明政治正义(political right)的原理,并教育那些立法者、公民以及政治家的老师们,让他们知道,什么样的政治法权才应成为政治权威。

　　林肯—道格拉斯论辩主要关注的是一个重大实践问题和一个重大理论问题。实践问题包括宪法问题和政治问题:宪法问题是,联邦当局是否可以将奴隶制排除在组建的联邦准州之外;政治问题是,联邦当局是否应该这么做。理论问题是,奴隶制是否与共和政府的本质不相符合;也就是说,当任何一地的人民投票赞成以奴隶制作为其州内制度时,他们这样做是否会毁灭他们自己的权利。[10]我在本书中讨论这些问题时,当然对发现这样一些历史真相兴趣盎然,那就是,林肯和道格拉斯,还有他们出色的同一时代的人,对这些问题到底说过或想过什么。但是,当这样做时,我的主要兴趣并非历史,而是政治真理。我对政治真理感兴趣,部分是因为政治真理本身,同时也是因为,我希望自己了解正义政府的原理,并可以将这些原理传授他人。林肯说过,在一个像我们这样的政府中,公众情感意味着一切,因此,谁可以改变公众情感,谁就能够在实际上同等程度地改变政府。我意识到,我是大学教授这个较小阶层中的一员,这个阶层如今在我们国家是主流观念的决定性源泉。中小学老师们、大众传媒以及民选官员们,都是大学、尤其研究生院所产生的各种思想观念的零售商。大学及其研究生院就是老师的老师接受教育的地方。我们成了那些政制变化的终极源泉。如果这一权力的行使一直以来都是有益的,在思考它的时候,我可能还会更高兴。然而,最近以来,大学教授这一阶层所制造的变化,却是朝着否定任何客观标准的方向发展。这就意味着否定政治权力可以被行使，并因此意味着否定政治权力应当受到真理——不以运用这些权力的人之意志为转移的真理——的支配。总之，由于强力与正义之间的区分，那种认为政治权力应与政治权威分开的传统观念，在学术界已逐渐被认为过时了。

在政治科学领域，人们区分了关注"价值"的规范理论与关注"事实"的经验理论。就像"生命、自由和追求幸福"的权利一样，"政府的正当权力"之特质是"价值"。也就是说，"政府的正当权力"是那些建立政府的人的偏好，把这些权力归因于"自然法和自然上帝之法"，只不过是强调这种偏好的修辞赘疣。然而，通过审视一个政府是否与自然法相符来判断该政府是否合法的想法，被认为是错觉妄想。[11]据我所知，《分裂之家危机》是第一部严肃讨论《独立宣言》中所说的自然法是否确实存在的著作，因此也是第一部认真讨论林肯或道格拉斯的断言——他们都断言，自己的政策而非对方的政策，才符合《独立宣言》的教导——是否正确的著作。

现代社会科学似乎既不说上帝也不说自然。世界的清晰声音——由于这声音，世界才成为世界，由于这声音，世界才不是无明显特征的泥土——从社会科学的视野中消失了。废除上帝和自然，因此也伴随着在同一世界中的废除相关概念——人。茫然无声的宇宙（universe）或多元宇宙（multiverse）——这是科学探索的基础——与国父们的庄严有序的宇宙之间存在的唯一明显联系，似乎就在"平等"一词当中。现代社会科学，至少美国式的现代社会科学发现，自己与平等结盟了。我们曾经提到的民权革命，主要就是受到这种结盟的启发才开展起来的。一位社会心理学家曾设计了一个实验，通过实验，他想观察孩子在游戏中对白色和黑色洋娃娃的反应；在1954年，合众国最高法院确信种族隔离学校不可能平等；而这位心理学家的实验结果，就是让最高法院产生这种确信的重要因素。毫无疑问，那些种族隔离学校确实不平等，审判庭的裁决也是对的。但审判庭的判决理由却愚蠢透顶，因为这种判决理由相信如下观点：平等感觉就是平等本身。对于那被称为"价值"的东西，社会科学采取极端主观的看法，这种无以复加的主观性也渗到了法律以及作为法律基础的观念之中。由于这个缘故，民权革命——其主要内容是第十四修正案和第十五修正案的正确实施——迅速变成了黑人权力革命。这一新革命的要求常常远远逾出法律范围，而且有时还与法律之下人人平等的早期原则发生正面冲突。但是，不平等的感觉已经成了终极诉求几乎无法抗拒的原则。乌托邦主义以及对新政治理念——其成功必会终结宪政民主制度——的不宽容，就根植于学界的社会唯科学主义（social scientism）之中。

在关于斯科特判决（the Dred Scott Decision）①的演讲中，林肯不同意首席大法官坦尼（Chief Justice Taney）②的意见，林肯说，[12]《独立宣言》的作者们认为，《宣言》所阐明的权利适用于包括黑人在内的任何人。合众国的黑人们当时没有享受到上帝和自然所赋予他们的权利，并不因此就意味着他们不应该享受这些权利。林肯说，如果黑人不应享有平等权利，那么所有白

———————

① ［译按］斯科特（Dred Scott），1795？—1858，美国黑奴，他在已被《密苏里妥协案》禁止使用奴隶的地区给主人当了三年奴隶后，向法院提出诉讼要求人身自由。合众国最高法院作出判决（1857），认为《密苏里妥协案》不合宪，黑人不能要求合众国公民权利，并认为国会无权在准州禁止奴隶制。该判决的多数意见在首席大法官坦尼为该案所写的附带意见中得到充分解释。

② ［译按］坦尼，1777—1864，美国法学家，曾担任合众国最高法院首席大法官（1836—1864）。在对斯科特案（1857年）的判决中，他裁定奴隶和他们的后代不得享有公民权。

人也同样不应享有。林肯说，《独立宣言》旨在宣告权利，以便一旦条件许可，就能付诸实施。在 1954 年的时候，合众国最高法院或者为最高法院审判庭准备辩护状的律师们似乎并未想到，环境的变化可能会名正言顺地引出对旧原则的建设性解释。由于没能意识到环境的改变并不必然意味着适用于环境的原则的改变，最高法院审判庭因此相信了如下观点，那就是，《合众国宪法》事实上根本就不是建立在任何不变原则的基础之上。于是，在当代社会科学眼里，伟大的 1964 和 1965 年《民权法案》，就只不过是抗议运动——包括那些非暴力不服从行动——所制造的压力的记录。而抗议运动则被认为只是各种压迫性社会条件之间的摩擦。

　　当然，敏锐的观察家不会看不到其中的原因；也不会看不到对国家良知的成功诉求。社会科学家们并未帮助观察家去解释，为何几乎同时发生在东欧和苏联的类似抗议活动竟导致了残酷镇压。因此，有一种错误观点认为，最初的平等承诺在法律上实现之后，随之而来的不应是对法治(the rule of law)更深的信念，而应是把法律和强力之间的差异看作神话的普遍趋势，不论这一谬误多么可悲，却并不令人惊奇。这一趋势在"犯罪和国内动乱问题总统委员会"(President's Commission on Crime and Civil Disorders)于 1968 年所做的报告中达到了顶峰，① 该报告将城市动乱的责任主要归咎于白人种族主义，这一种族主

---

① ［译按］1964—1968 年间，美国爆发黑人与白人之间互相殴斗的种族暴乱，为和平解决这一问题，总统约翰逊在 1967 年夏季组建以当时的依利诺州州长凯纳(Otto Kerner)为首的国内动乱问题全国顾问委员会(National Advisory Commission on Civil Disorders)，以调查动乱原因。1968 年，该委员会发布了著名的《凯纳报告》(*Kerner Commission Report*)。这是联邦政府首次以官方文件形式承认美国存在种族问题，并承认种族问题是美国的一个重要问题。正文中委员会的名称，当是作者记忆有误。

义在美国的特征据称首先就表现在《独立宣言》没能把黑人种族成员包括在内！坦尼在斯科特案中的判决理由——即，国父们相信黑人不享有白人必须尊重的权利——现在成了官方自由主义的标志。该报告丝毫没有意识到，在对《宣言》的这一解读中，林肯[13]既反对坦尼又反对道格拉斯（以及其他人）。委员会所倚赖的那些专家过于信奉一切价值的主观性，以致无暇去关心历史争论。

惹人注目的是，那些在1960年代和1970年代支持黑人权力的人，在证明他们对国父们的理解时，所凭靠的证据与坦尼和道格拉斯相同。他们认为，《独立宣言》的作者们不可能一边说那样的话，一边还继续保留奴隶或不促进自由黑人的政治和社会平等。就这一点而言，林肯在某个层次上的反驳是充分的——享有《宣言》所阐明的权利是应该追求的目标，而非已然的事实。当然，种族偏见——顺便说一句，并非"白人种族主义"——一直以来都是依据法律实现平等的正义的障碍。确实，在自由社会中，如果偏见成为权威，那正是由于这个社会的政府是建立在被统治者的意见之上的。林肯对《独立宣言》教导的理解颇为复杂，我相信，《分裂之家危机》在指出这种复杂性方面着了先鞭，由此而在指出平等和同意之间存在张力这一方面也是首开先河。有些人对《宣言》的理解不如林肯那么深刻复杂，而平等和同意之间的张力必会在这些人中造成冲突。然而，如果自由政府要求人人都像林肯那样，那它一定是个怪物；但是，如果不能偶尔找到一个具有林肯那样的理解力的领袖，自由政府也不可能生存。林肯证明，实现《独立宣言》的承诺时会遇到障碍，但这些障碍并不能降低那一承诺的有效性：这些障碍的性质别无二致，都宣称人人在权利上皆是平等的。只有离开权利，我们才能指望离开这些障碍。

　　《独立宣言》不但表明了在经被统治者同意之后，自由社会应该追寻怎样的目标；《宣言》还表述了一种政治责任的理论。这种理论实在就是这一文件的直接目的。不过，用这一理论来检验一下《宣言》的作者们也是公平的。如果他们没有通过检验，谴责他们前后不一或言不由衷（或不理解自己所说的话的涵义）就是对的。但是，我们要搞清楚这检验是怎样的。大陆会议（the Continental Congress）在《独立宣言》中说，有证据表明，大不列颠和[14]大不列颠皇室试图在这些殖民地建立专制统治，因此殖民地与他们的政治纽带就割断了。换句话说，当专制主义——即，奴隶制——开始时，政治义务就结束了。但是，在那些持守《宣言》理论的人们当中，曾有任何一个人坚持过他们的奴隶有义务作奴隶并有义务作为奴隶服务吗？有些人可能觉得，保留奴隶会给生活带来方便，或者，可能他们不知道有什么办法——除非蒙受他们不愿蒙受的损失和风险——来解放他们的奴隶，这些想法对目标来说都没有意义。南部邦联（Confederacy）①的政治家们在 1861 年宣布，奴隶制和种族不平等是他们政体的"基石"。但在阐明基石理论时，解释者却明确抛弃了杰斐逊的教导和独立革命的理论。然而，我至今没有看到任何人曾提供任何证据，来证明杰斐逊、亚当斯（Adams）、富兰克林或建国之父们中的任何其他拥护普遍人权理论的人，认为黑人不是人，或认为尽管黑人是人，但有一些正当理由可以让他做奴隶。在林肯喜欢引用的一篇文章中，杰斐逊写道："确实，当我想到上帝是公正的时候，我就会为我的国家而颤抖。"在思考一场可能的奴隶暴动时，杰斐逊宣称："在这样的一场争斗中，全能的上帝无论如何不会站在我们这一边。"

---

① ［译按］南部邦联，指在 1860 和 1861 年从合众国联邦分离出去的十一个州。

　　1861 至 1865 年的内战,原因很多。然而,最重要的原因,就是对根植于自然法和自然上帝之法中的人的自由的信仰的削弱,而正是对人的自由的信仰,曾激励了独立革命。林肯在葛底斯堡宣告了"自由的新生",而自从本书写作以来,我们也目睹了推进这"自由的新生"的巨大建设性步伐。让我们蕲望,实现"人人自由"这一最初承诺的扎实进程,不会因为再次拒绝那些信仰而废弃,因为那些信仰是这一进程的唯一可靠基础。让我们记住,报告最初的平等教导已经过时的,是上个世纪那些对科学进步满怀信心的专门家们(cognoscenti)。念及这些,我欣然向公众提交这份对以往论辩的重新思考。

雅法

1972 年 2 月 19 日

加利福尼亚,克莱蒙

噢,拥有巨人的力量

是多么好;但像巨人那样使用它

却是多么残暴。

——《以牙还牙》,第二幕,第二场

可是在这种事情上,

我们往往逃不过现世的裁判;我们树立下血的榜样

教会别人杀人,结果反而自己被人所杀;把毒药投入酒杯里的人

结果也会自己饮鸩而死

这就是一丝不爽的报应。

——《麦克白》,第一幕,第七场

第一部分　导论

第一章
1958年：历史判断的危机

[19]虽然已经过去了一个世纪，但林肯—道格拉斯论辩的知名度并未因此减弱。这些论辩理所当然地被认为是美国历史上最伟大的论辩，在更深意义上，它们也构成了西方世界自由政府历史上的独特事件。这些论辩让人怀疑，是否还有直接面对普通听众，或者，直接面对任何立法机构——任何论辩斗争、任何理性论证的碰撞，像这些论辩那样对一个伟大民族的未来有着如此决定性的影响。不论本身有怎样的价值，这些论辩的结果所产生的巨大影响——不论好坏——是毋庸质疑和无法估量的。1858年，林肯在伊利诺州参议员竞选中与道格拉斯竞争，林肯对道格拉斯的反对，阻止了这个"小巨人"掌握自由土地运动的领导权、甚至可能还包括共和党的领导权，而当时该党的东部领袖们正十分偏爱道格拉斯。同时，林肯迫使道格拉斯与共和党人开战，这在他们之间制造了一道不可逾越的鸿沟，并因此使领导权空置起来，而林肯自己很快弥补了这个空缺。林肯还迫使道格拉斯坚持立场，这导致民主党内部产生了新的、更加灾难性的分裂，这一分裂在1860年有力地帮助了一个共和党人当选总统，而共和党当时在国会中是少数党。于是，林肯就把导致南部脱离联邦和内战

的一系列事件连在了一起,真乃伟大的散珠之联。

民间传统为这些论辩罩上了一种氛围,这种氛围——至少当我们回顾时可以看到——总是伴随着拥护者之间的冲突。民间传统将一种合适程度的辨证法和雄辩术给予了这场较量。至于竞选的激烈程度及其在双方主要参与者和追随者心中所激起的[20]情感,就不用说了。但论辩的真正价值不能只由民间传统来判断——尤其不要忘记,这一传统如今主要是林肯阵营后继者的传统——因为这些论辩被证明是一个跳板,它的冲力把林肯送上了总统宝座,让他在这个国家最严重的危机中承担起维护国家安全的主要责任。这一传统以道格拉斯作为林肯的鲜明陪衬,并将道格拉斯描述成一个伟大却又毫无顾忌的"北方议员"(dough-face)、①一个"有着南方原则的北方人,"其一帆风顺的事业最终被林肯的一流政治逻辑打得一败涂地。这种观点认为,林肯对道格拉斯来说,就像苏格拉底对诡辩家、福尔摩斯对莫利亚蒂博士(Dr. Moriarty)和圣乔治(St. George)对那条龙②所意味的东西。人们认为,林肯是用某个著名问题击垮了道格拉斯,如果记得这一点,那么苏格拉底对诡辩家这一类比也许最为合适。

但在今天,史界权威并不重视关于论辩的这种观点。贝弗里奇(Albert J. Beveridge)③在出版于1928年的经典传记中写

---

① [译按]dough-face,北方议员。美国内战中支持南方的北方人,尤指支持奴隶制的北方国会议员。

② [译按]圣乔治(St. George)是中世纪骑士,英格兰的守护神,以红十字为标志。相传他曾为救一个少女而杀了一条会喷火的龙,所以英格兰就把国庆节定在圣乔治节(St. George's Day,4月23日),相传圣乔治并不是英国本地人,他出生在土耳其,父亲是叙利亚人,母亲是巴勒斯坦人,但是因为他的英勇和神迹,广受军队的拥护,据说他最后被砍头时从身体流出的不是血,而是牛奶! 公元1338年,英格兰国王爱德华三世追封他为守护圣者(Patron saint),从此就成了英格兰的守护神,他的旗帜也就成为今天的英国国旗。

③ [译按]贝弗里奇,Albert J. Beveridge,1862—1927,美国共和党参议员,历史学家,T. 罗斯福总统的支持者,著有《约翰·马歇尔传》《林肯传》。

道："仅仅从它们的价值来说，这些论辩本身并不值得注意。"在差不多二十年后，兰德尔（James G. Randall）又重复了这一判断——今天，人们广泛认为兰德尔是林肯研究领域最顶尖的学术权威——并且，他还以赞成的态度引用了道格拉斯的首要传记作家及其事业的支持者密尔顿（George Fort Milton）的评论。"作为论辩，它们并不配得这么大的名声。在论辩的两方中，无论哪一方的逻辑辨证力量都无法与韦伯斯特（Webster）①、海恩（Hayne）和卡尔霍恩（Calhoun）②的论辩相比。"③

如果这只是给一个民间传说泼一瓢批评冷水，可能还无所谓。众所周知，竞选演说从文学角度来看颇不足道，而这些论辩毕竟是一些竞选演说。然而，近来的这种一致意见不仅与民间传说、而且与以往的成熟学术判断也反差巨大。罗德斯（James Ford Rhodes）④在1890年代早期写到，林肯在关于《密苏里妥协案》废除和斯科特判决的演讲中，以及在1858年的竞选中，已经系统表达了"共和理论的体系，这一体系的前后一致、切中肯綮和精当恰切，无能出其右者"。对联邦伟大倡导者崇拜至极的罗德斯写道："这种清晰的表述和[21]无可辩驳的论证，自韦伯斯特过世以来从未有过。"至于修辞，林肯"在崇高激情之下的雄

---

① [译按]韦伯斯特，Daniel Webster，1782—1852，美国政治家，曾任美国新罕布什尔州众议员（1813—1817），后任马萨诸塞州众议员（1823—1827）和参议员（1827—1841和1845—1850）。他曾两度出任国务卿（1841—1843和1850—1852）。曾为美国辉格党三名总统候选人之一（1826）。

② [译按]卡尔霍恩，John Caldwell Calhoun，1782—1850。美国副总统（1825—1832），共和党领袖，主张每个州都有权拒绝接受国会的法令，极力维护奴隶制。

③ 《总统林肯》（Lincoln the President）（New York：Dodd，Mead & Company，1945），I，页127。

④ [译按]罗德斯，1848—1927，美国历史学家，曾经营煤、铁业致富，著有《美国史》七卷（1893—1906年分批出版），论述南北战争的起因、经过和结果。其中《1850年妥协案以来的美国史》、《内战史》等尤为著名。

辩勃发,仍被热爱人性和宪政政府的人们所拜读"。罗德斯说:"倾听林肯和道格拉斯的论辩,伊利诺州最刻薄的选民都会觉得,林肯是超凡伟业的陪审团之一员……而本国最雄辩的演说家正在向他陈词……"①罗德斯的后一代人查恩伍德勋爵在撰写他那著名的回忆录时,对林肯评价尤高,在他看来,"林肯在论辩中——不管结果如何——表现了超出汉密尔顿之后所有美国政治家的智识高度"。②

历史判断的改变对每一个学者来说都是再熟悉不过的一种现象。兰德尔所领导和倡导的学派颇有自知之明,他们自称为修正主义学派,这不会让人感到意外。在其代表作——多卷本的《总统林肯》(*Lincoln the President*)——的序言中,兰德尔如此描述"修正"工作:

> 如果勤勉地重新审查资料,那么基于同一理由,作品就可能变成"修正作品"。即使是一件简单的事情,过了若干年想再恢复它的真实面貌,也决非易事。如果历史处境复杂,如果造成事件的因素很多,如果旁观者当时不能完全理解或对事件的意义看法不同,尤其是,如果事件是有争议性的事件,那么要把真相从多年日积月累的蒙覆中揭示出来,就需要不同寻常的努力……证据被发掘……色变被纠正,党派的曲解……被揭露……历史内幕以一种新的明晰样态呈现出来……这就是"修正",但是,这只是表明了更改或重

---

① 《1850年妥协案以来的美国史》(*History of the United States from the Compromise of 1850*),II,页330,332,338。

② 《亚伯拉罕·林肯》(*Abraham Lincoln*),Pocket Book Edition,页161。

写;一个好得多的说法应是历史修复(historical resto-ration)。

接着,兰德尔将真正历史学家的工作与考古学家相比:

在一栋古老建筑物消逝或坍塌的地方,有人在研究尚存的遗迹,记录和检测历史年代,逐步建立一座"修复物"来展示原来建筑物的结构。出于类似动机,历史学家寻找原始记录,挖掘(可以这么说)和清除没有历史意义的残渣,并尽力恢复历史事件和重要场景的原貌。

因此,兰德尔并不像某些当代历史学家那样,①认为在重写历史的过程中用一代人的偏见替代另一代人的偏见就行了。虽然[22]修正主义者不期望自己的作品达到完美境界,但"他确实希望通过新的探索更加接近历史真相"。

新的结论并非来自先入之见,而且肯定不是来自推翻或摧毁的愿望。历史学家搜寻着;他展示他的发

_____

① 参见萨拜因(George H. Sabine)写的介绍贝克尔(Carl Becker)的文章,这篇文章成了贝克尔所著《美国生活方式中的自由和责任》(*Freedom and Responsibility in the American Way of Life*)(New York: Vintage Books, 1955)的序言。萨拜因解释说,贝克尔是个认为历史应该被"不断重写"的"相对主义者",重写并非因为新事实的发现,而是因为历史学家必然会被"先入之见"和他生活的时代之"价值判断"所支配,正是这些先入之见决定了他所发现的事实之意义。贝克尔会嘲笑兰德尔的恢复"真实"的想法,会认为这种想法是以"超然"为伪装的历史学家的偏见。贝克尔说过:"除了不稳定这一观念以外……所有事情都是不稳定的。"我们认为,当贝克尔说这话时,兰德尔可能会向他提出质疑。

现;如果说他的工作有效的话,那他摧毁的只是误解和没有根据的传统。

兰德尔告诉我们,"正是秉着这一精神,林肯—道格拉斯论辩被重新作了分析"。

数代人都把这些论辩视为民主政治所允许的顶级智识和道德竞赛,在这种看法之后出现的对这些论辩的价值作苛刻的判断,我认为,难免让人觉得这是科学历史方法的兴起和运用的结果。当人们发现,不仅在我们所说的判断的质量方面,而且在最重要的实质性问题方面,修正主义与民间传统和学术传统关于这些论辩的看法之间都存在差异时,这种感觉就尤为强烈了。因为,贬低论辩必然伴随着——事实上,贬低也可能是结果——嘲笑作为论辩盛名基础的信仰:信仰林肯是为了一项伟大事业而在一个伟大问题上和道格拉斯对抗。兰德尔在他的"重新分析"①中认为,林肯和道格拉斯的意见只是"看上去不同"(兰德尔的强调),而事实上他们在所有重要问题上的意见都相当一致。他尤其强调说:"为了让论辩意义重大,人们会期望论辩双方考虑他们对方的立场之实际和实质性后果。"可是,尽管在论辩初期"每一方都寻求以正式质问的火力攻击对手",但直至遇到在全国的准州禁止奴隶制问题时,双方才开始分道扬镳。

然而,即使这一点分歧对结果的实际影响也并不重大。也就是说,林肯要求,在已有或将来可能组建的准州中,国会应禁止奴隶制,林肯的要求会产生自由,

---

① 兰德尔,前揭,第五章,"林肯和道格拉斯"。

而如果忠实履行道格拉斯的人民主权原则,也会有同样的结果。

于是,兰德尔就认为,"唯一不同的一点"只是"一个话题,而非政府行动事项,是一个竞选口号,而非立法指引"。

显然,我们现在所面对的这种历史判断,与对我国历史所宣布的任何判断一样[23]令人震惊和自相矛盾。这种修正主义到底是怎样一个自相矛盾法,它又与人们对这一历史性事件的普遍看法或常识到底有多大冲突,皆可从以下这段对1858年伊利诺州竞选运动的评价中看出,作评论者是曾在道格拉斯阵营中工作的一个人:

> 这不是一场普通竞争,在普通竞争中,政治对手们只是用小打小闹来逗乐一群冷漠的观众。这是一场规模宏大的人民起义,人民在政治上且很大程度在社会上分裂了、对抗了。事实上,这是一场疯狂和愤怒的争斗,具有类似革命的特征。①

当人们想起这些论辩在持续分裂国家的政党、并将国家拖向内战深渊方面所发挥的重要作用时,这显然又是令人震惊的。因为,如果林肯和道格拉斯之间的问题仅是一个"话题",如果在准州奴隶制问题上,道格拉斯与林肯具有同样好的解决方法,那么林肯为什么会反对道格拉斯,并引发这样一场愤怒而深层的争斗呢?难免要作出如下推论,那就是,林肯反对道格拉斯只是为了进一步实现他自己的野心,通过分裂之家学

---

① 罗德斯引用,前揭,II,页329。

说,以及国家面临要么全部是奴隶制、要么全部是自由制的可怕选择的预言,林肯蓄意接受了内战的可能性(道格拉斯曾一再谴责他招致内战)。如果林肯强使国家接受了错误选择,那么人们定会谴责恰恰是他招致了他所预言的危机,他们还会谴责林肯,说他的目的并非国土未来的自由(兰德尔坚持道格拉斯已经保证了这种自由),而是自己的政治前途。如果我们问一问下面的问题,我们甚至可以更好地了解此中所体现的道德判断之破坏性,这问题是:要是林肯接受了格里利的建议,并且伊利诺州共和党人也支持——或者至少没有反对——道格拉斯重回参议院的话,那会发生怎样的事情呢? 对这种"可疑的"问题,回答得再好也是成问题的,但是,也许我们可以满怀信心地冒险在下面作出回答,就像兰德尔拥护下述假设时满怀信心一样,这假设就是,人民主权本身就会把奴隶制排除在准州之外。①

　　道格拉斯近来刚刚在关于堪萨斯州的一部欺骗性奴隶宪法问题上,领导国会中的共和党人打败了布坎南(Buchanan)②的势力。如果不是林肯迫使道格拉斯这么做,他不会与共和党人分离。因此,在北方,道格拉斯的地位[24]应该会比掌管政府的

---

① 　兰德尔认为(前揭,页126,129—31),人民主权事实上确实将奴隶制排除出了堪萨斯(Kansas),他还认为,由于共和党人在1861年没有国会对奴隶制禁令的情况下,组织了达科他(Dakota)、内华达(Nevada)和科罗拉多(Dolorado)准州,因此论辩完全证明道格拉斯是正确的。然而,正如我们以后将详细讨论的,这一断言包括了一系列假设,而不只是对事实的陈述:比如,是"人民主权原则"将奴隶制排在这些地方之外呢,还是自由土地的信念和决心——当这一信念和决心抛弃了道格拉斯的领导权时,同时也抛弃了人民主权原则——将奴隶制排在这些地方之外呢?

② 　[译按]布坎南,James Buchanan,1791—1868,美国第15任总统(1857—1861)。任内执行《逃奴缉捕法》。试图在奴隶制的赞成方和反对方之间维持平衡,但这种做法既激怒了北方也激怒了南方。试图阻止内战爆发,未果。

民主党人更具优势。那么,他就可能会利用这种强势力量,要么制定自己党内的和解条件,要么完全倒向共和党。或者,如果道格拉斯领导了一个新的自由土地党(如果使用原来就有的纯杰斐逊式术语,可能会被称作民主-共和党)的话——既包括在1860年联合起来支持林肯的所有主要组成部分(除了极端废奴主义分子和一无所知党成员①以外),又包括追随道格拉斯的民主党人——那么他所领导的这个政党的基础,可能就会比林肯在下次总统竞选中获得的基础还要广泛。必须记住,即使把1860年选举中投给其他候选人的所有选票都集中投给其中的某一个人,林肯也会当选,尽管如此,林肯那年所赢得的普选票也不到40%。同时,道格拉斯在全国赢得了差不多30%的普选票。在自由州对林肯-道格拉斯的联合投票中,林肯占60%而道格拉斯占40%,这就说明,林肯赢得了选举人团投票的胜利是多么关键。然而,尽管民主党选票的分裂并未直接导致林肯当选,但这一分裂仍然间接起了巨大的——即使不是不可估量的——作用。因为这一分裂,道格拉斯(他的势力1860年在全

---

① ［译按]一无所知党(the Know Nothings),又称美国本土党(American Native Party)或美国党(American Party),成立于1849年,是在"美国人联合社团"(the Order of United Americans,1844年成立)等秘密社团基础上发展起来的。一无所知党的名字源于19世纪40年代的一位新闻工作者霍勒斯·格里利(Horace Greeley)在揭露一个秘密组织时的说法。当时,该组织的成员发誓,如果被问到有关该组织的活动,就说"一无所知"。该党的骨干成员都是本土主义者,他们认为,美国是美国本土居民的美国,所以,美国各级政府必须控制在本土出生的人手里。19世纪50年代,该党试图作为民主党和共和党之外的第三党势力竞选美国总统。在当时美国众所关注的黑人奴隶制存废问题上,该党因内部意见不统一而持中立立场,但在奴隶制问题上则无法中立,于是该党在1855年的会议上决定采取赞同南方民主党的立场,因此引起党内反对奴隶制成员的愤怒。这就注定了一无所知党的竞选是不可能成功的。随着内战的发生,一无所知党很快衰落下去,竞选失败后该党逐渐退出了政治舞台。

国散布得比任何其他候选人都广)在选举人团选举中就不可能
胜出。而这一事实在整个选举运动中尽人皆知。如果 1860 年
美国人通过直选来选举总统的话,那么尽管道格拉斯在 1858 年
选举运动中有一定损失,他这次得到的选票仍有可能比林肯
要多。

　　由于选举制度的特点,唯一可能防止林肯在选举人团中当
选的方法,就是在众议院、或更有可能的是在参议院进行选举。
如果道格拉斯赢得了例如纽约州和宾夕法尼亚州的多数票——
而两个州 1860 年在反对林肯方面的投票都出现了融合现
象——那么选举人团很有可能就无法产生多数票。南方势力在
众议院中可能阻碍任何一个候选人当选,因为在南方,投票以州
为单位进行,而根据第十二修正案,1861 年宣誓就职的总统可
能就会是被参议院选为副总统的那个人。"林肯或者莱恩
(Lane)"的呼吁[25]无疑让很多道格拉斯的人在 1860 年倒向
了林肯阵营。这就意味着,1860 年支持道格拉斯的民主党人和
支持格里利-西沃德①的共和党人的联盟,极有可能为是年的
自由土地运动创造一个辉煌的选举胜利,即使候选人是西沃德
而非道格拉斯。

　　要是 1860 年的自由土地运动候选人赢得了大得多的普选
票数——这从林肯和道格拉斯的票数总和可以看出——的话,
那么南部脱离联邦就需要更大的道德勇气。在自由州中有一个
很大的少数派投票反对林肯,这一事实可以让南方相信,北方决
不会强迫他们留在联邦中。卡尔霍恩一直都在警告南方,它不

---

①　[译按]西沃德,W. H. Seward, 1801—1872,美国政治家,担任美国国务卿
　　(1861—1869)时安排从俄国购买阿拉斯加州(1867 年),该项交易长期以来被
　　称作"西沃德的愚行。"

应留在一个宪法少数无力抵抗宪法多数的联邦中。然而在很多人眼中,宪法多数的权力由实际上的宪法少数来实施,这一事实不仅是无法忍受的而且也是可鄙的。

在思考道格拉斯与共和党人联合的可能性时,我们必须牢记,在1858年伊利诺州竞选之前,这个政党并未按照林肯所设想的模式成型,尽管在那场竞选之后也许可以说林肯终于把自己设想的模式套在了它身上。分裂之家演说的激进主义——这受到兰德尔的强烈谴责——并没有被基层党员牢记在心,以致在1860年的竞选提名大会上,一个声明《独立宣言》原则是该党竞选党纲一部分的修正案遭到投票否决。由于反叛的威胁,该修正案最终还是被包括了进去,但既没有普遍热情的支持也"没有在种族平等上得到普遍应用"。[①] 对林肯竞选运动(1858年或1860年竞选)的任何分析都说明,由于反对道格拉斯并由此失去了道格拉斯本可以带进共和党(或,联合)阵营的自由土地民主党人,林肯被迫去迎合自己的政党本不必理睬的废奴主义者。在分裂之家演说中,林肯本来已经确立了能够联合废奴主义者的立场,但林肯又特地从这一立场上退了回来,以留住支持他的那些持有反废奴主义和自由土地观点的人。然而,正是分裂之家演说中对共和党正统思想的缜密阐述——它击垮了1857—58年冬、春季的反乐考普顿(anti-Lecompton)联盟——使道格拉斯和他的[26]铁杆追随者们离开了自由土地党,[②]因此也使共和党必须紧急从废奴主义者中招募党员,不论他们在整个党内会是多小的一个少数派。此外,一旦林肯提出一个激

---

① 兰德尔,前揭,页158。

② 关于伊利诺州和东部共和党人之间的冲突,参见法伦贝克(Don E. Fehrenbacher),《1858年对林肯的提名》(The Nomination of Abraham Lincoln in 1858),in *Abraham Lincoln Quarterly*,1950年3月。

进的论点,不论他自己是否想那么激进,那么不可避免的就是,道格拉斯都会采取将林肯及其政党与其最激进的要素相等同的明显策略。这与林肯的做法差不多,林肯在竞选中由始至终都坚持说,道格拉斯对奴隶制的冷漠态度可能是最有效和最危险的赞成奴隶制的政策。

　　林肯不仅使共和党的措辞发生了包含废奴主义口号的决定性改变(林肯的分裂之家演说发表于 1858 年 6 月;西沃德所说的"不可遏制之冲突"发生在随后的 10 月;据说西沃德是那些考虑过与道格拉斯联合的人中的一个!),而且还保证他的政党将会在整个国家——首先是在南方——被宣传和认同为那个废奴党。因此,通过进一步分裂民主党,正如我们所讨论过的,林肯所做的不只是使自己作为共和党——国会中的少数党——候选人在 1860 当选总统。通过使道格拉斯的民主党人与共和党人之间产生分歧,林肯使一种在南方已有的思想和习性看来与废奴主义毫无差别的品质与共和党人绑在一起,因此当这样一个政党赢得全国选举时,就会大大增加发生南部脱离联邦行为的可能性。如果 1860 年当选的是一个民主党人,不论是道格拉斯还是其他人,那么南部发生脱离联邦行为的可能性就极低。但如果道格拉斯与共和党人已经达成联盟,而且如果道格拉斯因为在堪萨斯准州乐考普顿骗局问题上打败布坎南民主,并使该准州在人民主权的旗帜下成为一片自由土地,从而赢得了 1860年的总统选举,那么南部脱离联邦行为同样是很难想象的。因为这样一个联盟除了拥有选票所带来的大得多的道德分量之外,还会拥有上面所提及的其他优势。如果 1858 年伊利诺州的竞选已经看出道格拉斯的民主党—共和党自由土地联合运动击败了乐考普顿—布坎南民主的卑劣骗局,那么本就没有必要在南方人面前炫耀道格拉斯的弗里波特主义(Freeport Doctrine)

或共和党人的废奴主义了。正是通过[27]使南方极度无法接受道格拉斯的民主以及共和主义，林肯——首先是林肯——使内战成了"不可遏制之冲突"。

修正主义的重要观点就是认为内战是一场"无必要的战争"，认为它是"被挑起的危机"，是"制造战争的煽动"而非"根本动机"所导致的结果。① 即使林肯不是兰德尔所理解的那种狂热者或煽动者，那么对狂热和煽动可以在其中发挥致命作用的环境的产生，林肯比任何其他人所提供的帮助都更大。如果说，林肯这么做不是为了得到非如此做则得不到的实质之善，而是为了保存可能也确实将国家引向杀兄诛妹的战争之话题，这就等于是给林肯强加一种比叛国罪尤不道德的品质。为了金钱，阿诺德（Benedict Arnold）②背叛了国家，但当此人可能毁灭国家时，他贬低的只是自己。然而，如果一个人使朋友和公民同胞成为敌人和外邦人，那么他所腐蚀的则是政治机体的灵魂。在没有争斗或不必有争斗的地方制造争斗，以此为自己赢得名

---

① "无必要的战争"的说法源自密尔顿（George Fort Milton）的《冲突前夕：道格拉斯和无必要的战争》（*Eve of Conflict*：*Stephen A. Douglas and the Needless War*，New York：Houghton Mifflin，1934）。这一说法表达了修正主义史撰的核心主题，普莱斯利（Thomas J. Pressly）曾详细讨论这一点，参见《美国人诠释自己的内战》（*Americans Interpret Their Civil War*，Princeton University，1954），第七章，"可被遏制的冲突"，页257ff。我所挑选的其他词汇（这些词汇多得举不胜举）都来自兰德尔。对修正主义的反动之开始——特别是在评论中——普莱斯利同样也记在书中。尤其突出的是施莱辛格（Arthur M. Schlesinger, Jr.）的文章《内战的原因：历史情感主义手稿》（The Causes of the Civil War：A Note on Historical Sentimentalism，in *Partisan Review*），1949年10月。这一短小精悍的文章无疑从原则上预见了当今对修正主义批评中的某些主要原理。

② ［译按］阿诺德，1741—1801，美国独立战争时的将领，也是叛徒，他企图将西点要塞以两万英镑出卖给英方，谋败，与同党约翰·安德烈一起被俘（1780）。阿诺德先避往纽约，而后逃到英国（1781年）。

声,这不是以德性和公众利益为荣,而是以卑鄙和制造是非为荣。一个人做这些事的天分越高,他的行为就越应受到谴责。

倘若这一关于林肯的结论太过严厉,以致让人无法容忍,那么我们必须要说明的是,这仅仅是我们从修正主义史撰的根深蒂固的前提中得出的推论。除了质疑那些前提之外,我们看不到有什么方法来质疑结论。在论辩发生之时,林肯与道格拉斯的政策难道真的就没有实质区别?道格拉斯的政策也会像林肯的政策那样,不冒放纵狂热和导致战争的风险而导向自由?长达一个世纪以来,人们都一直认为,林肯和道格拉斯之间的冲突是一场为了最高利益的伟大竞争,而这些利益并非这些主角的个人利益,而是为了美国人民以及——由于他们的榜样——全世界的自由政府的未来。而兰德尔则认为,这一看法是一个世纪的谬见。那么,兰德尔的"有效"史撰工作在反对这一所谓谬见方面有多成功呢?

第二章
1858 年：林肯与道格拉斯的对抗
其他选择

[28]在一篇最著名的评论(obiter dictum)中，兰德尔指出：
"最大的误解之一是如下理论：根本动机导致了战争。而事实显
然是，人为煽动导致了战争。"①不幸的是，兰德尔从未向我们解
释根本动机与非根本(或"人为")动机之间的差别。他认为这是
"显而易见的"。但每一位历史学家都清楚，对一代人是显而易
见的事情，在下一代人看来可能一点都不那么明显；杰斐逊的不
证自明的真理在卡尔霍恩眼中可能就变成了不证自明的谎言。
以类似的方式，兰德尔思考了内战前夕南北方争论的两个实际
问题：

> 关于西部几乎还不存在的奴隶人口，我们应该怎么
> 做；关于一小撮逃亡的男奴，我们又该怎么做。怎么做
> 的问题被放大成一个与其重要性不成比例的问题。②

---

① 兰德尔，前揭，I，页76。在这一章中，我们省去了林肯和道格拉斯演说中的注释
性引用，这样可以呈现关于两种相互冲突立场的简洁、大纲式的印象。
② 同上，页86。

但我们还是会问,重要性是对谁而言? 我们都同意,对这样一些分裂林肯和道格拉斯,以及分裂北方和南方的问题做出判断,是历史学家之职能的基本要素。但如果我们考虑到,修正主义的主要目的是首先努力在历史中看待历史的历史"修复"——这是一个我们毫无保留接受的目标,而非从后来的和不同时代的角度看待历史——那么就很奇怪,为什么兰德尔会回避如下问题:为何林肯、道格拉斯和他们的同时代人认为是真实、根本和重要的差别在他看来是虚假、浅薄和微不足道的。因为,对这些论辩的最肤浅的那些阐释表明,这些论辩者本身[29]认为他们之间存在根本的和深刻的差别。兰德尔本人也觉得不可思议,并承认"这讨论的强度很难言表"。①

在侏儒国(Lilliput)里,人类之间最大的差别被认为是这样两群人之间的如下差别,一群是在大的一头打鸡蛋的人,另一群是在小的一头打鸡蛋的人。由于侏儒国和布莱夫斯库国(Ble-fuscu)之间的冲突,兰德尔毫无疑问更加坚定了自己对战争的观点。然而,不论他可能多有道理,即使在这种情况下,我们也想听听一个大头开蛋人(a Big-Endian)和一个小头开蛋人(a Little-Endian)各自会如何陈述这些问题。在去侏儒国的旅途中,很多人由于宗教差异而被杀害,旁观者对斯威夫特(Swift)所讽刺的那些宗教差异已经不太理解了。但谁敢说宗教差异不是根本差异?

在要为道格拉斯平反的热情之下,兰德尔写道:"任何通过贬低道格拉斯或夸大两人之间差别来为林肯的名声增添光彩的努力,都是对历史的歪曲。"②除非是作为一种修辞手法,否则夸

---

① 同上,页122。
② 同上,页127。

张一定是对历史的歪曲,因为从定义上看,夸张是一种错误表现的形式。而增加任何一个人的不应得的名声当然没有价值。不论林肯应公正地得到怎样的名声,它都会因混合了不应得的名声而贬值,兰德尔所谴责的那种企图既愚蠢,又不诚实。然而,如果夸大差别是错误的,那么缩小差别也不正确。而且,倘若我们考虑名声,那么可以说,通过使他们之间的问题变得微不足道,道格拉斯的名声所蒙受的损失并不比林肯的少,因为道格拉斯并不认为他与林肯之间的差别是一种细微差别,而兰德尔认为他们之间的差别仅是把奴隶制排除出准州的方法上的差别。在道格拉斯看来——林肯也这样看——准州的政府形式符合他所相信的自由政制的真正精神这一点极其重要。道格拉斯所解释的人民主权原则,对他来说,不论在美国还是在全世界,都是政治自由的关键。他认为(响应韦伯斯特),美国独立革命是一场关于一篇序言的战争——《印花税法案》(Stamp Act)的序言宣布,议会不论什么情况下都有将各殖民地联合起来的权利。征收茶叶税本身不了了之,但在付税所涉及的原则上做出[30]让步却意义重大。道格拉斯认为,对自治权利的侵犯导致了十三个殖民地的反抗。他认为,林肯的原则,即国会为了防止奴隶制的扩张可以进行干预,意味着国会可以对准州内部制度立法,并由此决定未来的州之特性。道格拉斯认为,这么做的权力应当仅属于那些州的居民,任何其他人越俎代庖都与英国国王和议会相似,他们为各殖民地决定那些殖民地人民坚信只有他们自己的立法机构才有权决定的事项,不论好坏。

人民主权原则意味着,每一个不同的政治社群——不论州还是准州——决定自己日常生活制度时所依赖的原则,仅服从于《宪法》中的那些普遍规则,那些普遍规则保证了每个社群都有追求自己方式的平等权利。与林肯一样,道格拉斯在美国经验中看到了为全人类政治自由而做的尝试。在道格拉斯以及他的对手看来,民主的联邦共和国所体现的和而不同是世界上可以期望的最好事物。然而林肯和道格拉斯对"和"以及"不同"的本质之理解,却大相径庭。对彼此对立的事实以及这种对立的重要性,两人的意见一致,但却都不同于兰德尔教授的意见。

林肯认为,自由政府在原则上与动产奴隶制(chattel slavery)不能相容。他坚信,美国共和主义的靠山是,没有哪个人足够善,以至于可以未经另一个人的同意而统治那个人。林肯经常论证说,没有哪一条原则只能证明黑人可以成为奴隶,而不能证明白人也能成为奴隶。对黑人奴隶制所做的任何让步,都会如此严重地削弱白人对他们自己的自由宪章的忠诚,并会使他们成为制造第一个狡诈暴君的臣民。林肯时常将奴隶制比作癌症。切除恶性肿瘤而不导致病人流血致死是可能的,尽管也不一定,但任其扩散而不造成[31]死亡却是不可能的。不论是自然机体还是政治机体,在这两种情况中,首要目的都是阻止异类或有害于生命原则的要素之增长或扩散。

道格拉斯的人民主权说自我声称,它对奴隶制是被投票通过还是被投票否决的问题持中立态度,林肯认为这纯属荒唐。他问道,一个人怎么可能在倡导自治的同时又对否定自治持冷漠态度呢?林肯认为,任何一个真诚渴望自治的人——人民主权所声称的自治——不可能对奴隶制无动于衷。主人和奴隶之间的关系完全违反自治;证明专制有理,必然要谴责自治,证明自治有理,也必然要谴责专制。林肯说,可能导致——即使在理论上——一个人对另一个人专制统治的人民主权原则是现行的谎言,而且将这一谎言铭刻在国家的重大法案——该法案向世界宣布了美利坚共和国据以将大量土地并入自己帝国的原则——的核心之中,将是人类自由的重大灾难。因为,不论《堪萨

斯—内布拉斯加法案》(the Kansas-Nebraska Act) 当下带来的
实际效果如何——它在路易斯安纳购地的剩余部分是引进还是
排除了奴隶制——在林肯看来，它的最终效果的灾难程度，不亚
于将第一诫中的一神论改为多神论会给一个虔诚的犹太教徒或
基督教徒造成的灾难程度。

　　正如林肯认为，没有哪个人足够好，以至于可以未经另一个
人同意而统治他一样，道格拉斯则认为，没有哪一个自由人社会
或者这种社会的集合足够好，以至于可以规定另外一个自由人
社会的内部制度。尽管林肯认为奴隶制在抽象上看是不公正
的，但他承认在某些情况下奴隶制可能是必要的恶。可是谁来
决定何时才需要这个必要的恶呢？那些跋涉到堪萨斯平原上定
居的人们，就像那些更早前去加利福尼亚定居的人们一样，他们
的智慧和德性，并不逊于那些留在旧殖民地的不太爱冒险的和
吃苦耐劳的亲戚们。然而正如他们的殖民地祖先对抗威斯特敏
斯特的议会一样，这些拓疆者们在国会中并没有代表。如果国
会不能对各州的奴隶制问题立法——这些州在国会中都有代
表——那么为何国会可以对[32]在国会中甚至连代表都没有的
准州的奴隶制问题进行立法？至于是否没有人足够好以至于可
以统治他人，道格拉斯认为：

　　　　文明世界一向认为，当一个种族由于自己的无知、
　　迷信、残忍和野蛮而证明自己是低劣的，以至于完全不
　　可能自我统治时，那么理所当然，他们就必须受其他
　　人、受适合于他们情况的法律的统治。

　　道格拉斯并不是在简单地重复古老的"希腊人和野蛮人"之
间的差异，这可以从那位卓越的自由主义健将密尔(John Stuart

Mill)的文章中看出,他在 1859 年第一次发表的《自由论》(*On Liberty*)中写道:

> 在与野蛮人打交道时,专制主义是一种合法的统治模式……在人类有能力通过自由和平等的讨论进行自我改进之前,自由原则不适于任何状况。

美国的黑人大体上还"没有能力通过自由和平等的讨论进行自我改善",是 1858 年除了极少数派之外的大多数人的共识。如我们将看到的,林肯反复声言他反对任何促使"白种人和黑种人在政治上和社会上平等"的努力。正如经常所发生的,道格拉斯如此强烈地谴责林肯的这一声言完全前后不一致,说它是政治修辞。道格拉斯论辩道,如果大家公认黑人与我们并非平等,那他们就一定比我们低级并应由我们来统治。人道主义和基督教都要求赋予黑人与社会安全和福利相一致的每一项权利、特权和豁免权。实际的问题是:那些权利是什么? 道格拉斯断言,每个州和准州都应当对这一问题给出自己的答案。

伊利诺州已经决定,黑人既不是奴隶也不是公民;其他州通过法令确立了奴隶制;还有一些州决定黑人可以投票。在后一种情况中,某些州的法律规定,除具有白人被要求的资格外,黑人还必须满足另外一些特殊的资格要求,而其他一些州则没有规定这种让人不满的资格差别。道格拉斯的核心实际主张是这样:由于黑人的权利必然地、不得不由白人来决定,因此有决定能力的白人[33],应是那些最接近其权利要被决定的黑人的白人。缅因州的状况与密西西比州大不相同。有谁会认为适合新英格兰少数自由黑人的法律也适合南方腹地的大量仍然原始的非洲人? 或者反过来,认为适合南方腹地的大量仍然原始的非洲人的法律也适合新英格兰少数自由黑人？如果国会可以让准州立法机构自行制定关于丈夫与妻子、父母与孩子关系的法律以及整个民事和刑事法律，那么为何国会不可以让准州自行决定有关主仆关系的法律呢？

在道格拉斯看来，自由政府的精髓在于，自由人对于自己的至关重要的问题拥有决定权。剥夺自由人社会在他们自己的重要问题上的决定权——仅因为这些问题太重要了——就是攻击联邦主义和民主之正当理由的主要根基。有一次他曾说，当上帝创造了人并将善和恶放在他面前，让他为自己从中挑选时，《堪萨斯－内布拉斯加法案》的原则就产生了。一个人之所以为人，就是因为他有自己选择的权力，政治自由也是如此。不论外部力量是一个极权君主、一个议会还是合众国国会，都没有改变问题的实质。自治的基础在于人民决定所有问题——包括对和错的问题——的能力，否则就不存在自治的正当理由。像丘吉尔勋爵（Lord Randolph Churchill）一样，道格拉斯的座右铭是"相信人民"。林肯和黑人共和党认为，《独立宣言》要求的仿佛是任何地方的人之条件的普遍平等，而不是由于自由人不寻常的美德和牺牲，而让自由人的条件高出普遍水平。他们这种解释是对国父们的诽谤，因为如果国父们一方面宣布奴隶制违反自然法和神法，另一方面他们每一个人又继续代表蓄奴选区并且大部分都有自己的奴隶，那他们就会是一群伪君子。道格拉斯对《宣言》所提出的那一著名观点的解释是，它实质上"仅［意味着］平等人的平等"，而且他还相信，通过赋予不平等人以平等，林肯的解释是对一切秩序和正义的颠覆。黑人是由于他们的低级本性和社会利益的要求而被公正地奴役的，否则的话，可能也无法公正地否定他们的任何其他平等权利。如果采纳黑人共和党的信条，则这信条将使那些力量——不实现充分的政治和社会[34]平等,不发生种族混杂和融合,那些力量就不会停止下来——运作起来,所有这些情况都曾在美国中南部发生过,在那里,当地人已经充分证明,他们完全没有能力实行早前在英国殖民地蓬勃发展的那种自治。

林肯对所有这一切的回答是,道格拉斯想错了问题。林肯承认,白种人和黑种人在身体上存在差别,这种差别很可能使他们永远无法在平等的层面上共同生活。人人平等的信念是国父们的古老信念。但那种信念并没有绝对要求赋予黑人任何种类的平等,就像它没有立即让所有白人完全平等一样。然而,在某些不可剥夺的权利方面,黑人的确与白人平等,而且由于这些不可剥夺的权利,说某人没有自食其力的权利是荒谬的。道格拉斯的——也是南方奴隶主集团的——让人恐惧的观点就是,奴隶制的替代品将是完全的政治和社会平等。林肯称此为七叶树论点,即"似是而非、异想天开的文字游戏,一个人可以用它来证明栗色马是欧洲七叶树"①。林肯说,如果他不想让一个黑人女人做奴隶,由此并不能得出推论说他必然是想要她做老婆;他可能根本不想与她有任何关系。如果说黑人确实所得较少,那么不应因为这一理由就认为黑人没有保留属于自己的那一份的权利。林肯说,他的古老信念告诉他,黑人也是人,因此有权要求正义,而奴隶制完全取消了正义。尽管在某些情况下它可能是必要的恶,但它毕竟还是恶。说奴隶制不是恶,就是颠倒一切真理,毒害公众道德之水的源头——因为民意是自由社会中所有政治行为的基础。

但是林肯坚持,他并不倡导废除奴隶制或干预已经存在奴

---

① [译按]"栗色马",原文是 chestnut horse,如果把这两个字前后颠倒一下,就成了截然不同的"欧洲七叶树,"原文为 horse-chestnut。

隶制的地方。他完全承认道格拉斯论点中有一个部分是适当的，那就是，那些生活在奴隶制中的人，应对决定主奴关系负首要责任。作为生活在自由州中的人，尽管他赞成逐步解放奴隶的方案，但他不会责怪他的南方兄弟们在采取此一方案时行动缓慢。然而，尽管作为伊利诺州的公民，他既无责任也无权利对蓄奴州中的奴隶制采取行动，但这并不妨碍他表达自己对于尚未开发的准州的观点，和倡导与准州有关的立法，准州是[35]联邦的共同财产，在那里主仆关系还未曾出现。在那些地方，问题不是什么样的法律可以最好地应对黑人问题，而是是否应该允许奴隶制及其伴随的恶在那里存在。如果有一天，美国突然得到一块像古巴那样有着庞大黑人人口的土地，那么问题可能会是：什么样的法律对这些黑人是最好的法律？但是，就像从墨西哥得到的土地一样，内布拉斯加的广袤处女地实际上没有黑人人口，林肯为此曾投票表决了“四十次”，要求在那里应用“威尔莫但书”（*Wilmot Proviso*）。① 林肯认为，把黑人奴隶排除在外，以及把所有引入黑人奴隶可能引发的问题统统排除在外，这是所有致力公民自由的理性之人的蕲望。如果道格拉斯真的害怕种族混杂，他应当加入那些限制奴隶制的共和党人，因为奴隶制正是这个国家至少百分之九十的种族混杂的原因。至少，自

---

① ［译按］1846 年 8 月美墨战争期间，波尔克总统要求国会拨款 200 万美元，用于与墨西哥谈判战后土地割让问题，来自宾夕法尼亚洲的民主党人戴维·威尔莫提出，国会拨款时要加入一个明确的和基本的限制条件：即因使用这笔拨款而使美国在战后取得的土地上“禁止实行奴隶制或强制性劳役（除了惩治犯罪行为以外）。”这就是“威尔莫但书”（*Wilmot Proviso*），这一但书实际上要求打破联邦一直奉行的自由州和蓄奴州之间的分界线。此但书在众议院通过了，但在参议院由于自由州和蓄奴州数量相等而被否决。这一但书在国会激起了对奴隶制问题的争论，并使南北民主党人之间、辉格党人之间和民主党人之间对奴隶制问题的分歧进一步加大了。

由的黑人女孩不会在自己不同意的情况下成为黑白混血儿的母亲。

当道格拉斯宣布自己对奴隶制被投票通过还是否决无所谓时,他的意思是决定黑人权利的不是人性或基督教,甚至不是社会安全,而是物质的自利。当密尔承认专制主义是对野蛮人进行统治的合法模式时,他还说:"条件是,这么做的目的是使野蛮人得到改进,而手段,由于实际实现这一目的的努力,就是正当的。"可是道格拉斯说:

> ……我们应该将他们能够以符合社会安全的方式行使的所有权利、所有特权和所有豁免权都赋予黑人种族和所有其他依附的种族。人性要求我们必须给予他们所有这些特权;基督教要求我们将那些特权延伸至他们身上。于是便出现了这样一个问题:那些特权是什么?它们的本质和范畴又是什么?我的回答是,这是各州必须自己回答的问题。我们伊利诺州已经有了自己的答案。我们尝试了奴隶制,保留了十二年,发现它并不赢利,因此我们废除了它,成了自由州。

或者,在另一场合他说道:

> 每当一个地区拥有的气候、土壤和物产,让居民觉得奴隶制会对自己有利时,[36]他们就会通过奴隶法鼓励奴隶制。而每当气候、土壤和物产排除了奴隶制赢利的可能性时,居民们就不会允许奴隶制。你们所依据的就是金钱原则。

林肯认为,这样的陈述表明道格拉斯——

没有非常明确地认识到黑人是人;因此也想不到在为黑人立法时存在道德问题。在他的思想中,新的地区采用奴隶制还是自由制,就和他的邻居在自己的农场上种烟叶还是放牛一样,他对此完全无所谓。

这样的人民主权因此是错误的:

它在直接效果方面是错误的,因为它让奴隶制进入了堪萨斯和内布拉斯加,作为一种原则,从长远来看,它也是错误的,因为它允许奴隶制扩散到世界上有人愿意采纳奴隶制的其他地方。

林肯在1854年第一次发表如下观点,从此之后又不断重申这一观点,那就是这一政策:

我只有仇恨。因为奴隶制本身的巨大不公,我仇视它。我仇视它,因为它伤害了我们共和国在世界上的公正模范之形象——使自由制度的敌人可以名正言顺地奚落我们是伪君子——使自由的真正朋友质疑我们的诚意,尤其因为,它使我们中那么多真正的好人向公民自由的基本原则开战——批评《独立宣言》,并坚持认为除了私利之外没有正确的行为原则。

但是在1858年夏天,整个国家都已经看到,堪萨斯决不会变成一个蓄奴州,在人民主权之下,堪萨斯成为自由州只不过是时间问题,难道林肯当时没有看到这一趋势? 而且难道他没有看到,在路易斯安纳购地的剩余部分中,没有哪个地方比堪萨斯更倾向奴隶制? 他在理论上对道格拉斯的道德反对是否值得继续? 华盛顿本人不是已经说过,只要使奴隶制变得无利可图,就可以在实际上废除它吗? 华盛顿不是想将波托马克(the Potomac)河谷与俄亥俄河(the Ohio)河谷用道路和运河连接起来,让商业和工业扩张至弗吉尼亚和南方北部,以此使奴隶制度不再赢利吗?① 道格拉斯想[37]尽快开放西部并为此修建横跨大陆的铁路系统,难道他不是与华盛顿一样,是一个务实的理想主义者? 道格拉斯的政策在反奴隶制方面,难道不是比任何单纯理论性的道德圣战更加有效吗?

无可争论,尽管两个人在1858年所采取的立场不可能同样正确,但谁的立场都不是仅出于权宜之计,虽然我们可以肯定,两人都相信自己所采取的立场有权宜之处。当时两人都快到达他们长达四分之一世纪的政治生涯的高潮了。尽管当时道格拉斯的成就和名声都大大超过林肯,但后者的政治学徒过程却十分彻底;林肯1838年发表的《论我们的政治制度之永存》(*On the Perpetuation of Our Political Institutions*)的演说,表明他的一生都在有意识地为这样一个时刻做准备。而且,两人的政策所反映的都不是无足轻重或转瞬即逝的事业;相反,那些政策是两人运用各自深信不疑的原则的结果,当美国人民在困扰一个民主国家的最黑暗迷雾中挣扎着想要发现方向时,那些原则似乎足以照亮他们前进的道路。

---

① 参见布鲁克斯·亚当斯(Brooks Adams)为亨利·亚当斯(Henry Adams)的书所写的序言,《民主信条的堕落》(*The Degradation of Democratic Dogma*),(New York:Peter Smith,1949),页17—20。

　　虽然道格拉斯在 1858 年比林肯有名得多——确实，除克雷和塔夫脱(Robert A. Taft)外，①可能再没有其他的没有坐过总统宝座、但在有生之年又享有如此声誉和威势的政党领袖或政治家了——但他在论辩之前的职业表现相对来说不太为人所知。我们将展示道格拉斯从 1843 年开始吸引全国关注，直至他与林肯的伟大决斗之间，他的政治生涯和思想的最重要部分，试图以此来恢复 1858 年的真相。在这一展示中，我们将尽可能抱同情态度，寻找可以观察道格拉斯充满冲突的职业生涯之最高立足点。因为，我们希望在这样一个展示中，可以看到解释道格拉斯在 1858 年的事业之正当性的最好理由，这应当是虔诚的追随者、或者更应是道格拉斯本人，在查看自己的记录并在与他的伟大对手交锋时所看到的理由。

---

① ［译按］塔夫脱，1889—1953，美国参议院共和党领袖(1939—1953)，坚持保守主义和孤立主义，反对新政。

第二部分　道格拉斯的理由

第三章　奴隶制

[41]道格拉斯认为，道德考虑在政治中是不必要的。多年以来，人们对他的声誉最具打击性的指控就是这一点，这一指控由于罗德斯（James Ford Rhodes）而在历史学家中广为流传。近年来，奈文思（Allan Nevins）又不断重复和阐述这一观点。[①]然而，不夸张地说，道格拉斯的支持者，比他的诽谤者更折磨道格拉斯。那个时代，道格拉斯最疯狂的支持者密尔顿称他是一个"狂热时代的现实主义者"，寻求用"辩证法"来"支持自己具有经济智慧的政策"，因为他"生活在一个使用任何其他词汇的话语都不会被理解的时代"。这说明道格拉斯是一种与落后的无产阶级打交道的政委（commissar）。但是，没有证据表明，当道格拉斯使用任何其他话语时，他自己是否还能理解自己的政策，也没有证据表明，在他心中存在"经济智慧"和"辩证法"之间

---

① 奈文思对道格拉斯的指责主要出现在《联邦的考验》（*Ordeal of the Union*）一书的第二卷，Scribner，1947。该书续篇，《联邦的考验》第三和第四卷，副标题为"林肯的出现"（Emergence of Lincoln），于 1950 年出版，这两卷却赞扬道格拉斯，正如早前指责他一样。我们下面会有机会评论奈文思关于政治家才干的不同标准。

的差异。在为自己所理解的自由共和制度的使命献身时,道格拉斯一如任何同代人一样感情冲动。

　　道格拉斯是作为杰克逊(Andrew Jackson)的追随者进入政界的。那个"老山核桃树"①是一颗明星,道格拉斯将自己事业的马车拴在这棵明星之树上,并从此对它忠心耿耿。像他的偶像杰克逊一样,道格拉斯爱憎分明。他热爱联邦,并且是一个凶猛和好战的民族主义者。他与杰克逊的老对手克雷联手,使1850年妥协案得以通过(即使克雷在1832年各州拒绝执行国会法令的危机中协助过杰克逊),因为道格拉斯相信这个妥协会保存并[42]强化联邦。但是,正如他在1860年所说,当自己来到要求脱离联邦的核心地区、感到林肯必将当选总统时,他会把任何用武力反抗执行《宪法》的人吊死在比哈曼(Haman)②死地更高的地方(响应四分之一世纪之前杰克逊的话)。此时——他最为辉煌的时刻——道格拉斯的爱国主义之火正熊熊燃烧,其光耀不亚华盛顿或林肯的爱国烈焰。

　　此外,道格拉斯还反对偏见——不论是种族的、宗教的还是地区的偏见。这位杰克逊的后人致力于扩大美国民主的参与基础。然而,在1850年代如何扩大民主的基础却是个难题,因为这在相当程度上牵涉到要在黑人权利和白人移民权利之间做出选择。如果要在黑人问题上比较道格拉斯和林肯的记录,我们还必须比较他们关于一无所知党,即"土著美国人"(Native Americans)的记录,这些土著美国人希望使不在美国出生的美国公民——尤其是那些非盎格鲁-萨克逊血统的公民——成为二

---

① [译按]Old Hickory,杰克逊总统的别名。
② [译按]哈曼,旧约圣经中所记载的一位波斯宰相,因为施阴谋欲杀尽犹太人而被吊死。

等公民。林肯在公众场合没有就一无所知党表达过任何意见，而只是在私下表示过强烈的仇视，然而，道格拉斯则公开地、反复地和猛烈地攻击一无所知党。此外，必须意识到的是，在对黑人出言不逊时，道格拉斯仅涉及了一个深刻难题的某一方面。该难题是，应该谴责那些作为他的朋友、亲戚和同胞的蓄奴州的白人的道德准则呢，还是应该宽容看待南方的"特殊制度"的权利，接受可以证明这一权利为正当的唯一前提：黑人种族的低劣。道格拉斯向赞成奴隶制观点所做的让步——在一个被深刻道德分歧所撕裂的国家中，为了保持民主党作为全国性政党、为了保存民选政府，这是最低限度的让步——在他看来也许是选择了较小的恶。从前述分析中可以看出，道格拉斯确实更倾向赞同奴隶制观点而非废奴观点（林肯也反对废奴观点），但这并不意味着他接受赞成奴隶制的观点。和林肯一样，道格拉斯与南方有着深刻复杂的个人和党派关系。在道格拉斯看来，废奴主义者的不宽容态度，似乎才是两个极端中更具挑衅性和侵犯性的那个极端，对南方应享的宪法权利的热情关注，使道格拉斯对诋毁南方的那些人的激进平等主义冷嘲热讽。

[43]奈文思称道格拉斯是一个"道德热情薄弱"的人，没能看到"不可抗拒的推动历史的力量是道德力量"。① 奈文思认为，历史的力量，即19世纪世界的观念变化，不可抗拒地从不负责任的独裁制度转向了负责任的民主制度；从世界上不同形式的奴隶制转向了个人自由。但奈文思没有解释，一个处在各种冲突力量汇流之处的政治家，如何能够确切知晓历史潮流的真正流向。在葛底斯堡，林肯把内战称为一次考验，并以此来暗示这是一场真正的危机，其中可能发生的事件无法确定。可以肯

---

① 奈文思，前揭，II，页108。

定,林肯并不认为历史有预先设定的方向。而且,奈文思也没有告诉我们为何顺应历史潮流——假设历史潮流存在的话——在道德上要比抗逆历史潮流更好。一个人难道不可能高尚地选择逆流而上吗?难道很多伟大的事业,不是被知难而进者的岿然不动的立场拯救了吗?在1839年一个演说的有点夸张的结语中,林肯如此表达了这种古老思想:

> 如果我什么时候体验到神魂超拔并弥漫至并非完全与全能的造物主不相称的地步,那就是当我沉思遭整个世界遗弃的祖国伟业之时,我只身勇敢地奋斗,反抗那些得胜的压迫者。无论后果如何,苍天大地,实所共鉴,林肯于此盟誓:此一正义事业,吾将念兹在兹,直至永远。在我心中,承载我的生活、我的自由和我的爱情的这片热土,属于这一事业……让任何认为自己正确的人无忧无惧地畅所欲言,如此,吾人才能得胜。然则,倘若我们还是失败了,那就顺其自然吧。当敞开良心,当面对国家自由消失的雾霭时,吾人仍将骄傲并宽慰地说,吾人论断为正义的事业,吾人心灵所膜拜的事业,吾人从未因胆怯而不敢维护辩诬,无论是在灾难、痛苦还是死亡中。①

据说,当道格拉斯在1854年着手废除《密苏里妥协案》时,他已说过,自己知道这将引起一场"暴风雨"。但道格拉斯已下

---

① 《林肯著作集》(*The Collected Works of Abraham Lincoln*),(此后称《著作集》),Roy P. Basler 编辑,Rutgers University,1953。I,页 178,179。除非特别注明,林肯引言中所有斜体都是林肯自己所加。

定决心坚持这一他认为正确、并且对己心所系的所有人的长远利益都有好处的事业。道格拉斯也感到一场危机已经到来,他必须穿越这场危机,他感到正在兴起的废奴主义正威胁美国政治,使其偏离正常轨道——在正常轨道中,[44]国家的多数人与少数人本可以和平地分裂——并用一个不可能有妥协的局部问题来做替代品。如果这些成为事实,那么他所热爱的联邦就会消失;他与韦伯斯特和林肯一样都不希望看到那一天的到来。如果道格拉斯的人民主权理论——即允许一个地方的多数决定奴隶制问题——被北方的主流观念所接受,并成为解决这个"争论不休的问题"的原则,那么道格拉斯本来能够主宰他于1854年掀起的反对自己的不可抗拒的历史潮流的。事实上,林肯只是在1858年的对抗才将道格拉斯击败,当时后者已经非常非常靠近成功的巅峰。

　　道格拉斯并非不知道奴隶制问题的道德含义。如果说他不得不对投票通过奴隶制还是投票否决奴隶制表示无所谓的态度,那是因为只有这种态度才符合人民主权的逻辑。根据人民主权原则,决定奴隶制存在与否应是在地方层次。道格拉斯"无所谓"政策的真正含义是,他相信自己不应对一个他认为不属于自己正式职责范围的主题表达一种官方意见。道格拉斯的立场是,除了处理逃亡奴隶的权力和义务以外,《宪法》没有赋予国会处理奴隶制的任何正当权力。道格拉斯感到,克制自我以避免对奴隶制所引起的各种实质问题表达意见——这些问题按理说只属于州和准州政府——是每一位国会成员的义务。至于在联邦政府那里,道格拉斯希望将奴隶制当成一个司法问题,而且他知道,如果他允许自己对奴隶制的功过表达意见,他就是搬起石头砸自己的脚,因为这等于否定奴隶制是个司法问题而承认它属于国家立法机关的管辖范围。道格拉斯之所以这么做,是因为他相信,在那一届国会会议中,联邦将无法摆脱四分五裂的意见。再说一遍:道格拉斯不希望对奴隶制的功过表达意见,是因为他不希望国会成为这样一些政策的论坛,他相信这些政策可以在地方层次——无论是州还是准州——被适当和有效地制定。1858 年,在关于乐考普顿法案的争斗之后,关于奴隶制的不道德性,道格拉斯在公众场合只说过一个词——这个词所达到的效果是,并非[45]对投票通过还是否决奴隶制的"无所谓"态度,而是人民主权,才是实现北方自由土地运动对准州奴隶制谴责的最好的宪法手段——道格拉斯本可以阻止林肯得到西北部自由土地运动的领导权,并使自己成为该运动的毋庸置疑的领导的。林肯对此十分清楚,当作分裂之家演讲时,林肯说道:

> 现在,一如既往,我希望不要误解道格拉斯法官的立场,质疑他的动机,或者做任何冒犯他个人的事情。
> 不论何时——如果曾经有过的话——当他与我在原则上一致、以至于吾人的伟业可以从他的伟能那里得到帮助时,我都希望,没有任何外来障碍扰攘这一惠助。

奈文思在对道格拉斯的指责中说,道格拉斯的传记作家们"在他所有的演说和信件中只发现了一两篇暗示自己不喜欢奴隶制的文章。但我们却可以发现成百篇的文章表明——正如他曾经说过的——他不在乎投票通过还是否决奴隶制"。事实上,尽管不像林肯或其他共和党人不断重复这个词组给人造成的印象那么多,道格拉斯确曾多次以这种或那种形式使用过这个著名的"无所谓"说法。而且,虽然奈文思举了若干例子,来说明道

格拉斯在奴隶制问题上背离道德,但他并没有举出道格拉斯的
"一个或两个"反奴隶制词组中的任何一个。1860 年,伊利诺州
共和党中央委员会编辑了一本名为《道格拉斯在奴隶制问题上
的政治记录》的小册子。其中四页是双栏页,栏的尺寸很小,它
们列出了据说是道格拉斯的反奴隶制的记录,另有十一页给出
了据说是他支持奴隶制的记录。即使这个共和党的竞选运动文
件也比奈文思教授的要好一些,它把道格拉斯放在更接近天使
的一边!然而,1860 年共和党对道格拉斯前后不一致的指控,
可能揭示了道格拉斯的最佳理由的基础。因为,任何拘谨的前
后一致,都很少是——如果曾经有过的话——明智政治家的道
路。伯克(Burke)曾经攻击英国朝廷并为美国独立革命辩护,
后来又为法国君主辩护并攻击法国大革命,丘吉尔关于政治上
前后一致的评论特别适用于伯克。从丘吉尔的评论中,我们可
能会看出道格拉斯的理由。丘吉尔评论说:

> [46]……当一个政治家遭遇各种事件的洪流、渴
> 望保持航船平衡并使航行稳当时,他可能会将所有重
> 物放在船的一边,然后又放在另一边。如果进行比较,
> 就会发现,这个政治家在不同情况下的观点可能不仅
> 在性质上相差甚远,而且可能在精神上互相矛盾或者
> 完全对立:但他的目标由始至终都不会改变。他的决
> 心、愿望和价值观都可能没有改变;但他的方法却在言
> 辞上难以调和。我们不能称这为前后不一致。在变化
> 的处境中,一个人可以保持前后一致的唯一方法,是随
> 之变化、和光同尘但又保持相同的主导目标。①

---

① 　丘吉尔,《思想和冒险》(*Thoughts and Adventures*,London,1932),页 39。

那么,让我们来努力把握这个伟大、激情、顽强和灵活的人的主导目标吧。在伊利诺州共和党中央委员会看来,道格拉斯从 1845 年起直到 1854 年 1 月 4 日,都一直在坚定地为遏制奴隶制而工作。1845 年,他为吞并德克萨斯的决议而提出的修正案包含了《密苏里妥协案》的分界线;1854 年 1 月 4 日,他在作为参议院准州委员会主席所做的一个报告中,提出了一个新的《内布拉斯加法案》,"既不维护也不废除《密苏里妥协案》第八款"。然而,伊利诺州共和党中央委员会说,1854 年 1 月 23 日,"在他'并不准备建议背离'密苏里禁令的十九天之后……道格拉斯先生提出了一个新的议案,建议将内布拉斯加分成两个准州——堪萨斯和内布拉斯加——并建议废除《密苏里妥协案》……"中央委员会说,这——

> 成为道格拉斯先生政治仕途的转折点。从这个急转弯开始,他的路线变为完全和彻底地赞成奴隶制,包括对被引进参议院进行讨论的《乐考普顿法案》,他都采取了无所谓的立场,这一立场在道格拉斯的这样一句话中得到最好体现:"我对奴隶制是被投票通过还是被投票否决都无所谓。"这种冷漠态度被保持了两年多一点,之后——正如从记录中可以看到的——他比以往任何时候都更加极端地赞成奴隶制。

接下来,我们将通过另外一位著名美国人的文字,来看看记录。但在这么做之前,我们也许可以听听道格拉斯"没有被记录在案"的言论。我们相信这么做是重要的,因为道格拉斯作为政党领袖的地位,一直都取决于他保持西北部与南方联合的能力,这在辉格党解散之后、[47]联邦的生存很大程度上取决于民主党内部的和谐能否得到维持之前就已经如此。因为正是这种联合给了党内的各派成为多数联盟一员的可能性,没有这种可能性,任何一派在国内都肯定会处于少数地位。并且,在道格拉斯职业生涯的任何时刻,对奴隶制的公开谴责或明显仇视都会立刻破坏这一联合。同样,如果不读一下林肯私下对一无所知党的指责,就不可能正确评价他在 1850 年代的政策。因此,当1854 年蔡斯①和国会中其他"独立民主党人"对道格拉斯的品质和动机发动第一次严厉攻击时——当时唤起布朗(John Brown)②精神的警报声正隆隆响起,这种精神直到奴隶制被兄弟阋墙的战争之血溶解之后才得到安息——道格拉斯对一个老朋友及赞助人的儿子如此说道:

> 我并不赞成奴隶制。我认为它对白人和黑人来说都是一种无法估量的诅咒。但吾人之所以作为一个国家存在,是因为吾人共有这部《宪法》,而在《宪法》之中,吾人难觅可以废除奴隶制的方法。我相信唯一可以摧毁奴隶制的力量就是刀剑,而刀剑一旦出鞘,就无人可以预料后果。③

如果人们注意的话会发现,这一"反奴隶制"情绪出现在废除《密苏里妥协案》的时刻,而要求废除该妥协案是他生命中最

---

① [译按]蔡斯,Samlmon Portland Chase,1808—1873,美国法官、南北战争前的反奴隶制领袖,曾先后参与创建自由土地党(1848)和共和党(1854),出任林肯政府的财政部长(1861—1864),合众国最高法院首席法官(1864—1873)。
② [译按]布朗,1800—1859,美国废奴主义者。1859 年他与二十一名随从在哈帕斯渡口占领美国军火库,为解放南方奴隶作出了努力。布朗在失败后,受审并被判处绞刑,因此他作为废奴运动中的烈士而赢得同情。
③ 密尔顿,前揭,页 150。

重要的"赞成奴隶制"的行为。但在这个私人谈话中,他接着说道,废除妥协案还意味着"奴隶制无法再躲在一条自由不敢跨越的界线之后"。通过废除有利于分界线以南奴隶制的潜在前提(林肯也承认的《密苏里妥协案》分界线暗示了这种前提),道格拉斯希望自由可以传播得更远更快。由于我们在公共记录中没有发现这样彻头彻尾的反奴隶制的情绪,因此当我们浏览那些记录时就有理由问,记录中是否存在与他的这种反奴隶制偏见不一致的东西。大体上,我们发现道格拉斯与奴隶制有关的记录体现了两条原则:首先,这个问题应该被置于国会大厅之外,在国会大厅之内讨论它只会伤及全国人民的情感;其次,必须拓展美国的疆界[48],必须在人民主权原则基础上尽快建立新的准州。这两条原则之间有如下联系:道格拉斯相信新准州的建立会很快产生新的自由州,会在联邦中导致自由制对奴隶制的不可抗拒的优势,并会让人们专注于填充和建设广袤大陆空间的任务,这项任务将如此消耗国家的精力,以致人们会忽略并在很大程度上遗忘奴隶制问题。

如果用一个词来概括道格拉斯的政策,那将不是"人民主权"而是"扩张"。确实,在道格拉斯的政治词汇中,很难精确区分两者的区别。扩张是道格拉斯外交政策的关键词,人民主权是他的国内政策的关键词,两个词语就像一枚硬币的正反两面那样密切相连。与林肯相比,道格拉斯更倾向把政治自由事业与合众国当时的自由事业相等同,因此认为国内的中心任务并非像林肯所认为的那样,是保存和完善自由,而是扩散自由。与林肯不同的是,对作为范例的美国是否有足够的影响力将自由扩展到其他土地或民族那里,道格拉斯信心不足,甚至完全没有信心。在他看来,美国自由唯一有效的安全保障是国家本身的物质资源和力量,而增长自由的唯一有效方法是美国边界的扩张。**旧世界**向往自由和受到迫害的人们涌入不断扩张的美国宪政体系中,以这样的方式加入到开明的政治制度之中。对未来做长远思考并非道格拉斯的习惯,但可以毫不夸张地说,他的外交政策的最终逻辑后果将是一个世界性联邦共和国。他的政策背后的驱动力是某种类似罗马梦想的世界性共和国,但在他的世界性共和国中,地方独立是真实的而非虚假的。与罗马共和国不同的是,美利坚共和国的特征,将不会是其中任何一部分对其他部分拥有优势地位或霸权。"美利坚人"这个名字本来就属于、而且是平等地属于每一个作为组成部分的共同体。正是每一个政治成员共同体在联邦体系中的平等宪法地位,保证了[49]每一次新准州及其居民加入联邦都意味着人类自由和福祉的增长。正是这个原因,使得美利坚帝国主义成为整个人类及其自身的幸事,这与其他的帝国主义不同。是人民主权使得扩张不但可行(通过消除恶意和妒忌),而且被人们所渴望(因为共和国的自由得到了扩展)。

但我们现在必须展开说明,道格拉斯如何觉得扩张政策又有助于人民主权事业。当道格拉斯于 1843 年在国会开始其职业政治生涯时,联邦中自由州和蓄奴州数量相等(每一方都是 13 个)。在北方兴起对奴隶制进行攻击的同时,南方也兴起对奴隶制的维护,这种维护越来越坚持奴隶制是一种"积极的善"(a positive good)。美国的自由一方面受到来自废奴主义者的威胁,另一方面受到来自卡尔霍恩的"积极的善"这一流派的威胁。道格拉斯对这些威胁的态度,可以从 1848 年在参议院广为流传的评论中看出。在来自新罕布什尔州的废奴主义参议员海尔(Hale)与南方极端主义者卡尔霍恩、伏特(Foote)和戴维斯

(Davis)之间的愤怒控诉与反控诉当中,道格拉斯对他的民主党伙伴们说道:

> 我说过,经由如此强烈的行为,南卡罗来纳州参议员已经造成了吾人所谴责的后果,而北方的废奴主义就是由南方的指责和鲁莽所引起。我还说过,有些北方人已准备好利用这鲁莽和指责行为,将其转变为北人的优势,而反作用于南方身上……我对废奴主义或者类似废奴主义的另一种极端行为都不抱同情。吾人[北方民主党人]不愿遭受践踏,虽然你们无需冒任何危险就可使用强烈方式,但这种强烈方式只会招致北方对你们的反感。他也不会冒任何危险;恰恰相反,他会得益,因为他这么做能够引起废奴主义者的关注,废奴主义者会认为他是自由的伟大倡导者……故而结果如下,在那两个极端的党派之间,来自北方的我们不属于其中任何一个,因此[50]被搁置一边。现在,为了你们的宪法权利,我们将挺身而起,我们将保卫这些权利,直至最后……但是,在这场关于奴隶制的躁动中,我们反对被当成工具或傀儡,这场奴隶制躁动只会对你们有利,也只会壮大那些想打败你们的人。①

值得注意的是,严厉和不妥协的卡尔霍恩,已经把道格拉斯的这种温和中庸立场描述为比废奴主义更具冒犯性。其理由已在道格拉斯前面那段话中得到精彩阐述:两个极端的共同利益是反对中庸。卡尔霍恩 1850 年的政治目标——即巩固南方的

---

① 《国会环球》(Congressional Globe),第 30 届国会,第 1 次会议,附录,页 506—7。

民族主义——取决于北方的敌人,即废奴主义。同样,如果没有卡尔霍恩的"积极的善"这一流派,废奴主义也不可能变得强大。像杰斐逊和亨利(Patrick Henry)(或者克雷)这样的南方人,并不是废奴主义宣传攻势的便利目标。尽管这些人确实认为废奴与白人南方的安全不一致(杰斐逊说过:"正义是一种尺度,而自我保存是另一种尺度。"),如果能找到迁移解放了的黑人的方法,他们愿意,甚至急切希望逐步解放奴隶;而废奴主义者最终想要的东西,是一个能负责的政治家,他能够面对解放奴隶所带来的种族融合这一真正问题。

　　而卡尔霍恩——在他成为一个公开的分裂主义者之前——已从一个美国人转变成了一个南方民族主义者。在他的徒弟海恩(Hayne)与韦伯斯特的著名论辩中,海恩已经将那些想把联邦转变成国家联盟的人看作美国自由的敌人。美国民族主义因此被认为是南方自由的死敌。但是,像杰克逊一样,道格拉斯只是一个民族主义者。然而,当南方极端主义者依据《联邦宪法》的某些部分对州的权利作出极端解释时,废奴主义者便立刻公开谴责《宪法》的那个部分。《宪法》不仅支持奴隶制,而且给了奴隶主这样的权利,即在众议院选举中每五个奴隶可以被当作三个人看待。废奴主义者认为,这等于是为扩大人类枷锁的行为提供一种永恒奖赏。这样的"妥协"[51]是与魔鬼讨价还价,而《宪法》则是一份"与地狱签订的契约"。废奴主义者们大声疾呼:"不要与奴隶主结为联盟。"

　　在这些上下压力之间,道格拉斯寻求了一种妥协和协调的方式。一个正在浮现的美利坚民族遇到了奴隶制这个巨大障碍。他看到,各地区不会也不可能就这一问题达成一致意见。唯一的解决方式,就是大家保持和而不同(an agreement to disagree),并汇集在对《宪法》的忠诚之中,因为正是《宪法》保障了这一宝贵的权利——不同意的权利。道格拉斯与年轻的麦考乃尔(George McConnel)的秘密谈话,是他的整个奴隶制政策的隐含前提:"我们之所以作为一个国家存在,是因为我们共有这部宪法,而按照宪法我们找不到可以废除[奴隶制]的方法。"如果我们想知道,为何在上一篇分析中道格拉斯对赞成奴隶制的同情多过对废奴的同情,那我们就必须记住,赞成奴隶制的一方总是以宪法为依据,也就是说它总是根据自己对宪法的解释。道格拉斯的言论所诉诸的原则,至少会得到赞成奴隶制一方的承认。而废奴主义者则相反,他们诉诸的是"更高的法律",甘愿谴责宪法,而且不承认道格拉斯为了妥协可能会依赖的任何前提。

道格拉斯认为,在宪法的框架之下,唯一可以废除奴隶制的方法是诉诸各州和准州的人民,他们确实拥有宪法所赋予的、按自己的愿望处理奴隶制问题的权力和权利。如果废奴主义者不能说服那些在道德上和宪法权利上胜任处理奴隶制问题的人民,他们就没有权利去说服那些不胜任的人民。那将意味着放弃说服而采用强制手段,而强制手段是政治自由的反面。要像废奴主义者所希望的那样改变宪法,以致使蓄奴州的奴隶制服从自由州的权力,就意味着自由共同体的重要内部问题不属于该共同体的管辖范围,因为对该问题的处理没有得到外在于那个共同体的人的批准。这样一种诉求是对自治观念的颠覆,是专断权力的方式。废奴主义者可能也曾借用外国势力来达到自己最热切的希望。联邦制度的高超之处,或者说它同时扩展自身以及扩展自由的能力,在于严谨遵循联邦和地方权威的[52]划分,以及各州在这种权威划分之下对宪法多数之决定的忠诚接受,不论那决定多么令人不快。尽管道格拉斯经常说奴隶制问题应由各地方人民在自利基础上自行决定，但他对联邦主义优点的诉诸，实际上是诉诸于自我克制，诉诸于自我放纵的否定，诉诸于德性。林肯曾经写道，只要南方在奴隶制问题上所做的不超出其宪法权力的范围，他就会咬住嘴唇保持沉默。像林肯一样，道格拉斯也相信，自由——包括言论自由——有时取决于人们保持沉默的能力。

然而，由于道格拉斯真的是密尔顿所说的"现实主义者"，所以他对这个问题就有另外一个解决方法，而不是仅仅依赖所设想的德性。这就是扩张政策所表现出来的解决方法，它本质上是对《联邦党人文集》(*Federalist Papers*)理论的运用，这就是第五十一篇文字中表达的理论：

> 在一个自由政府中，保障民权一定要和保障宗教权利一样。在前一种情况下，它包括各种各样的利益，而后一种情况则包括各种各样的教派。两种情况下的保障程度，将取决于利益和教派的多少；也可以认为，将取决于国家的幅员和同一政府下所包括的人数。

因此，道格拉斯感到，当国家包括更多地区时，联邦分裂和压迫的危险——当北方和南方之间的争斗越来越厉害时——就可能会被驱散。简言之，他希望通过扩张，使地区之间的争斗消溶于联邦的熔炉之中。

以下是1850年道格拉斯与韦伯斯特在参议院中的一段对话：

> 吾人耳闻关于北方和南方的讨论如此之多，仿佛当绅士们在完善为联邦解体所做的安排时，这两个地

区是唯一需要考虑的地区……我欣然看到,尚且有人认识到这样一个重要现实,那就是,在这个国家中,还有比北方或南方更大的一种力量——一个正不断成长、增加和壮大的力量,这力量将能对这国家宣告法律,并如所宣告的那样执行法律。这力量[53]就是辽阔的西部……我们不要沉浸于激进主义之中——地区间不要再有争斗……我们的目标是公平对待所有地区……①

道格拉斯感到,由于西部注定会成为自由土地,因此它不会有不同派别在奴隶制中的利益内讧问题,但这问题在老的自由州废奴据点中很常见。道格拉斯相信,他对待老地区之间争议的"分裂之家两边都会有灾难"的态度,是对待新州的态度。因为作为这方面的第三种力量(或者派系)的西部,会平衡另外两者。它如果加入北方,就会大大加强北方在反对南部脱离联邦方面的优势,而它如果加入南方,就会大大加强南方在反对废奴方面的优势。除了宪法和联邦,西部没有其他既得利益。在道格拉斯看来,政治家关键的建设性任务就是尽快建设西部,以使它在老地区的毁坏性力量变得不可控制之前能够发挥作用。

尽管道格拉斯从未公开明确地指责奴隶制为邪恶或诅咒,但有一次他说的话却与此十分接近,因此应特别加以注意。那是 1848 年的一场论辩,在这场论辩中,卡尔霍恩与海尔曾大放光芒。道格拉斯当时说道:

---

① 同上,第 31 届国会,第 1 次会议,附录,页 365。

在北方，我们不会采取奴隶制是一种积极的善——一种正面的福祉——之立场。如果我们真的采取了这样一种立场，就会面对一个关系重大的质问：你们为何不采纳这种制度呢？在北方，我们按照我们认为正确的想法已经塑造了自己的制度；现在我们对你们南方说，如果奴隶制是一种福祉，那它是你们的福祉；如果它是个诅咒，那它是你们的诅咒；享受它吧——一切责任皆由你们自己承担！

这段话的一个特点是，它提出了一个恒温线理论问题，我们在此之前已经提到过这一理论，道格拉斯从1854年以后也越来越依赖这一理论。根据这一理论，不论在何处，只要那里的土壤和气候可以使奴隶制盈利，那么白人对奴隶制的采纳就不仅是权宜的、而且是正确的。在上述引言中，道格拉斯说北方可能拒绝奴隶制并非因为它无利可图，而是因为它是个诅咒。不论其本质好坏，奴隶制都是导致争吵的原因，因此对美利坚共和国来说是个可以产生种种邪恶的源头，[54]道格拉斯对此深信不疑。但是，林肯坚持认为，人民对奴隶制内在邪恶的认识，是解决这一制度的任何方法之唯一合理基础，而道格拉斯却越来越相信，只有当遏制奴隶制的实际措施不涉及奴隶制的内在善恶这样的抽象问题时，它们才会成功。这似乎就说明了，为何道格拉斯再也没有公开谈论过南方的"积极的善"这一流派的邪恶趋势，或者公开维护他自己所代表的北方选民对奴隶制内在优点的"不同意的权利"。

我们刚刚引用的那篇演说所发表的时间仅比联合论辩早十年。在这期间发生了一系列变化，这些变化使战术不得不发生

改变。在道格拉斯看来,人民主权意味着自由这一信仰,其基础
变得比以往更加坚固;由此,向北方强调这一令人愉悦的真理,
也相应变得没那么紧迫,尽管要把南方的视线从这令他们不愉
快的前景上转移开变得紧迫起来。到底发生了怎样的变化呢?
首先是加利福尼亚于1850年作为自由州加入联邦,这永久地破
坏了自由州和蓄奴州之间的平衡。同样重要的是,加利福尼亚
成为自由州完全是由当地人民自己决定的;即是通过人民主权
决定的。在这个新州的居民中,自由州出生和蓄奴州出生的人
口数量基本持平,但他们反对奴隶制的观点却相当一致。然而,
加利福尼亚州的政治面貌却明显是民主党的,对蓄奴州的政治
要求抱有明显同情。1854年,在一场地区意识强烈的投票表决
中,该州所有的参、众议员全都投票赞成《堪萨斯—内布拉斯加
法案》。在那里实际上不存在废奴主义情绪。加利福尼亚成为
自由土地,原因是墨西哥劳力比奴隶劳力更便宜、更经济。而南
加州是从墨西哥获得的大片土地中唯一一块被认为适合奴隶文
化的土地。道格拉斯对金钱原则越来越多的强调——这原则愿
意承认像路易斯安纳那样的地方对奴隶制的渴望,但他在上面
引用过的1848年的评论中,隐晦地否定了这种愿望——确实像
是受到了[55]人民主权(作为一种实现自由的工具)在加利福尼
亚州的成功之影响。

　　道格拉斯在1848—58年期间改变战术的另一个原因是,
他的北方选区发生了变化,这里是指整个北方,而不只是伊利
诺州。这一变化主要是那个年代汹涌的移民潮造成的。根据
记录,在内战前的两个十年中,移民都分别超过了两百万。而
在联合论辩之前的十年中,移民实际上大大超过了三百万。
这其中,44%是爱尔兰籍移民而33%是德国籍移民。道格拉
斯是爱尔兰出生的美国人中第一位、也许是最受欢迎的国家

领袖。① 爱尔兰裔美国人大量涌进了民主党阵营,尽管辉格—共和党人西沃德在纽约采取了强硬的反—无所知党立场,以此来尖锐挑战道格拉斯的吸引力。在林肯的自由土地联盟中,除了激进废奴主义者以外,其他所有成员都一致——虽然可能没有那么强烈地——感觉到了对黑人的仇恨,这仇恨超出了对奴隶制的仇恨,而爱尔兰裔美国人比北方的任何一个团体,都更强烈地感觉到了林肯联盟中的这种感觉。爱尔兰裔美国人构成了廉价的无技术自由劳力的主要储备,这一劳力储备推进了铁路的发展。他们总是道格拉斯阵营中的主要支持群体,并痛恨与黑人劳力竞争。因此,爱尔兰裔美国人像北方大多数白人劳力一样,既反对奴隶制扩张——因为这将使他们与黑人接触,也反对黑人解放的任何趋势——因为这会带来相同的后果。道格拉斯在 1858 年的言论,没有那一段比他在渥太华(Ottawa)②第一次论辩中的这段话更响亮:"你是想把这个美丽之州变成自由黑人的殖民地,以便当密苏里州废除奴隶制时,她可以把十万个被解放的奴隶送到伊利诺州来吗……?"

我们注意到的大批移民的另一个后果是,废奴主义者对《宪法》的指控主要成为理论性指控,该指控就是《宪法》在"五分之三"条款中为蓄奴提供了奖赏。《宪法》这一条文在诸如韦伯斯特这样的人对领土扩张的反对中占很大分量。林肯总是把韦伯

---

① 林肯曾经在 1852 年提及爱尔兰人对道格拉斯的重要性,"那些被收养的公民,道格拉斯法官的全部重要性都来自他们的选票……"见《著作集》,II,页 143。另参见杜雷先生的文章《黑人问题》(The Negro Problem),《杜雷先生的哲学》(*Mr. Dooley's Philosophy*,New York:R. H. Russell, 1900),页 218。"伙计,我赞成摧毁奴隶的镣铐。但我确实没有投票赞成摧毁它,因为我听道格拉斯先生说这么做是违宪的……"

② [译按]渥太华,伊利诺州中北部城市,位于芝加哥西南,是林肯与道格拉斯第一次论辩(1858)所在地。

斯特对五分之三条款的反对观点,结合到他对奴隶制力量的控诉中去。然而,[56]自由州人口超出自然速度的巨大增长——由于外国移民的移入(因为只有一小部分移民进入蓄奴州,在那里他们可能要与黑人劳力竞争)——让自由州在众议院和选举人团中,占据了势不可挡的优势。一个南方人暴躁地评论说,当从非洲进口一个黑人被定为死罪时,至少也应该把使一个爱尔兰人进入美国定为重罪。

爱尔兰的马铃薯饥荒,德国的庄稼歉收,欧洲各国革命的失败,尤其是1848年德国革命的失败,都加剧了涌向这个国家的移民潮。在1857年的相对短暂的惊慌之前,不论在国内还是国外,那个年代普遍都欣欣向荣。英国1846年对《谷物法》的废除,加利福尼亚的淘金热,克里米亚战争,全都对美国农业产生了强大需求。这大大扩张了南方棉花种植的力量,同样也让大草原为了满足对美国谷物的需求而忙碌不停。

奴隶制的危机,在很大程度上是由美国农业系统内部谷物和棉花利益集团对新土地和新劳力的激烈竞争所引起的。但以谷物生产为中心的农业经济(但它所包括的种植种类要比以棉花为中心的生产更多样化)是自由劳动经济。在这样一种经济中,资本和劳力都更容易流动。自由州的农业企业主,可以将其资本全都投入到土地和设备中。他不用为购买奴隶而积累资本,他的尊严也不妨碍他和他的孩子在自己的土地上劳作。如果他需要更多的劳力,就可以雇佣并以当时的生产所得支付工钱。确实,正是50年代南方经济的繁荣,才使南方在即将被人民主权统治的西部准州中,成了较差的竞争者。因为奴隶价格的激增使奴隶变得非常宝贵,以至于不敢冒险把他们放在缺乏蓄奴州的那种种族控制的精巧制度的地区:该制度包括完全忠于该制度的奴隶法、奴隶巡逻、法官、陪审团以及警察。此外,奴隶在 50 年代的高昂价格也反映,在古老南方的奴隶雇佣所带来的利润增长中,在差不多一代人的时间内,对奴隶的雇佣主要就是为了把他们出口到更新地区。总之,奴隶主们从未像当时那样,不愿意[57]冒险将奴隶放到对奴隶的占有可能不太安全的地区。

自由劳动不需要任何精致的控制制度;工资、利润和改善自己命运的希望,很自然就造成了使这一制度成功的条件。正如道格拉斯热切关注的目光所见,自由劳动制度的流动性、灵活性和自发性清楚地表明,在人民主权规则下进行的对西部土地的所有竞争中,赞成自由州和自由土地的人的胜算要大得多。用奈文思的话说:"很明显,如果这个国家团结在一起不分裂的话,那么前进的每一步,都会强化自由社会并削弱奴隶社会。"但如果真是如此,这难道不是说明,政治家在这一时期的主要任务是使国家团结在一起,而不是沉迷于对奴隶制的道德谴责吗? 不,这难道不是说明,即使宽恕奴隶制也要使国家团结在一起,通过与奴隶制的偏见所达成的某种虚假协议来抚慰奴隶主的利益,而让他们得到一种虚假的安全感、并以这样一个死亡之吻来了结奴隶制吗? 在 50 年代,道格拉斯在整个南方的关系网和人脉比林肯广得多,他也感受到了林肯显然并没有感受到的迫在眉睫的危险,这危险来自卡尔霍恩的那些顽固信徒们,他们情愿分裂联邦也不愿让蓄奴州成为少数。

道格拉斯早在 1849 年就已经面对这一抉择了,当时卡尔霍恩聚集力量发起一个保证自由州和蓄奴州数量永远平衡的宪法修正案。极有可能的是,通过向南方所嘲笑的北方发出最后通牒,卡尔霍恩对促进南部脱离联邦的兴趣,一点也不亚于促进该修正案的兴趣。对于这一观点,道格拉斯有如下答复:

根据我对[南卡罗来纳州参议员]的理解,他是希望该修正案有如此规定,即在所有将来的时间里……这个联邦中蓄奴州和自由州的数量将永远相等。我认为,采纳和执行这样一个宪法规定,在道德上和自然上是不可能的。首先,我们认为,[58]自由州人民不会同意接受这一修正案……其次,即使他们同意,那么执行也是不可能的事。我已经说过,当初采纳《宪法》时,我们有十二个蓄奴州,仅有一个自由州,而且在那十二个州中,现在已有六个废除了奴隶制。这一事实说明,自由事业已稳固而坚定地向前推进,奴隶制则以相同速度式微。吾人皆满怀信心,认为德拉瓦、马里兰、弗吉尼亚、肯德基和密苏里州,很可能还有北卡罗来纳和田纳西州,有一天会采纳逐步解放黑奴的制度,在此制度的运作下,这些州随时间推移定会变成自由州。此间,我们还有从密西西比河直到太平洋的一大片领土,它正迅速为耐劳、进取和勤奋的人们所占据,这片土地大到可以形成至少十七个新自由州……现在让我来问一问,你去哪里寻找可以平衡这十七个自由州——或者甚至其中任何一个州——的蓄奴土地?……你要吞并整个墨西哥吗?即使你吞并了它,如果人们尊重"大地形成的法则,大自然的法律,或者上帝的意愿",或者允许人们按照自己意愿做出决定的理论(人民主权理论)被广泛采纳,那么二十二个州中,至少二十个州会成为自由州……那么,先生,南卡罗来纳州参议员的提议就完全行不通。即使它行得通,也是不能容许的。因为这提议会改变政府的根本原则。它将摧毁人人平等的伟大原则,而这是所有自由制度的必要基础。在这样一个进步时代,那样做将是一个震惊寰宇的倒退。①

　　1849年,道格拉斯将密苏里解放视为那个进步时代的合乎逻辑的前进步伐,但在1858年,他可能就认为该解放是一个令人担心的问题,但这并不必然表示他在观点或目的方面的任何重大变化。在诸自由州中,正兴起一个政党,它的核心统一原则是仇视奴隶制,这一政党使南方所有政治流派都在维护奴隶制这一单一原则下团结起来。不论在北方还是[59]南方,都不再把赞成或反对奴隶制作为政治正统的检验标准,道格拉斯的政治生涯正是取决于此。这意味着既攻击北方的奴隶制攻击者、又攻击南方的奴隶制维护者。确切地说,这意味着政治修辞。但这是一种高尚甚至高贵的修辞。要想使国家这艘航船保持平稳,在不同的时候需要将重物投向完全相反的方向。

　　一旦共和党形成,并显示它能够以对奴隶制的仇恨为核心的再起契机而赢得全国选举的能力(正如它在1865年所做的那样),②那么政治平衡问题,就与当初辉格党势力风靡全国时的政治平衡问题完全不一样了。道格拉斯在1848年可以费那么多口舌说奴隶制是南方的诅咒,接着在1858年又说,如果他是路易斯安纳的居民,他会投票保存奴隶制。但正是在1848年,一个路易斯安纳州的奴隶主作为辉格党候选人当选为美国总统。1848年,有十五个自由州和十五个蓄奴州。1858年,没有新的蓄奴州,但加利福尼亚和明尼苏达加入了自由州的行列。俄勒冈的加入也迫在眉睫。到1858年夏季时,对根据英国人法

---

① 　《国会环球》,第31届国会,第1次会议,附录,页371。

② 　只是由于自由土地选票在弗莱蒙(Fremont)和菲尔莫(Fillmore)之间分裂,才使民主党避免了1856年的选举失败。

案制定的《乐考普顿宪法》(*Lecompton Constitution*)①的拒绝，意味着自由土地党在堪萨斯州取得了决定性胜利。这时，全国上下几乎无一人认真严肃地相信，北纬 36.5 度以北领土中的剩余部分——不论是否已被组织——会成为蓄奴州。尽管人们对新墨西哥准州还有一些疑虑，因为它位置更接近南方，并且更容易受到南方政治压力的影响，但大多数人的观点是，该准州大面积的沙漠和山脉，使奴隶制在那里永远都不可能有利可图。

　　当使自由土地运动取得成功的条件越来越强大时，正如道格拉斯所观察到的，对黑人——他们的最终解放因此也明显变得肯定——的恐惧和仇恨也变得更加严重。历史学家及其研究主题必须面对这一令人痛苦和忧郁的事实。1853 年，伊利诺州立法机关采取行动，执行了 1847 年采纳的州宪法中的一项规定。该规定是在一场特殊的公民复决(referendum)中以二比一的选票比例被采纳的。这一规定授权立法机关禁止自由黑人向该州移民，现在该州开始执行这一规定，[60]对被捉到的进入该州的黑人处以重罚。任何被捉到的进入该州的黑人，如果付不起罚金，就会在公共拍卖会上被出售，为任何替自己付罚金的人提供最短期的服务。在整个北方，自由黑人的待遇正在逐步恶化。我们不要忘记，由于密苏里州宪法中有禁止自由黑人进入该州的规定，甚至在缅因已经加入联邦之后的 1820 年，整个北方实际上都对密苏里加入联邦投反对票，并且也投票反对在路易斯安纳准州北纬 36 度以北的剩余土地上禁止奴隶制。因为

---

① [译按]1857—1858 年间，堪萨斯亲奴隶制势力提出的准许奴隶制在堪萨斯存在的法案。北方民主党人在道格拉斯领导下拒绝批准这一宪法，理由是这一宪法未经堪萨斯全体人民的同意。当时的民主党总统詹姆斯·布坎南主张将《乐考普顿宪法》交人民表决，1858 年，堪萨斯居民投票否决了这一宪法，并最终于内战前夕作为自由州加入联邦。

人们当时认为这一规定违反了《合众国宪法》第四条第二款：它保证每个州的公民都享有其他州的公民所享有的特权和豁免权。在斯科特判决前的三十七年，几乎没人怀疑，《宪法》保障享有"特权和豁免权"的"每个州的公民"，是包括黑人在内的！黑人是"如此低劣，以致他们没有任何白人应当尊敬的权利"这一观点，在1857年被坦尼归属到美国独立革命那一代人身上，归属到诸如杰斐逊、华盛顿、富兰克林和汉密尔顿这些人身上，但所有这些人都谴责奴隶制侵犯了每一个人——白人以及黑人——不可剥夺的拥有自由的自然权利！林肯在反对坦尼的观点时坚持认为，关于黑人的观念此时已变得比《宪法》制定时更不友善，而公众观念正在迅速变成坦尼所错误形容的以前的那种状况。林肯的看法当然正确无误。

可是，在面对日益增长的对黑人的不友善观点时——甚至在自由州也是如此，作为一个只能通过民意而实现民意所想达到的目标的人民领袖，难道道格拉斯响应那种民意观念不是正当的吗？尤其是，当他认为反对这种观点将会对自由土地事业本身造成损害时，他这么做难道不是理所当然吗？因为几乎可以肯定的是，如果自由土地运动的保守的普通成员们相信对奴隶制的绝对遏制——这是林肯和激进派的立场——会立刻或在不久的将来导致大规模的黑奴解放，那么整个运动就可能遭受巨大的、甚至可能是致命的打击。

对黑人的仇恨和作为北方自由土地运动之动力的对奴隶制的仇恨，几乎无法分辨。[61]林肯要求把奴隶制放在人民相信它"正在迈向最终灭亡"的地方，这一要求与缓慢的渐进性一致。在提及"最终灭亡"时，林肯经常小心翼翼地协调它与另一些同样含糊的建议之间的关系，这些建议是，逐步将解放了的黑人殖民到非洲或其他一些有着适宜气候的地方去。没有引起足够重视的是，林肯提倡殖民方案——尽管这种提倡明显是认真的——实际上同样也促进了他的狂热的反黑人自由土地追随者对奴隶制"最终灭亡"观点的接受。这样，该运动才能够保持很高的道德论调，因为它鼓动了对奴役黑人的道德愤怒，同时又没有涉及对黑人本身的偏见。但是，倘若自由土地运动担心将奴隶制严格限制在已存边界内，就可能会导致大规模的黑奴解放，那么自由土地运动就将面对自身的危机。大批自由奴隶向北方迁移的前景，可能就会使自由土地运动转而支持阻挠该运动的南方人，这些阻挠者本来是希望在墨西哥或中美洲刻画出一个奴隶帝国版图的。道格拉斯疯狂攻击林肯论点中的这一阿基里斯之踵；一方面，道格拉斯坚持认为，将黑人限制在古老南方——在那里，如果雇佣黑人不再有利可图的话，则黑人的自然人口增长会导致饥荒——的做法不道德，道格拉斯以此来攻击反奴隶制运动所宣称的人道主义；另一方面，道格拉斯则强调解放了的黑人向北方移民所带来的危险。道格拉斯的解决方法是，允许任何地方的白人根据他们自己的判断，去决定使用或者不使用黑人。在当时的情况下，道格拉斯这么做意味着利用北方反黑人的情绪，而林肯则主要利用北方的反奴隶制情绪。然而，不应忽视这两种情绪在实际中的巧合，同样也不应忽视两人借助了对方主要论点的事实。因为，道格拉斯毫不迟疑地指出，人民主权是如何为堪萨斯赢得了自由，加利福尼亚也是如此；而林肯也毫不迟疑地公然放弃把政治和社会平等赋予这个国家任何地方的黑人种族的一切意图。林肯频频诉诸《独立宣言》的普遍主义观念，如果他的修辞在今天看来更有尊严的话，[62]我们一定不要忘记，它包含了蓄意的内战风险，而这是道格拉斯坚决要避免的。如果人民主权被当作自由土地的手段来宣传，那么它在消除地区争斗方面就会失去一切有效性。确实，人民主权越是成为这样一种手段，就越是有必要避免这样的外在形象，而道格拉斯就越有必要坚持他对奴隶制道德性的中立立场。

　　当 1850 年卡尔霍恩谈及南方对国家共有准州的权利时，道格拉斯掷地有声地否定南方或北方有任何这样的权利。他说，《宪法》只知道州和人民。他认为，唯一对准州享有权利的是准州人民。如果承认人民主权说正确，那么奴隶制争执就可能在国会大厅中烟消云散，地方主义也将不复存在。卡尔霍恩用南方民族性代替美国民族性的坚决而且——天呐——成功的努力，遭到了道格拉斯英勇无畏的反对，我们必须把这种反对和他在 50 年代拒绝从道德上谴责这一特殊制度的事实放在一起来看。他试图打开自由土地扩张的闸门、同时又想避免内战的勇敢努力，是主导目的，为此所有其他目的皆为次要。不论对错，道格拉斯对这个"争论不休的问题"之处理基本上是前后一致的，在什么对这个国家有好处这一问题上，他有一种持续不变的观念，而他个人对此问题的道德判断位居次要。这一目的和这一观念的道德价值应该得到尊重，不论我们最终是否接受，这目的和这观念是那个时代的政治家所可能具有的最高道德目标。

第四章 昭昭天命

[63]前面解释了道格拉斯对待那个"争论不休的问题"的一般原则。我们相信经过此一解释,不会再有人指责道格拉斯是肤浅的机会主义者或者道德迟钝者了。可以肯定,一个人如果没有首先证明,使南方和北方无法一致同意的奴隶制问题服从于他们一致同意的目标或目的的做法是错误的,其次没能证明,地区的一致意见和奴隶制的服从地位所指向的目标本身是不道德的话,那么他就无权指责道格拉斯的"道德感知力"。共和党的出现预示了这样一种可能性,那就是无需蓄奴州的任何一票,也可能形成宪法多数,这个多数可能就此避免蓄奴州票数所带来的限制。在 50 年代不断发展的危机中,道格拉斯的声音是唯一忠于如下观点的强大声音,那就是,全国的各种政纲必须按照北方和南方多数意见所表达的道德和宪政情感来架构。① 至于道格拉斯的政纲,至少可以说代表了各地区之间最高的共同意

---

① 我们可能会注意到,道格拉斯通过对政党政治的高明运作,试图取得卡尔霍恩呼吁"共同行动的多数"时所想得到的东西。道格拉斯的政策试图以不令人讨厌的形式来保障实质内容,这要比卡尔霍恩的做法好得多!

见。如果这样的共同意见最终被证明分量太轻,不足以确保不开战就能保存"联邦",那么我们不能就此得出结论说,道格拉斯不放弃这意见就是犯了错误。

历史学家有责任代道格拉斯的政策说出道格拉斯自己无法说的话,因为他一说那些话,就会威胁到潜藏在其中的机会。因此,当道格拉斯在50年代末的"无所谓"和"金钱"论点被重复时,回顾一下更早时期——比如1849年——的演说[64]就对了。我们已引用过那些如果不是后来被重复、就不会再受到驳斥的演说。在那些演说中,道格拉斯表达了坚定信念,即奴隶制在西部任何地方都无利可图,即使是在墨西哥的剩余土地上——如果墨西哥整个被合众国吞并的话——划出二十二个州,其中二十个州也会发现奴隶制无利可图。但在1849年,他并没有说仅仅经济条件才有利于自由,强调这一事实也很重要。道格拉斯说,土地之所以成为自由土地,要么是由于土壤、气候和物产的原因,要么是因为"允许人们按照自己意愿做出决定的理论得到了广泛采纳"。

对政治家道格拉斯的声誉打击最大的,要算是他那毫不拘谨的信徒密尔顿对他的行为所做的解释:

> 道格拉斯对废除《密苏里妥协案》可能带来的麻烦有着不祥的预感,但他清楚看到了在堪萨斯和内布拉斯加,气候、土壤和物产对人类制度有着不可避免的影响,以致他过分低估了被激起的恐惧、激情和仇恨对人们的情感的影响。①

---

① 密尔顿,前揭,页155。

　　然而,在1849年,道格拉斯预料奴隶制会在德拉瓦、马里兰、弗吉尼亚、肯德基、密苏里以及北卡罗来纳州慢慢枯萎而死,他怎么可能真的相信,土壤和气候必然会决定人们对动产奴隶制的道德态度呢?这些州的土壤、气候或物产都没有发生明显变化。要么奴隶制一开始就不应该在那里建立,要么道格拉斯不应该认为它会枯萎而死,如果恒温线理论还有点道理的话。50年代棉花种植的扩张,以及随之而来的那个特别制度的新鲜活力,也没能改变对这一主题的信念,因为这些信念有着扎实的基础。棉花种植并不要求只使用黑人劳力,对黑人劳力的使用也不要求黑人成为动产。道格拉斯非但没有低估恐惧和仇恨的影响,反而正是在努力消除这些激情。在道格拉斯看来情况是这样,由于北方废奴主义者的宣传和自由土地运动兴起,逐步解放奴隶、逐步减弱奴隶制的过程先是被停止,接着又逆转了。道格拉斯不认为允许人们按照自己的意愿做出决定是一个冷漠的政策,即对奴隶制被投票通过还是否决无所谓的政策;它其实意味着投票[65]否决奴隶制。然而,在反奴隶制运动的压力下,南方再也不可能按照"自己的意愿"做出决定了。害怕失去对奴隶制的控制,害怕失去对与种族有关的变化进程的控制——这些都是道格拉斯在1849年预见到的——使南方的道德情感演变并走上了邪路。道格拉斯基于人民主权理论的政策,向北方和南方所有地区保证了它们享有对自己内部制度不容置疑的控制权。这一政策似乎再次维护这一"正常"的、与"时代精神"相一致的反奴隶制观点。认为道格拉斯当真相信"土壤和气候"观点,是对他的伟大智识的侮辱,设计那一理论的目的似乎是使公众接受人民主权说,而不是因为"土壤和气候"学说自身有任何独立价值。

　　1849年,道格拉斯清楚认识到,卡尔霍恩试图保障蓄奴州与自由州在政治上平等的修正案,将会是"一个进步时代的震惊寰宇的倒退"。像奈文思教授一样,道格拉斯相信自由是那个时代的趋势。但是,正如南方的倒退趋势所表明的,如何确保进步——即使在一个进步时代——是个极其复杂的问题。共和国的未来,不仅取决于解决奴隶制所造成的内在分裂和地区间的对抗;它还涉及外在对抗,即自由共和国和专制主义力量——世界上其他地方的掠夺性帝国主义力量——之间的对抗。现在,我们必须考察一下,道格拉斯关于奴隶制的战术如何成了大战略的一个部分,这个大战略的目的就是推进 19 世纪中叶的共和国自由事业。

当道格拉斯 1843 年刚刚进入国会时,当时受关注的问题是吞并德克萨斯(或者,用民主党人的话说,是"重新吞并")。在国会会议中,这个问题与占领(或者,"重新占领")俄勒冈的问题相关联。在接下来的一连串扩张冲动之后,美国在 1845 至 1848 年间将大陆领土从 180 万平方英里扩张到了大约 300 万平方英里。因为美国吞并德克萨斯之后不久就进入了墨西哥战争,联邦通过[66]征服和购买得到了加利福尼亚以及尤他和新墨西哥的土地。同时,与英国的一个外交协议确认了我们对北纬 49 度以南的俄勒冈所有土地的所有权。这些土地,连同 1853 年加兹登购地(Gadsden Purchase)①所得到的土地,形成了我们今天的大陆版图,尽管有不少山脉和沙漠,但它包括了这片大陆上——甚至在任何其他大陆上也算是——最好的土地。西班牙帝国在**新世界**中的坍塌是能够获得这些土地的主要条件(就像

---

① [译按]新墨西哥州和亚利桑那州最南端的希拉河南部地区,美国于 1853 年从墨西哥购得,以保证其对通往太平洋海岸的一条南方可铺设铁路的路线之管辖权。

在路易斯安纳购地中所发生的那样），墨西哥的软弱和政治低能是次要原因。

尽管现在回顾时可能会觉得，生气勃勃的初生牛犊美利坚共和国，填充这样一个权力真空是不可避免的，然而迅速占据如此巨大的空间，在 1848 年一定刺激了人们的想象力，可以肯定的是，这刺激了道格拉斯的想象力。一个在三年中就扩张了一百二十五万平方英里的国家，自然被希望在——比如说——一个世纪中再多扩张几百万英里！至少这就是 40 年代对道格拉斯眼界的影响，而这眼界成为他 50 年代中各种计划和方案的背景。如果没有认识到道格拉斯对未来美利坚帝国的展望，以及林肯对这一展望的回应，我们就不可能掌握他们之间的问题所涉及的范围或重要性。

在 1843 年，我们还不曾明确拥有前面所提到的任何土地，像多数有争议的领土问题一样，美国版图是否会横跨大陆这一问题还没有解决。密西西比河以西只有路易斯安纳、阿肯色和密苏里成为了州。尽管有理由可以肯定，密西西比河西岸路易斯安纳土地所形成的那些州会延伸至加拿大边界——这在 1846 年俄亥俄州和 1858 年明尼苏达州（1849 年组建准州）加入联邦时成为现实——但国家没有把州这种政治组织进一步向西推进的明确意图。路易斯安纳剩余的大部分土地都通过协约"永久性"地保留给了印地安部落，没有组建准州而处于荒芜状态。只是在占领太平洋海岸线之后，版图的模子才得以形成，这又才使得美国在经济和政治上有必要发展密西西比河以西直至落基山脉的广袤中心地区，处于这个地区中心的堪萨斯和内布拉斯加，便立刻成为林肯和道格拉斯发生冲突的问题。

在吞并德克萨斯和随后的[67]墨西哥战争之前，西部扩张的整个问题都悬而未决。赞成扩张的决定今天被认为理所当然,这使我们很难想象当时这个决定让国家产生了多么深刻的分裂。今天我们几乎很难想象会卷入这样一场涉外战争,在其中反对党的领袖们指责我们的总统为侵略者,并称外敌为受害者。林肯在国会中对波尔克(Polk)①的指责,非常接近此前或此后时代中所谓的叛国罪,或者至少是刑事不忠行为。而且,公平地加一句,林肯作为总统将批评其政府的人关进了监狱,而那些人对他的政府的批评,还不如他对波尔克的批评严厉。在墨西哥战争上的分歧是内战的预兆。

　　有巨大价值的墨西哥土地会使西部和南方获利呢,还是蒙受损失呢? 除了这一问题之外,还存在另外一些完全不同的问题:美国现在所拥有的土地上将出现一个从海洋到海洋的共和国呢,还是出现几个共和国? 英国在北美与美国势均力敌呢,还是超过美国势力? 墨西哥这个没有盎格鲁－萨克森传统、没有自治能力或民权的国家,是否某一天可能将它的法律和文明遍及整个美国西部和西南部? 这些问题结合在一起就构成了以下问题:北美的政治前景是否会被若干差异极大的政体和相对平等的力量所瓜分和再瓜分——或者,那些力量是否足够势均力敌,以致它们通过联合可以相互平衡或克服——所构成的问题还可能是,这片大陆是否将屈服于一个巨大共和国的霸权之下。当辉格党人——其首要发言人是韦伯斯特——甚至连吞并德克萨斯都反对时,昭昭天命(Manifest Destiny)的倡导者们——其中叫得最响的是道格拉斯——却在毫不犹豫地大谈特谈如何得到整个加拿大、墨西哥、中美洲以及加勒比海群岛。

---

① 　[译按]波尔克,1795—1849,美国第十一任总统(1845—1849),在其任内,美国的北部边界确立为北纬49度。

道格拉斯关于吞并德克萨斯的演说,大部分是精致的法律理由:原来的"路易斯安纳购地"包括了德克萨斯,并保证赋予法国所割让的土地上之一切居民以美国公民身份,但在 1819 年,我们用德克萨斯及其居民去跟西班牙交换了佛罗里达,因此违背了我们国家所做出的承诺。由于这个理由,道格拉斯不会细数——

> [68]吞并德克萨斯所带来的各种好处:刺激整个国家的工业;为北部和东部的生产打开新的市场;拓展商业和航海;使红河、阿肯色河和其他流入密西西比河的支流,完全位于我们境内;增加政治势力;使边界更安全、更自然,避免了与外国力量的冲突所带来的危险——即使不去细数这些好处,以及迎合我们民族和国家利益和自豪感的其他考虑,在我看来,这样一个论点就已足够充分,那就是,我们的名誉和违背的誓言要求德克萨斯立刻重新回到联邦中来。

韦伯斯特不断重复这一警告,"扩大这个国家的边界是非常危险的趋势,并有不可预料的后果",而且,"我们的领土范围必须有某种限制,如果我们想使我们的制度永存的话。"对此,道格拉斯反驳道:

> ……关于领土范围。他认为来自这一源头的、所有担心我们的制度无法永存的忧虑都是虚构的。蒸汽动力在运输和旅行中的应用,如今使拥有二十六个州的联邦的最偏远边界,还要比当初拥有十三个州时更加接近中心地区(如果我们算时间而非距离)。革新还

在推进,交通设施和通讯的增长速度要比我们领土和
人口的增长速度快得多。①

　　十分矛盾的是,我们发现这位杰斐逊、杰克逊的继承者,在
从技术革新的角度维护联邦的扩张,而汉密尔顿的继承者韦伯
斯特要问的却是:

　　　　在选择总统时,墨西哥、加利福尼亚的人民和密西
　　西比流域、东部各州的居民,会意气相投吗? 他们了解
　　这同一个人吗? 他们对任何宪法普遍原则的意见一致
　　吗? ……专制政府可以有诸多领土和相隔甚远的财
　　产,因为专制政府可以通过不同的法律和[69]相异的
　　制度统治这些领土和财产。俄国可以用不同的法律、
　　命令或敕令统治乌克兰、高加索省和 Kamtschatka[阿
　　拉斯加的俄文名]省。我们不可能这么做。那些广大
　　领土上的人民必须属于我们,成为我们的一部分,否则
　　他们就是外国人。②

　　因此,这位最主要的辉格党人,或复活了的《联邦党人文集》
中的普布琉斯(Publius),③是在使用该党反对采纳《宪法》的经

---

① 　1845 年 1 月 6 日:《国会环球》,第 28 届国会,第 2 次会议,附录,页 95。
② 　参议院,1848 年 3 月 23 日。《丹尼尔·韦伯斯特文集》(Boston,1860),第五章,
　　页 300。
③ 　[译按]《联邦党人文集》的作者包括詹姆斯·麦迪逊、亚历山大·汉密尔顿、约
　　翰·杰伊。他们使用了普布琉斯这个笔名。这个名字来源于他们所尊敬的古
　　罗马执政官 Publius Valerius Publicola。普布琉斯活跃在约公元前 500 年前
　　后,是挽救罗马共和国的英雄人物,地位相当于古希腊的立法者梭伦。罗马人
　　对他极为敬爱,尊其为"爱民者"(Publicola)。

典论点！自由本质上是地方性的、自由有赖于人们之间的亲密
关系的观念，是杰斐逊式民主的论点。为什么要如此狭窄地限
制联邦政府的权力，以致它除了共同防卫外没有多少其他作用？
杰斐逊式民主的论点至少回答了这样做的道理，如果不是为反
对《宪法》提供了正当理由的话。此外，杰斐逊式民主对农业比
对其他行业都更偏爱，因为农业社会正是可以把联邦政府的任
务局限在最小范围内的一种社会。

　　当 1837 年韦伯斯特首先发表反对吞并德克萨斯的言论时，
他说自己相信，建国之父们从来都没有想要吸收 1787 年联邦
所拥有土地之外的土地上所形成的州。韦伯斯特说，"路易斯安
纳购地"是必需的，因为联邦需要控制发源于西部各州的河流入
海口，这对这些河流的航行权至关重要，而且已经经过辩论了。
他还说，佛罗里达的获取是由于类似——如果说没那么紧要的
话——的需求。韦伯斯特明显没有想过这样的可能性，即建国之
父们可能会希望扩展联邦的边界，来保障制造业、商业和航海业
的利益。也许杰斐逊会反对这样的政策，但我们不得不相信它会
受到汉密尔顿的热情支持。杰斐逊严格的建构主义原则，与建立
组织相对松散的联盟的观点相适应，因为农业社会内部各部分之
间会相对比较独立，不论是州还是地区。与工业社会相比，农业
社会各部分之间很少交换剩余物产，但却经常与外国交换工业物
品。在汉密尔顿式联邦中，各部分之间的相互依赖要大得多，内
部交易也多得多，需要规定和协调的不同利益就更多，共同的好
处因此也就更大，故而联邦政府需要做的事也就多得多。因此，
汉密尔顿式联邦一定是一个强得多的联邦，强得多是因为，[70]
如果中央政府的事务更多，它就一定要更强势，还有一个原因
是，如果中央政府的决定必须被接受的话，那么中央政府就必须
使多数人忠于自己。韦伯斯特所积极致力于实现的克雷的"美

国制度",就是汉密尔顿《制造业报告》(*Report on Manufactures*)的直接衍生物。

尽管韦伯斯特强烈的罗马天主教联盟主义(ultramontane unionism)与这一遗产完全一致,但他对限制联邦领土的观点之态度是模棱两可的。汉密尔顿的贸易保护主义观点表明了对高度自给自足的渴望;但自给自足是指尽可能地把市场和供给源头置于自己的控制之下。为了追求这些目标,汉密尔顿决不会放弃扩张主义。1798 年,他大胆地提出与英国一起加入当时席卷欧洲的战事:

> ……与委内瑞拉爱国者弗朗西斯科·德·米兰达(Francisco de Miranda)合作,美国和英国联合舰队将解放西班牙属美洲,并吞并佛罗里达和路易斯安纳,作为我们的征服应得的部分……[并且]摇摆不定的西部,会对密西西比河流域被最终解放心存感激,他们将不仅忠于合众国,而且会忠于向他们提供帮助的人,即联邦党人。[1]

汉密尔顿不受限制的帝国主义本会很符合道格拉斯的想法。具有讽刺意味的是,这样的帝国主义火炬本应在"昭昭天命"的名义下由杰斐逊政党来传递。我们冒险这样假设,是由于路易斯安纳是在杰斐逊而非汉密尔顿支持下取得的,而不是对扩张本身的任何深刻或有原则的反对,才使联邦党—辉格党的外交政策有了仇视所有扩张计划的传统。西部真的对帮助过它的人心存感激,

---

[1]　宾克雷(W. E. Binkley),《美国政党》(*American Political Parties*)(New York: Alfred A. Knopf, 1947),页 82。

但联邦党－辉格党认为帮助者的身份错了！并且,由于受到挫折和失败,是联邦主义——它的历史任务是将一个松散的邦联转变成一个强大的联邦——发动了第一次强烈的脱离联邦运动。正像麦克白(Macbeth)在幻觉中看见由班柯(Banquo)开始的皇室后代一样,路易斯安纳成了顽固联邦主义者的噩梦,在噩梦中,一系列新州加入了联邦,这些新州又都紧密地与联邦党人所仇视的杰斐逊所拥护的利益、信仰和政党结合在一起。后来的禁运以及1812年战争,都让新英格兰联邦主义更加强烈地感受到自己在联邦中被颠覆的绝望感觉,而且,如果不是战争突然结束,哈特福德会议(Hartford Convention)①也会被证明是失败的。[71]除了那些直接关系到奴隶制的论点外,新英格兰在1815年之前试验过几乎所有赞同脱离联邦的论点,然后南方才在1861年使用了这些论点。

汉密尔顿和亚当斯之间的分裂——这使汉密尔顿与英国一起加入1798年欧洲战争的计划成为泡影——扭转了我们的历史,这一扭转甚至比瓦解联邦党对历史所造成的扭转更重要。它意味着这个国家与英国共同维持世界各种力量平衡——并使这种平衡有利于自由政治制度——的伙伴关系,直到内战时才真正确立,这种伙伴关系在20世纪是一个主导事实。林肯政府将标志着英美关系

---

① ［译按］美国近代史上的第一次分裂活动,说的是在1812—1815年第二次对英战争期间,具有亲英倾向的新英格兰地区联邦党人,反对对英战争。1814年12月24日,美英代表签署《根特条约》,决定恢复战前美英和平关系,遗留问题由边界委员会来协商解决。在这前后,1814年12月5日至1815年1月5日,新英格兰地区的一些联邦党人在康涅狄格州的哈特福德召开分裂会议(Hartford Convention),来自马萨诸塞、罗德艾兰、康涅狄格、新罕布什尔、佛蒙特州的少数代表,声称要召集各州修改联邦宪法,脱离联邦,成立新英格兰联邦,单独与英媾和,但是会议的控制权在温和派手中,会议虽然通过了七点维护州权的决议,但是没有宣布独立和拒不接受联邦宪法。

的转折点，也将标志着美国政治在几乎各个方面的转折点。

独立革命时反英的基本态度，在和平协议签署的那一刻就已在华盛顿、亚当斯和汉密尔顿这些人心中消失了。对于法国革命的战争，他们明显是亲英的，而杰斐逊的政党却是亲法的。尽管华盛顿和杰斐逊都争取保持美国的中立，但使杰斐逊政党执政长达四分之一世纪的 1800 年选举革命，则意味着美国的外交政策是"中立"但又反英的。例如，禁运针对的是控制海洋的英国人，而非法国人。1812 年为争取海洋自由的战斗，无疑是在帮助拿破仑。然而，这里值得我们关注的是那场战争对国内政治的影响。正如在独立革命中那样，英国人在 1812 年提供了威士忌、金钱和领袖，来"帮助我们边疆的居民，那些残酷的印地安野蛮人，众所周知，他们的战争规则是不分年纪、性别和条件，杀害所有的人"。结果便是，在接下来的几十年中，对英国人和对印地安人的仇恨在拓荒者眼中几乎无法分辨。原本可能与英国结为伙伴关系的西部——如果汉密尔顿的观点占了主导地位的话——现在却视英国为死敌。杰克逊的当选在很大程度上是因为他是一个既反对英国人又反对印地安人的斗士。[72]要更好地了解这一声名的重要性，我们应该牢记，辉格党人在 1840年最终打破杰克逊对总统宝座的控制时，正是由于启用了另一个所谓成功的反印地安斗士，"老蒂帕卡怒"哈里森（Old Tippe-canoe Harrison）。① 在那场选举中，辉格党人不屑于有一个党

---

① ［译按］老哈里森，William Henry Harrison，1773—1841，是 1841 年上任的第 9
位美国总统，上任一月后病逝。其父是《独立宣言》的签署人之一。老哈里森最
初学医，后从军。在美国西北地区的印地安人战争中因作战勇敢提升。1811
年，身为印第安人领地总督的哈里森，带领职业军人和民兵，镇压和屠杀 Shaw-
nee 部落的印第安人，他本人也由此而名噪全国，人称"Old Tippecanoe"，指他
在 Tippecanoe 消灭印第安人的胜利。他竞选美国总统的口号是"Tippecanoe
and Tyler，Too."（Tyler 是竞选伙伴。）

纲,他们主要只讨论"小圆木屋"和"烈性苹果酒",这是他们永不
消亡的话题,此外他们还会讨论诸如东部人范布伦(Van Bu-
ren)①穿花边 T 恤的事。辉格党人另外唯一一次总统选举胜利
也是由一位不讲究政纲的成功将军赢得的。尽管泰勒(Tay-
lor)②更出名的是他在墨西哥战争中的英勇行为,但他在印地安
人边疆地区也服役多年。因此,与杰斐逊的智识和和平主义的
恐英症相比,杰克逊式民主有一种更深的反英动机,这种民主的
根基甚至比边疆经历更深。

宾克雷(Wilfred E. Binkley)教授写道:

　　杰克逊式民主的核心,是一个种族群体,苏格兰—
爱尔兰族裔。他们是不幸者的后代……在阿尔斯特
(Ulster)老家不断遭到攻击骚扰,在美国的荒野中找
到了避难之所,但他们心中仍然怀着对英国迫害者的
仇恨。对他们来说,1815 年 1 月 8 日新奥尔良的棉花
捆包防御工事上闪耀发亮的、铲除英国士兵的来福枪,
就是信仰公正上帝的人们手中的复仇工具。对英国人
的仇恨是杰克逊式民主把人们团结在一起的最有效的
情感黏合剂。每年一次的政党宴会定在 1 月 8 日尤为
适合。③

---

① [译按]范布伦,1782—1862,美国第八任总统(1837—1841)。民主党创建人之
　　一。任内支持南方州权,为克服经济危机而设立政府基金独立金库。
② [译按]泰勒,Z. Taylor,1784—1850,美国第十二任总统(1849—1850),辉格党
　　人,因在墨西哥战争(1846—1848)中率部队击败 4 倍于己的墨西哥军而成为英
　　雄,就职后 16 个月即病逝。
③ 宾克雷,前揭,页 121。

　　所有伟大的辉格党人——例如,亚当斯、韦伯斯特、克雷、哈里森、泰乐尔(Tyler)①,泰勒、菲尔莫尔(Fillmore)②以及林肯——基本上都是英格兰血统,这让人非常吃惊。只有在反对党的领导人中我们才发现明显存在其他血统。在总统中,杰克逊和波尔克都是苏格兰－爱尔兰裔,范布伦是荷兰裔,布坎南是苏格兰裔。甚至杰斐逊的祖先都可追溯到威尔士。卡尔霍恩是苏格兰－爱尔兰血统,而尽管他与杰克逊决裂后曾有一段时间加入辉格党,但必须记住的是,他是杰克逊的第一任副总统。道格拉斯,当然,这是苏格兰名字中最出名的一个名字。有趣的是,尽管斯科特(Winfield Scott)③是辉格党最后一位完全够资格的总统候选人(1852),但他不是与上帝有约定的古苏格兰人血统——而杰克逊的追随者们则是那种血统——而是[73]1746年卡洛登(Culloden)沼地战役④之后逃亡美国的一位觊觎王位者(Pretender)的追随者的后裔。我们不想对种族主题探究太多。作为林肯的政治家理想样板的克雷,与卡尔霍恩一起都是1812年“战争之鹰”的领袖。明显的地区利益经常使对微妙影响的追求成为多余。然而,从华盛顿到林肯,联邦党－辉格党－共和党总统都一律是英格兰裔这一事实,仍然给人留下了某些印象。

---

①　[译按]泰乐尔,1790—1862,美国第十任总统(1841—1845),在老哈里森总统去世后继任总统。在他执政期间,德克萨斯并入美国(1845)。

②　[译按]菲尔莫尔,1800—1874,美国第十三任总统(1850—1853),在泰勒去世后继任总统。他为国家的统一而奋斗,因试图使《逃奴缉捕法》在北方生效而失去他所属的辉格党的支持。

③　[译按]斯科特,1786—1866,美国将领。1812年战争英雄,在墨西哥战争(1846—1848)中占领维拉克鲁斯,击溃了圣安纳,并攻占了查普特比山。

④　[译按]卡洛登沼地,苏格兰北部的一个沼泽,位于因弗内斯郡东部。在这里英国军队最终击败了苏格兰高地雅各宾党人(1746年4月16日)。

　　从这一事实以及反对党在这一点上的相反性质来看，内战之前几十年十分繁荣的本土主义(nativism)①主要是"老英格兰血统"，而且主要迎合的是传统上属于辉格党的群体，就不足为奇了。当最后一位辉格党总统菲尔莫尔 1856 年再次竞选时，他不仅是作为濒临死亡的辉格党的候选人，而且是作为**美国人**——即一无所知党人——的候选人。1860 年共和党人的伟大成就之一，就是吸收了自由州的大部分保守辉格党人和一无所知党人。与分裂的民主党相比，这是他们取得胜利的关键。前面所说的也使人更容易理解这样一个事实，那就是，在 40 年代以及之后，民主党欢迎大量爱尔兰人进入自己的阵营。至少这些爱尔兰人并没有减少党中的老杰克逊追随者们的反英情绪。他们可能确实帮助减少了更古老的反圣公会情绪，使基本态度更加种族化。或者，如果宗教情感还持续发挥作用，那是因为民主党对天主教徒更加热情了，而与民主党对立的本土主义则采纳了一种越来越反天主教的偏见。1855 年林肯写信给他的老朋友斯比德(Speed)时说道：

　　　　我不是个一无所知党人。这是肯定无疑的。我怎么能是呢？一个憎恶压迫黑人的人怎么能赞成白人中的一群败类呢？我们堕落的速度，在我看来未免太快了。建国之初，我们宣称"人人生而平等"。而现在，我们实际上把这一信条解释成"人人生而平等，但黑人除外"。当一无所知党人掌权时，这信条就会被解释成"人人生而平等，但黑人、外国人和天主教徒除外"。如

---

① ［译按］本土主义，尤指美国在 19 世纪的社会和政治政策，这一政策保护本地居民的利益不受移民的侵犯。

果真的到了这个地步,那我情愿移居到一个不自诩热爱自由的[74]国家去——例如到俄国去,在那里,专制就是专制,并不掺杂半点假仁假义的成分。①

　　这篇广为引用的段落中没有得到足够关注的是,当林肯写信给这位他曾经最亲密的私人朋友时,他发现有必要刻意反对反外国和反天主教的偏见。这说明,说保守辉格党人反外国和反天主教的指控是多么常见。我们不应忘记,林肯这唯一一篇对一无所知主义彻底否定的文字,来自一封私人信件。1860年7月21日,林肯给伊利诺州昆西市的杰出犹太律师琼纳斯(Abram Jonas)写了一封信。信中,林肯对曾在昆西的一个一无所知党旅店停留过的事情极力否认。但他以这样一些话结束该信:

　　　　但一定要小心。我们的对手想着,他们如能迫使我当众否认其事,那他们便可得到一些便宜,因为那必定会在一定程度上引起"美国党"的人不满。由于这个原因,一定不要让公众感到我对这种攻击很在意。②

　　林肯想要并且希望得到一无所知党人的选票,但驱动他的并非不加区别的欲望。本土主义的根基与反奴隶制运动的根基之间有着某种亲缘关系,正如这两者与禁酒运动之间存在亲缘关系一样。19世纪中叶见证了一系列这样的"改革"运动,反奴隶制运动在其高潮阶段到来之前,并不比禁酒运动和反对外国

---

① 《著作集》,第二章,页323。
② 同上,第四章,页86。

人运动更加致命,或者伴随更多的政治后果。在很多情况下,禁
酒运动和反爱尔兰人运动(以及,在较轻微的程度上,反对有酗
酒名声的德国人)趋向融合。向酒精宣战的群体也倾向于向奴
隶制宣战。在反奴隶制之前,林肯先是为禁酒而努力。当奴隶
制问题成为他的压倒一切的关注时,他在禁酒问题上变得沉默
了,尤其是当德国移民涌入共和党阵营时。他向提名他竞选总
统的委员会泼冷水。如果不分裂反奴隶制运动的力量,要林肯
攻击禁酒运动或本土主义运动是极其困难的。

　　就像禁酒运动一样,美国废奴运动[75]很大程度上是英国
类似运动的衍生。在英国推动这两种运动的动力是不服从国教
的新教教派的福音运动。随着福音主义的传播,废奴主义也传
到美国,并因此强烈认同于激进的新教。作为对禁酒改革者和
本土主义者的嘲笑的回报,爱尔兰人仇视他们的英格兰亲缘关
系以及他们的新教,而爱尔兰人自己也因罗马天主教和酗酒而
受到仇视。因此爱尔兰人也因废奴主义与英国和新教的关系而
仇视它。值得一提的是——尽管要衡量这个观点的重要性很困
难——天主教最著名的神学家阿奎那(Thomas Aquinas)认为,
奴隶制并没有违反自然法,但英国新教教徒洛克(John Locke)
却绝对认为奴隶制违背了自然法,他的《政府论下篇》对《独立宣
言》中的那些著名篇章有着巨大影响。

　　我们说过,道格拉斯是爱尔兰人的伟大英雄,我们也许应再
加一句,他以善饮闻名,正如林肯以滴酒不沾而出名!而且,第
一任妻子去世后道格拉斯再婚,娶的是马里兰州一个显赫天主
教家庭的女儿,道格拉斯前妻的两个儿子在一所天主教学校接
受教育,并最终皈依了继母的信仰。当道格拉斯批评英国时,没
有什么比这更能充分展示他的政治立场的了。

现在,让我们回到道格拉斯关于德克萨斯吞并的演说,我们发现演说的结束语与之前所讲的几乎没有明显关系,尽管它不应让读了前面段落的读者感到吃惊,正如它肯定没有让道格拉斯的追随者吃惊一样:

> 我们的联邦制度令人钦佩地适应整个大陆;尽管我不会违反国际法、协约规定,也不会以任何方式败坏国家荣誉,但我会以所有法律的和名誉的方式,从北美大陆上把英国及其皇家权威的最后残留驱逐出去,将共和国的边界从海洋延伸至海洋。我将使这成为一个以海洋为边界的共和国,使那些关于地图上的边界或红色线条[即,英国领地]的争论从此销声匿迹。

[76]如果我们问英国与德克萨斯有何关系,我们不要忘记在这个演说之前的秋季总统大选中(1848),克雷和辉格党人主要就是在德克萨斯吞并问题上遇到了麻烦。通过支持吞并并且把它与整个俄勒冈——一直到北纬 $54'40''$——的占领相联系,用北方的扩张平衡了南方的扩张,民主党在 1840 年失败之后又重振旗鼓。克雷的不幸很大程度上是由于他没能认识到德克萨斯吞并是多么受欢迎,即使在北方也是如此。在此,杰克逊式民主的反英情绪毫无疑问又一次起了主导作用,因为德克萨斯人会与英国人结为联盟——如果吞并失败的话——的谣言对民众观点起到了巨大的杠杆作用。对南方而言,这样的联盟意味着将他们的"柔软下腹部"暴露给废奴主义,那么加拿大边界的幻影,逃亡奴隶的圣殿,就突然在奴隶人口最稠密的边界被复制了。奴隶制在德克萨斯扎根并不深,因此如果德克萨斯人投靠

英国的话,用奴隶制取代自由劳动制度可能未必给他们带来多少好处。但是在西北部,古老的反英情绪也躁动起来,因为如果英国可以同时从德克萨斯施加压力的话,那么她在加拿大的势力可以有大得多的战略效果。东北部所担心的是德克萨斯对美国货物征收关税而让英国货物自由进入。由于吞并德克萨斯不但可以切断英国势力对南方的侧面影响,同时通过占领俄勒冈还可以进一步抵消英国势力对北方的影响,因此人们对吞并德克萨斯的支持加大了。

尽管道格拉斯热情支持德克萨斯吞并,但作为一个西北部民主党人,他自然以更大热情拥护俄勒冈事业。以下是一篇俄勒冈演说的节选。中间的反复申述值得俱引,因为它暗示了道格拉斯是如何不断地在强调反英主题:

> 因此,我们应该使这个国家处于防御状态;并且,当我们被告之这将导致战争时,我必须说的就是,不要违反协议规定,也不要违反国际法的任何原则;保存国家的荣誉和完整,但同时,把我们[对俄勒冈]的权利维护到底,然后,如果战争来临,让它[77]来吧。我们可能会对导致战争的必然原因感到遗憾,但当它来临时,我将向我们的同胞宣誓汉尼拔(Hanibal)的永恒敌意的誓言,问题一日不得永久解决,则一日不会终止战争。我将擦去地图上我国在这个大陆上的边界线条,使自由的疆域像这片大陆一样广阔。我不会容忍相互敌对的小共和国在此出现,彼此妒忌,彼此干预内政,不断地威胁自己的和平。我不希望超越大洋——超越那些自然之上帝所划出的边界,我只会受到那由自然明晰划定的边界

之限制。①

"从北美大陆上把英国及其皇家权威的最后残留驱逐出去","使这里成为一个以海洋为边界的共和国","使自由的疆域像这片大陆一样广阔",并且不会容忍"相互敌对的小共和国在此出现",不论在规模还是重要性上,这些都是头等重要的政策,对此道格拉斯将以勇猛的顽强不屈和力量去追求。

让我们来思考这样一个宏伟意图。林肯以维护联邦而出名——对此,道格拉斯也不遗余力。1861年林肯拒绝让联邦分裂为"相互敌对的小共和国",但我们也必须感谢道格拉斯以及那些拥护"昭昭天命"事业的人们,是他们以远见和决心创造了林肯最终拯救的大陆规模的联邦。在表示这种感谢时,出于公正我们必须记住,林肯和他的政党(即辉格党)当初并无这样的远见。他们像韦伯斯特那样警告说,疆土的扩展会削弱一个自由共和政府的原则。单是德克萨斯吞并,就意味着增加一个蓄奴州以及还可能再增加五个蓄奴州,因为吞并协议允许德克萨斯将来分裂。韦伯斯特说,与原来的蓄奴州所达成的妥协——即在计算众议院代表时,在自由居民的数量上另加五分之三奴隶的数量——将是一个可怕的妥协,如果它不得到明确限制的话。他又说:

> 但是,还有另外一个具有普遍重要性的因素……
> 它将影响所有的州,不论自由州还是[78]奴隶州;这就
> 是,在人口如此稀少的土地上形成的州……割断

---

① 参见《道格拉斯传》(*Life of Stephen A. Douglas*),James W. Sheahan 著(New York,1860),页 92。

了……原来参议院和众议院之间的联系……由于这些
来自人口稀少的州的新参议员的加入,参议院扩大了,
成了可怕的寡头集团。它没有足够的选民却拥有权
力……它只不过是大规模的"贩卖自治城镇行为"……
我认为这是……对民选共和政府一切原则的暴
行……①

我们又一次被这样一个事实所震撼,那就是,正如道格拉斯
清晰看到交通技术的革新所带来的意义一样,他也看到开辟自
墨西哥的即将出现的美国新西部不会长期都是人口稀少的定居
地,而是会很快成为拥有数百万人的家园。到 1850 年,加利福
尼亚的奇迹已经证明,遥远西部地区改变参议院的代表性质的
能力,并不比古老的西北部或西南部更强。同时,正如我们已经
注意到的,来自欧洲的强大移民潮涌进了这些自由州,使反对五
分之三条款的观点变得极为抽象。

道格拉斯想扩展自由领土的意图也不是无价值的:美国的
宪法制度并不知道如何得到古罗马意义上的"省份"。国会有权
力批准新州加入,所有得到的土地原本(in statu nascentdi)都
可能会成为州。而且,除了在完全平等的基础上批准州的加入,
《宪法》没有批准州加入联邦的其他方式。正因为《宪法》保障老
州和新州的平等,美国帝国主义才有了一种与世界上任何其他
帝国主义都不一样的道德特质。如果实际上加利福尼亚和其他
墨西哥割让地是一个征服者的战利品(这不是道格拉斯所愿意
承认的),那又会如何呢? 批准这些地区加入联邦难道不就是向
他们保证了共和形式的政府吗? 正如道格拉斯所认为的,墨西

---

① 韦伯斯特,《文集》,第五章,页 289。

哥的政治条件是真实和永久的无政府状态。美国在"门罗主义"
(the Monroe Doctrine)①中警告欧洲各国,在它们被驱逐走之
后不能再在**新世界**的土地上建立统治。但要维护这一主义,就
意味着要承担保卫这些不许他人干涉的区域的政治稳定的责
任。必须记住,[79]《独立宣言》中所宣布的政治信条,不仅维护
了反对寡头主义的权利,而且还维护了反对专制主义的权利。
墨西哥的部分土地的加入,并不意味着这些地区居民的自治权
利被剥夺,而首先意味着他们应该享有的自治权利得到了有效
保障。让我们假设一下由于这些地区的加入,我们的联邦体系
出现了某些暂时的歪曲。这种风险值不值得?道格拉斯感觉到
世界政治的风向开始转向大众集合了。他没有像托克维尔那样
预见到美国和俄国将成为世界的两极,但他确实看到了旧欧洲
的权力平衡不会无限持久下去。英国是个强劲的对手,其帝国
正处于巅峰状态。除非美国控制西半球,否则这个国家的未来
将无法得到保障。扩张不仅作为解决国内重大问题的方法是必
要的,而且也是让政治自由在这个弱肉强食和充满敌意的世界
中生存下去的政策,它不仅在道德上正确,而且在政治上也是必
须的。

在韦伯斯特反对扩张的所有论点中,最突出的就是关于奴
隶制的论点。韦伯斯特隐晦地拒绝了道格拉斯的说法,即扩张
将使自由区域像大陆一样广阔,因为他预见到了动产奴隶制也
会向外扩张。五分之三条款以及参议院代表基础的扭曲都不是

① [译按]门罗,1758—1831,美国第五任总统(1817—1825),任内购得佛罗里达州
(1819),通过《密苏里妥协案》(1820),倡导门罗主义(1823),门罗主义的要义是
反对欧洲干涉美洲事务。

危险,真正的危险是动产奴隶制利益得到了武装。在 1837 年反对吞并德克萨斯的演说中,以下的经典段落出现了,该段落在之后的年代中经常被重复,而且大部分后来被林肯在他那伟大的 1854 年《皮奥里亚演说》中重新释义:

> 先生们,我们全都看到,不论是谁拥有德克萨斯,它都极可能成为一个蓄奴地区;坦白说,我完全不愿做任何事,来使非洲种族的奴隶在这片大陆上进一步得到扩展,或者把其他蓄奴州添加到联邦里。当我说我视奴隶制本身为一种巨大的道德、社会和政治的恶之时,我仅在使用一些杰出人物用过的语言,他们本身也是蓄奴州的公民。因此,我不会为赞成或鼓励奴隶制做任何事情。奴隶制已经在我们中间存在。《宪法》说它存在于[80]联邦之中;《宪法》承认了奴隶制并庄严保证这一制度。出于荣誉和正义以及对宪法的尊敬,我们所有人都有义务充分实现那些保证。《宪法》中所有有利于联邦中已存蓄奴州的条款都必须得到实现……存在于州中的奴隶制,超出了国会的权限。它是各州自己的问题;它们从未将这个问题交给国会去处理,国会没有处理奴隶制的正当权力……

> 但是当我们谈及新州加入时,这个主题就涉及一个完全不同的方面。我们的权利和义务也都不同了。

> 自由州,以及所有的州,都有接受或拒绝的自由。当新成员准备加入这个政治伙伴关系时,老成员就有权利决定新伙伴以什么样的条件加入,以及他们可以把什么带入联邦。我认为,合众国人民不会同意让一个新的、幅员辽阔的蓄奴区域进入联邦,这个区域大到

可能抵得上半打或一打州的面积。我认为,人民不应该同意它的加入……在奴隶制的一般问题上,联邦的大部分人民已经相当激动了。这一主题不仅是一个备受关注的政治问题,它所触及的问题还更深远。它吸引了这个国家的宗教情感;它紧紧抓住了人们的良知。确实,他是个鲁莽之人,并不熟谙人性,尤其是对这个国家的人民个性有一个非常错误的估计,他认为可以轻易对付或藐视这种情感。这种情感肯定会让自己得到尊重。它可以被说服,愿意实现所有现存的约定和所有现存的责任……但要强迫这种情感沉默,要努力限制它的自由表达……如果要尝试这么做的话,我都不知道有什么——即使在《宪法》或在联邦本身之中——不会受到随之而来的情感迸发的威胁。

我相信,为了整个联邦的利益和福祉,这种情感最好保持现状,既不减少也不增加。①

[81]在此我们不考虑韦伯斯特这些话的内在价值,而是先来关注他所忽略的东西;即另外一种危险,英国势力的扩张。正如上面所提到的,1844 年选举反映了反英以及反奴隶制情感是民意中的一个深刻和持久的因素。事实上,民意与它想达到的目标并不总是一致,而且很少一致。政治家的部分任务就是澄清国家所面临的各种选择,并驱动人民做出真正的而非虚假或虚幻的选择。当然,在韦伯斯特认真倾听反奴隶制观点并作为它的传声筒时,道格拉斯则在敲打反英情感的部族之鼓。当道

---

① 韦伯斯特,前揭,第一章,页 355—57。韦伯斯特将这段话的主要部分融入了他在 1850 年 3 月 7 日的演说中。

格拉斯提醒南方人,英国是废奴主义的老家,并以此来怂恿南方人遵循他的扩张主义政策时,韦伯斯特却"希望这个国家向世界各国展示出一个富有而强大的共和国样板"。然而韦伯斯特隐晦地接受了这样的建议,即英国影响在我们边界的南方散布会是有利而非有害的,因为英国影响的散布会阻止奴隶制扩展。很难挣脱这样的感觉,即韦伯斯特式辉格党理论——以及后来的林肯式共和党理论——与道格拉斯式民主党理论之间的深刻差异——也许是最深刻的差异——在于,它们对奴隶制和英帝国对美国自由未来的威胁有互不相同的相对估计。对道格拉斯来说,英国是主要的敌人,对奴隶制的不同意见应该处于次要地位;对韦伯斯特来说,正如对林肯来说一样,敌人是奴隶制力量。

　　林肯在 1858 年警告说,存在这样一种危险,那就是,当他们在某个早晨醒来时,发现奴隶制在所有州中——不论新州还是旧州,南方还是北方——都合法化了。他的同时代人对待这一警告的严肃程度,与近期历史学家对该警告的不信任——如果不是藐视的话——程度,有着惊人的反差。这与道格拉斯的如下观点所受待遇相似,如果不是相同的话。道格拉斯认为,为了国家未来的幸福,有必要将英国从北美——如果不是西半球——驱逐出去。除了注意到他对昭昭天命的宣传,即使是同情他的传记作家,也会漠视他那[82]关于外交政策的冗长的参议院演说。然而,有充足理由相信,道格拉斯自己认为这些演说极为重要,而且作为参议员,他对外交事务领域的责任在尊严和重要性方面都超过任何其他责任。此外,道格拉斯还被认为是一个称为"青年美国"运动的领袖,这是个非官方运动,他自己也没有给予多少支持,但这个运动却致力于为他当选总统做准备,而且还致力维护一种比党内"老顽固们"所主张的外交政策更具活力的外交政策。

道格拉斯关于英国人的狡诈和贪婪的警告，毫无疑问引起了广泛反响。为何在今天看来一个非常不切实际的恐惧，在当时却被认为实际存在？对于这一点我们要努力理解。我们已经看到，将"皇家权威的最后残留"从北美驱赶出去，是道格拉斯政策的最高目标。但值得记住的是，西沃德（William H. Seward）——林肯的国务卿，在林肯被提名之前一直是国内最重要的共和党人——在1861年提交过一些法案，这些法案的目的是挑起与几个欧洲国家的战争，事实上这些法案主要是针对英国。①西沃德的动机很有可能是想唤起全国一致对外的激情，以此来结束南部脱离联邦的危机。然而，他一定是在道格拉斯的反英政策中看到了这样的潜力，正如道格拉斯所看到的一样。

要了解为何道格拉斯和无数其他人有如此感受，我们必须重温一下19世纪中叶的国际状况。尽管那是个"进步的时代"，但世界其他区域迈向政治自由的实际步伐，或实现《独立宣言》所宣告的权利的步伐，极度令人疑虑和不确定。韦伯斯特在1824年说：

> 毋庸置疑，这一时代的重大政治问题就是，要独裁政府还是要有限政府……主要的争议就是，要独裁统治还是要宪政统治。独裁统治尽管承诺会好好统治，但却意味着不受控制的统治。宪政体制则限制最高统治者的决定能力，并断言社会可以拥有——这是社会的权利——制定法律的某些有效权力，这些法律将限制宪政政府。时代精神与刚才所提到的观点之强大洪

---

① 兰德尔，前揭，第二章，页29—31。

　　流结合了。但是,不论何时［83］何地,当这观点的洪
　　流显示出来时,它都遭到了欧洲某些强大君主的反
　　对……①

　　韦伯斯特说这些话,是为了支持一个同情希腊革命者的决
议,他们为自由而陷入反抗土耳其压迫者的战争。在战斗中,希
腊人不但遭到了"神圣联盟"中的基督教君主的仇视,也遭到了
他们的异教皇家君主的仇视。

　　尽管"时代精神"可能是在自由一边,但它的前景在美国内
战之前是不明朗的。拿破仑一世的垮台,导致了极度反动统治
时期的开始。拿破仑本人做了许多贬低法国大革命原则的事
情,而这些原则与美国独立革命的原则是那么相似。当人们对
自由精神又一次振作精神时,不学无术而又记性极好的"神圣联
盟"的成员们,使用所有方式来压制它。1830 年和 1848 年的革
命基本上是失败的。即使波旁家族最终被赶出法国,第二共和
国仍是短命的;不论拿破仑三世带来多少启蒙,都不包括政治自
由。同时,英国外交和英国势力经常帮助一些最糟糕和最具压
迫性的政府,帮助他们扑灭臣民维护自然权利的努力。在拿破
仑所带来的恐惧平息之后,英国自己缓慢但却稳定地迈向了宪
政民主,这是这些年来一个不清晰的事实。1832 年《改革法案》
的全部意义,由于距离遥远,不是在当时就可以看得清的。英国
的社会制度极不平等。"在那些日子里,"迪斯雷利(Disraeli)②
说,"英国是为少数人服务的——而且是极少数人。"那里几乎不

────────────

① 韦伯斯特,《文集》,第三章,页 65。
② ［译按］迪斯雷利,1804—1881,英国政治家,曾任首相(1868 年和 1874—1880
　年),为扩大英帝国的权力和范围起了很大的推动作用。

可能是道格拉斯和林肯这样的人所了解的共和主义自由的故乡,他俩既无财富又无出身或过硬的关系网,而要靠自己的努力获致高位。我们可以简略地说,在第三共和国之前,法国那飘忽不定的迈向自由的步伐,并未带来多少自由;而英国虽则展示了许多自由,但却没有多少平等;只有在合众国,自由和平等才成了社会和政治存在的确凿现实。

在 19 世纪的这个场景中,林肯和道格拉斯都[84]会同意,美利坚共和国有一项特殊责任:她为全人类托管着共和主义自由的事业。美国人无法对世界其他地方的人们争取自由的斗争无动于衷。林肯肯定会对以下这段话举双手赞成,它来自道格拉斯关于科苏特决议(*the Kossuth resolutions*)①的参议院演说(1851 年 12 月 11 日):

> 不论接待科苏特总督是否会冒犯欧洲各皇室君主,我认为这都不重要……因为我知道,这个共和国对欧洲争取自由制度运动的任何鼓励都会令他们不高兴……先生,我没见过哪一条国际法原则会剥夺一个共和国的这样一种权利,那就是对世界上建立自由基础的运动表达强烈同情心的权利。我认为,我们的责任是通过每一个适合情境和主题的行为,表达我们衷心的同情和深深的敬佩。由于我们自己的性格——我们的革命斗争史证明了它——才使共和主义原则得以在这片大陆上确立。②

---

① [译按]科苏特,1802—1894,匈牙利革命领导人,他为匈牙利脱离奥地利获得独立而努力不懈,宣布哈布斯堡王朝灭亡,他曾作过很短一段时间的临时政府首脑(1849),直到俄国代表奥地利进行干预。

② 《国会环球》,第 32 届国会,第 1 次会议,页 70。

　　林肯之所以会赞成以上的话,是因为他之前已经就革命权利发表过讲话:

　　　　任何地方的任何人民,只要有如此愿望并拥有力量,那他们就有权利起来摆脱现存政府,并组建一个更适合他们的新政府。这是一项极有价值、甚为崇高的权利——一项我们希望并相信将会解放世界的权利。①

　　关于美国榜样如何在世界各地撒下革命种子的经典陈述,可参见韦伯斯特那封著名的霍斯曼(Hulsemann)信件。该信件证明美国政府向匈牙利派遣"观察家"的行为是正确的,尽管奥地利人谴责该观察家总是在积极怂恿爱国事业。身为国务卿的韦伯斯特在 1850 年写到,他慨然承认——

　　　　由于这些特殊事件似乎都是源自那些负责政府和[85]民选政府的伟大观念——美国的众多宪法都是以此为基础——因此这个国家的人民无法不给予相应的温暖同情……当其他国家的人们在思考美国自由政府的成功典范时,自然会在心中产生想法或者希望,美国人民不可能——即使他们希望——压抑这样的想法和希望……确实,另一片大陆上倾向共和主义自由的情感,是美国反抗欧洲的结果;这一反抗的源泉和中心曾经、并且现在,也无疑都位于美国的这些州中。②

_____

① 《著作集》,第一章,页 438。
② 韦伯斯特,《文集》,第六章,页 494,495。

　　然而,对韦伯斯特和林肯来说,美国在促进林肯明确称为世界革命方面的核心责任,给人们的心灵带来激励和信心,使他们相信共和国——一种致力于所有成员的自由和幸福的政治制度——不仅是可能的,而且在现实中也是存在的。欧洲从事自由事业者可能把眼光投向美国寻求激励和同情,当他们找到时,也希望得到承认。但美国不应用鲁莽的冒险行为来使共和自由的宝贵典范处于危险之中。它在国际上的主要影响应该是在道德上,而非在政治上。

　　在这一点上,道格拉斯演说中存在一种完全不同却又意义深远的重要性。道格拉斯当然不认为,我们真的可以从俄国或奥地利皇帝手中拯救出匈牙利的爱国者们。但在所有关于国外自由力量和反动力量冲突的声明中,他都明显采取了一种更好战的语调。对道格拉斯来说,对共和主义的纯洁性和忠诚度的测试,与其说是在对自我的关注中,不如说是在我们维护自我、反对国外反共和主义力量的魄力之中。林肯则相反,他扩展了韦伯斯特的主题,用以下的话号召他的同胞们加入 1854 年开始的伟大运动:

　　　　我们的共和之袍已经染污,在泥中拖曳。让我们重新洗洁它。让我们即使不是以独立战争的鲜血、也要以独立战争的精神来把它洗得雪白……让我们重新采纳《独立宣言》,以及与之相一致的方针政策……如果我们这样做了,我们将不但拯救了联邦,而且还可以使它永远值得拯救,并永远保持这个样子。[86]我们将这样地拯救联邦,全世界[强调为附加]千百万自由幸福的人民将站起身来,千秋万代称我们为有福之人。①

————————

① 《著作集》,第二章,页 276。

　　林肯认为,由于《堪萨斯－内布拉斯加法案》隐晦地拒绝了
《独立宣言》,因此它就"损害了我们共和国在世界上的公正的典
范形象——使自由制度的敌人能够名正言顺地奚落我们伪善",
这是对美国外交政策的打击,也是对国内政策的打击。可是在
道格拉斯看来,毫不妥协地坚持纯洁性,导致了一个同样强烈但
却完全不同的表达。在那篇我们引用过的关于科苏特决议的演
说中,道格拉斯如此说道:

　　　　先生,关于与英格兰结盟并以此来限制俄国向欧
　　洲大陆进军的话已经说过了。我可以放胆说,我并不
　　希望与英格兰结盟,或与任何其他皇室君主结盟。我
　　不愿承认,美国需要英格兰作为同盟者来保持我们政
　　府的各种原则。我也不愿去把英格兰从独裁统治者的
　　权力中拯救出来,除非她把她的制度改得和我们的制
　　度相似。她的制度位于专制主义和共和主义之间。她
　　像欧洲的其他任何国家一样,要对过去四年中出现的
　　革命运动的失败负责。英国的外交、英国的密谋以及
　　英国的欺诈,扑灭了西西里和意大利的革命,甚至也是
　　匈牙利革命取得成功的最大障碍……我完全反对与她
　　结盟,并维护她的君主、贵族和她的特权阶级。我绝不
　　同意美利坚共和国帮助她——甚至在反对专制主义的
　　情况下——维持自己的君主立宪制。尤其是,只要她
　　还会将高贵的爱尔兰爱国者送进监狱或终生流放——
　　他们唯一的罪行就是试图做那个被英国人偶像化了的
　　伟大匈牙利人所做的事——她就别想得到美国的帮
　　助。她必须公正对待爱尔兰以及流放中的爱尔兰爱国
　　者们,也必须减轻为了维持特权阶级而征收的重税,并

采纳共和制度,以便公正对待自己的人民,之后她才可能得到我的同情,但是,她还无法得到我的帮助,即使是为了抵抗俄国。[87]我不希望存在与君主的结盟。只要人们信任君主,就没有哪一个共和运动会取得成功。在尝试过这个实验的地方,不论是意大利、德国还是法国,他们所犯的致命错误,就是让君主成为人民运动的领袖。君主们都会同情他们承袭来的那些朝代,会抓住第一个可以反动的机会,把人民出卖给他们的压迫者。有理由相信,很多这样的事都是英国通过外交和阴谋手段实现的。有什么比这更自然? 英国政府的权力是在君主和贵族的手中。在其他国家发生的任何运动中,只要运动没有影响他们自己王国的眼下利益,英国政府都会同情那些国家的特权阶级。因此,只要英国保持她的现存政府和政策,共和主义就不要希望从英国得到任何东西。我再说一遍,我不希望与英国结盟。我们不要求从她那里得到任何帮助,并且在她公正对待自己的人民之前,也不会帮助她。我们国家的特殊地位,要求我们在对外关系上应有一种**美国政策**[强调为道格拉斯所加],它基于我们自己政府的各种原则,并适应时代的精神。我们应当同情每一次自由运动,承认所有共和国的独立性,与它们签定贸易合约,并建立外交关系;我们也当反对所有违反国际法的行为,并时刻准备尽我们的职责,不论出现何种情况都是如此。①

---

① 也参见"为匈牙利自由所做之决议",林肯在伊利诺州一次会议上的报告,1852年1月9日。《著作集》,第二章,页115。其中包括对英国压迫爱尔兰爱国者的**谴责**,与道格拉斯的谴责相比,林肯的谴责显得有点矜持。

　　在以上段落中,道格拉斯称为"美国政策"的外交政策,与二战前一个被称为"美国第一"(America First)的运动中所宣传的外交政策,竟何其相似乃尔,今天的读者可能对此甚感吃惊。这一主题在美国政治中的持久性让人震惊。在两个世纪中,我们都看到美国拒绝与英国结盟,并以此来反对欧洲大陆的独裁主义力量打破欧洲力量的平衡。在两种情况中,非盎格鲁－撒克逊裔的人们仇视为英国利益而战的想法,以及相信英国和美国利益激进对立的观点,都是明显的。而且,还存在这样一种特殊的[88]固见,那就是认为尽管美国以及美国外交从整个欧洲撤了出来,但美国政府代表自由运动通过联盟对欧洲施加了自己的影响,因此美国希望欧洲各国政府和人民在道德上承认美国政府原则的影响。而且在上述两种情况中,都存在同样的观点,即美国对欧洲自由事业失败的真正反应,是在西半球建立无可争辩的霸权。此外,刚才所说的政策与华盛顿经典的"孤立主义"、杰斐逊的中立政策,以及该中立政策在门罗主义(Monroe Doctrine)中某种程度上的重申之间,存在差异。较早前的政策旨在保证新生共和国不受鲁莽冒险的危害,不受过度承担义务的危害,因为这可能对我们的安全造成不必要的威胁。相反,道格拉斯的政策所希望的是参与,因为他号召把欧洲势力驱逐出**新世界**的运动。

　　在道格拉斯看来,位于"专制主义和共和主义之间"的英国,与林肯所说的"分裂之家"是半斤八两。当韦伯斯特在1823年说,那个时代最重要问题是独裁政府和有限政府的问题时,他认为"政府的形式应是混合或多或少世袭力量的受限君主形式,还是完全由选举产生的代表所组成的政府形式,可能并不重要"。但对道格拉斯来说,这个"并不重要的"问题却是最重要的。林肯在给斯比德的信中谈到去俄国,因为"在那里,专制主义就是专制主义,并不掺杂半点假仁假义的成分"。
《独立宣言》的普世信条出现了接二连三的例外情况,这就是不
纯粹,而林肯无法容忍不纯粹。道格拉斯的支持者经常将他的
灵活性——表现在他允许各州内部制度多样化——与林肯的
生硬教条对比。林肯确实反对道格拉斯的人民主权,因为它至
少在理论上赞同奴隶制的扩散;而林肯确实要求奴隶制最终灭
亡。但当林肯期望奴隶能被同化到美国内部的自由制度中去
时,道格拉斯则要求英国"把她的制度改得和我们的制度相
似"! 我们可以说,每个人都在呼吁消除分裂之家状态,并谴责
他所认为的对自由原则的虚伪背叛;但[89]当林肯看到国内
的致命分裂和背叛时,道格拉斯却认为威胁来自"背信弃义的
阿尔比恩"。①

　　在德克萨斯和俄勒冈演说中,人们可以说道格拉斯仅在表
达杰克逊式偏见,但是在 1850 年时,经验已经赋予那些偏
见——如果它们是偏见的话——一种新的内容和新的可信性。
1848 年革命很大程度上是失败的;流血、迫害和压迫,似乎比
欧洲爱国者和从事自由事业者的命运中任何时候所经历的还
要多。但在所有事件中,没有哪一个像爱尔兰饥荒那样对美国
政治造成如此巨大的影响。这是一场巨大的人为灾难。美国
黑人奴隶制在历史上也没有出现过像无数爱尔兰农民所遭受
的那种饥饿和死亡。同样难以相信的是,家庭的被迫拆散——
经常被认为是奴隶制最坏的恶——也无法与一百年间爱尔兰
人被迫向外移民所导致的家庭的生离死别相提并论。几乎人
人都承认,爱尔兰人的苦难应归咎于英国人的不当治理。作为
爱尔兰人在美国的代言人,道格拉斯出于憎恨,将黑人受压迫

---

①　[译按]阿尔比恩(Albion),指英格兰或大不列颠,常用于诗歌中。

的问题从属于他自己的选民受压迫的问题,这并非民主政府的矛盾现象。

当然,在 19 世纪中期,**旧世界**的政治结构是如此腐烂,以致无法将新世界的制度移植到旧世界中去,这一观点并不完全是沙文主义。事实已经证明了**新世界**的持续成长及其自由制度的可行性,这也是政策的真正目的所在。

> 我坚持认为,在美国所应当追求的政策体系,与适用于欧洲的政策体系之间,存在一种差异,一种巨大差异[道格拉斯说]。欧洲陈旧而老朽,在分解的边缘遥遥欲坠。当你拜访她时,只有历史的伟大遗迹,已逝力量的断壁残垣……才能让你顶礼膜拜。她古老土地上的那些极品……令人对已逝者怀想连翩,但却无法给生者以希望!在这里,一切都新鲜旺盛,扩展蔓延,勇猛精进……先生,那个想根据欧洲模式制定美国政策的政治家,未能感受到[90]存在于不同位置、历史和制度中——存在于旧世界和新世界的一切事物中——的这种对抗。①

以上段落来自 1853 年 3 月的一次参议院特别会议演说,那次会议由即将就任的总统皮尔斯(Pierce)召集。第 32 届国会最后几个月对外交政策的讨论——这是菲尔莫尔治下、也是辉格党政府治下的最后一届国会——现在又恢复了。在讨论中出现了一个关于英国的争议性问题,即如何解释《克莱顿－布尔沃

---

①　Sheahan,前揭,页 114。

条约》(Clayton-Bulwer Treaty)①。这一条约在 1850 年春季签署和批准,至少在臭名昭著的雅尔塔(Yalta)②协定之前,它很可能是我们所有国际协约中最不受欢迎的。我们很快就会从道格拉斯那里知道为什么是这样。但是我们必须注意,该条约的谈判和签署,正值国家遭遇史无前例的最严重危机之时。它是辉格党的条约,提交给了民主党控制的参议院,但仍以 42 票对 11 票通过。这意味着,辉格党人和"老顽固"的民主党人都相信,当国内危险尚存时,在对外方面应该谨慎而不要过度自信。这就是林肯在下一个十年中的观点,但这肯定不是道格拉斯的观点,不论是当时还是以后。1850 年的讨论是秘密进行的,但道格拉斯在 1853 年告诉我们,他之前说了些什么,这些观点随后在其他场合被进一步申说。

但历史记录中的另外一点值得我们注意。用一个法案来组建内布拉斯加准州的最后一次失败尝试,发生在道格拉斯 1852—53 年间关于外交事务的两次主要演说之间。这一法案在众议院以绝对优势获得通过,但在参议院却失败了,在会议的最后时刻——事实上是在 3 月 3 日凌晨——被搁置。这一议案——我们下面会进一步关注它——得到道格拉斯的热情支持,尽管其内容中没有任何怀疑、更别说撤销《密苏里妥协案》的字句了。然而,尽管后来的内布拉斯加法案引起了道格拉斯的强烈关注,但 1853 年的内布拉斯加法案并未引起他(或任何其他人)的些微注意,他这一年所专注的是外交事务。我们以后将

① [译按]克莱顿,1796—1856,美国政府官员,曾任国务卿(1849—1850);布尔沃,1801—1872,英国政治家和外交家。两人代表英美两国谈判签定了《克莱顿-布尔沃条约》(1850),确定穿越中美洲的运河的中立地位,两国可共同使用。
② [译按]雅尔塔,前苏联西南欧部分一城市。是 1945 年 2 月同盟国会议的会址,出席该会的有罗斯福、丘吉尔和斯大林。

阐述如下观点,即 1854 年的撤销条款偏离了道格拉斯的真正政策;他从未想要制定这样的条款,但一系列特殊的不愉快状况迫使他在事后宣称自己有这样的意图,并因此而维护它。[91]由之而起的风暴将道格拉斯的政策导向歧途,使主要主题服从了次要主题。他从此再也不能推动他如此热切坚信的外交政策了,尽管他从未放弃过努力。

我们不妨尝试这样一种假设,即在第 32 届国会结束时,当跛脚鸭们等待民主党人在 1853 年重掌政权时,道格拉斯希望能够为再次维护"昭昭天命"做好准备。1852 年两党的政纲都声称,《1850 年妥协案》将被视为地区差异的决定性解决方式。皮尔斯在他的就职演说中,提出希望恢复波尔克的政策,并说明了原因。但是,在接下来的一年中,民主党饱受内部争斗之苦,而皮尔斯暴露出完全没有应付这些斗争的能力。国家急需的是一个政策——以及领袖。由于辉格党带头赞成并支持《1850 年妥协案》,因此身陷地方主义的烈火而无法自拔。民主党似乎在当权时就已开始瓦解。对其他国家采取强劲政策似乎是不可能的。国会可以领头制定国内政策,但它不可以领头制定外交政策。因此,道格拉斯 1854 年开始在这样一个问题上发挥自己的领导权,他希望通过自己在党内和参议院的领导地位能够控制这个问题。毫无疑问,道格拉斯在玩"总统游戏"。但这并不可耻;要紧的是这样做的重要性——而对道格拉斯来说,无论作为一个民主党人还是——正如在 1858 年可能发生的那样——作为共和党人,成功就意味着重新肯定外交政策的首要性。正如我们下面将要证明的,林肯一直都理解这一点,在联合论辩的某些篇章中,林肯将自己的论点架构在道格拉斯别有用心的对外动机之上,没有什么篇章比这些说辞更有意义了。出于这个原因,在转向论辩之前,有必要听一听道格拉斯 1852—53 年间——1850 年国内危机与 1854 年危机再起之间的阶段——对外交事务所说过的话。

正如辉格党的韦伯斯特和艾史伯顿勋爵（Lord Ashburton）在 1842 年所谈判的其他条约一样，《克莱顿－布尔沃条约》涉及与英国的令人烦恼苦痛的广泛分歧，这些分歧可能很容易导致战争，然而一旦采纳妥协[92]原则，这些分歧的危险状况同样也很容易被消除。1842 年协议解决了东北边界——缅因州与加拿大之间边界——的长期纷争，这一纷争在民主党执政下似乎没有希望得到和解，但却被韦伯斯特和受人欢迎的艾史伯顿的外交神奇地驱散了。1850 年，墨西哥战争的结果不但带来了国内地区与地区之间的争议，而且还造成了英国利益和美国利益在中美洲的严重冲突。用奈文思的话来说：

> 加利福尼亚刚刚得到，汹涌的移民浪潮就开始跨越巴拿马和尼加拉瓜路线涌向那里。当时修建一条运河看上去似乎比实际要容易得多，而且大多数美国人不可避免地觉得运河应该受他们的控制。英国对百里斯（Belize）——或英属洪都拉斯（British Honduras）——行使主权，声称自己对居住在所谓"蚊子海岸"的野蛮人拥有保护权，并对该区域的若干岛屿感兴趣。英国人拥有世界上最大的海洋贸易，其中大部分都会经过被开通的地峡运河。①

随之而来的条约的核心是这样一个规定，即不论英国还是

———————

① 奈文思，前揭，第一章，页 550。

美国都不可以"单独控制任何通航运河",但两国都将保护任何
修建运河的私营公司。同样达成的规定还有,"拥有或建筑同一
条运河的各方,不可强加其他交通索价或条件,除非上述国家的
政府认为是公正的",并且,"所说的运河或铁路[将会]以同等条
件向英国臣民和美国公民开放,[而且]也将以类似条件向任何
其他国家的公民和臣民开放。"①然而,广受批评的却是以下这
条"自我牺牲法规":

> 美国和英国政府特此宣布,不论美国还是英国都
> 不会⋯⋯占领,或设防,或殖民,或接管,或行使任何对
> 尼加拉瓜、哥斯达黎加、蚊子海岸或中美洲其他地区的
> 统治⋯⋯

总之,《克莱顿－布尔沃条约》建立在这样的假设上,即盎格鲁－
不列颠友谊是[93]建立新世界国际体系的经久基础。正如克莱
顿当时给布尔沃的信中所说:

> 我们在英国和美国关系史上创造了一个新纪元。
> 我们把这两个有亲缘关系的伟大国家联合在一起,成
> 为散播贸易和文明之福祉的联合先锋和伙伴。②

可是克莱顿、韦伯斯特、辉格党人以及民主党人对该条约的
希望几乎旋即破灭了。美国人认为,自我牺牲法规适用于现在

---

① 参见《美国外交政策史》(*A History of the Foreign Policy of the United States*),R. G. Adams 著(New York: Macmillan,1924),页 233。
② 奈文思,前揭,页 551,注释 14。

以及将来的殖民地,而英国人的解释则是,它仅适用于未来的殖民地;简单说,英国人希望保留他们在尼加拉瓜路线附近现存基地的所有战略优势。然而,不论该条约冻结了英国在该区域的优势还是给予了我们完全的平等,毫无疑问,它的辉格党签署者只是希望在该地区寻求一种完全的伙伴关系。

对蚊子海岸的保护权,涵盖了靠近大西洋的洪都拉斯和尼加拉瓜的过半面积。英国在这里的据点(除了完全拥有百里斯或英属洪都拉斯之外),名义上是为了防止尼加拉瓜人或其他人灭绝蚊子海岸的印第安人。在这种情况下,尼加拉瓜人相当愿意向美国人转让在该地区的某些特权,以作为对英国势力的一种抵消。道格拉斯希望向英国人献上最真诚的奉承形式——那就是模仿——以利用当地的薄弱来建立美国的最高领主地位,这种地位将像英国有效排除其他人那样排除英国人。道格拉斯1852年2月14日在参议院说道,波尔克的一个临时代办(受布坎南政府外交部的领导)已经与尼加拉瓜协商了一个条约,给予这个国家开掘和布防一条运河的专有和永久特权,还为在洋际交通界标处建立自由港口和城镇拨了土地。这样一个"条约"本会是另一个德克萨斯的序曲,"殖民者"最终会从本地人手中夺取那里的土地,这些道格拉斯都丝毫不想否认和隐瞒。他也不是不知道,事先未和英国达成谅解就与尼加拉瓜协商条约,甚至都不值得书写出来。在《克莱顿-布尔沃条约》之前,英国人已经[94]从尼加拉瓜人那里取得了在圣胡安河上的航行权,这与现在赠与美国人的特权完全龃龉不合。① 但在这里,正如在俄勒冈边界争议中一样,道格拉斯仅想得到提出这样一种要求所需的少许证据,该要求依据的是他喜欢称之为"国际法"的法律,

---

① 亚当斯,前揭,页231。

而将会导致战争的过度要求,可能就建立在这国际法的基础之上。以下就是道格拉斯反对《克莱顿－布尔沃条约》的主要观点,以他自己的话说:

　　首先,我不愿与英国或欧洲任何其他国家签定关于美洲大陆的如下条约:即在一切未来的时间中,当一个事件发生时,根据这种条约,我们必须让共和国发誓,我们不去做那些我们的利益、职责甚至安全可能迫使我们应该做的事。我已经说过,现在再次重申,这种条约的每一条、每一款和每一项都必是对涉及欧洲殖民这片大陆的"门罗主义"的真正否定和拒绝。邀请世界上任何与英国和美国交情友好的国家签定类似规定,承诺在与其他中美洲国家谈判时如果需要的话会互相帮助,还承诺所有加入"联盟"的国家之间互相帮助以解决中美洲国家和政府之间的争端之条款,不但承认了欧洲国家介入美洲大陆事务的权利,而且邀请它们行使这一权利,在某些情况下还使这种权利的行使成为责任。确切地说,这样的条款建立了签约各方之间的一种联盟,并邀请所有其他国家加入这一联盟。我还反对如下条款:即不论美国还是英国都不会占领,或设防,或殖民,或接管,或行使任何对尼加拉瓜、哥斯达黎加、蚊子海岸或其他中美洲地区的统治。我过去不渴望、现在也仍不渴望将那个地区的任何部分并入这个联邦……然而,我仍然不愿承诺,不但我们自己、而且我们的后代子孙永远都不会这么做……作为联邦一个州的加利福尼亚,是否有权说,我们的利益和安全[95]要求我们拥有中美洲的某一部分——它处于大西洋和太平洋属地中间,并包含了两大洋之间重要的水上贸易路线——的时刻还未到来呢?

再有:

> 但还有另外一个对《克莱顿—布尔沃条约》的难以克服的反对意见……我指的是这样一个条款,它规定:"美国和英国政府,不但渴望实现一个特殊目标,而且渴望建立一个一般原则,根据这个一般原则,他们同意通过制订条约而把他们的保护扩展至……横跨北美和南美之间地峡的……任何其他实际交往中去。"

在道格拉斯看来,这一条款将扩展该条约,使其不但包括中美洲,而且还包括北面的墨西哥和南面的新格拉纳达(New Granada,包括哥伦比亚和委内瑞拉)。① 由于该条约不仅承认了与英国的伙伴关系,而且还承认了与英国或美国友好并希望加入该条约的任何其他国家的伙伴关系,因此,道格拉斯说:

> 美洲大陆将处于联合力量的保护之下,她的未来取决于使该联盟目标付诸实施的条约规定,[因此]欧洲不会再对我们联邦的迅速成长、扩张和发展忧心忡忡。她将自我安慰,该有的界限已经存在,该有的障碍已经设立,这个共和国的疆域不会超越这些界限和障碍,共和国的各种原则也不会周流遍地。

------

① ［译按］新格拉纳达:西班牙在南美北部的一个殖民地,包括现在的哥伦比亚、厄瓜多尔、巴拿巴和委内瑞拉。从 16 世纪 30 年代到 1819 年属西班牙管制。

很难想象,还有什么文字会比以上这些话更能表达道格拉斯整个政治生涯的基本假定了。在这些话中,他将我们共和国的疆域与其各种原则相协调。道格拉斯不但相信欧洲已腐烂至极,而且相信如果没有美国人的扶植,他对拉丁美洲人的政治能力也没有任何信心。

> 我并不考虑也不看好对墨西哥的任何侵略……但是谁又能说,在墨西哥的普遍败坏和道德沦丧的情况下,不会[96]出现这样一种状况,在其中,出于对我们自己的权利和安全的正当关注,以及为了人类和文明,我们不会被迫去做那些我们对德克萨斯曾做过的事……①

我们已经说过,辉格党外交政策的主要假设是希望与英国保持永久的友好关系。在继续这场辩论的三月的特别会议上,道格拉斯如此谈论了这个问题:

> ……我并不同意那个参议员昨天所表达的那种感觉,即与英国这样一个和我们如此友好的国家有不同意见是件令人遗憾的事[道格拉斯的强调]。先生,我并没有看到可以证明英国的友好的证据。她与我们成为朋友,并非理所当然……先生,我们伤害了她的虚荣心,贬低了她的傲慢。她永远都不可能原谅我们。但对我们来说,她会是这个地球上的第一大力量……她嫉妒我们,并因之而不与我们成为朋友……当嫉妒存

---

① Sheahan,前揭,页105—8。

在时,友谊是不可能的,对此我们为何要自欺欺人呢?因此,英国占领海上的每一个岛屿,在她可以恐吓我们并打击我们贸易的海岸上架起枪炮。她的政策一直都是占领全世界所有军事和航海据点……英国占领百慕大是因为它给她带来任何利益吗?除了妒嫉——这使他们仇恨我们——她占领百慕大这个据点还有什么其他动机吗?她在我们的海岸线上占领的所有据点,难道不是都出于同样的动机吗?

在同一场辩论中,他就巴特勒参议员(Senator Butler)说英国是"母国"的说法,作了如此回应:

> 我无法接受英国是母国。如果是的话,她一直也都是个残忍无道的母亲。我看不到她对我们饱含慈母之情,当我们还是婴儿时她没有悉心照顾我们,自从我们独立后,我也看不出她为我们的蒸蒸日上感到骄傲和喜悦……那位来自南卡罗来纳州的参议员,沉湎于对英国的洋溢生动的歌颂,想到我们目前的立场和他在这个联邦中的地位,这在我看来是很奇怪的。他说英国文学和科学像奔涌和新鲜的泉流一样注入我们[97]国家并在这片土地上流布,他是多么喜悦和感激。他难道没有察觉,几乎每一部在这个国家流传和阅读的英国书籍中,都包含对我们人民的品质以及我们政府的制度和政策的潜在的、阴险的中伤和诽谤?他难道不知道,曾经那么严重地威胁过这个共和国的和平和安全的废奴主义,正是起源于英国,而联邦政府为了某些州的特殊制度,却不得不把废奴主义融入到自己

的一些政策中去,并因此危及联邦本身的安全？她难道不是让她的传教士们在这个国家四处活动,发表演讲,广泛散布煽动性出版物,而这些都是为了激起偏见、仇恨以及联邦内部不同地区之间的争斗？我想,某类英国文学——这类文学就是为了在壁炉边挑起叛国和造反——已经充分地滋润和启蒙了南卡罗来纳和联盟中的其他蓄奴州,以至于我们可以原谅参议员对我们的英国母亲歌功颂德！①

道格拉斯接下来进一步在这一主题上大做文章,但让我们的引用就此打住。不过,这段引文确实说明了道格拉斯政策思路中所包含的一系列想法。我们已经看到他认为英国的贵族背叛了欧洲自由运动,他们对自己阶级的忠诚——除非与国家利益相冲突——优先于任何对政治自由的情感。但在这里我们也发现,道格拉斯对英国是废奴主义发源地表示出最刻毒的仇恨,尽管废奴主义源自中下阶级而非贵族阶级。奴隶制于1833年便在英属殖民地(奴隶制主要集中在西印度群岛的英属殖民地)中被那一伟大改革法案之后选举出的第一届议会所普遍废除,而那一法案代表了英国在19世纪迈向民主的第一个重大步伐。

道格拉斯用来描述英国"传教士"的语言,使人想起老"托利"(tory)联邦主义者用在雅各宾党人身上的词语和调门,同样的联邦党人通过了《外国人和煽动言论法》(*Alien and Sedition Laws*),类似的语言如今在我们对共产主义者的态度和评论中可以发现。总之,道格拉斯认为英国[98]既反动又革命。这似乎前后不一致;但即使如此,这也仅是一种表面的不一致。道格

---

① Sheahan,前揭,页113,115。

拉斯看到英国的外交还是由老的统治阶级在操纵,只有当外国的自由事业碰巧与英国利益相吻合时他们才会给予支持;比如说,削弱与英国敌对的君主国的力量。但当他们从中得不到对自己有利的好处时,他们会以同样甚至更大的热情牺牲同样的事业。这些英国统治者对美国共和自由的同情并不比对俄国独裁政府多。英国将废奴主义扩展至美国的动机,与她支持东欧革命者反对沙皇的动机同出一辙。废除英属西印度群岛的奴隶制的"人道主义"精神,不需要西敏斯特议会的议员们付出任何代价,他们不会生活在被解放的黑人之中。英国议会并没有征得西印度群岛奴隶主们的同意来解放黑奴,而他们也肯定不会同意。议会保证废奴得到贯彻和执行的权力,与引发美国独立革命的贯彻《印花税法案》和征收茶叶税的权力一样专制,因为这一权力也不是建立在被统治者同意的基础之上。

由于道格拉斯将政治自由等同于最大程度的地方自主,因此英国随着废奴过程碰巧出现的民主形式,就使他能从地方自主的角度来看政治自由。毫无疑问,道格拉斯是从废奴主义对美国民主的启示的角度来解释英国民主的特征的,因为美国废奴主义的政治目标明显就是把这样一种权力转赠予联邦政府,使它可以像西敏斯特议会对待巴哈马群岛那样对待南方的蓄奴州。内战之前几乎没有人相信,《宪法》有赋予联邦政府插手各州奴隶制的权力,但如果一个武装的反奴隶制政党控制了联邦政府的所有机构,那样的信仰又会持续多久? 抑或,更确切说,如果这样一个政党控制了新州的组建和成长,那还要等多长时间,才可能让四分之三的州同时都愿意改变《宪法》,以使联邦政府拥有这样的权力呢?《宪法》"第十三修正案"不是给出了回答吗?

刚刚引用的道格拉斯言论,都是针对南卡罗来纳州的巴特

勒参议员的,而他的参议员席位以前属于卡尔霍恩。[99]巴特
勒的亲英主义反映了种植园贵族阶级的品位和情感,这些英国
裔的贵族在内战期间给南方带来很大帮助。巴特勒同样也反映
了反扩张情绪,这种情绪在南方很多大奴隶主中以及在最坚决
维护奴隶制的人中都非常普遍。除了德克萨斯之外,卡尔霍恩
自己并不希望有任何其他兼并,他对扩张的态度是漠然的。
1850年时,他知道自己提出的保持蓄奴州和自由州数量平衡的
修正案永远不会被接受。因此,卡尔霍恩和南方主张奴隶制的
极端派别中的保守者认为,在联邦内要想使四分之三宪法多数
无法形成并由此来保护自己,更取决于限制未来新州的数量而
不是寻求新的领土,因为那些领土可能成为也可能不成为奴隶
州。正如我们将又一次注意到的,国会中(以及国会外)最强硬
的奴隶制维护者从来都不希望废除《密苏里妥协案》,因为该妥
协使他们可以阻挠对整个西部的进一步组建。他们被迫支持一
个他们所仇视的法案,因为当对该法案的反对成为废奴主义者
聚集力量的号召时,这个问题就不受他们控制了。在此我们看
到,道格拉斯正努力打破赞成奴隶制的保守派对向中美洲和加
勒比海扩张的反对,同时也正努力打败想与英国调和的情绪,他
后来用《堪萨斯—内布拉斯加法案》克服了对组建西部各州的
反对。

在结束我们对道格拉斯主要外交政策的声明的摘引之际,
我们来引用1858年12月一篇演讲的某些片断,之前一个月的
选举中他挫败了林肯进入参议院的企图。演讲发表于新奥尔
良,那是古巴的军事冒险家习惯出海航行的城市。在这篇演讲
中,他关于未来兼并的话语——如果可能的话——不像在参议
院中那么拘谨:古巴,墨西哥,中美洲(我们猜测甚至远及合恩

角!)一定都被包括进了"昭昭天命"之中。他顺便描述了与布尔沃先生在1850年的谈话：

> 他趁机向我提出抗议，说我关于该条约的立场是不公正和难以站得住脚的；他还说，条约是互惠的，因而是公平的，因为它保证英国和美国[100]决不购买、殖民或获取中美洲的任何领土，因而它是互惠的。我告诉他说，如果他们能够给这个条约加进一个词，它才是公平的，加了那个词之后，条约的意思就变成，英国和美国决不会占领或控制中美洲或亚洲。但他说："你们在亚洲没有利益。""是没有，"我回答说，"你们在中美洲也没有任何利益。""但是，"他说，"你们永远不可能对亚洲拥有任何权利。""是不行，"我说，"而我们也不想你们对美洲拥有任何权利。"①

演讲以道格拉斯说他赞成无限扩张这样一段话结束，"我们的《宪法》能够拥有的纬度和经度越广越好"，"自由贸易原则[将]运用到世界（强调为我们所加）的重要产品上，使我们成为这个地球上最伟大的种植业和制造业国家、最伟大的商业和农业国家。"只有一件事可能限制这种倡导："……除非伟大的不干涉原则，以及人民决定奴隶制和所有其他国内问题的权利被保留，否则我不赞成那种政策。"

因此，就在那些伟大论辩刚刚结束之时，我们看到，那些几乎从道格拉斯职业生涯一开始就在被暗自协调的事务，现在则正在被明确地协调着：人民主权和扩张。但根据对道格拉斯关

---

① Sheahan，前揭，页122,123。

于外交事务演说的充分解读,协调两者为人民主权理论提供了新的揭示。因为道格拉斯想要的联邦显然不同于林肯所构想的联邦。林肯像韦伯斯特一样,考虑的是更大的同质性,因为他是根据明确划定的边界来考虑的;林肯之所以接受这些边界,是因为按照辉格—联邦主义传统,他默默接受了在决定影响美国未来的重要事务方面同英国的伙伴关系。

道格拉斯的联邦将会是个新型的罗马。与英帝国不同的是,它会有极度的民主,但它仍然无法让自己兼并的所有土地上的人民都享有完全的公民特权。

> 如果经验能够继续证明的话,也有人认为过去的历史可能已经证实,那些[101]中美洲小国不可能保持自治,基督教世界的利益要求某种力量为它们保持秩序。①

至于自治的美国人在接管中美洲、墨西哥等等地方之后到底会如何治理当地,道格拉斯并没有说。但清楚的是,美国扩张所遇到的土壤、气候和物产方面的多样性以及民族的多样性,将要求其政策具有极大的伸缩性和灵活性。这种灵活性的绝对必要条件,也就是那个时代可以接受的条件,是地方自我决定,或用道格拉斯的术语来说,是人民主权。把联邦扩张到新的领土和气候中去,会让我们遭遇更明显的违反普遍平等主义的情况,这并没有让道格拉斯头疼。怎么会让他头疼呢?他对美国原则能够而且将会陪伴着国旗到处传播甚感满意,他不相信那些原则会以其他方式传播。在我们这个时代,英帝国已经通过比道

① Sheahan,前揭,页123。

格拉斯所想到的更加专制独裁的方式变成了一个共同体。墨西哥人和远西、西南方向的东方人,都因是二等和三等公民而饱受折磨,这已经暗示了更大的领土范围可能会发生的情况。但这些墨西哥人所受到的统治,要比边界另一边他们的族人所受到的统治更差吗?而东方人是否更幸运些呢?在我们宪政制度架构中,各种自由原则的酵母正在稳定地发酵,使整个体系更倾向于平等对待那些遭受最不平等对待的群体。难道把人们遗弃在那些甚至否定平等的希望和承诺的制度中更好吗?

在维护《1850 年妥协案》的伟大的芝加哥演说①中——我们之前已经引用过——道格拉斯以密尔(John Stuart Mill)的方式谈到野蛮人被文明人统治的必要性。在这篇演说中,他还说:

> 世界历史找不到多少例子可以证明,相当大一部分人已经表明自己足够开明和文明,以至于可以行使权力并享受自由的赐福。在亚洲和非洲,我们仅发现了无知、迷信和专制。欧洲和美洲的大部分地方,也几乎不能说自己是文明的和开化的;只有很小的一部分

① Sheahan,前揭,页 168—86。有趣和重要的是,奈文思教授在引用了这篇演说的一段话后——我之前已引用过那段话,即以"文明世界一向认为"为开头的那段话——接着谴责道格拉斯说:"这样一个人不可能理解那种强烈情感,这种情感正是千百万热爱自由的北方人想到广大西部的一半可能变成蓄奴的土地时所拥有的情感……"(《联邦的考验》,章二,页 108)重要性在于这样一个事实,即奈文思特地挑出了道格拉斯在 1850 年的这篇演讲,而这是林肯极为称许的一篇演讲。参见林肯,《著作集》,章二,页 138:"与我所看过的关于这一主题的任何出处的任何文章相比而言——一篇才华横溢的文章……阅读它给我带来了巨大愉悦……"我们将进一步注意到,在表扬道格拉斯的这同一篇演讲中,林肯谈到那些试图挑起古巴对西班牙人统治反抗的人们的错误。林肯说,错误的核心是,古巴人不适合公民自由,这一陈述暗示了与道格拉斯观点的某种一致性,而奈文思却认为该观点冷酷无情。

人证明了他们的自治能力。

在道格拉斯看来,不能仅仅因为共和国边界之内的所有人无法立刻成为共和政体的完全成员,就认为加强[102]这个无疑最成功的现代共和国的政治和物质基础,是个反共和国的政策。完美计划不适合于此世的王国。正如我们现在将看到的,林肯赞同建国之父们的政策,即在法律完全认可奴隶制已经存在的地方,他们认为这种政策也是"必需的",没有它这个共和国便不可能成立。难道不可以类似地认为,任何邪恶——如果没有它似乎就无法达到更大的善——都是"必需的"吗?

道格拉斯相信他生活在一个进步的时代,但他并不认为进步是想当然的事。潘恩(Tom Paine)和杰斐逊时代的乐观主义,在法国革命的灾难中、随后在欧洲大陆的反动中以及在最近才解放的拉丁美洲各国所展示的肮脏和不当治理中,受到了巨大震惊。为了世界自由,或许应该做一些事情,但必须以扩张美国自由的方式来做。我们不要忘记,道格拉斯正是美国熔炉的政治家典范。作为内战之前美国人数最多、受压迫最深的移民群体的最受欢迎的领袖,他展示了——丝毫不比林肯差——**新世界**如何给予以及为何能够给予**旧世界**的人们以希望。然而,倘若美国不是**新世界**无可争辩的女王的话,这希望就没有意义。

道格拉斯眼中的 19 世纪中叶的政治局势,使他也认为反奴隶制运动和本土主义运动是一个硬币的正反两面。口口声声说"更高法律"的反奴隶制运动,其目的很明显是要毁灭《宪法》,很明显是要发动政变,当废奴主义者在政变中控制联邦政府的权力时,各州的权力将被剥夺。正如我们充分证明的,道格拉斯是北方和南方极端分子的敌人,但他更反对的是废奴主义者,这不是因为攻击自己政党以外的敌人更加容易,而是因为他感到他们是侵略者。南部脱离联邦和废奴同样是违宪的,但南部脱离联邦有行使革命权利的道德理由——正如林肯将在他的《第一次就职演说》中所承认的——[103]如果行使革命权利是达到安全的唯一方法的话。而如果废奴主义者成功了,他们可能最终通过控制联邦机构而威胁南方人的安全,而且这种威胁比当初乔治三世国王所造成的威胁还要严重。并且,反奴隶制运动也是扩张的最大障碍。道格拉斯认为只有通过扩张,美国才能持续同化欧洲专制主义的伤痕累累的受害者。反对扩张者就是那些想使英国成为这个国家在**新世界**中的"伙伴"的人们,他们会因此"限制"我们,让我们陷入**旧世界**的外交纠纷中而最终扼死我们。同样是这些反对扩张者、这些效忠英国的人,希望保存美国社会的盎格鲁-撒克逊纯洁性,希望排除外国人享有政治权利,而独享自由制度的好处。总之,反对奴隶制、反对扩张、反对外国人的运动,全部都是为了英国利益的运动,以及为了那些认为自己的利益与英国紧密相连的美国人的运动。贯穿于三种运动的高尚道德论调实际上都是势利。为黑人而流的鳄鱼泪仅是为毁灭宪法所保证的各州的平等地位,而这种平等本身就足以保证让一个大共和国成为一个自由共和国;因此,平等本身就允许我们延伸边界,直至我们的共和国完成对世界的使命。

第五章
《密苏里妥协案》废除之一；
联邦奴隶制禁令在准州中的
法律权力和实际无效

[104]1860 年伊利诺州共和党中央委员会声称,在 1854 年 1 月 4 日以前,道格拉斯都是反奴隶制的。他们指责道,那个月的 23 日是"道格拉斯先生政治道路的转折点"。他们说:"在这个急转弯之后,他的路线从此转变为完全赞成奴隶制了。"道格拉斯在战术上的转变并不意味着他关于奴隶制的终极目标和观点的改变,这我们已经说过。我们已经看到,某些这样的变化,是一个明智政治家在 50 年代的引人注目和急剧变化的局势中努力控制事态的自然反应。但对道格拉斯作这样的辩护显然不能让人信服,这至少有一个简单的理由:在《1850 年妥协案》被 1852 年选举确认后,国家正享受暂时脱离奴隶制纷争的间歇;而且,50 年代末的戏剧化局势——道格拉斯努力让自己适应的那种局势——都直接归功于他自己废除《密苏里妥协案》的行为。堪萨斯发生的血腥争斗,未遂的乐考普顿骗局,斯科特判决,布朗,如果没有《堪萨斯—内布拉斯加法案》,所有这些实际上都不会发生。虽然道格拉斯试图完全赶上自己煽起的旋风,但我们却无法赞扬他的政治家才干。

在那些我们已经说过的在 50 年代末主导[105]道格拉斯判断的伟大政治事实之中,最重要的是共和党,这个反奴隶制政党能够在不需要蓄奴州一张选票的情况下赢得宪法多数。但道格拉斯对这一政党的出现应负主要责任,因为共和党原先仅是反内布拉斯加党(the Anti-Nebraska party)。而且我们必须看到,1858 年林肯反对道格拉斯的道德性问题,原则上与道格拉斯 1854 年行为的道德性问题是一样的。事实确实如此,这首先是因为,两个行为中的任何一个都是内战爆发的绝对必要条件。我们在第一章中已经详细阐述了林肯的责任,但是如果道格拉斯未曾支持撤销密苏里奴隶制限制,林肯所抓住的机会也不可能存在。林肯的行为——该行为在 1858 年使林肯和道格拉斯无法再成为自由土地联盟的伙伴——迫使奴隶制争议重新成为原始问题,这一问题于 1854 年催生了共和党理论。在分裂之家演说之后,也由于这一演说,恢复《密苏里妥协案》又一次成为共和党的中心要求和自由土地联盟的向心力。因此,1858 年论辩关注更多的是正义问题和对 1854 年所发生的事情的权宜之计,而不是其他的实际问题。只有最充分理解废除行为的本质,才能使我们很好地判断两人之间存在的各种问题。

我们在以前某一章中已经提到,根据我们的判断,道格拉斯从未希望也从未打算废除《密苏里妥协案》。但我们也认为,在1854 年,道格拉斯相信只有完全、一致地贯彻人民主权理论——这是他所理解的共和制度的真正原则——才可能解决准州问题,并为国家未来的发展打下坚实基础。这些断言在两个方面自相矛盾:首先,因为在废除行为之后,道格拉斯总是说他之前一直都有废除它的意图。其次,因为在道格拉斯的不想废除与他确实希望人民主权得到充分认同之间,存在明显的不一致。在第二部分的这一章以及随后各章中,我们的任务就是要协调这些断言。只有知道这些断言在多大程度上可以被协调，我们才会知道道格拉斯自己是如何看待废除的，只有这样我们才能充分明了道格拉斯的理由。

[106]要理解如何才会有这样的调和，我们必须充分把握道格拉斯对联邦政府在准州中的权力和职责的看法，并且充分把握从 1854 年他对德克萨斯吞并决议的修正案开始，直到他的 1854 年 1 月 4 日的报告和修订的内布拉斯加议案为止，这些看法的进展和一致性。在本章中，我们将分析道格拉斯在 1845 至 1850 年期间处理准州问题方面的建议，以及随后他对这些建议的解释。我们将把 1860 年选举中共和党人对道格拉斯的指控作为参照。尽管人人都知道竞选指控是刚愎任性的，但这些指控是理解道格拉斯动机的主要源泉，这些动机是分量很重的历史文献的主题。除了以批评态度、从造成这些辩论的原初之处直接了解它们，我们不知道还有什么其他的更好方法来超越关于这一主题的论辩了。我们将试图展示道格拉斯是如何看待自己在这段时间的政策的，包括这些政策促进或阻碍奴隶制的倾向，促进或阻碍他称为人民主权——民主制度的真正的地方控制——的倾向，以及促进或阻碍区域之间和平的倾向。

在第六章，我们将讨论“明显虚假”的指控，这指控首先由“独立民主党人”、接着由反对道格拉斯的整个自由土地运动激烈提出，该运动反对道格拉斯的第一份“准”废除妥协的修订案，在这一修订案中，他声称《密苏里妥协案》中对奴隶制的限制已被《1850 年妥协案》所“替代”。我们相信，当道格拉斯明确作出“替代”的声言时，他已经无法再保有自己在 1854 年 1 月 4 日想持守的立场了。然而，“替代”《密苏里妥协案》的想法是这样一个策略——当道格拉斯第一次提出他修订过的内布拉斯加法案时，构成他的意愿之策略——的核心想法。我们相信，“替代”理论的逻辑不会被人理解,除非我们参照他关于准州问题的先前记录。我们将说明,如何能够从这个角度理解这一逻辑,以及这一逻辑如何包含了与诋毁道格拉斯的人所归于它的含义极端不同的含义。

在第七章,我们将首先陈述 1854 年 1 月道格拉斯不得不放弃 1853 年内布拉斯加法案的理由,他曾热烈支持这一法案,而且该法案中没有废除那条密苏里法律的建议。从那里我们将进一步分析附随[107]道格拉斯所修订过的内布拉斯加法案的重要报告。在该报告中,而且仅在该报告中,可以发现道格拉斯给出了这一被修订法案的初衷。关于这一问题的许多书籍和文章,从迪克森夫人(Mrs. Dixon)(肯塔基州参议员的夫人,在道格拉斯的法案被会知之后,是该参议员首次在参议院提出废除议题)的著作直至雷(P. D. Ray)和郝德(Frank Hodder)(在此仅提一些最杰出的学者)的著作,在这个关键方面全都不得要领。尽管他们都指出了道格拉斯可能接受废除的理由(为了修建中部或北部铁路,帮助艾奇逊参议员[Senator Atchison]打败本顿[Benton],为下一届总统选举提名争取南方的支持,等等),但他们对道格拉斯为何接受废除的理由揣测过多。我们相信,要做此判断,我们只能去了解道格拉斯在废除之前的想法;对那些想法的唯一真实的同时代记录,就是道格拉斯的报告和 1854 年 1 月 4 日的法案。根据我们所知,在关于这一重要历史疑难的文献中,从没有人对该报告做过充分分析。在此我们试图对它进行分析,并就此说明道格拉斯是如何以及为何(根据我们的判断)相信,自己可以在不废除《密苏里妥协案》的情况下将人民主权确立为准州政府的统治原则。

最后,在第八章,我们记录了道格拉斯想实现、但又从未能实现的策略的悲惨结局。从这一记录,我们可以阐明我们对这一灾难的责任之判断,这将给道格拉斯的想法一个公正评价,尽管该判断可能谴责他被迫支持的行动。如果我们发现无法相信他随后所说的关于自己意图的话,我们必须参考他想实现的公共之善、并对比他不得不拒绝的其他选择,来评价他的不真诚。因为,如果由于一些他没能预见的原因,作为较轻微的一种恶,废除似乎是必需的话,那么道格拉斯以他认为唯一可行的方式来维护这一废除,就一定正确了。

伊利诺州共和党委员会解释道格拉斯在[108]1854 年 1 月 23 日之前的声明的方式,使他们在 1860 年所形容的"急转弯"显得更加形象。我们仍然认为,可以相信道格拉斯在较早时期反对奴隶制,也有证据证明了这一说法。然而,共和党人想造成的印象是,道格拉斯与他们的反奴隶制意图是一样的,只不过道格拉斯背叛了他们的原则,这一印象无疑是错误的。他们之所以能够成功制造这样的印象,是因为他们精心挑选了一些引言放在竞选册子中。因为他们要使我们相信,道格拉斯曾经像他们一样坚信《密苏里妥协案》的不可违背的神圣性;他曾经像他们一样相信,国会拥有禁止准州中的奴隶制的宪法权力;他也曾经像西沃德和林肯一样,宣称相信旨在用自由制取代联邦所有州中的奴隶制的政策。

奇怪的是,以上的每一种说法,尽管十分笼统,却都是真实的。道格拉斯确实做过这些事情,但他这么做的意图却并非像共和党人所说的那样。共和党人利用了一些含糊性来编造理由说道格拉斯是反奴隶制的背叛者。最明显的例子就是,当道格拉斯说到《密苏里妥协案》时,他的意思并非像共和党人所说的那样。对林肯来说,《密苏里妥协案》意味着一个对等物的体系——《1850 年妥协案》也是一样。它意味着一个协定的所有部分被和谐地综合在了一起。对道格拉斯来说,它意味着沿着一条地理分界线公平分割国家领土的原则,这条分界线就是北纬 36′30″。换句话说,道格拉斯将《密苏里妥协案》理解为密苏里妥协分界线。在他的很多演说中,"分界线"和"妥协"是可以互换的词汇。我们认为,这种用法并非少见。确实,共和党宣传册子中的标题之一就是:"他认为《密苏里妥协案》应当延伸至太平洋。"这种用法是否是一种误解还有待考察。无论如何,我们将说明为何它具有政治合法性,以及为何道格拉斯 1850 年之前对他所理解的《密苏里妥协案》的拥护,与他 1854 年对它的放弃是一致的。

在这么做之前,先让我们来消除这样一种指控,即 1860 年共和党册子中荒诞且夸张地说道格拉斯[109]事实上曾经拥护过西沃德的"不可遏制之冲突"理论。这一指控主要出现在 1850 年反对卡尔霍恩的演说之中,在这一演说中,道格拉斯说到"进步时代",并将进步与奴隶制的逐步废除联系起来。但在这篇演说中,道格拉斯并未提及冲突,不论是否不可遏止;他仅仅思考了解放奴隶的和平进程,正是这种进程在独立之后的半个世纪中让原来十三个州中的六个州的奴隶得到了解放。而且,由于解放奴隶的要求来自地方民意,通过州政府机器的运作得以完成,这在道格拉斯看来是在"进步时代"中自由消灭奴隶制的真正方法,根本不用涉及共和国的联邦政府。再者,当林肯和西沃德这样的人说到自由和奴隶制的对抗时,他们想到的——正如林肯在皮奥里亚市(Peoria)所说的——是一种"永恒的敌对",一种猛烈的"碰撞",以致"震动、剧痛和动荡必会不可遏止地来临"。然而,道格拉斯从未承认过这样的敌对。进步是启蒙之后自利的后果:他认为,在自由和奴隶制之间不再有"永恒的敌对",正如在马力和蒸汽机之间不存在这样的敌对一样。当其中一种事物的好处逐渐被理解之后，它自然就会取代另一种。我们相信，这就是我们先前已经充分说明的"金钱"论点的另一方面。进而言之，道格拉斯期望自由会取代奴隶制，但这期望本身并非一种政策。正如林肯在分裂之家演说的开头所说，1850 年的道格拉斯所表达的是他相信会发生的事，而不是应当发生的事。

当林肯在 1858 年表示联邦必须要么全部都是奴隶制要么全部都是自由制的信仰时，道格拉斯批评他在挑起各区域之间的战争。林肯对此一直坚持反驳说，他说这些话并非在宣扬什么；他仅是在说他相信会发生的事。两个人对事物可能发展的方向意见不一致，而他们"预见"的不同当然是他们政策不同的表征。从反奴隶制的角度看，道格拉斯是个乐观主义者而林肯则是个悲观主义者。这主要是因为道格拉斯并不相信奴隶制会在整个国家中战胜自由制，所以他选择了一种可以尽量回避让人难受的道德反差的政策。林肯则相反，他认为[110]"进步"中没有什么是不能逆转的，没有什么可以保证共和政府的各种原则不会消亡。因此，林肯一定不会默许如下政策：它假定关于奴隶制的默认决定一定反对奴隶制，并以此为基础保证区域和平。共和党的指控恰恰遮盖了林肯和道格拉斯之间一直存在的鸿沟。

现在让我们来澄清一下道格拉斯关于国会是否有权在准州中禁止奴隶制的一般立场。当然，斯科特判决使道格拉斯为了调和这个可怕判决与他先前的声言而大伤脑筋。但在这一判决失败之前——这是个个人灾难——道格拉斯的观点前后甚为一致。而且，如果我们心中保持一个简单区分的话，就很容易觉察到这种一致性。那就是，尽管道格拉斯总是同意，联邦政府拥有在准州中禁止奴隶制的法律权力,但他同时也坚持,这一行为的更高的道德权利应当保留给组成政治社会的准州居民。道格拉斯关于联邦政府是否应对准州奴隶制行使权力的立场,与林肯关于各州中奴隶制合法性的立场相似。林肯相信奴隶制违反了自然权利,并且奴隶制本身是不正义的。但他承认有些时候奴隶制是较轻微的恶。既然在没有其他选择时在两种恶之中选择较轻微的恶是聪明的做法,那么在一个具体情况下作出一个有利于奴隶制的决定在道德上可能就是正确的,即使奴隶制本身在道德上是错误的。尽管没有同样的清晰论辩,道格拉斯基本上认为人民主权与联邦权威的行使——如《1787 年法令》和《密苏里妥协案》——之间的关系也是这样。人民主权是我们共和制度所依赖的真正原则;但在某些现实处境中,联邦立法却可以更好地平息区域之间的敌对以保存联邦。在这些情况下——以及在他建议延伸《密苏里妥协案》分界线的那些情况下——道格拉斯倾向于对联邦政府限制奴隶制的问题保持无所谓态度,因为他在道德上相信,这样的联邦法律的后果只是给人民主权的后果盖上赞成的印章。道格拉斯并非教条主义者,他永远不会[111]不顾后果地坚持他所相信的纯抽象原则。如果准州的人民把奴隶制排除出准州的权利受到严重干预的话,道格拉斯准备采取的行动已经表现在反对乐考普顿的斗争中。总结一下:道格拉斯从不相信,应该由与准州人民如此不同的国会来决定赞成还是反对奴隶制。但只要国会制定的法律能在全国范围内促成对一种解决方法的普遍默许,只要这个解决方法不是对人民主权的实质否决,道格拉斯就愿意"偏爱"这种解决准州奴隶制问题的模式。在斯科特判决之前,他一直都承认国会的法律权力,但行使这一权力是否适当却取决于偶然性因素。在那些因素中,最主要的是北方和南方的民意,正是民意使《密苏里妥协案》这样一个法案成为带来和谐的原因,而非导致相互怨恨的原因。不论何时,只要这一对奴隶制的限制成为争辩的要点,就不存在让道格拉斯坚持它的道德要求。在道格拉斯眼中,《密苏里妥协案》除了可以带来区域间的和谐之外,没有任何其他优点。

说道格拉斯在否决联邦政府对内布拉斯加奴隶制的限制以及同意废除《密苏里妥协案》时违背了自己的原则的指控,其中有几点值得我们注意。共和党人指控的第一点是,1854 年道格拉斯作为众议院成员提出了吞并德克萨斯的联合决议的修订案,其中规定:"在以上所说领土的《密苏里妥协案》分界线以北部分形成的州,奴隶制或者非自愿奴役——除非是惩罚犯罪——将被禁止。""让我们看吧,"共和党人欢呼道,"当杰斐逊和共和国的国父们建议仅在准州禁止奴隶制,当今天的共和党也如此建议时,道格拉斯却在 1845 年寻求在州中禁止奴隶制,即使那里的人民想要奴隶制!"

上面提到的修订案是 1 月 25 日提出的,在 2 月 23 日,道格拉斯在众议院发表了关于是否批准爱荷华和佛罗里达加入联邦的讲话,当时他作了如下评论,共和党人曾引用这评论来反对道格拉斯:

> [112]父亲在儿子未成年时会管教他,但从儿子成年的那一天起父亲的管教就停止了,儿子从此有管理自己行为的自由。**同样的道理也适用于准州;它们在幼年时——未成年时——服从于国会的司法管辖和控制**;但当它们成年时,**并得到准许加入联邦时**,除了美国宪法施加在每个以及所有州上的限制以外,它们就

不再受任何限制和约束。[强调是共和党委员会
所加。]

　　这篇演说是不到一个月之后所做的,我们认为,从它所提供
的提示来解释道格拉斯修正案的宪政思想是有道理的。共和党
人认为,这段评论显示,道格拉斯赞成国会拥有给准州施加任何
它认为合适的限制之宪法权力。但还可以从另一个角度来理解
这段话:在准州期限结束之后,国会不再有权给准州施加任何有
约束力的限制。事实上这段话是说,德克萨斯在《密苏里妥协
案》分界线以北的领土上所形成的各州进入联邦之后,吞并决议
的修订案对它们不再有约束力,因此不能在这些州中禁止奴隶
制。我们必须记住,尽管《密苏里妥协案》在分界线以北的剩余
的路易斯安纳土地上"永久地禁止"了奴隶制,但是人们普遍认
为这仅适用于准州时期。1820 年的司法判决意见在这一点上
有分歧,但我们从亚当斯的日记中可以看到,除亚当斯自己之
外,门罗总统和他的所有内阁成员,都这么认为。[①] 到 1845 年
时,民意都大幅度偏向道格拉斯所提出的理论,1858 年林肯没
有反驳该理论。在联合论辩中林肯承认,如果国会在准州成为
州之前禁止准州建立奴隶制,而后来人民又建立了奴隶制,那么
《宪法》没有权力否决。从这可以看到,正如不久就会看到一样,
道格拉斯提出的德克萨斯吞并决议的修订案有着与《密苏里妥
协案》完全相同的力量和效果。
　　共和党人还忽视了密苏里法案和吞并决议之间的区别。批
准密苏里加入联邦的法案是一个普通意义上的法令,而后者则

---

① 《密苏里争端》(*The MissouriControversy*),摩尔(Glover Moore, University of
　　Kentucky,1953),页 124。

不是。本来是想通过签订[113]条约来吞并德克萨斯,但这一做法的支持者未能在参议院得到三分之二多数的支持,而他们确实需要得到两院多数的支持。不论这个保障德克萨斯的方法有怎样的宪法优点(或缺点),通过联合决议被允许加入联邦的不是一个在法律政治能力上次于州的"准州"。德克萨斯在加入联邦之前是个自由的共和国,它独立于合众国正如合众国之独立于英国。在联合决议的修订案中的"领土"(territory)一词,①指的是妥协分界线以北的土地,而不是指那片土地上的政治条件。道格拉斯 1854 年正确地解释了他的修订案,他说,国会没有权力约束在德克萨斯土地上形成的、申请加入联邦的"州"的行为,但他又说,联合决议与德克萨斯共和国结成了一个契约,作为一个独立国家,德克萨斯可以让它的公民——尽管是德克萨斯的臣民——履行这样的义务。可是,德克萨斯优越于"申请加入"的州的这种权力,随其成为真正的州即行终止,那时它在宪法的所有方面都与它的"父母"平等。当德克萨斯共和国加入联邦时,整个共和国变成了德克萨斯州。因此,所有在德克萨斯领土上形成的申请加入联邦的"州",在没有被批准加入之前,都将处于德克萨斯州的司法权限之下。我们暂时把德克萨斯的真正边界的问题搁置一边,后来经妥协那些边界才得以确定。属于德克萨斯的许多土地后来归属了新墨西哥准州,还有一些土地归属了北边的一些准州。但不论德克萨斯的真正边界在哪里,吞并条款规定这个州将来可能被分割成四个州,只要德克萨斯和国会同意的话。人们会注意到道格拉斯修订案中"领土"一词并没有大写;而"州"(States)一词,根据当时常见但又不是一成不变的习惯,是大写的。当共和党人在尖刻的评论中使用"准州"

---

① [译按]territory,既有"领土、土地"之意,又有"准州"之意。

(Territories)一词时,不仅包含了土地的意思而且还包含了政治能力,他们大写了这个词。简单说,由于整个德克萨斯被吞并之后从一个独立共和国转变为联邦中的一个州,该法律没有想让奴隶制延伸至那里的"领土"或那里即将形成的"准州"(Territories)。道格拉斯的语言极为正确,它的意思是,当申请"加入"成为州时,那些北纬 36′30″ 以北的土地所形成的"州"(States),[114]应带着禁止奴隶制的宪法来申请。可是它又没有禁止这些未来的州在获得州的资格后在内部采纳奴隶制,就像《1787 年法令》没有禁止伊利诺、印地安纳、俄亥俄、威斯康星或者密歇根州采纳奴隶制一样,或者像《密苏里妥协案》1846 年之后没有禁止爱荷华州采纳奴隶制一样。不论这种发展事实上有多么不可思议,在林肯—道格拉斯论辩的时候,人们普遍都这样理解当时的法律处境。

对《宪法》的这种看法在 1845 年 2 月 13 日同一篇演说的另一部分中得到有力阐明。在共和党小册子中这一段被略掉了,但在原文中,它紧接在前面引用的那段文字之前:

> 他清楚地知道[道格拉斯说],每当一个新州加入联邦时,它是以平等的地位加入的,不论在哪个方面都与原先的州平等;任何试图剥夺她的那种平等的国会法案,都是对《合众国宪法》的伤害,因此是无效的……很多北方州在不同时期都维护和行使了自己的权利,要么建立要么废除了奴隶制,各个州都自行主张,不会参考国会的意愿,或其他州的意愿。如果老州有这样的权力,那么他将发现他无法否定新州有这样的权力……一个人可能会在儿子到了法定成人年龄之后还想对他的自由行为施加限制,正如国会在准州加入联

邦成为州之后还想限制它们的行为一样。①

　　我们发现,放在一起看的话,这两段话的主旨,并不是在准州阶段国会拥有施加约束的法定权力——顺便说一句,尽管这一点是肯定的——而是一旦那个阶段结束国会就不再拥有这样的权力。

　　在同一篇演说中,道格拉斯已经暗示了——尽管是间接地——他自己的州从未受到过《西北土地法令》(*Northwest Ordinance*)②的影响这样的观点。他说:"伊利诺州由于自己人民的自由意愿,以无奴隶制的身份加入联邦,它加入时所附带的宪法宣称奴隶制将永远不会在该州存在。"1845 年的这一断言与 1850 年的另一个断言相同,共和党人把后者引用在其小册子中来说明道格拉斯早前的反奴隶制情感:

　　　　[115]我想说的是,这些州中没有一个州会容忍奴隶制在其界内存在,即使国会法案强行要求它们这么做。说这些州的**民众之至诚情感**已经泯灭,说他们关

----

① 《国会环球》,第 28 届国会,第 2 次会议,页 284。
② [译按]西北土地是指位于密西西比河以东、俄亥俄河以北的大片未开发的土地。这些土地原是英王赐予某些殖民地的土地,独立战争后,联邦经过与英国谈判,取得了对这些土地的所有权。但对如何开发这些土地,南北分歧很大。《西北土地法令》最初由杰斐逊在 1784 年起草,并在 1786 年修改后提出讨论。1787 年,当费城制宪大会因国会代表权问题陷入僵局时,纽约的联邦国会通过了这一法令。《西北土地法令》将西北部土地(包括今密歇根、威斯康星、俄亥俄、印第安纳和伊利诺五州)变成联邦控制的领土,允许在该领土建立新州,并规定新州在加入联邦后享有与原始州同等的权利。在北部坚持下,法令规定西北土地上禁止实行奴隶制,但允许捕捉逃入该领土的奴隶。1789 年,国会又重新通过了这一法令。

于这个问题的政治行为受到国会的限制和指示,是对这些州的人民之品性的诽谤。俄亥俄、印地安纳、密歇根、威斯康星和爱荷华州的参议员们会做出如此**贬低他们选民的自白吗？我永远都不会做这样的自白来抹黑我自己州的品性**……［强调由共和党委员会所加。］

我们要注意,这两段话的共同之处是关于奴隶制的联邦法律在准州中的无效性。共和党委员会如此评价1850年的选择:"让读者自己对比一下,他对伊利诺州人民的良知的精致维护,以及他1860年2月19日的演说中所包含的对他们的可怕诽谤……如此,就知道他是如何通过这样一个自白来履行他那'永不抹黑自己州的品性'这一承诺的了。"以下就是1860年所发表的讲话——顺便提一句,这实际上与1858年联合论辩的一些篇章是一样的:

　　当伊利诺还是个准州时,我们曾经尝试过奴隶制,发现它无利可图;因此,我们变成了慈善家,废除了它。

又:

　　但他们(伊利诺州人民)说"经验证明奴隶制在这种气候中不可能有利可图。"……他们丝毫不去想奴隶制是否正确,但他们说:"从它身上我们赚不到一分钱……也许,如果我们停止奴隶制并让北方人口移民进来,我们的人口就可以增长得更快。"他们自己禁止了奴隶制,把这当作一种政治政策、州的政策。

倘若公正解读 1850 年和 1860 年的陈述,就会表明二者之间没有矛盾。"永不抹黑"自己选民的品性的誓言,指的是国会对他们[116]排除奴隶制的行为没有横加限制或指示,而非是指他们这么做的动机。想要造成的印象是,道格拉斯曾经把对奴隶制的道德否定归功于伊利诺州,但后来他又否认了这一点。当我们进一步阅读他的 1850 年的演说时,这种印象很快就破灭了。道格拉斯从不相信关于奴隶制道德性的担忧曾经影响过关于它的政治行为的决定——这肯定不会发生在古老的西北部。他认为,在俄亥俄州以北,奴隶制证明并没有多少利润。如果该地区的经济无法按照南方传统方式发展的话——大部分西北人原来都是来自南方的——那么必须引进自由劳力。由于自由劳力和奴隶劳力无法相容——这是道格拉斯隐含而非明显的前提,但人们普遍都明白——那么西北部的奴隶制就必须终止。最重要的是,道格拉斯坚持认为,人民主权不仅是正确的原则,而且是唯一实际的原则。在理解他延伸《密苏里妥协案》分界线的努力时,我们必须记住这一点。在道格拉斯心中,把分界线延伸到新的准州中,或在旧的准州中废除分界线,等于是对谬误观点——尽管在政治上是重要的——做出象征性的妥协。

现在让我们来展示一下支持以上诠释的证据,这些证据同样来自 1850 年演说。这篇 1850 年演说的主要内容是否定卡尔霍恩的观点:即南方的权利一直都在不断地被北方侵犯,南方对国家共有的准州的平等权利应得到保障。道格拉斯反驳的核心是,《宪法》——整个联邦的黏合剂——在联邦立法机关中承认和代表的是各州及其人民,而非地区。顺便说一句,以下段落是共和党竞选宣传册子中使用的众多段落之一。

准州属于作为一个人民整体、作为一个国家的合

众国,并应当根据《宪法》的各种原则,为了所有人的共
同利益来处理对待它们。作为联邦的成员,每个州都
有权利对准州政府的规则和章程的形成发表意见;但
不同地区——北方、南方、东方和西方——没有这样的
权利。禁止奴隶制并没有违反南方的权利[在此共和
党人删除了[117]下面的内容!]允许人民决定自己的
问题也没有侵犯北方的的权利。在这个意义上,联邦
中没有哪一个地区有资格拥有准州的任何一部分。①

　　《1787年法令》、《密苏里妥协案》或是其中把奴隶制排除出
俄勒冈准州的条款,究竟为何没有违背南方的权利,原因现在摆
了出来。以下文字并未被共和党人用在他们的宣传小册子中。

　　　但我现在必须考虑一下参议员阁下所抱怨的特殊
的侵略行为问题。首先是《1787年法令》……来自南
卡罗林纳州的参议员告诉我们,这一法令产生了这样
一个效果,即它"将南方完全排除在俄亥俄河和密西西
比河之间的广袤肥沃的区域之外,这一区域现在包括
五个州和一个准州"。参议员阁下是否搞错了这些事
实呢?……当俄亥俄州的宪法正在酝酿之时,那个州
至少一半、可能更多的人民,是本来在南方各州居住、
后来移居该州的移民;当印地安纳州确立自己的宪法
时,该州整整三分之二人口都曾是南方的本土人;伊利
诺州被批准加入联邦时,该州多过三分之二的人口也
都来自南方。这些事实显示该法令并没有将南方整个

① 《国会环球》,第31届国会,第1次会议,附录,页369。

排除出这些准州。下面,让我们来看看该法令对那里的奴隶制有何影响。该法令……被采用之时……整个地区还是广袤而无人烟的荒芜之地……法令的目标是在西北部禁止而非废除奴隶制。该法令产生了预期效果的证据就是,我们经常会提到在那个区域上建立的五个自由州。

在此我们要插入的评论是,认为该法令达到了其预期效果的观点——自此以后(*post hoc,proper hoc*)——成了林肯整个论辩中的中心论点。林肯同意道格拉斯,认为南方并未被排除在古老西北部之外。林肯一家人不也是从蓄奴的肯塔基州移民过来的吗?但是他强调指出,[118]对奴隶制的禁止是造成俄亥俄河南边的蓄奴州与北边的自由州之间差异的必要原因。我们必须注意,林肯的论点承认了造成南方怨恨的原因——这是卡尔霍恩论点的基础。因为,林肯不但承认而且坚持认为蓄奴被联邦法律禁止。这给南方带来巨大的侮辱和痛苦。在阅读以下这段话时,我们不应忽视,道格拉斯在 1850 年攻击卡尔霍恩以及在 1858 年和 1860 年攻击林肯时,采用了同样的论点。在评估该论点时,应该考虑其双面有效性及其历史功过。

确实,这五个州现在自由了,它们的宪法条款都规定奴隶制将永远被禁止;然而,是那个法令使它们成为自由州的吗?人口普查的结果表明,伊利诺州 1840 年有 331 个奴隶,1830 年有超过 700 个奴隶。我记不起其他州当时具体有多少个奴隶了;但我记得印地安州有不少。伊利诺州怎么会有这些奴隶的呢?虽然有该法令的存在,但他们是被违法带到那儿去的。伊利诺州那时是个蓄奴准州。那儿的人民大多数是来自蓄奴州的移民,他们由于联系、习惯和利益而保留了这一制度。假设那里的土壤、气候和物产适合奴隶劳动,他们自然渴望引进这一他们从小到大都已经习惯了的制度。由此,准州的立法机构通过了法律,该法律的目的和效果就是在所谓契约仆役(indenture)制度下引进奴隶制。这些法律允许奴隶主们把奴隶带入该准州,在那里与他们签订合同,据此奴隶们要在合同或"仆役契约"所规定的期限内为主人服务,通常这一期限都会直至奴隶死后;如果奴隶拒绝签订"仆役契约"[非常罕见的状况!],那么在被带入准州后,主人可以在三十天之内把他们带回去,这样就不会失去将奴隶作为自己财产的权利。在这些法律的[119]实施之下,伊利诺在该法令之下成了蓄奴准州,公然违反该法令的清楚明白的规定。1818 年在卡斯卡斯基亚(Kaskaskia)召开的伊利诺州制宪会议上,大部分成员是代表蓄奴选区的奴隶主。这个群体确信,从经验上看,这个地方的气候和物产不适合奴隶劳动,奴隶制会损害他们的利益和福祉。据此,在他们制定的宪法中我们发现有三条重要的原则,带着这三条原则,伊利诺州加入了联邦:

第一,确认在州内将所有奴隶或者契约仆役者当作财产的权利;

第二,此后,不允许任何人再把奴隶带入本州;

第三,建立一个逐步解放奴隶的体制,使本州最终成为完全的自由州。

……这些事实上就是对那条所有政治家都再熟悉不过的伟大真理的实际说明,即如果一个地方人民群

体在国家立法机构中并无代表,那么国家立法机构通
过的法律运用到该地方时,如果该法律不符合受其影
响的那些地方的人民之意愿和利益,该法律就只是一
纸空文,同时其执行还会受到谴责……在自由地区中,
法律和法令都无法律效力,除非它们受到人民心灵和
智识上的支持,制定法律和法令是为了人民,人民也是
法律和法令的执行者。

这段话触及林肯和道格拉斯之间争议的最重要的一根神
经。在第一次联合论辩的一段话中——我们以后会提到它——
林肯说:

在这个以及类似的社会中,人民情感就是一切。
有了人民情感的支持,什么都不会失败;没有它,什么
都不会成功。因此,塑造人民情感的人要比颁布法律
和宣布决定的人所涉及的层次更深。他既可能实现法
律和决定的执行,也可能使法律和决定的执行成为
泡影。

因此,和道格拉斯一样,林肯也相信[120]在自由社会中,法
律、法令和决定的执行取决于"人民心灵和智识上的支持,法律
是为他们而制定"。那么现在,该如何执行《1787 年法令》和《密
苏里妥协案》对奴隶制的限制呢? 这些法律的内容很简单,其实
就是宣称奴隶制"将被禁止"。至于如何执行或由谁来执行这些
禁令,却没有任何规定。这些法律可能导致的唯一混乱,只会在
这样一种情形下出现,那就是,当一个联邦法院拒绝支持一个准
州奴隶主的要求之时,如果这个案子上诉到这个联邦法院的话。

这些法律的"执行"对"自由"土地上的黑人奴隶有何好处——假设联邦的法院视国会禁令为有效的话——可以从林肯的《皮奥里亚演说》的段落中看出：

> 但是据说，现在[1854 年 10 月]内布拉斯加没有关于奴隶制的法律；在这种情况下，把一个奴隶带到那里去，就会对他的自由产生影响。这是好的书面法律（book-law）；但实际操作的规则却并非如此。无论哪里的奴隶制，最初都不是通过法律建立的。我们发现的最古老的关于奴隶制的法律，都不是建立奴隶制的法律，而是管理已经存在的奴隶制的法律。现在一个白人把他的奴隶带到内布拉斯加去，谁会去告诉这个黑人他是自由的？谁会把他带到法院来评判他是否自由？由于这个奴隶并不了解在法律上他已经被解放了，他仍然被当作奴隶去砍柴、劈柴和耕地。其他奴隶以同样的方式被带来，并继续被当做奴隶使用。最终，如果关于奴隶制问题的投票时机果真到来了，这一制度实际上早就已存在于那里，而且很难被废除。奴隶制存在的事实，以及废除奴隶制的困难，将使投票结果倾向有利于这一制度。在投票表决之前把奴隶制排除在外，有利于奴隶制的投票结果就不会出现在那数量多达四万的人群中，因为那些人是出于普通的移民和定居动机而聚集在一起的。让奴隶和白人在定居开始出现的阶段同时进入这个州，正是这部最终获胜的内布拉斯加法案的一场赌博。[1]

---

[1] 《著作集》，第二章，页 262—63。

《密苏里妥协案》和《西北土地法令》与"书面法律"——没有法律即自由——之间有多大不同呢？林肯坚持它们之间存在重大差别："国会制定的积极法案，所有人——或者说几乎所有人——都知道并且尊敬[121]；而没有法律即自由的消极原则，除了律师之外几乎无人知道。"为了对这差别作一个实际的说明，林肯指出伊利诺州与"比邻的密苏里州之间的差异，密苏里州不受《1787 年法令》的影响……他们[奴隶们]以十倍，不，是以百倍的速度，被带到那里，使那里实际上成了一个蓄奴州。"道格拉斯的简短历史陈述所强烈否定的，正是这样一种观点，即对国会积极立法的"尊敬"——即使没有任何实施细则的支持——仍然可能造成林肯所暗示的这种差别。

如果美国边疆的历史说明定居者不会尊敬不符合他们现时利益的法律，那么从中是否能找到支持道格拉斯的初步理由？况且，正如道格拉斯所表明的，美国人的道德感使他们对没有自己代表参与的立法机构所通过的法律，总是抱有强烈偏见。林肯的论点很大程度上依赖密苏里州和伊利诺州在地理位置上的接近。但林肯并没有考虑过，尽管两州比邻，如果没有联邦立法的话，两州之间是否会有足够大的经济差异，致使天平向偏好或反对奴隶制的方向倾斜。密苏里州不仅比伊利诺州更靠西，而且与南方腹地接触也更多。伊利诺州，仅仅与边界州肯塔基州接壤，更接近东北部，尽管中间隔着五大湖。密西西比河的航运，尽管对两州都极其重要，但相对来说对密苏里州更重要些。两个州中的两大城市面临着不同的发展方向，这体现了两个州不同的经济前景，而且这种不同的前景征兆一定在较早时就已表现出来。圣路易斯(St. Louis)与新奥尔良(New Orleans)联系紧密，芝加哥(Chicago)与太平洋沿岸各大港口联系紧密。伊利诺州的经济中心是生产谷物和猪肉的大平原，被认为非常不适合奴隶劳动。但富饶的谷物土地仅仅延伸至密苏里州的北部。而密苏里州却发现奴隶劳力在种植大麻方面非常有利可图。由于这些情况,似乎"书面法律"与联邦法律之间的差异并不像林肯所说的那么大。谁会告诉被带到内布拉斯加的奴隶们他们的合法权利被侵犯了?正如林肯喜欢指出的,无人愿意不惮其烦地告诉斯科特,在居住于自由[122]土地上的长时期内,他是个自由人。确实,1857年之后联邦司法部门根本就不会行使这样的"权利"。林肯的"尊敬"《西北土地法令》的论点,从契约仆役制度的实践中几乎找不到证据来支持,而这种契约仆役制度是对奴隶制禁令的实际回避。正如道格拉斯坚持认为的,地方的法律似乎才是有效的法律。只有当国会颁布一部联邦反奴隶制法令,并在地方上得到执行,那些概括性的宣言才会有实际效果。但林肯和共和党人从未敢要求有这样一部法令。

还有一些关于道格拉斯对联邦奴隶制禁令的态度的说明——这些例子1860年被引用来说明他1850年时的"共和党"态度——那就是道格拉斯提出的《俄勒冈法案》修正案,以及他对那条墨西哥法律合宪性的支持,该法律禁止在新墨西哥州建立奴隶制。卡尔霍恩曾宣称,组建俄勒冈准州的法律中的禁止奴隶制条文,是北方"侵略"南方的又一举动。对此道格拉斯也答复说,是定居者本身而非联邦法律排除了奴隶制。在与英国联合占领该地区的时期,拓荒者们已经组建了自己的政府,称为俄勒冈临时政府。

> 该政府的基本条款之一就是[道格拉斯说道],该准州将永远禁止奴隶制······那一法案[在与英国谈妥西北部边界问题之后,组建俄勒冈准州的法案],从奴

隶制的角度来看,仅仅是重新颁布和维护了当地人民
此前已经采纳、并严格执行了十二年的法律。这法案
可以说是一纸空文,因为它对采纳或排除奴隶制这个
问题没有丝毫影响……

在此我们发现,联邦法律仅被认为是对之前"人民主权"所
做决定的一种支持。唯一的问题是,为何道格拉斯催促加入这
样一个没有实际效果的修正案,如果它对南方来说太过激烈的
话。对这一问题的回答很快就会出现。我们先来展示另外一段
文字,它也被共和党选举小册子引用来攻击道格拉斯。这段话
出自1850年2月12日发表于参议院的一篇演说:

> [123]我准备……来说明,根据墨西哥的法定权威
> 和宪政权威,在得到这片土地之时,奴隶制在墨西哥是
> 被禁止的;我们在得到土地的同时也继承了该禁令;当
> 我们得到这片领土时,奴隶制禁令就已经附着在上
> 面——那一契约与土地同在——那一契约必须继续下
> 去,除非被合格的权威解除。由于有这样一个附着在
> 土地之上的禁令,我一贯认为,自由州人民要求国会在
> 那之上再颁布另一个禁令是不明智、没必要和没道理
> 的做法。这是我反对对准州奴隶制施加禁令的有史以
> 来最强烈的理由,即这种做法不是各准州实现自己目
> 标的必要条件。[强调只出现在共和党的引用中。]

在评论这段话之前,我们从《国会环球》中将以上被引用部
分之后的篇章继续摘录如下:

这是不明智、没必要的,这会刺激联邦的一个地区
反对另一个地区,而且不会带来任何好处,甚至在另一
个地区这么做似乎也不会达到其目的。我一贯这么认
为。由于其他原因,我反对威尔莫但书;它违反了自治
的伟大基本原则;那应是一个由人民自己决定的问题。
我一贯认为,现在也是如此认为,如果加利福尼亚人民
想要建立奴隶制,他们有权利这么做,如果他们没有选
择这么做,奴隶制就不应强加于他们身上。在自行决
定奴隶制问题上,他们拥有与伊利诺州和其他任何州
的人民一样的权利。进一步说,我认为在准州中禁止
奴隶制尽管违反了自治的伟大基本原则,却并未违反
南方各州的权利。我再进一步,承认准州中的奴隶制
也并未违反北方各州的权利。在这个意义上,我认为
不论南方北方,谁都没有权利为准州决定这件事。在
一群没有代表参与国会立法的人群中通过国会法案禁
止或建立奴隶制,这是对加利福尼亚人民权利的侵
犯……先生,自治的原则难道不就是每个社会应自行
解决[124]这个问题吗?我认为加利福尼亚人民有权
禁止或建立奴隶制,不论他们决定怎样做,我们——不
论是南方还是北方——都无权抱怨。我认为,在其人
民建立奴隶制之前——如果他们真的想这么做的
话——我们通过协议而得到的领土上所附带的奴隶制
禁令……将保持有效。这是我的一项法律建议。①

我们将看到,这篇演说的主旨是攻击威尔莫但书,对废除奴

① 《国会环球》,第31届国会,第1次会议,附录,页343。

隶制的墨西哥法律的偏好仅是附带观点——这一事实大大缓和了共和党小册子所选择的那部分中所强调的反奴隶制情绪。关于墨西哥反奴隶制法律的建议——尽管卡尔霍恩和戴维斯对此激烈争论——被普遍接受。《1850年妥协案》的主要缔造者克雷积极地支持这一建议，而林肯一如既往地追随克雷的立场。这就是自由州接受该妥协案的主要论点之一——除了韦伯斯特在他的3月7日演说中所拥护的"土壤和气候"论点以外。但克雷-林肯所理解的墨西哥法律的威力与道格拉斯所理解的威力之间，有着看似微小实则重大的区别：道格拉斯认为，人民主权允许新墨西哥（或加利福尼亚）在具有州资格之前建立奴隶制。道格拉斯——接受韦伯斯特的观点，认为奴隶制不适合这些地区——认为这只是一个假设性选择的事实，不应让他的立场显得模糊。

那么1850年的道格拉斯应该不像共和党人所宣传的那么反奴隶制，或者至少是在一种不同的意义上反对奴隶制。但我们一定要从他与民主党的卡尔霍恩-戴维斯派别的持续争斗的角度，来记住他的反奴隶制观点的更改。北方的反奴隶制辉格党人相信，不但墨西哥法律禁止在从墨西哥所得到的土地上建立奴隶制，而且这种禁止还将一直延续下去，即使在1850年法案颁布之后，直到那些准州的人民申请作为州加入联邦时为止，都是如此。至于新墨西哥和尤他的准州法律会导致怎样的法律状况，道格拉斯的看法并不清楚，但在他眼中，现实状况却是清楚的：准州的人民[125]在任何时候都可能建立奴隶制，而不仅仅是当他们组织起来成立州的时候。可是，在一个"进步时代"，这一可能性仅是一个设想。另一方面，戴维斯尽管否认墨西哥的反奴隶制法律在美国领土上继续有效，但他又希望否定准州立法机构有排除奴隶制的任何权力。戴维斯明显相信林肯一直所坚持的观点：即除非奴隶主带着奴隶进入准州，否则准州立法机构就永远不会制定奴隶法令。总之，戴维斯理解到1850年道格拉斯提出人民主权是为了保障自由土地。1850年道格拉斯与戴维斯在这个问题上争论甚大，最后道格拉斯获胜，至少1850年的准州法案把准州立法机构的权力扩展至"所有的立法主题，只要这些主题与《合众国宪法》一致"，既没有摈除也没有特别指明奴隶制问题。

　　然而，一个准州立法机构引入或排除奴隶制是否符合《宪法》——前者被威尔莫但书支持者所否定，后者被卡尔霍恩－戴维斯派所否定——并不由国会来决定。如下法律转移了对这个问题的关注，这些法律规定"所有涉及把奴隶当作财产的案件"和涉及"个人自由"的案件可上诉至最高法院。① 我们在第七章还会有机会讨论，《1850年妥协案》事实上并没有对关于奴隶制问题的明显不同意见做出多少让步；事实上，它只是将这些意见掖在了地毯下面。或者，更确切地说，《1850年妥协案》从1850起就将这些不同意见委托给最高法院去处理了。令人吃惊的是，最高法院用了七年时间才对其中的一个意见作出判决。在争斗中，道格拉斯赢了戴维斯，这可能仅是因为争论并没有得出什么反对戴维斯的结论，对争论的裁决推迟并交给了最高法院去做出。非常奇怪的是，那些赞成奴隶制的极端主义者在他们的信仰被交付给最高法院去裁决时是如此平静！然而，1850年自由州向奴隶州所作的让步，即尤他和新墨西哥准州的人民在申请州资格时可以选择建立奴隶制——这是一个它们在被批准

---

① ［译按］以下凡说"最高法院"或者"联邦最高法院"之处，均是指合众国最高法院。涉及某州的最高法院之处，一般会在前面注明州的名称；涉及非合众国最高法院之外的联邦系统的法院之处，一般以"联邦的法院"或"某（这、一个）联邦法院"特别注明。

成为州后无论如何都可以做出的选择——并未使新墨西哥和尤他的法律与古老西北部或者《密苏里妥协案》禁令所包括的地域内的已有法律有多大不同。[126]道格拉斯坚称墨西哥法律的有效性,这说明——正如在古老的西北部——赞成奴隶制的人们可能进入准州,但除非在到达之后他们决定在那里建立奴隶制,否则他们不会把奴隶带进准州。如果他们觉得需要建立奴隶制,他们就可能建立它。正如我们所注意到的,道格拉斯像韦伯斯特一样并不希望发生这样的事。但要注意的是,这样的事确实在1859年发生了,当时新墨西哥准州通过了一部奴隶法令。不过,新墨西哥州1859年奴隶法令是否旨在扩展奴隶制,确有争议。在那里,奴隶的数量从来都非常少。在内战之前的过热气氛之中,它可能仅是新墨西哥与南方腹地团结一致的一种姿态的表现。1859年,当道格拉斯努力弥补他的弗里波特主义(Freeport doctrine)所造成的损失时,他以新墨西哥奴隶法令为例来说明人民主权如何"扩展"了奴隶制,他这么做简直属于疯狂。但是,这种回转可能并不如其面上所示。由于脱离联邦的事态紧急,道格拉斯试图说服南方,他们所担心的事情仅是想象而已,在现实中并不存在。

然而,由于墨西哥法律的奴隶制禁令已经附于土地之上,如果道格拉斯认为威尔莫但书是个多余的刺激物,那么,在奴隶制已经被有效排除的俄勒冈,他为何还要提出修正案禁止建立奴隶制呢?答案包括两个方面。首先,威尔莫但书比任何其他法律禁令都要更进一步。它可能使整个国家作出承诺,永远保障那片土地的自由。这在道格拉斯看来是违宪的,因为联邦政府没有权力缩减未来的州之自由。其次,俄勒冈处于《密苏里妥协案》分界线以北很远的地方,而从墨西哥所得土地的一半都位于分界线以南。无条件的禁令——表面上看会是个无法撤销的禁令——更容易让人烦躁不安。

但是还有第三个理由：1848年通过的俄勒冈法案。那时道格拉斯正竭尽全力将《密苏里妥协案》分界线延伸至太平洋。到1850年时，他觉得没有希望而放弃了这一事业。道格拉斯认为，1850年立法改变了[127]《密苏里妥协案》的道德地位，这可以在本世纪中期的"调整法案"前后道格拉斯的演说中看到。1849年，道格拉斯在斯普林菲尔德(Springfield)发表演说，后来林肯在其1854年皮奥里亚市演说中曾详细引用这一演说，共和党委员会在1860年也曾详细引用。让我们看看这一演说的一些主要段落：

> 《密苏里妥协案》实际执行已达二十五年，为联邦所有地区的所有派别所支持和认可。它缓和了这个争论不休的问题所引起的所有地区之间的相互妒忌和愤恨，使整个国家得到和谐和安宁……其源头活水，流自一切爱国者的心，这些爱国者渴望保存吾人此一伟大联邦的赐福并使之永恒——这一源头与《合众国宪法》的源头类似，同样都是在兄弟情谊的精神中孕育而成，经过精心设计，达于永远消除那唯一危难之鹄的，这危难就是，在遥远未来的某一天，它可能威胁要斩断联邦的血脉之谊。那一天，一切民意的证据似乎都表明，美国人民的心已将这妥协奉若神明，以至于任何残忍之手都无法伤害它。

注意，道格拉斯丝毫没有提到《密苏里妥协案》在奴隶制扩张方面的作用。在他看来，这妥协案的智慧仅在于缓和了地区

之间的争斗激情。道格拉斯做这个演说时,他延伸密苏里分界
线的努力已经遭遇失败。演说中所提到的"二十五年"结束于
1846 年——墨西哥战争开始之际。但他似乎还未最终放弃利
用密苏里法案的威望,因此还在鼓吹它的"神圣"。我们很快就
会看到,道格拉斯认为是威尔莫但书摧毁了密苏里分界线的光
环。不过,现在让我们先来听听道格拉斯是怎么说的,在 1851
年 12 月的一篇参议院演说中,道格拉斯回顾了他所致力的事业
如何历经磨难,并最终随着《1850 年妥协案》的出现而结束:

　　……我将简要回顾自己在整个奴隶制争执上的历
程,并将清楚表明我对此一问题的原则,这些原则一直
主导着我在此一问题上的行为……我一向都反对将
[128]奴隶制问题——不论出于何种目的——引入国
会大厅——不论是为了讨论还是为了采取行动——除
非该问题出现在涉及《合众国宪法》的境况中,例如回
收逃亡劳力的境况……当德克萨斯吞并引起暴风雨般
的动荡时,是我首先提议在该准州运用《密苏里妥协
案》,并十分满意地看到它被包含在美国吞并德克萨斯
的法案之中。如果它只适用于德克萨斯,那么我就不
会认为它有多么重要,但考虑到获取新墨西哥和加利
福尼亚的可能性时,我的确认为该法案的意义非同小
可。我对《密苏里妥协案》的偏好是基于这样一种假
设,即与任何其他形式的调解模式相比,全体美国人民
会更容易接受这一种调节模式。这一假设基于这样一
个事实,即《密苏里妥协案》是 1821 年一场恐怖争议的
温和解决方案,在二十五年中,人们欣然默认这一妥
案,联邦的所有派别和地区都尊重和珍惜这一公平、正

义和高尚的解决方案。1821 年密苏里分界线被运用到美国拥有的所有领土之上，我不知道，一旦我们得到那些土地，有什么理由不能将它延伸至格兰德河（Rio Grande）和太平洋。

接着道格拉斯详细叙说了他反对威尔莫但书的斗争，以及他延伸密苏里分界线的努力。威尔莫但书最终在和平条约中被击败——通过计谋。在参议院中，道格拉斯将密苏里分界线延伸至太平洋的建议以绝对多数获得通过；但该建议在众议院中却惨遭否决，因为威尔莫但书的支持者控制了众议院。之后，道格拉斯又说他如何最终"放弃"了《密苏里妥协案》。这非常重要，因为在 1854 年整个自由土地的论调都是嘲笑道格拉斯，因为他坚称《1850 年妥协案》无论在哪一方面都可以与《密苏里妥协案》匹敌，而且任何投票决定新墨西哥和尤他命运的人都梦想过《密苏里妥协案》的解决方案。林肯的《皮奥里亚市演说》中很大一部分就是在否定这种观点，正如废除《密苏里妥协案》的议案被提出时颇具煽动性的[129]《独立民主党人之呼吁》对这种观点的否定一样。而且，自由土地支持者对道格拉斯的直截了当的反抗，以及道格拉斯对他们的断然驳斥，与一个世纪之后职业历史学家对最高权威的直截了当的反抗相类似。首先，让我们来听听 1851 年道格拉斯是怎么说的：

　　在下一次会议开始之际［第 30 届国会的第二天］，在咨询了这一法案的支持者的意见后，大家普遍承认——可能偶尔还会有个别人持不同意见——《密苏里妥协案》已经没有希望了，因此必须构想其他的调解方案。我不愿意放弃《密苏里妥协案》，因为我是第一

个提出这妥协案者,并在参、众两院为之奋斗了五年之
久……我肯定是出于无奈才放弃它——并想提出这样
一个议案,即在批准加利福尼亚成为州的时候,允许其
人民自己制定宪法并让他们随后按照他们自己的意愿
解决奴隶制问题……这一议案的主要优点是,它承认
人民有按自己意愿决定所有内部事务的权利……主席
先生,我请求在此稍作停顿,插入我的一些评论。在我
努力使国会采纳《密苏里妥协案》的五年中,我在俄勒
冈问题以及在所有涉及奴隶制问题上的立场,皆旨在
获得立于那一基础之上的解决方案,并与那一基础保
持一致。①

当我们回顾以往时,可以看到道格拉斯于 1848 年"放弃"了
《密苏里妥协案》。这可能与 1849 年他对《密苏里妥协案》的赞
美自相矛盾。然而,他的第一个反抗行动就是建议把从墨西哥
得到的所有土地作为单独的加利福尼亚州加入联邦,并只允许
国会保留在加利福尼亚州内华达山脉以东的任何地区建立新州
的权利——不管国会什么时候行使这一权利,都是如此。这是
一个惊人的建议,我们不得不稍作考虑。我们必须注意,这一建
议提出时,淘金热已经蓬勃兴起。"自从国会上一次休会以来,
那个地区的前景和状况正发生一场巨变",道格拉斯在提出这一
建议时说,这场变化是使得成群结队的定居者和淘金者不可能
作出任何偏爱黑人奴隶制的决定,[130]即使国会赋予他们那种
权力也不可能。奴隶是所有动产里面最难转移到新地方的财
产。当奴隶制在美国普及时,它总是由比邻的蓄奴州蔓延开去,

---

① Sheahan,前揭,页 163—66。

是一种已存经济模式的自然延伸。然而,加利福尼亚现在主要是通过长时间海上交通才能到达——横穿大陆是后来的事。无论如何,奴隶主们几乎没有任何动机来冒险把昂贵的奴隶带到那么遥远的地方,那里的土壤和气候相对来说还未经测试,不知是否适应奴隶经济的主要物产。而且,这时古老的棉花王国已达顶峰时期,不论买卖还是雇佣奴隶都获利颇丰,因此也就没有必要冒险将他们送到像加利福尼亚那么遥远的地方。更何况,如前所述,便宜的墨西哥劳力在加利福尼亚唾手可得。道格拉斯确凿相信,如果允许加利福尼亚的定居者们自行决定奴隶制问题,则奴隶制在那里一定会被禁止。关于这一点,道格拉斯比韦伯斯特对新墨西哥的看法要确凿得多。

但这只是他的建议的一个方面。另一方面是,通过使从墨西哥获得的土地成为一个州,太平洋岸边定居者们禁止奴隶制的决定,将会自动延伸至从墨西哥获得的土地的所有其他部分,或者是后来成为尤他和新墨西哥准州的部分。简单说,道格拉斯的建议是一个间接的反奴隶制建议,但几乎可以肯定,它比威尔莫但书更加有效!尽管它没有包含像威尔莫但书所想做的那种承诺,即国会在加利福尼亚的内华达山脉以东部分批准成立的那些新州,将排除奴隶制。道格拉斯认为这样的承诺经不起挑战,因为国会没有做这种承诺的宪法权利,虽然该承诺肯定会防止像新墨西哥准州1859年奴隶法令这样的事物之出现。确实,道格拉斯的建议可能解决与奴隶制有关的所有宪政难题:它可能结束反奴隶制的墨西哥法律所导致的所有争议;它可以结束这样的争论,即《宪法》是自动将奴隶制带到原先的墨西哥省份中还是自动在这些省份中排除奴隶制;它应该会给这样一个问题画上句号,即在准州立法权力所包括的"合法主题"中,奴隶制问题是否包括在内。道格拉斯的建议也极有可能提前使斯科特判决失去其[131]恶作剧的能力。很难相信,如果内布拉斯加以南和以西的地区已经排除了奴隶制,还会有多少人再关注奴隶制可否进入内布拉斯加的问题。略过从墨西哥得到的领土——不仅仅是后来处于加利福尼亚界内那部分土地——的准州阶段,道格拉斯的建议可能使加利福尼亚的奴隶制禁令在从墨西哥得到的土地上都具有无可辩驳的合宪性,正如纽约州和马萨诸塞州的奴隶制禁令那样。这是比《西北土地法令》或者《密苏里妥协案》禁令更有效的反奴隶制药物。奇怪的是,共和党人从来没有引用道格拉斯的这一建议——他最极端的反奴隶制建议——来说明他后来自相矛盾的观点。也许是因为威尔莫但书的支持者们——内布拉斯加法案的反对者的前身——并没有聚集起来支持道格拉斯,因为他们的注意力还集中在对奴隶制的直接禁止上,不愿意把它当作人民主权的产物来接受。卡尔霍恩的冷漠态度是可以理解的。这一法案几乎得不到任何支持,被参议院司法委员会否决了。

现在我们很想评估一下道格拉斯先前对延伸《密苏里妥协案》分界线的支持。这当中也有反奴隶制的方面,尽管林肯不同意这一点——比如他的《皮奥里亚演说》中所表现出来的。因为该分界线的延伸会在整个尤他准州中禁止奴隶制,还会将新墨西哥准州的北部边界下降一点五个纬度。它还极有可能导致加利福尼亚分成两个州。但那将意味着出现了两个而非一个自由州,因为南部和北部加利福尼亚人在奴隶制问题上的观点相差无几。但是还有:将《密苏里妥协案》分界线延伸至太平洋意味着分界线以北禁止奴隶制,而分界线以南奴隶制却是可以选择的。然而,林肯说,他与众议院中所有的威尔莫但书的坚定分子一样,坚决拒绝密苏里线的延伸,因为这意味着将该线以南的领

土让给奴隶制。但是林肯的领导克雷是《1850 年妥协案》的主
要缔造者,林肯最终对该妥协至少是默认了。《1850 年妥协案》
将整个尤他准州和整个新墨西哥准州向奴隶制开放,就像[132]
道格拉斯所建议的将新墨西哥 36′30″以南部分向奴隶制开放那
样。简单说,威尔莫但书的支持者——包括林肯,因为他在众议
院任职期间曾投票反对道格拉斯的延伸分界线的动议——最终
只同意或者被迫接受道格拉斯原先所提供的不到一半智识。道
格拉斯在废除妥协案之后说,当《密苏里妥协案》的支持者们已
弃之如敝屣时,他仍然还在坚持这一妥协。当评价这一断言
时,我们必须将以上种种铭记在心。

第六章
《密苏里妥协案》废除之二；
《1850 年妥协案》"替代"了
《密苏里妥协案》吗？

[133]《国会中独立民主党人对合众国人民的呼吁》，引起了
自由州的反奴隶制情绪的激涨。1854 年 1 月 19 日这篇呼吁又
刊登在《国会环球》上，并附加一条注释。这一注释很可能是 1
月 23 日或之后附加上去的，因为它回应的是道格拉斯那一天提
交的《内布拉斯加法案》的修正案。如下所示，该注释指出了争
议的苦涩核心：

> 道格拉斯先生提出的经修正的《内布拉斯加法
> 案》，[即 1854 年 1 月 4 日提出的代替道奇法案（the
> Dodge Bill）的法案]，立刻被详细刊登在华盛顿的《哨
> 兵报》上。正如刊登法案所示，它没有迎合某些南方绅
> 士的观点，并且人们还发现宣言的一个重要部分——
> 这一部分将《1850 年妥协案》的原则制定进该法案
> 中——竟由于笔误被略掉了。即使这一显著的笔误得
> 到纠正，该法案仍然不能令人满意，于是现在道格拉斯
> 先生提出了另外一些修正案——将该准州一分为二：

要求财政部支付两个准州政府的费用；删去笔误部分，在法案的其他部分插入一个将密苏里禁令剔除出美国法律、运用于整个[134]准州的条款。修正案的建议如下：

"《宪法》以及所有适用于地方的美国法律，将在内布拉斯加准州具有相同的效力，正如在美国所有其他地方一样，除了1820年3月6日批准的准备接受密苏里加入联邦的那个法案的第八款——该款被通常称为妥协法案的《1850年法案》的诸原则所替代，并由此宣告该款不再实施——以外。"

如前所示，这一修正案明显不符合历史真实。1850年，国会内外无一人认为妥协案会取消密苏里禁令。道格拉斯先生自己在此次会议之前也从未有过这样的表示。他在上次会议中提出的《内布拉斯加法案》否绝了这种想法。这仅是上次会议之后才产生的想法。宣布那一禁令无效，在法律上确实有废除的效果，但这达到目的的方法尤令人不齿。人们会允许他们最紧要的利益成为总统竞选的赌注、被错误事实和错误推断所摧毁吗？

我们注意到，最初的"废除"条款只是宣布《密苏里妥协案》被"替代"并因此"不再实施"，尽管在该法案的定稿中加入了"以及无效"的字样。至于"历史真实"，我们现在传唤两位证人。奈文思写道：①

------

① 《联邦的考验》，第二章，页100。

　　道格拉斯的法案以及相关报告提出了一个重要的事实问题。尽管国会将人民主权原则运用到新征服的并且是特殊的新墨西哥和尤他地区,但国会真的想将该原则普遍地运用到所有还未被组织起来的地区吗? 国会想废除长期受到尊崇、并被认为是不可违反的《密苏里妥协案》吗? 如果国会的意图真是如此,那么1850年国会的大部分成员就都是公然自欺。道格拉斯在1850年的论辩中,从未曾暗示过,新的妥协案改变了大片未被组织的密苏里河谷地区的地位。

[135]又:

　　道格拉斯的优先权论点的薄弱贫乏,他的方针的明显狡猾和诡诈,立刻引起了人们对他的动机的猜疑。

最后:①

　　至于道格拉斯说《1850年妥协案》中的尤他—新墨西哥条款,建立了一个必定被扩大用于所有其他准州的新的"原则",这简直就是欺骗。

　　但是,在相同的"事实问题"方面,我们发现兰德尔教授采取了恰好相反的立场。他如此评论这些论辩:②

---

① 《联邦的考验》,第二章,页115。
② 《总统林肯》,第一章,页122。

……他们[林肯和道格拉斯]全神贯注于这样一个
问题。在 1850 年的全面讨论之后,西部准州取消了联
邦的奴隶制禁令。但现在的问题是,是否应当恢复该
禁令,仿佛它是应对如下极不可能出现的情况之不二
法门,这情况就是:人类枷锁会扎根于堪萨斯、内布拉
斯加或新墨西哥准州这样的地方。

道格拉斯在废除条款中只是说 1850 年法案"替代"了《密苏
里妥协案》并使其"不再实施"。兰德尔的语言比道格拉斯在原
来的废除条款中的语言更为强烈,他断然说道,联邦的奴隶制禁
令在"西部准州"中——明确说就是堪萨斯、内布拉斯加和新墨
西哥——于 1850 年被"取消"了。我们不知道有谁——尤其不
可能是奈文思教授——会说兰德尔教授不诚实地或明显地伪造
了历史真实。兰德尔支持道格拉斯对《1850 年妥协案》的诠释,
而奈文思同样不适当地支持独立民主党人的解释,这难道不是
明显标志着"历史真相"可以向显然相反的解释开放,而"事实"
是见仁见智的事情吗?

至于说"国会内外无一人"声称 1850 年法案影响了 1820 年
立法的地位,对这一指责的回答取决于是从狭隘的法律角度还
是从宽泛的政治角度来思考。我们已经看到,道格拉斯在 1851
年宣称,1850 年法案建立在[136]放弃《密苏里妥协案》的基础
之上。可以肯定,道格拉斯指的是技术上不把分界线延伸至太
平洋。但是,当他说"1821 年密苏里分界线被运用到美国拥有
的所有领土之上,我不知道有什么理由它不能被延伸至……太
平洋"时,由此得出的必然推论就是,不延伸该分界线对整个地
区间争议的影响,要比决定尤他和新墨西哥的命运更为重要。
不论道格拉斯认为密苏里分界线同样适用于这两块土地的观点

是否正确,它都与这样的信仰是一致的,即拒绝延伸该分界线就等于该分界线被"替代"。

　　如道格拉斯看到的,1820年的分界线试图以这样一种方式分隔国家领土,以至于自由州人民可以欣慰地知道在联邦法律中有这样一种保障,即未来申请加入的州,其中至少不少于一半将带着禁止奴隶制的宪法申请加入联邦。这保证了蓄奴州在数量上不会超过自由州。而1850年时,同样是这些自由州,它们的心态却是完全不愿意接受这种保障,尽管蓄奴州力量相对较大的参议院愿意作这样的保证。为什么自由州的观点改变了呢?是否因为自由州现在在财富和数量上都胜过蓄奴州,感到可以在区域间的讨价还价中得到更大的好处,因而不需要这样的保障了呢?而且,自由州的反奴隶制力量难道不是组织得更好和更加军事化了吗?道格拉斯私下对年轻的麦克考奈尔说,废除一条分界线意味着"向自由迈进了一步",因为奴隶制"不再能蜷缩在一条自由无法跨越的分界线之后了",当他说这话时,难道不是表达了一种自由土地的态度吗?正如上面所提到的,密苏里分界线所制造的法律处境并未能在该线的南边禁止自由。法律所做的仅是禁止奴隶制蔓延到密苏里分界线的北边,而在南边是否建立奴隶制却是可选择的。从技术上说,是人民主权统治了密苏里分界线的南边。但法律处境并不是一个真实处境,正如林肯的理解所展示的,密苏里分界线事实上将其以南的土地保留给了奴隶制。在《皮奥里亚演说》中林肯说,这就是为何众议院中威尔莫但书的支持者们不愿将密苏里分界线延伸至太平洋的原因:他们不愿意将任何新土地让给奴隶制;他们[137]一心要让这些新土地全都成为自由土地。但这难道不是在支持道格拉斯对1850年法案的解释吗?由于分界线意味着将某些土地让给了奴隶制,因此如果自由州的人们情愿在新领土上不要分界线,为何他们不愿在旧的领土上——在那里,随着对自由的新生力量的信心增长(不要忘了,这是一个"进步时代"),对该线的"替代"将意味着自由可能夺取 36′30′ 以南未被组织起来的土地——废除分界线? 没错,威尔莫但书支持者们从未给予 1850 年法案任何不适当的支持,而且很多人还从始至终反对逃亡法。然而像林肯那样的温和的反奴隶制者——他接受克雷和韦伯斯特的领导,而且他还看到加利福尼亚通过地方行为永久成为自由土地,正如道格拉斯不断指出的——实际上默认了新墨西哥和尤他州的人民主权,但没有默认分界线的延伸。正如道格拉斯解释 1850 年法案那样,自由州中持自由土地观点的人们认为,现在不论在何处,自由在人民主权下的机会要比在分界线下的机会大,因为分界线意味着将几乎一半领土让给奴隶制。

因此我们看到,道格拉斯在 1854 年之前很久就表达了他的看法,即人民主权于 1850 年"替代"了《密苏里妥协案》。准确地说,作为解决从墨西哥获得的土地上的奴隶制问题之方法,《密苏里妥协案》分界线被替代了。但在政治上,即使在不违背对其意义的普遍理解的情况下,这一如此重要说法的狭隘意义,也可能很容易就转变成一种广义。当然,"替代"并非废除或取消,而替代如何转变为废除则有待后叙。目前我们只坚持,1851 年道格拉斯解释他最近所致力的事项时所使用的语言,充分解释了他 1854 年的陈述,那就是,《密苏里妥协案》是对前墨西哥省份中奴隶制问题的解决方法,在道格拉斯看来,放弃这一妥协就是它被"替代"。

作为这一术语在政治上易被理解的证明,我们想起了兰德尔教授对该术语毫不犹豫的接受。笔者曾在这位杰出学者去世前一年问过他,既然《密苏里妥协案》直到 1854 年才被废除,直到[138]1857 年才被宣布是违宪的,那么当他说联邦奴隶制禁令于 1850 年在西部准州中已被"替代"时,到底是什么意思? 在1952 年 12 月 2 日的答复中,他写道,他的意思"仅是如下明显事实,即制定一部在所有[强调为兰德尔所加]准州禁止奴隶制的全国性法律的建议,没有被采纳"。他在信中继续写道:"自由党和自由土地党偏爱这一建议,后来共和党也偏爱它,现在在我们看来,该建议似乎合情合理,而且该建议还由于对林肯的崇拜而得到加强,但在 1850 年以及整个 50 年代,国会简直完全不可能通过这样一部法律。"一个纯粹主义者可能反对说,没有一样东西在还未被提出时就会遭到"取消",而联邦政府当时在尤他和新墨西哥准州并没有对奴隶制设置任何障碍。更何况,威尔莫但书支持者们并没有寻求在国家的所有准州中设立一个反对奴隶制的全国性法律,而只是寻求在新得到的准州中设立这样的法律。这一点至少在林肯的《皮奥里亚演说》中得到证实:

> 然而,最不容置疑的是,当我们投票赞成威尔莫但书和投票反对密苏里分界线的延伸时,我们从未想过要干扰原先的《密苏里妥协案》。这一论点体现在如下事实中,即以前以及现在都存在着大片未被组织的上等土地,它几乎像密苏里州一样大,在阿肯色州的西边,《密苏里妥协案》线的南边[现在是俄克拉荷马州];我们从未试图在那里禁止奴隶制……在我们禁止于从墨西哥获得的土地上建立奴隶制的所有争斗中,我们从未提过刚才所说的那片土地,从未试图在那里禁止奴隶制。①

---

① 《著作集》,第二章,页 258。

很明显,兰德尔是从道格拉斯而非林肯的角度来看这件事的。1850年法案,正如道格拉斯和兰德尔所认为的,是解决"所有"准州中奴隶制问题的一种方法,因为1850年的争斗涉及奴隶制在联邦中的未来地位这个整体的政治问题。而且,兰德尔教授显然混淆了墨西哥准州与"所有"准州,这正好又制造了一种包含在道格拉斯的"替代"论点中的模糊性。这一模糊性还包含了这一时期道格拉斯政策的最强有力的理由:因为假设将内布拉斯加向奴隶制开放,这也就是将——并非假设——未来的俄克拉荷马向自由开放,而照拘泥形式的林肯的看法,未来的俄克拉荷马本来是丢弃给蓄奴制的。

[139]正如我们所看到的,道格拉斯经常将《密苏里妥协案》等同于36′30″分界线,并将该线当作是那一妥协的"原则"。同样,他发现尤他和新墨西哥准州法案中的人民主权条款中包含《1850年妥协案》的"原则"。林肯直截了当地拒绝认为分界线或刚才提到的那些条款中包含任何原则。关于分界线,他说道(在《皮奥里亚演说》中):

> 表明密苏里法律之特性、表明密苏里法律除字面所示之外再没有其他意思、表明该分界线意不在作为目前以及将来的自由领土和蓄奴领土之间的一条通用分界线——奴隶制永远不会跨越到该线以北地区——的另一个事实是,正是由于密苏里法律,位于该分界线以北的密苏里才作为蓄奴州加入了联邦。如果那一法案包含任何预期的原则,我们必须参照整个法律来确定那一原则到底是什么。通过这一规则,南方就可能理所当然地认为,既然该法案建立之初就使一个蓄奴州位于分界线之北,那么他们有时就有权利在分界线

以北拥有另外一个蓄奴州——当该分界线向西无尽延
伸时偶尔这么做。这就证明，从《密苏里妥协案》分界
线中推导出一个预期原则是多么荒唐无稽。①

　　但林肯的证明成功吗？《密苏里妥协案》的所有部分都可能
是具体的，但如果要想坚持原则性者尊重该妥协的话，那么某一
个或某一些原则必须要能解释所有事实。而《密苏里妥协案》的
正当性，当然就是它在保存了联邦的同时，还对将来在国内可能
形成的蓄奴州的数量和幅度设定了限制。在《密苏里妥协案》
中，密苏里的加入被缅因的加入所平衡。但缅因并不是一个非
常重要的平衡物，因为对它加入联邦的批准，不可能由于它是个
自由州就被无限推延。自由州为密苏里加入联邦所索取的真正
回报，当然是禁止再有任何奴隶州在 36′30″ 分界线以北出现。
密苏里本身位于分界线以北，不是分界线本身没有原则的标志，
而是自由州[140]由于在 1820—21 年间力量相对薄弱而不得不
做出的一个无原则性的例外。因为，从反奴隶制的角度来看，
《密苏里妥协案》事实上真的是一个非常糟糕的交易。不仅密苏
里位于该分界线以北，而且正如我们所看到的，采纳一条分界线
表示默认分界线以南所有州中的奴隶制。位于分界线以南的阿
肯色于 1819 年组建，1820 年时，它加入联邦的资格比任何分界
线以北可能组建的准州都要勉强。1836 年阿肯色确实加入了
联邦，而爱荷华直到 1846 年才加入，明尼苏打直到 1849 年才获
准组建准州。倘若双鸟在林不如一鸟在手，那么奴隶州肯定是
得到了更多照顾。

　　但在 1820 年，那片后来会被称为内布拉斯加的、未被组织

① 《著作集》，第二章，页 257。

的广袤荒野怎样呢？我们想起第四章中的断言,即墨西哥战争之前没有人、1820年也绝对没有人确切(或有可能)知晓,州的组建会超越密西西比河西岸地带之外的地方。如果情况一直是这样的话,密苏里以北不可能有两个以上的自由州来平衡西岸的三个蓄奴州。在最近关于密苏里争执的一项研究中,摩尔教授(Professor Glover Moore)调查了1820—21年的观点,想搞清楚南方偏爱、北方反对《密苏里妥协案》的原因,是否是由于人们认为北方所得到的好处没有价值。答案几乎全部是否定的。人们普遍相信,该地区土壤肥沃、气候适宜。摩尔教授并未直接提出我们想有答案的问题,即北方或南方希望得到的是否是分界线以北最终的自由州数量。他引证了大量观点,但其中没有一个揭示了人民对未来自由州——除了密苏里北边的邻近地区(在后来成为爱荷华和明尼苏打州的土地上)以外——的广泛预期。由于像韦伯斯特这样的人所代表的保守派对领土扩张的强烈反对,以及西岸以西的土地“永久性地”给了印第安人的事实,公众当初不太可能预见到《密苏里妥协案》会导致两个以上自由州的后果。如果考虑到会产生另外六个自由州的话,很难想象南方还会如此支持这一妥协案——因为《密苏里妥协案》得到了多数南方票数和[141]少数北方票数的支持。如果共和党人有一天要坚持说是被“联合提名”的——如果确实如此——那么这一定会在1820年的历史中被记录得非常清楚。历史的讽刺之一就是,40年代的大规模扩张——大多源自为奴隶制寻求新土地的冲动——将古老的《密苏里妥协案》转变成一个比它当初制定时更反奴隶制的一个法案！这就解释了为何像林肯这样的人认为它是神圣的。但这也为道格拉斯努力将《密苏里妥协案》与密苏里分界线等同提供了一个道德的——如果不是技术和法律的——解释。因为,正如我们所表明的,墨西哥战争结束时对该分界线的采用,与它原来的使用相比,要远远有利于自由土地事业。解释为何原来要使用这一分界线的原则——如果有的话——因此似乎也当然能够解释它的延伸。如果是这样的话,那么以政治中常见的简略表达方式来看,道格拉斯将该原则等同于它的运用,不就有了正当理由吗?

类似地,林肯还认为《1850 年妥协案》并没有建立替代所谓密苏里"原则"的任何新原则。

> 那些法案的特殊部分[林肯在《皮奥里亚演说》中说道]——从中人们推断出(因为这种意思并没有表达在这些法案的字面中)《密苏里妥协案》的实质性废除——是关于尤他和新墨西哥州的规定,它允许两个州申请加入联邦时,可以自行决定是否建立奴隶制。现在,我坚持这一规定只适用于尤他州和新墨西哥州,其他任何地方都不适用。这一规定与内布拉斯加毫无关联,正如它与月球上的领土遥隔万里。但他们说,在原则上,这一规定还是与内布拉斯加相关。让我们来看看。北方同意这一规定,不是因为他们认为规定本身正确,而是因为他们得到了补偿——加利福尼亚以自由州的身份加入了联邦。这是他们本想通过威尔莫但书争取的最好的结果。[142]他们还缩小了德克萨斯境内有奴隶制的地区之面积。而且,他们还使哥伦比亚特区取消了奴隶交易。为了所有这些期望的鹄的,北方有能力稍作退却;的确,他们在尤他和新墨西哥州的规定上做了让步。①

---

① 《著作集》,第二章,页 259。

但是林肯在这段文字中所做的推断——尤他和新墨西哥条文仅是自由州所做的让步——是一个可能而非必然的推断。1850年北方做过另外一个让步,在《皮奥里亚演说》前面的部分关于1850年妥协案的描述中,林肯对此做了适当纪录。那个让步在当时要更臭名昭著,它就是新的《逃奴缉捕法》。在北方看来,在哥伦比亚特区奴隶交易的废除和德克萨斯边界的缩减中,他们付出了昂贵代价,因为他们的让步是通过了这样一部恶魔般的法律,这法律规定,如果一个联邦法官赋予一个被指控是逃亡的奴隶以自由,该法官可以得到五美元,而如果该法官宣布他是一个逃亡奴隶,则会得到十美元。但加利福尼亚又会怎样呢?北方真的会为加利福尼亚付出诸如尤他和新墨西哥法律中人民主权条款那样大的代价吗?泰勒(Zachary Taylor)①从不这样想,西沃德也不这样认为。当道格拉斯提议将从墨西哥得到的所有土地作为加利福尼亚州并入联邦时,他也不这样想。而且,正如我们已强调的,将密苏里分界线延伸至太平洋,可能会涉及默认加利福尼亚(或若干个加利福尼亚)的州之资格,但又无需像1820—21年那样对奴隶制作出让步。总之,就是没有必要像林肯那样,认为1850年准州法律是北方做出的让步。或者,如果如此看待这些法律,则该让步可以归咎在威尔莫但书支持者的身上(林肯是该条文的坚定支持者),他们拒绝接受加利福尼亚的加入,除非附加上侮辱蓄奴州的条款,这样他们就提高了南方为加利福尼亚的加入所付出的代价。

---

① ［译按］泰勒,1784—1850,美国第十二任总统(1849—1850)。在黑鹰战争(1832)和第二次西米诺尔战争(1835—1837)中任陆军军官,在墨西哥战争(1846—1848)期间成为民族英雄,1848年被选为总统。上任不到两年死在任上。

　　我们已经指出，对道格拉斯 1854 年之前陈述所做的合法诠释表明，他随后断言 1850 年调整法案"替代"了《密苏里妥协案》是有正当理由的。然而，宣称一种可能的合法解释[143]在当时还是一种清晰的公众理解，是不必要也是不明智的。道格拉斯对 1850 年做了一个创造性的诠释（包括他自己在其中所扮演的角色），一个有事实支持的诠释，它将 1850 年的事实放在一个为 1854 年而设计的不同于 1850 年的焦距下观察。正如我们将要看到的，这正是林肯对待国父们的反奴隶制政策的方式。林肯认为，即使国父们的思想和方法的一个次要方面成为主要方面，它的价值仍会保持不变。但林肯不了解，杰斐逊和华盛顿会为他们的反奴隶制信念做出怎样的牺牲，如果保持这些信念的代价大大增加的话。尤其是杰斐逊，在生命的最后几年中，他忧心忡忡，摇摆不定。1820 年密苏里危机时，他鲜明地站在南方一边，视北方的反奴隶制激情为联邦主义者的阴谋，该阴谋是想颠覆他于 1800 年①建立、从此再没有受到过挑战的政治王朝。尤其是杰斐逊接受了"扩散主义者"的观点，这观点认为，让奴隶制散布到像密苏里这样的新土地上，并不会导致奴隶制的永恒存在，而只会让它变得"更稀薄"。林肯会猛烈攻击这一论点，使其哑口无言，并对这一论点表示最尖酸的蔑视。但杰斐逊与这一论点的联系被小心翼翼地遮掩了；展示在我们眼前的，只有这位《独立宣言》的英雄和《西北土地法令》的支持者的宝贵情感。林肯也以同样的方式对待克雷，他与《密苏里妥协案》中的限制奴隶制条文其实没有关系。克雷所做的仅是让蓄奴州密苏里于 1821 年加入联邦——当时北方的自由土地者由于密苏里宪法

———————————

① 　摩尔，前揭，页 251。

中对自由黑人的歧视而反对密苏里的加入。其他人把对奴隶
制的限制写进了 1820 年的授权法案（the enabling act of
1820）。克雷对奴隶制的雄辩的道德谴责篇章，被林肯一再引
用。但林肯所设计的政策，虽然用了不少名人的名字为其增
色，实际上却是林肯自己的政策。林肯和道格拉斯都在为他
们想要的东西寻找先例，他们只是想从那些先例中找到自己
需要的东西，除此之外这些先例别无价值。每一个人都有足
以说服自己的绝对理由，但在政治中，一条不错的规则是，不
要让别人觉察你是任何事情的始作俑者。作为先例的历史是
政治生活中的一个重要成分；这是政治所期望的稳定性和可
理解性的必要条件。然而真正的政治家对［144］正当先例的
发现，就像是一种富有想象力的领悟行为，利用这种富有想象
力的领悟行为，古老传说的任何伟大讲述者，都是通过阐述以
往，而为现在和未来更新民族的生命。

　　正如我们所注意到的，替代并非废除。我们说，道格拉斯
1854 年想"替代"《密苏里妥协案》而非废除它。这一差别需要
详细解释一下。我们相信，道格拉斯在 1854 年的意思是，对《密
苏里妥协案》的废除是一个可能性参考，正如在 1850 年对《密
苏里妥协案》的替代是《1850 年妥协案》的一个可能性参考。当实
际问题不涉及北纬 36′30″以北的土地时，1854 年的可能性参考
也许后来会成为必要性参考。

　　1854 年 1 月，道格拉斯所寻求的首先是使人民主权说——
自 1848 年总统竞选中卡斯（Lewis Cass）① 的尼可逊信件

①　［译按］卡斯，1782—1866，美国军人、政客和外交官，曾担任过几任政府职务，包
　　括在黑鹰和西米诺尔战争中任美国作战长官（1831—1836）。

(Nicholson letter)之后就成了一个毫无活力的政党信仰——成为一个激动人心的信条。到目前为止,仅有西北民主党强烈坚持这一理论;卡斯是来自密歇根州的参议员。作为一个解决奴隶制争议、并为美国帝国打基础的政党理论,人民主权是个新生事物。

人民主权理论适合美国的政党政治,因为它敏锐地迎合了某些根深蒂固的美国传统的政治优势。托克维尔《论美国的民主》的写作,基于他对当时美国的观察,而当时林肯和道格拉斯尚是青少年或刚刚成年。而且,托克维尔的研究是从州而非联邦政府开始的。他发现理解州的关键在于理解乡镇。

> 美国联邦政府的形式是最后出现的,它不过是共和国的变体,只是对在它之前通行于社会的并不依它而存在的那些政治原则的总结……毫无疑问,今天统治美国社会的那些伟大政治原则,是先在各州产生和发展起来的……我先考察乡镇,并非出于随意的决定……乡镇是自由人民的力量所在。[145]乡镇组织之于自由,犹如小学之于授课;乡镇组织将自由带给人民,教导人民安享自由和学会让自由为他们服务。在没有乡镇组织的条件下,一个国家虽然可以建立一个自由的政府,但它没有自由的精神。①

道格拉斯想做的,就是依赖乡镇会议民主原则的精神,并以

---

① 《论美国的民主》(*Democracy in America*),Reeve-Bradley 翻译(New York:Vintage,1954 Books),卷一,页 61—63。

这种精神作为驱除美国政治中奴隶制梦魇的方法。在伊利诺
州,当来自东北部和南部的定居者们就市镇与县政府之间的关
系问题发生争执时,人们就成功运用了这一精神。伊利诺州
1847年宪法,允许地方选择权,调和了这些互相冲突的要求。
正如已经注意到的,对奴隶制的道德谴责主要来自激进新教中
的福音运动,其本身很大程度上是清教精神的再造。但乡镇会
议是公理会教派教会政府形式的世俗化副产品,这种教会政府
是古老的新英格兰地区清教团体的特征。人民主权观点的巨大
吸引力,在于它抓住了道德与地方自治之间古老而又深刻的联
系。这一联系可能因此被用来中和——如果不是打败——反奴
隶制运动的道德激情,这种激情可能源自那同一传统的其他源
头。当然,地方自立精神从西部的社群生活的条件中获取了新
活力。西部社群中的家庭并不是古老南方的想移民的贵族家
庭——这些贵族家庭像英格兰的乡绅那样治理他们的地方,我
们可以再加一句,他们很可能更习惯于主教的教会政府而非公
理会教派的教会政府。对他们而言,人民主权是受诅咒者,就像
它是对废奴主义者来说是受诅咒者一样,那些废奴主义者想以
克伦威尔的圣人精神来强行推广自己的道德观点。但道格拉斯
相信,人民主权符合节制和互信的精神,仅这种精神就能使民主
政府成为可能。

　　另外还有一点可以作为对道格拉斯参议院报告的分析的
开场白:那就是评价一下民众对人民主权理论的看法——一
种松散的普遍观念——与《密苏里妥协案》是否相适宜。我们
已经看到,道格拉斯倡导并相信1850年准州法案中已经有效
采纳了人民主权理论,他也相信墨西哥反奴隶制法律的持续
法律效果。[146]在1853年11月的密苏里州,关于内布拉斯
加的争执正如火如荼,该州民主党反奴隶制领袖本顿(Thomas

Hart Benton)①与民主党支持奴隶制的领袖艾奇逊正沉迷于这场政治上的生死论战。我们发现本顿的支持者们开会并在会议上通过了这样一些决议:"……我们赞成迁徙并定居在那里[内布拉斯加]的人们自行决定该州将成为蓄奴州还是自由州;"几乎同时,又有"……我们反对通过试图废除《密苏里妥协案》而在这一准州的组建中搅起关于奴隶制的问题。"②当然,废除妥协案之前,民众几乎没有意识到1850年法案对这一点——去西南部定居并自行决定建立自由州还是蓄奴州的人们是否可以把奴隶带到那里去——未置一词。由于道格拉斯还未对1850年尚未解决的差异的本质作出指导,民众可能会期望并相信一些不久就会显得不合宜的事物。然而,在道格拉斯1854年提出内布拉斯加法案前夕,民意——尤其是自由土地支持者的观点——在多大程度上准备好响应人民主权的吁求,同时又不会与依恋《密苏里妥协案》相矛盾,这是我们必须重视的事实。

---

① [译按]本顿,1782—1858,来自密苏里的参议员(1821—1851)和众议员(1853—1855)。
② 《密苏里妥协案的废除》(*The Repeal of the Missouri Compromise*),P. Orman Ray,1909,页163ff。

第七章
《密苏里妥协案》废除之三；
道格拉斯在 1854 年 1 月 4 日的意图

[147]在对道格拉斯 1854 年方针的所有批评中，最具摧毁性的是对 1853 年内布拉斯加法案的批评。林肯在皮奥里亚市说道：

> 1853 年，一个建立[内布拉斯加]准州政府的法案在众议院通过[98 对 43 票，其中 20 张同意票来自蓄奴州]，在道格拉斯法官手中，该法案由于时间不够没能在参议院通过。该法案没有包含废除《密苏里妥协案》的内容。确实，当它由于不含这样的内容而受到攻击时，道格拉斯法官为其形式作了辩护。[①]

来自密苏里州的参议员艾奇逊在支持 1853 年法案的主要演说中，如此说道：

> 现在，先生，在此时此刻以及未来所有时刻，我都

---

① 《著作集》，第二章，页 254。

慨然承认,我会反对那一准州的组建和人口定居,除非我的选民和整个南方、联邦所有蓄奴州的选民,可以以平等地位进入该准州,拥有平等权利和平等特权,带着那种财产([译按]奴隶)进入该准州……是的,先生,我承认那也会控制我,但我绝不希望废除那一限制。①

因为——艾奇逊继续说道——人潮会违法到达那里,席卷整个内布拉斯加边疆。除非颁布[148]法律,要不然现在组建准州与将来组建都一样。至于机会的大小,艾奇逊如此说道:

我现在相信会允许投票表决这一法案,我们会采取行动让它通过……总统肯定会签署它,只要他签署拨款法案的话。这是毫无疑问的。我们有足够的票数,我一点都不怀疑参议院中的多数会赞同组建内布拉斯加准州,只要你允许投票表决的话。②

在总结1853年3月4日清早几个小时的讨论时(皮尔斯[Franklin Pierce]③该日中午宣誓就职),道格拉斯说道:

我仅说了一些支持委员会做法的必须要说的话;现在如果参议院所有议员同意团结起来通过这一法案,我将非常欣慰;因为如果对该法案投票表决,我肯定它一定会通过。我担心的是不会对它进行投票表决。④

---

① ② 《国会环球》,第32届国会,第2次会议,页1113。
③ [译按]皮尔斯,1804—1869,美国第十四任总统(1853—1857)。
④ 《国会环球》,前揭,页1117。

　　道格拉斯的担心是有道理的。该法案没有被投票表决。对是否搁置该法案的表决结果是,赞成 23 票,反对 17 票。如果有四票改变,那么随后那一年的狂风暴雨——在那一年中共和党诞生——就可能避免了! 在密尔顿看来:"南方的反对又一次阻挠了一个准州的组建。"因为,他说,那一法案"被几乎完全是地区性的投票行为"①所搁置。但这是误导,因为在那些投票搁置该法案的人当中有来自宾西法尼亚州、马萨诸塞州、纽约州、佛蒙特州和康乃狄格州的参议员。而且,参议院的三分之一议员缺席,包括一些最坚定的自由土地倡导者。从艾奇逊演说的角度来看,更让人费解的是兰德尔教授的表述,②他说"《密苏里妥协案》……在 1854 年超出了实际政治的范畴",或者"反奴隶制的人们……在 1854 年除了道格拉斯的法案之外没有更好的机会了……"③兰德尔教授似乎又一次混淆了重新颁布《密苏里妥协案》限制所需的政治努力与不去干扰它的努力。至于对《堪萨斯-内布拉斯加法案》所提供的"机会",我们的问题是,为什么道格拉斯不简单地提交 1853 年 12 月提出的道奇法案——这是他之前在 3 月所支持的法案。对此,我们将再现[149]以下这段有趣的对话,对话发生在 1853 年 3 月 4 日午夜之后,当时那部较早的内布拉斯加法案不幸被搁置。我们必须提醒,整个对话几乎都是关于内布拉斯加印地安人的权利的问题,南方和北方人在讨论这个问题时似乎不存在任何地区偏见。

　　　亚当斯先生:我了解,我的来自伊利诺州的朋友是

---

① 密尔顿,前揭,页 104。
② 兰德尔,前揭,页 82。
③ 同上,页 81。

个善于妥协的人，我希望在这个问题上向他建议一个妥协方案，那就是，在得到一致同意之后，将该法案推迟至随后十二月的第一个星期一之后的星期五，那样我们就会有足够时间和机会来讨论和调查它；届时如果我们觉得它正确，我们就可以通过这个法案。

　　道格拉斯先生：我必须提醒我的来自密西西比的朋友，八年前，当他和我都是众议院议员时，我当时正在推动内布拉斯加法案得到通过，从那之后我一直都在推动它的通过。在这漫长的八年中，我一直在努力使它通过。如果我的这位朋友建议在得到一致同意后我们通过该法案，我认为这会十分令人欣慰。这个机构的成员们都甚为幽默，所有人都得到了他们想要的东西，除了那些准州以外。我希望我们能为他们做点事情。①

　　这段对话充分显示了围绕 1853 年法案的不同气氛。道格拉斯甚至希望在国会中止之前，经一致同意（common consent）而非点名投票（roll-call vote）的方法，匆匆通过该法案！他提到的"漫长的八年"是真的，尽管我们可以认为这是没有紧迫感。在那八年之中的最后几年中，道格拉斯在国会中从未提到过内布拉斯加。但最重要的是密西西比州的亚当斯所表达的那种期望，即希望在解决所论辩的印第安人的事情之后，随后十二月可以较为顺利地通过那一法案。

　　当然，对 1853 年法案的反对程度，可能比道格拉斯和艾奇逊在 1853 年或者林肯在 1854 年所承认的要大。道格拉斯和艾

---

① 《国会环球》，第 32 届国会，第 2 次会议，页 1117。

奇逊夸大[150]该法案所得到的支持是自然的,因为这样可以使它得到投票表决的机会。他们对这样一个法案有着共同的兴趣,因为大陆中部的一系列准州政府将使通往太平洋中部以及/或者北部的铁路线成为可能。由于内布拉斯加是关闭的,那么仅有的可以修建这样铁路线的已组建的准州就位于德克萨斯和南加利福尼亚之间。而艾奇逊和道格拉斯所代表的是圣路易(St. Louis)和芝加哥(Chicago)的利益。保守的奴隶制赞成者——那些反对墨西哥战争的辉格党大奴隶主们——从来都不希望废除《密苏里妥协案》。他们更希望继续关闭内布拉斯加,这样不但可以防止自由州对它的觊觎,而且修建南部铁路线对南方来说也是一种经济优势。况且,他们还保持着与北方的纺织厂主——"棉花辉格党人"——的联系。为印第安人所流的鳄鱼泪,一直都是反对组建新准州的良策。在这里,我们注意到一个宪法的古怪现象,我们无法精确估量其影响,但这影响可能极大。要想批准定居者合法进入内布拉斯加,就必须灭绝印第安人对土地的要求,这要求实际上包括了整个内布拉斯加。我们没必要涉及地方法和国际法之间的复杂关系,只需要知道新条约对灭绝印地安人的要求可能是必要的,而在参议院中,新条约可以被三分之一再加一票的票数所否决。

在3月到12月的十个月中,道格拉斯肯定曾经有过这样的想法,那就是,一个全新的解决内布拉斯加问题的方法已然出现。他可能觉得,只有一种使全国上下都对该法案感兴趣的新方法,才能征服北方以及南方的"老顽固们"。以我们的眼光来看,那种兴趣的产生,不是由于对内布拉斯加的具体期望——比如说,未来的宅地定居者们的要求和铁路线的利益等等,这些都不足以导致这种兴趣产生——而是,如前所述,由于人民主权作为一种全国信条的确立。如此被奉若神明的人民主权将成为全国民意的基础,在此基础之上制定的政策之可能适用范围,要比内布拉斯加问题广泛得多。正如我们在关于"昭昭天命"一章中所讨论过的,在这几个月中,道格拉斯已对皮尔斯的领导感到失望,其政党也四分五裂。辉格党为《1850 年妥协案》提供了主要领导人——克雷和韦伯斯特。但结果是辉格党[151]受到愤怒的自由土地支持者的致命打击。那些摧毁辉格党的张力现在正在折磨民主党,尤其是在北方。时机已经来临,该干点振奋人心的事情了。我们已经说过,道格拉斯决意尽最大力量支持参议院淮州委员会主席可能做的对政治领导权的支持。单凭对旧的内布拉斯加法案的支持不可能做到这一点。而且,刚开幕的第 33 届国会是皮尔斯总统卸任后第一届民主党政府当政下的国会,也是 1850 年"调节法案"以来的第一届国会。如果那一法案必须由一个辉格党总统签署的话,那么道格拉斯不可能在前一年就让他现在要做的这个陈述成为政党正统的基础。而且,对于道格拉斯 1854 年的各种计划和方案来说,他成为该党信仰的高级祭司尤为重要。

道格拉斯将道奇参议员老的内布拉斯加法案撇在一边,并提出一个全新的法案,这个新法案还附有一份精心构思的报告。现在让我们从这份报告中窥探一下他这么做的意图。这份文件是政治修辞的一篇经典之作,值得学习立法程序的每一位学生仔细研究。对此,我们可以套用麦考利(Macaulay)①对《宽容法案》(Toleration Act)的评价:"它经不起合理的普遍原则的考验。不,它经不起任何原则的考验,不论合理还是不合理。"但还不至如此。英国"整个国家都对政治学中的任何抽象事物反

---

① [译按]麦考利,1800—1859,英国政治家、历史学家、辉格党议员。

感",与英国人不同的是,道格拉斯工作和服务的对象是敏感而易被煽动的民众,他们根据普遍原则来想象自己的要求。道格拉斯的报告中,矛盾在在皆是。尽管伟大的英国法律是通过对自身不一致性的天真忽略来达到目的,但道格拉斯的报告对自身的矛盾却有高度和明显的自觉性。由于他所代表的民众要求原则,也由于原则性差异尤其难妥协,道格拉斯就试图使忽略原则性差异本身成为一条原则。但这仍然不完全正确。这一原则适合道格拉斯论点中的一点,该论点的实质内容是:1850年我们做了一桩好买卖,每一个政党在这买卖中都有所得也有所失,而且所有人都觉得这桩买卖比另外一个选择好得多,那另外一个选择就是不做交易、[152]解散联邦。但道格拉斯指出,不同党派是出于不同原因而接受了这一交易,并以不同方式来理解它。如果有人试图使大家对妥协的理由达成一致意见,那可能就没有妥协了。然而,道德规则应该是:现在让我们遵循1850年的先例,来问一下,每个政党希望通过内布拉斯加法案得到什么,看看这些希望有没有共同的可能实现的部分。但这并不是道格拉斯得出的道德规则。他有另外一个论点,那论点引出了一个新层面上的矛盾。而且,当道格拉斯清楚地指出其中一种矛盾时,他精明地转移了人们对另一种矛盾的注意。道格拉斯转移了人们对"和而不同"的肤浅矛盾的关注,他将简单的审慎教诲与一种更高的新原则相联系。这种更高的新原则当然就是人民主权。可是根据道格拉斯在报告中所提供的证据,1850年没有一个人使任何原则差异服从于随后出现的人民主权原则。1850年的争执各方对人民主权不再有统一意见,不再同意"将所有准州中有关奴隶制的问题······交给居住在那里的民众来决定"。这就像1689年的争执各方对"纯神学上的错误不应由民事长官来惩罚"无法达成一致意见一样。麦考利认为,"《宽容法

案》不但不承认这一原则,而且断然拒绝之……迫害仍旧是普遍
原则。宽容只是例外。"但在 1689 年,例外已经太多了,以至于
基本上已经达到了承认宽容原则所希望达到的多数目标。正确
的目标达到了,但理由却是错误的。

　　因此,在 1850 年,加利福尼亚本来可能在人民主权原则的
基础上加入联盟,新墨西哥和尤他也本来可能在人民主权的基
础上组建,但事情并非如此。当交易达成时,威尔莫但书支持者
和卡尔霍恩－戴维斯支持者的互相冲突的要求倾向于相互抵
消,但刻意避免以这些立场的是非曲直为基础来做出判断的消
极行为(正如道格拉斯指出的),不可能积极地肯定任何第三种
立场。将消极行为当作一种积极行为肯定,但又声称没有积极
肯定,这使道格拉斯的报告让人觉得不是肤浅而是充满深刻的
内在矛盾。这就像有人在《宽容法案》颁布四[153]年之后告诉
英格兰人,他们否定了迫害原则而采纳了宗教自由原则。英格
兰法律在接下来的一个半世纪中还是没能承认宗教自由原则。
同样,威尔莫但书支持者并没有放弃国会在准州中排除奴隶制
的原则;虽然他们仍然在维护该原则——正如韦伯斯特在(1850
年)3 月 7 日演说中所做的,但在当时的情况下他们放松了要
求。同样,卡尔霍恩－戴维斯的支持者们,虽然仍然相信准州保
护将奴隶作为财产的权利,但也降低了要求,因为他们不知道奴
隶主是否会进入新墨西哥——或者他们相信,如果奴隶主进入
的话,只要联邦法律中没有积极禁止,他们会有能力自己保护这
种财产(正如邻近的德克萨斯人所做的那样)。1850 年法案明
确留给准州人民自行决定的关于奴隶制的唯一问题是,将来有
一天他们申请加入联邦时必须具备自己的宪法。这与准州阶段
的奴隶制状态没有丝毫关系。正如我们将看到道格拉斯在他的
报告中所说的,1850 年法案对这一问题保持沉默。也许这可能

意味着允许居住在准州中的人民自行决定。但是,一个悬而未决的决定不是更高原则,而道格拉斯的戏法正是——不仅不理会而且又从这一尽人皆知的道理中——他使人们觉得这仿佛是一个更高原则。他在很大程度上成功做到了这一点,这是一个高级政治骗术作品的证据——一个高手的戏法,在这戏法中,原则像兔子一样,从一个不会产生原则的帽子中变了出来!

道格拉斯在其著名的 1854 年 1 月 4 日特别参议院报告中说:

> 你们委员会认为有责任建议参议院通过的首要修正案,是这样一些修正案,在其中,应建议《1850 年妥协案》所设立的原则——只要它们适用于准州组织——获得肯定并在这个新准州的范围内实施。
>
> 与其说,人们热诚接受并举国拥戴的事实证实了那些法案的智慧,还不如说,减轻区域冲突和宁国安邦[154]的事实证实了那些法案的智慧。它们在这方面产生了有益的效果。

报告因此以一个似是而非的假设开头:那个妥协案建立了原则。当道格拉斯在报告中说,1850 年除了关于尤他和新墨西哥准州法律中的特殊条款之外没有其他的一致意见,还有进一步的隐含矛盾:除了准州法律之外,道格拉斯还提到了《1850 年妥协案》的一些部分的存在。当他假定一个更大整体的部分可以独立作为那个整体的先例时,他是在假定怎样一种权利呢?我们已经表明,可以提出这样一个论点,大意是《妥协案》的其他部分——作为讨价还价的部分——互相平衡并彼此抵消,而这个部分可能独立存在。但这需要我们已经揭示的这样一个论证；而作为一个假设，这样一个论证几乎无法进行。我们不能无根据地假定，一个妥协案的某个特殊部分比其他部分更能体现该妥协案的"原则"。而且，"人们热诚接受并举国拥戴"，温和地说，是对像《逃奴缉捕法》这样的法律在自由州的状况的一种过于乐观的看法。确实，由于纷争而疲惫不堪的国家，意识到重新开启这一争执的任何努力都可能导致联邦的解散或战争，于是人们安静下来。但是，将辉格党当作牺牲摆上妥协的祭坛，并不能证明它得到了广泛支持。的确，两个"大党"在1852年都带着犹疑的热情在支持1850年解决方案。但其中一个党正在转变成小党，而另一个也受到类似命运的威胁。在这振聋发聩的开篇段落中，道格拉斯并非在谈论历史，而是在宣传1850年法案，他想把1850年法案奉若神明，就像《密苏里妥协案》一样，而道格拉斯也非常清楚，《密苏里妥协案》是在1821年之后很长时间才拥有那种神圣性。

在你们委员会的判断中［报告继续道］，那些法案当初的意图并非仅仅为了处理［155］最近得到的墨西哥领土中出现的问题，而是想制造一种影响深远的效果。设计那些法案是想建立某些伟大原则，这些原则不但可以为现存的恶提供足够的疗救之道，而且，今兹直到永远，通过将奴隶制问题排除出国会大厅和政治议程，把该问题交给那些对它有眼下利益并独自对其后果负责的人来裁决，这些原则可以帮助脱免类似纷争。为了使他们的行为服从政府的已定政策——该政策得到美国人民一致赞同——你们委员会认为有责任将这些法案的原则和精神引入他们的准州法案中并使之永恒。如果在使委员会认识这一方针的紧急性时有

什么其他必须考虑的话，那么这些考虑可以在这样的
事实中发现，那就是，内布拉斯加与奴隶制问题的关
系，这与新墨西哥和尤他组建准州时与奴隶制问题的
关系同出一辙。

在这里我们发现，这篇报告将1850年妥协案的替代原则当
作了人民主权观点的第一个版本。但是，把奴隶制问题交给那
些对它有眼下利益并独自对它负责的人来裁决，这一观点可能
有多种含义。它只希望我们相信，当准州人民为申请州的地位
而起草宪法时，他们不会面对任何来自联邦的奴隶制禁令。

现在我们转向另一个重大困难：经一致同意，韦伯斯特在
1850年已使自由土地观点在安抚取悦赞成奴隶制观点上极尽
能事。的确，可能任何其他的北方领导都没有这样的威望把这
事做到极点，而韦伯斯特也奢侈地挥霍了自己的威望。但他在
1850年3月7日的一次演讲中曾经说过："此刻，在合众国境
内，或在合众国的任何领土上，没有一寸土地的自由或者蓄奴特
性，不是由某条法律、某条不可废除的法律来规定的，该法律超
出了政府行为的权力范围。"①如果真是这样，或者如果相信这
样的观点是为赢得北方对1850年立法的支持而付出的代价的
一部分，那么那一立法将可能成为哪一片土地的[156]先例呢？
1850年各方各面的人们不是都相信，妥协法案是解决准州奴隶
制问题的最终方案，因此才都做出让步的吗？认为一个原则的
放松不会成为先例的观点，相信这种情况所导致的恶只会局限
于这种情况的观点，正是造成人们放松其原则的东西。

但是，韦伯斯特说"不可废除的法律"是什么意思呢？在道

---

① 　韦伯斯特，《文集》，第五章，页340。

格拉斯被迫要废除密苏里奴隶限制之后,当他与支持自由土地的参议员们就他修订过的《堪萨斯—内布拉斯加法案》争论不休时,道格拉斯支持韦伯斯特,说韦伯斯特(当时已故)并没有将《密苏里妥协案》包括在那个"不可废除的法律"范畴之中,道格拉斯还从韦伯斯特 3 月 7 日的演讲中引用了另外一段作为证据:

> 现在,主席先生,我提出这样的建议……那就是,先前合众国的所有领土、或者新得到的墨西哥省份的所有领土,都有一种稳固和确定的特性,该特性现在由不可废除的法律所稳固和确定;在德克萨斯,民众信仰没有遭到侵犯,在加利福尼亚或者新墨西哥,人的权力也没有滥用;因此,在一部或多部这种法律之下,各州或各准州的每一寸土地都已经获得了稳固和确定的特性。

道格拉斯坚持说"一部或多部这种法律"明显仅是指涉及德克萨斯和墨西哥省份的法律,这些而且仅仅这些法律是"不可废除的"。但道格拉斯没有提的是,在上面这段话之前的一段话中,韦伯斯特也说过,"不论在哪里,只要需要防止一寸土地变成蓄奴土地,我都准备好去那里维护排除奴隶制的原则。"①而且,当韦伯斯特 1850 年 6 月 3 日投票赞成 1850 年法案中的那些条款时——那些条款允许各新准州人民采纳设立或排除奴隶制的宪法——他说道:"请记住,我现在说的是新墨西哥和尤他,以及从墨西哥得到的其他准州,而不是在谈论任何其他地方……关

①② 韦伯斯特,《文集》,第五章,页 383。

于这些地方[笔者的强调],我想说,我看不出有什么理由让我们制定一个反对奴隶制的条款……"②可以肯定,韦伯斯特从来都没有理解到密苏里限制已经受到1850年的影响;而道格拉斯在曲解这一句话为自己的目的服务时,也肯定为自己的[157]狡猾感到内疚。在这一点上,我们能够为道格拉斯做的辩护已经做出:他与韦伯斯特一样并不想废除法案,那迫使他废除法案的不可预见的偶然性,同样也迫使他做出如此迂回的解释。

然而,对于这样一种反对观点——即《1850年妥协案》建立在它不可能成为一种先例的信仰之上——我们有两点回应。首先,正如道格拉斯所阐述的,1850年妥协的一个优点是,它允许不同党派出于不同甚至相互矛盾的理由接受了它。这样,在不会再获得领土的假设基础之上,韦伯斯特就可能在自由土地观点的重要因素方面做出让步;这是他作为一个东北部辉格党人的特权。但作为一个西北部民主党人的道格拉斯,同样也有权利拥有不同期望。

但这一解释并不充分。不论"昭昭天命"1850年在民主党内多么臭名昭著和活跃,民众显然还远未意识到妥协者们正在为"今兹直到永远"建立一种先例。的确,实际上非常肯定的是,如果有人认真地想把这样一种考虑加到妥协中去,那么妥协早就终止了。但这种对历史事实的使用有多么"不符合历史"呢?林肯某日写道:

> 向杰斐逊致敬——是他在一个单一民族为争取国家独立遇到巨大压力时,仍保持那样的沉着、远见和才干,是他在一个原本只是革命文件的文件中,写进了适于普天万国、古往今来的抽象真理,并使这真理永远铭刻在那里,以至于今兹直到永远,当暴政和

压迫再次出现时，这真理将挺身而出，推翻暴政，击
碎压迫之石。①

　　但林肯清楚，他在1858年所领悟到的《独立宣言》中的反奴
隶制暗示，远未被大众充分理解，尽管《独立宣言》是杰斐逊为大
众而写的。尽人皆知，为了照顾南方以及北方那些从奴隶交易
中获利的人——不论是买者还是卖者——的感情，《宣言》本身
曾数度修订。如果《独立宣言》仅仅含有1776年被普遍理解的
那种涵义，林肯的话就是非常不符合历史的。但杰斐逊自己不
是也说，《宣言》仅仅是"……美国思想的一种表达……[而且]它
所有的权威在于[158]它调和了当时的各种不同情感"②吗？在
写《宣言》时，杰斐逊可能仅表达了他认为所有人都相信的观点。
但同样真实的是，1776年人们同意了这样一些建议，这些建议
的后果，当时的人们并未充分意识到，而如果他们意识到那些后
果，他们可能就不会接受这些建议了。至于杰斐逊是否想要《宣
言》或者它所表达的哲学产生非常强烈的影响——比1776年可
能有的影响还要强烈——现在无从追究。如果立法者的意图就
是法律，那么《宣言》的历史涵义不是也包含了它的历史使命吗？
那一历史使命难道不正是实现和保证平等吗？

　　如果以同样的方法解释道格拉斯对《1850年妥协案》的理
解，我们是不是可以说，他作为那一法律的主要缔造者之一，有
权在其中发现比字面表达的还要多的内容，比它当初被接受时
大众对它的普遍理解——这是它被接受的条件——还要多？在

①　《著作集》，第三章，页376。
②　Carl Becker 引用，《独立宣言》(*The Declaration of Independence*，New York：Knopf，1942)，页25。

我们看来,如果无法解释道格拉斯现在的意图,那么也就无法解释这样一种对历史的"解释性的理解"。只要那一意图是废除《密苏里妥协案》——我们不认为是如此——他就应该受到谴责。但是,只要他的目的是为1850年的法案做宣传——我们认为是如此——希望赋予那些法案以尊严,这样全国各政党对它们的支持就不会是死亡之吻,那么他的目的显然就是正当的。对该宣传至关重要的是这样一个发现,即1850年法案对那些惊恐的人们来说不只是一堆原则垃圾,而且还是一个更好原则的再起之地。

现在让我们来听一听,内布拉斯加1854年与奴隶制的关系为何与尤他和新墨西哥1850年与奴隶制的关系是"同出一辙"的。

法律是否禁止从墨西哥得到的土地上的奴隶制,这是个有争议的观点。一方面,一种法律建议认为,奴隶制已为墨西哥所颁布的法律所禁止,那么根据国际法,我们在接收这一地区时,连同它所有的地方法律和内部制度都要一同接收,只要它们不违背《合众国宪法》;这种法律建议还认为,不论是保护还是禁止奴隶制的法律,都不会抵触《合众国宪法》,因为[159]事实证明,联邦中一半的州容忍了奴隶制,尽管另一半禁止了它。另一方面,有些人坚持认为,根据《合众国宪法》,每个公民都有权迁居到联邦的任何准州,并在法律的保护之下可以把自己的财产带到那里去,不论那财产是人还是物品。这些不同意见所导致的困难被这样一个事实加重了,那就是,争议双方都有很多人不愿遵循法院对相关法律事务的判决；因此，在那些声称墨西哥法律仍然有效、因此那些准州中的奴隶制已被有效法律禁止的人中间，有很多人坚持，国会应该通过颁布另外一个禁令使这事更加确定。同样，那些认为墨西哥法律已经不再有任何约束力、《宪法》容许并保护那些准州中作为奴隶的财产的人，其中有一些人不愿相信法院在这一点上所做的裁决，并坚持要求国会直接立法去除妨碍把奴隶引进那些准州的一切障碍。[戴维斯在 1850 年仅仅希望防止一个准州立法机构禁止奴隶引进。但他还未曾要求国会对此充分保护。]

这就是这一争议的特点。至于从墨西哥得到的土地，人们将面临类似的问题，那就是当印地安的法律被撤销时，在建议组建的内布拉斯加准州，人们是否有蓄奴的权利，……在[1820 年密苏里授权法案的]这一部分中，正如新墨西哥和尤他的墨西哥法律一样，奴隶制在内布拉斯加是否被有效法律禁止这一点是有争议的。对这一问题的决定，涉及国会是否拥有制定法律来规定和调整联邦准州内部制度的宪法权力。那些杰出的政治家们认为，国会没有正当的权威来对准州奴隶制问题立法，在他们眼中，密苏里加入联邦的授权法案的第八款是空洞和无效的；[160]而联邦大部分地区的情感还在继续相信这样的理论，那就是，《合众国宪法》保证了每一位公民都有携带自己财产——不管是何种财产——移居至任何准州、并在法律的支持下保有和享受这些财产的不可剥夺的权利。

让我们来看看道格拉斯从以往事件中牵强抽出新原则的政

治戏法。注意上述篇章的最后一句话,在其中道格拉斯描述了杰出的政治家们所持有的(唯一)一种理论。该理论认为,《密苏里妥协案》是空洞和无效的,因为国会没有任何正当权力就各准州奴隶制问题立法。"杰出的政治家们"的观点被展示为对密苏里法律的反对,但在前面一段中没有任何与此类似的内容,那一段所显示的是对墨西哥反奴隶法的反对意见。当然它不可能是指道格拉斯1850年的观点,因为我们已经听过道格拉斯1850年的著名宣传言论,他说墨西哥奴隶制禁令的法律有效性是他反对威尔莫但书的最重要的原因。而如果《宪法》已经否定国会颁布那种法律的权力的话,任何墨西哥法律都不可能有效。在上述两段话的第一段中,道格拉斯为那些反对墨西哥法律有效性的人的论点提供了这样一个理由,即"根据《合众国宪法》,每个公民都有权迁居到联邦的任何准州,并在法律的保护之下可以把自己的财产带到那里去,不论那财产是人还是物品"。在后一段中,他在最后一句的分号之后的第二部分重复了同一理论。但是,在引用"杰出政治家们"观点的那句话中,他重复该理论的方式却模糊了这样一个事实,那就是,国会无权对准州奴隶制问题立法,与每一位公民都有携带任何形式的财产移居至任何准州的不可剥夺的权利,这两个理论之间存在巨大差异。因为,人们必然得出这样的推论,那就是后一种理论赋予了国会立法保护公民将奴隶作为财产的权利,而据说公民对奴隶这种财产享有不可剥夺的权利。两种理论都认为《密苏里妥协案》已归无效,但一种理论是老的卡尔霍恩－戴维斯理论,其[161]最高要求是国会为准州颁布一部奴隶法令;另一种是道格拉斯随后提出的完全不干预理论,它一直存在于道格拉斯和林肯的论辩之中,但仅在发表于1859年的《哈珀斯杂志》的《准州中的人民主权》一文中得到充分阐述。

　　但如果这是"纯粹"的人民主权,如果这么明确地说出来是为了暗示密苏里限制的无效,那么这不是确凿无误地表明,废除《密苏里妥协案》是道格拉斯从 1854 年开始就已经有的目标吗? 答案是否定的。因为道格拉斯自己当时还没有认同"纯粹"的人民主权。我们可以确定的是,道格拉斯正在为宣布《密苏里妥协案》无效铺路。但铺路并非达到目标。所有事情都取决于时机的把握。当密苏里分界线以北的所有领土被组织和确定下来之后再宣布密苏里法律无效,与在这之前宣布会有很大不同。

　　但那些"杰出政治家们"又是谁呢? 这一口语表达在两个方面都很"滑稽"。一方面我们不会积极宣称不存在这样的人,但另一方面要说出谁是这样的人又很难。可以肯定,道格拉斯和任何其他妥协者在 1850 年都没有那些想法——这份报告中只字未提对墨西哥法律的反对就证明了这一点。人民主权成为常见的政治表达方式至少发生在 1848 年之后,但那时还没有人说过国会无权干预准州奴隶制问题这样的话。人们广泛相信的政治学说是,准州的民众应该享有最充分的自治手段;普遍接受的法律学说仍然认为,授予此种手段是国会的权利和职责,《宪法》无法凭一己之力做到这一点。1850 年准州法律规定,州长和法官由美国总统任命,州长(向总统负责而不向准州负责)拥有否决权(准州立法机构的三分之二票数才能推翻州长的否决),而且还规定,准州的每一条成文法律都必须受国会绝对否决权的制约。即使在《堪萨斯一内布拉斯加法案》的最后版本中——据说其中更多体现了这种新的"纯粹"的人民主权——无需对准州负责的行政长官及其否决权都被保留下来。

　　即使我们将国会不插手准州奴隶制的政治期望与法律

[162]要求相混淆,也没有人(在 1854 年 1 月 4 日)希望国会像现在所显示的那样如此袖手旁观。当时人民主权至多意味着不应由国会来决定——即使在准州时期——是否在一个准州中建立奴隶制。但是,国会无权干涉进入准州的人所遵守的条件——比如他们进入准州时是否可以携带奴隶——彼时还不是得到承认的人民主权的特点。那些认为国会没有这种权力的人——卡尔霍恩-戴维斯派——也鄙视整个人民主权观念。因此,通过引入一个在这个所谓的类比中没有敌手的教义,道格拉斯转变了同时期关于密苏里法律有效性的 1854 年“争议”(他的报告使该争议活力四溢,而之前它处于休眠状态,如果不是奄奄一息的话)。当道格拉斯赋予这一新理论以“杰出”政治家——据我们所知,他们仅存在于道格拉斯的想象之中——的威望时,他的敢为天下先的勇气被遮掩了。

关于内布拉斯加与从墨西哥得到的土地的比较,最后一点评论只有在评估了道格拉斯的意图之后才能做出;但道格拉斯所使用的比较方式显示,《密苏里妥协案》的地位在每况愈下。卡尔霍恩-戴维斯派毫无疑问反对墨西哥和密苏里奴隶制禁令。同样真实的是,从根本上说这些反对是建立在一个单一的宪法学说之上。这在 1857 年坦尼对斯科特案件的判词中得到了最终和精确的表述:《宪法》维护对奴隶享有的财产权,《宪法》(第五修正案)禁止国会(更不用说墨西哥法律)在未经正当程序剥夺任何人的财产权。然而,墨西哥法律——经国际法转移到美国领土之上——与至少曾经神圣的《密苏里妥协案》之间,存在着实际的和政治的巨大差异。不论在北方还是南方,德克萨斯人都被认为是反抗墨西哥法律的英雄。但即使那些相信密苏里法律违宪的南方人,也会在国会中接受一位解释《宪法》涵义的权威仲裁者。① 道格拉斯[163]对墨西哥法律的顾虑——当时美国政府任何一个机构都未曾郑重维护过墨西哥法律——提升到与对《密苏里妥协案》的顾虑的同样高度,这是道格拉斯的一个惹人注目的转折点,尽管两种顾虑都有同样的技术基础。而且众所周知,《密苏里妥协案》遭到宪法反对的观点,其起源和灵感都来自卡尔霍恩的教诲。尽人皆知的还有,这位名士只是在发现奴隶制是"积极的善"之后,才发现这种反对。当卡尔霍恩任职于门罗内阁时,曾被咨询过密苏里准州授权法案那著名的第八款的合宪性问题,他当时不认为它有什么缺陷。确实,根据最近一个权威研究所显示,接下来他"衷心支持"《1820 年妥协案》。② 两院通过了《密苏里妥协案》,总统也签署了。这位随即连任的总统,收到了他的内阁对第八款的批准,该内阁不但包括卡尔霍恩而且还包括亚当斯。对墨西哥法律的不尊敬不太可能激怒北方。对《密苏里妥协案》的不尊敬却肯定会。当然,道格拉斯在 1850 年说过,美国定居者们一点也不关心国会为他们的内部事务所立的法律,除非该法律适合他们。可是,在古老的西北方、在爱荷华和明尼苏达,毫无疑问,那里的定居者们的确是根据联邦颁布的法律做出了自己的决定。不论联邦法律在那些地方是否有效,它从未遭受过严重挑战的事实使自己得到了尊严。

---

① 在内战之前,合众国最高法院远未达到它今天所享有的独特地位,即作为政府另外两个机构的行为合法性的裁判者。今天甚至还有学者认为,在斯科特案件中,最高法院第一次明确裁决一部联邦法律违宪。但是在斯科特诉桑佛德案 (Dred Scott vs. Sandford) 和半个世纪之前的马伯里诉麦迪逊案 (Marbury vs. Madison) 这两个案例中,不论哪一个是第一起这样的案例,我们都必须注意到,即使在斯科特案中,最高法院也没有宣布国会法案违宪,三年之后国会自己宣布其为"无效"。

② 摩尔,前揭,页 124,247。

但是《密苏里妥协案》地位的降低则走得更远。在讨论墨西哥奴隶制禁令时,道格拉斯引用了这样的观点——他曾经有力地强调过这一观点——那就是,该禁令在美国领土上是有效的,除非美国当局废除它。但是,当他说到《密苏里妥协案》的奴隶制禁令这个“争议点”时,他给出两个认为该禁令无效的观点——一是新的“纯粹的”人民主权观点,二是卡尔霍恩-戴维斯的观点,这在上一段已出现过——但是他没有给出任何支持密苏里法律有效的观点。在这里尤其重要的是要意识到,反对奴隶制的极端者们坚信,《宪法》第五修正案——即未经正当程序任何人的生命、自由或财产都不可剥夺——禁止任何人[164]因为联邦法律而成为奴隶。这与如下理论对立,即“《合众国宪法》保证每一位公民都有携带自己的财产——不管是何种财产——移居至任何准州的不可剥夺的权利”。通过略掉这一对立,道格拉斯给该理论披上了过分尊严的外衣。他肯定比较关注这一理论,这使那些亲眼见过他 1850 年猛烈攻击该理论的人大吃一惊。而那被略掉的理论正是蔡斯和萨姆纳(Sumner)①所强烈坚持的,现在他们正要向内布拉斯加法案发出激烈挑战。无论这是否是一个战术上的错误,道格拉斯都将为此付出沉重代价。道格拉斯是否认为,只要不对极端赞成奴隶制的立场提出任何其他的对立理论,这个新的“纯粹的”人民主权就可能被当成那样一种对立物? 自由土地理论在反对乐考普顿的战斗中曾短暂地颇具战斗性,那么,道格拉斯是否在 1854 年把“纯粹的”人民主权设想成了这种斗志昂扬的自由土地理论呢?

———————

① ［译按］萨姆纳,1811—1874,美国政治家,来自马萨诸塞州的参议员(1851—1874),毫不妥协地反对奴隶制。

　　现在我们来看看道格拉斯的委员会对国会当如何做所提的第一个具体建议。直到现在，我们只被告之，国会想遵循 1850 年的先例，接着我们所看到的就是关于那个先例的本质的复杂陈述，该陈述将 1850 年尤他和新墨西哥争议与 1854 年内布拉斯加"争议"进行类比，并指出了这一类比与当时其他问题的关系。这一类比显示反对《密苏里妥协案》的力量之大。但通过对有害参考力量的彻底否决，反对力量得到了纠正。道格拉斯写道：

　　　　你们的委员会并不希望讨论这些争议问题。它们所涉及的严重问题，与 1850 年导致骚乱、地区争斗和恐怖争斗的那些严重问题一般无二。国会认为当时避免对争议中的问题做决定——要么通过维护或废除墨西哥法律，要么通过颁布法案宣明《宪法》的真实意图及其对准州奴隶制可提供的保护尺度——是智慧和审慎之举。因此，与国会一样，你们委员会现在也不准备——要么通过[165]维护或废除密苏里法案第八款，要么通过颁布法案宣明《宪法》对争议的法律问题的意旨——建议背离那一难忘时刻所提出的宗旨。[强调并非出自原著。]

　　最后一句话中的"现在"很快就会呈现不祥的含义。但在这里的上下文中，它与"当时"相对，只有异常警觉的头脑才会想到"现在"的意思仅是"暂时"。最后一句话所包含的关键观点是，委员会并没有建议废除密苏里法案第八款。委员会没有维护它并不重要，因为再次肯定自己行为的合宪性并非议会的惯例，而且也没有再次肯定的要求。国会拒绝再次肯定本身只是一种循序行为。但拒绝废除却有力证明,1854年1月4日道格拉斯并不希望消除内布拉斯加奴隶制的障碍,并以此作为它建立准州组织的条件。

该报告继续道:

> 你们的委员会认为,这一争议结果导致了采纳妥协法案,这对当地的和平和联邦的安全来说,都是幸事。两大政党以惊人的一致,声称这些法案是自己信仰的首要原则,并向世界宣布这些法案是解决争议、结束骚乱的最终之道。因此,对参议员们公开声明的观点之应有尊敬,以及正当的爱国职责感,使你们委员会应当并必须严格遵守这些原则,甚至要求你们委员会在所有准州法案中逐字逐句采纳那一调整法案的条款,直到相同文字不再适合当地情况为止。

在终于清楚阐明了他反对废除《密苏里妥协案》之后,道格拉斯又回到了关于1850年先例的晦暗不明之中。如果他局限于1850年准州法案中的"逐字逐句采纳……直到相同文字不再适合当地情况为止"的说法,那么唯一重要的问题可能就是,1850年法律所赋予的可以带着奴隶制申请参加联邦的权利,在密苏里法案第八款看来,是否"不适合当地情况"。但[166]这本来几乎不值一争。在联合论辩中,林肯承认,任何准州的人民都享有这一权利,只要奴隶制在准州期间已被排除。因为,正如我们经常注意到的,它的意思就是在准州成为州的前一天,赋予他们权利做他们在成为州之后无论怎样都可以做到的事。但是,道格拉斯认为,1850年国会已拒绝决定所有那些原则问题——例如《合众国宪法》是否使自由通行全国而奴隶制仅是例外,或者使奴隶制通行全国而自由仅是例外,或者由于国会无论如何都无权决定这一问题而应该让《宪法》将这一问题留给地方去决定。现在,道格拉斯坚持遵循 1850 年的例子,好像不仅要遵循那一法律的字面意思,而且还要遵循它的"原则"。那命运攸关的 1854 年 1 月的结局——我们将在下一章描述——并非从我们现在所读的报告开始,而是从将所谓 1850 年的"原则"包括进内布拉斯加法案开始,仿佛这就是"逐字逐句采纳"了 1850 年的准州法律。

现在让我们听听道格拉斯汇报的先前那些法律的"字面意思":

那些法律对所讨论的问题至关重要,它们包括以下条款:

"当该准州或其任何部分被接纳为州时,它可以带有也可以不带有奴隶制加入联邦,这取决于加入联邦时它们自己的宪法规定。"

"该准州的立法权力和权威将属于州长和立法大会。"

"该准州的立法权力将涵盖法律的一切合法主体,其立法权力须与《合众国宪法》和本法案一致……[我们在此省略了涉及土地管理和差别性税收的句子。]

"该[准州]最高法院终审判决所发出的纠错令和上诉令将被允许,对这些纠错令和上诉令,得向合众国最高法院提出上诉,上诉方式和所涉规则与合众国巡回法院同……唯一例外是,在所有涉及以奴隶为财产的案件中,所说纠错令或上诉令,[167]应由所说[准州]最高法院许可并判决,无论争议之事物、财产或权

利的价值若何；另一例外是，当存在涉及个人自由问题
的人身保护令时，纠错令和上诉令亦得上诉于合众国
最高法院……"

接下来的一小段提到 1850 年《逃奴缉捕法》延伸至 1850 年
的一些新准州中。道格拉斯继续阐述 1850 年准州法律的"原
则"（或称作"建议"）：

　　从这些条款，显然可以看出，1850 年的妥协法案
维护并以下建议为基础。
　　第一：所有关于准州及其所形成的新州中的奴隶
制问题，都将留给当地居民通过他们自己为此目的选
出的专属代表去决定。
　　第二："所有涉及以奴隶为财产的案件"和涉及"个
人自由问题的案件"，都由地方法院裁决，但这些案件
得上诉于合众国最高法院。
　　第三：《合众国宪法》中所涉逃亡雇佣劳力条款，必
须在一切"被组建的准州"中得到忠实履行，如在各州
中一样。

这篇著名的文件最后如此结尾：

　　你们委员会所准备并希望在参议院得到通过的法
案的替代品，提议以 1850 年妥协法案的精确表述，来
实施这些建议和原则。

我们观察到，将 1850 年准州法案的条款与它们所依赖的建

议(或"原则")并置,与之前我们所注意到的墨西哥反奴隶法有效性的争论与[168]密苏里限制有效性争论的并置相同。道格拉斯所引用的第一项,事实上没有涉及准州人民对准州中奴隶制问题的决定权;它只是在说,当该准州(或它的任何部分)被批准成为州时,它可以带着也可以不带着奴隶制加入联邦。这一项既没有排除也没有假设奴隶制是准州的一个立法主题,原因很简单,因为这一项根本不考虑准州期间的奴隶制问题。那么,当第一个建议说准州中的所有问题都将由准州人民的代表自行决定时,这是一个巨大而毫无根据的跳跃(从逻辑推理的角度来看)。顺便说一句,即使 1850 年的妥协法案以某种不可见的方式"依赖"于这个建议,但是可以肯定的是,那些法案并没有"维护"该建议。然而,根据所引用的第一项的所谓推论,我们必须说,第一个建议所说的恰恰是相反的事实:即第一项并未将准州中的奴隶制问题交由那里的人民自行解决。

但是,可不可能从道格拉斯报告所引用的(1850 年法律的)第三项,或者从第一和第三项中推论出第一条建议呢? 无论怎样解释,答案都是不可能。根据道格拉斯自己在这篇报告中所做的说明,关于国会对"准州中"奴隶制问题有怎样的权力以及该权力应有多大才"与《合众国宪法》相一致"的问题,国会既无定论也无任何明白宣告。国会 1850 年也没有让准州政府或准州中行使权力的人民自行判断在《宪法》之下他们权力的大小。这体现在"所有涉及以奴隶为财产的案件"和"个人自由问题"的案件都将由法院并最终由合众国最高法院裁决的事实中。而这些法院,不论是准州的还是联邦的,既非准州人民所选,也不在任何方面对准州人民负责。很明显,上面所说的那些"案件"和"问题"肯定会涉及那一争议的某些或所有论点,而道格拉斯赞扬国会在 1850 年没有对该争议做出任何决定。例如,如果斯科特判决在1854年1月之前做出,那么根据那一判决,显然所有涉及奴隶制的问题并没有留给尤他[169]和新墨西哥人民或其代表——而且也不可能留给内布拉斯加的人民或其代表——因为根据斯科特判决,不论是国会还是准州立法机构,都没有任何与《宪法》相一致的、禁止将奴隶引进美国任何准州的权力。在引用卡尔霍恩—戴维斯的观点时——即美国的每一位公民都拥有携带自己作为财产的奴隶进入任何联邦准州的不可剥夺的权利——道格拉斯以明显的暗示提出这样一个假设可能性,即最高法院可能做出像斯科特判决那样的裁决。因此,在1854年1月4日,他一定已经知道他的"建议"的第一条,即"所有关系到准州和未来新州中奴隶制的问题……都将留给当地居民自行解决",可能不会涉及任何禁止把奴隶带入这些准州的立法权力。简单说,只要解决准州中奴隶制问题的权力应该如何才"与《合众国宪法》相一致"这个问题没有定论,就不可能从1850年的授权——即准许尤他和新墨西哥对"所有正当立法主题"拥有立法权力——得出可以决定"所有关于准州奴隶制问题"的任何权力。

　　道格拉斯所做的,而且在我们看来是非常刻意去做的,是通过他的第一个建议制造了一个关系重大的推定,这一推定支持比以往任何时候都要"纯粹"得多的人民主权观点。由于国会对关键的宪法问题没有定论,道格拉斯在其第一条建议中推定,国会并非将这些待定问题留给最高法院,而是留给了准州人民来决定。由于国会允许准州人民在准州阶段结束时自行决定奴隶制地位的问题,道格拉斯推定国会也同意他们在准州阶段结束之前决定同样的问题。但在这里,战术和修辞——如果不是逻辑——若合符节:道格拉斯将整个人民主权观念稳步向前推进,把它当作是所有歧异并互相竞争的理论的剩余遗产的继承者。

当人民各自偏爱的理论相互残杀时,人民主权以黑马形象腾空而出。

　　还有:道格拉斯发现——而且所发现的确实是事实——《1850年妥协案》的伟大之处在于,它使大相径庭甚至相互矛盾的各种解释达成一致;但是1854年1月4日的内布拉斯加法案,正如作者自己所做的权威阐释所示,并非仅仅依赖第一条建议或"纯粹的"人民[170]主权"建议";它还依赖第二条建议,如果说第二条建议并不直接与第一条相龃龉,至少也使第一条建议变得非常含混不明。通过这一特殊修辞——它包容了1850年之后仍然存在的各种不同诠释——道格拉斯保持了对1850年"原则"的忠诚。

　　该报告的两个——而且只有两个——即时政治结论已清晰浮现,该报告作者的希望和意图是:第一,把一切有关奴隶制的问题留给——或者相信会留给——各准州居民自己去决定;第二,《密苏里妥协案》不被废除。

第八章
《密苏里妥协案》废除之四；
悲剧；极端压垮中庸

[171]此时插进一段奇特的插曲。道格拉斯的特殊报告与法案一起,发布于1月4日并于7日刊登在华盛顿的《哨兵报》上。撇开该报告精心构思的开场白,除了我们已经看到的作为第一条引用在报告中的1850年准州法案的语言之外,这一法案事实上不包含任何关于奴隶制的陈述。但是,该法案在参议院两度宣读并被指令发表之后,在1月10日,它又附加上第二十一款重新刊登在《哨兵报》上,道格拉斯解释说,由于"笔误",第二十一款在第一次刊登时漏掉了。以下就是著名的"笔误"部分:

> 第二十一款 由于会颁布进一步的法案,因此为了避免一切误解,特于此声明,在奴隶制问题上,本法案的真实意图和含义是,将1850年妥协法案所设立的建议和原则付诸实施。这些建议和原则是:
>
> 第一,所有关于准州及其所形成的新州中的奴隶制问题,都将留给当地居民通过他们自己的专属代表去决定。

第二，"所有涉及以奴隶为财产的案件"和涉及
"个人自由问题的案件"，都由[172]地方法院裁决，但
这些案件得上诉于合众国最高法院。

第三，《合众国宪法》和法律中涉及逃亡雇佣劳力
的条文，必须在所有"被组建的准州"得到忠实履行，如
在各州一样。

一眼就可以看出，这三条"建议和原则"与报告的结论相呼
应。但是，尽管报告的第二和第三条建议与第二十一款的那两
条一模一样，法案中出现的第一条建议有一点改动。报告中说
"由人民……通过他们自己为此目的选出的专属代表去决定"。
这句话的这一部分被删掉了。为什么？为某一特殊目的选出代
表的观念暗示了宪法传统，是选民权力或原始权力的运用，这一
权力并非国会所授予。这一部分是报告中第一项与第一建议之
间的纽带。两者都暗示了（但没有详细说明）对一种特殊权力的
运用，这种权力并不是准州州长和准州立法机构所得到的立法
权。但是，第二十一款的第一建议确实保留了报告中第一项的
痕迹，这在"专属"一词中可以看出。所有这些都使人很难相信
1月4日时道格拉斯的伟大设计中不包含第二十一款，更难使
人相信的是，一个打字员要对那天的错漏（笔误）负责。在报告
中，第一项转变为第一建议，而后者又转变为第二十一款的第一
建议，这些当然都说明，当运用到与奴隶制相关的问题上时，人
民主权观点正稳步推进。它从一个准州成为州之际可被运用的
特殊权力，变为一个在准州阶段可被运用的特殊权力，最后几乎
变成了一种普通的准州立法权力。然而"几乎"这个词暗示了重
要的保留态度。因为"专属"是个反常的词。而当它们出现在法
案的第二十一款中时，第二个建议对第一个建议的含义提出重

大质疑,在报告中也是如此。

一系列权威历史学家都跟从《独立民主党人之呼吁》的主题,接受了[173]如下观点,即1854年1月10日重新刊登的内布拉斯加法案,其第二十一款体现了道格拉斯的彻底和激进的决裂。用奈文思的话来说:"它制定了人民主权原则。其清晰含义就是,《密苏里妥协案》死了。"①然而,我们刚刚以质疑的眼光看到,道格拉斯自己如何突出了"人民主权原则",这种质疑让我们想到,断言这一原则的颁布——如果它确实被制定了的话——对已有法律本会产生怎样的影响,是否不可能呢?任何人都可以看得出,建立在道格拉斯的报告或法案——包括第二十一款——基础上的人民主权,是变化多端的,几乎可以拥有任何形态或形式。确实,在整个法案和报告中对此没有清楚的说明。这里的人民主权是一大堆相反和矛盾的陈述、推断和暗示的集合。面对那么多与奈文思教授众口一词的杰出学者,我们仅传唤一位证人——林肯。下面的几段话引自他的《皮奥里亚演说》(1854年10月16日):

> 1854年1月4日,道格拉斯法官提出一个新的法案,让内布拉斯加建立准州政府。他还为该法案写了一个报告,在这报告中,他明确建议既不应维护也不应废除《密苏里妥协案》。
>
> 不久之后,该法案被修改,组建一个准州变成组建两个准州;那个南方的准州叫堪萨斯。
>
> 还有,在该法案被提出大约一个月之后,经法官本人动议,该法案又被修改,宣称《密苏里妥协案》不再实

---

① 奈文思,前揭,第二章,页95。

施,并失去效力……①

　　应该注意到,林肯的"大约一个月"的说法表明他没有区分道格拉斯第一个法案的 1 月 4 日版本和 1 月 10 日版本。关于第一个法案——无论有无第二十一款——的关键事实是,它明确地既没有维护也没有废除《密苏里妥协案》第八款。如果还有人怀疑林肯是否没有理会第一个法案的第二十一款,以下的引言可以消除这种怀疑:

　　　　我意识到,道格拉斯法官现在主张,后来对《密苏里妥协案》的明确废除[强调为作者所加,并非林肯所加]并未实质性地改变法案。这一论点在我看来漂亮极了。这就像有人在说,白和黑并非不同。②

　　[174]在林肯看来,黑白之间的差别,就是在明确废除《密苏里妥协案》之前和之后的该法案的差别。林肯认为,像道格拉斯那样假装该法案——即使有二十一款——与含有明确废除意思的法案在根本上没有什么重大区别,这"漂亮极了……就像有人在说,白和黑并非不同"。有人认为第二十一款扼杀了《密苏里妥协案》的"清晰含义",我们认为林肯的这一判断足以反驳这样的观点。但林肯的这一判断还有另外一些深远意义。因为,林肯的陈述不但对他自己反对道格拉斯的理由至关重要,而且还提出了这样一个问题,那就是,在明确废除《妥协案》之前,对道格拉斯的报告和法案的整体抗议是否正当。而且这还会涉及另

---

① 《著作集》,第二章,页 254。
② 同上,页 261。

外一个问题,那就是,当《妥协案》的废除最终来临时,道格拉斯是否真的应对此负责。我们现在必须观察一下《妥协案》的明确废除所涉及的一系列事件。

道格拉斯 1 月 4 日所提出的法案仅包含了这样的条文,即准许未来在内布拉斯加土地上所形成的新州在加入联邦时可以带有也可以不带有奴隶制,尽管除此之外没有什么更具革命性的内容,但是格里利还是立刻就在纽约《论坛报》批评了该法案,而北方的抗议也开始了。没有什么比林肯和格里利之间的龟兔关系更能说明反奴隶制运动政治左翼的易变性了。对《密苏里妥协案》的第一次挑战甫一出现,格里利就爆发了,尽管报告否认有这样的挑战。而如果没有肯定是雪上加霜的侮辱,林肯是不会采取行动的。他一定要准确无误地确认挑战之后,才会介入事件并承担巨大责任。而一旦林肯介入事件,他就一直战斗不休。退缩的是格里利,1858 年他寻求与道格拉斯和解,正如后来在大选中,当认为选择林肯做总统会导致战争或联邦解散时,他又退缩了。然而,当战争进行时,这位了不起却又不稳定的编辑又不断骚扰林肯,要求颁布一个激进的废奴政策,这样的政策只会根本背离林肯当选总统时的政纲,而林肯在第一次就职演说中还维护了那一政纲。1854 年,格里利在北方定下了低沉的和弦基调,而从相反方向传来了不和谐的回应声音。"克雷[175]在参议院中的辉格党后继者迪克逊(Archibald Dixon),一个有精确头脑的律师—庄园主",奈文思教授写道,"指出了第二十一款中存在的错误。"

　　　除非《密苏里妥协案》的限制被明确废除,否则它将一直有效,直到人们采取行动终结它。除非准州的居民开会,通过自己的代表对奴隶制可否在那里存在

做出肯定的决定,否则在这之前没有奴隶主可以带着
奴隶移民到准州中去。迪克逊认为,如果是这样,那么
他们做出的决定肯定会反对奴隶制;因为到那时为止
所有的法律都将排除奴隶主,并同时允许自由土地者、
废奴主义者、英国人、德国人以及其他反对那一特殊制
度的人进入准州。①

迪克逊夫人在她的《〈密苏里妥协案〉及其废除的真实历史》
一书中说,她的丈夫——

　　　认为道格拉斯法官的法案,尽管看起来是建立在
不干涉原则的基础之上,但在实践中根本不会实施那
一原则;从南方人民对那些准州的实际参与的角度来
看,与其说是威尔莫但书……有效地将他们拒之州外,
还不如说1820年法案已经将他们拒之州外……而且,
在明确废除道格拉斯的法案之前,这一法案将有效并
实际拒绝南方人在堪萨斯和内布拉斯加定居……如果
该法案有效地——尽管是间接地——拒绝他们进入这
些准州,那么第二十一款中规定"所有关于准州及其所
形成的新州中的奴隶制问题,都将留给那里的人民通
过他们自己的专属代表去决定",对他们有什么好处
呢? 当他们不会成为那里人民的一部分时,是谁得利
(*Cui bono*)?

没有其他文字比这段引文更能精确表达道格拉斯的第一个

---

①　奈文思,前揭,第二章,页95。

内布拉斯加法案——即使附加了第二十一款——的力度了,也
没有其他文字更能证明我们的论点,那就是,道格拉斯从未希望
过密苏里奴隶禁令会被"实际和有效地"废除。而且,在我们看
来,它也不是被明白的兜圈子的方法所废除。通过把第二十一
款作为1月4日法案的修正案,道格拉斯本可能做到这一点。
那么它本来可以"替代"原始版本中的任何相反涵义。但是,通
过把第二十一款作为原始版本的一部分,道格拉斯使它成了
[176]法案的一部分,而那个特殊报告则是这个法案的权威解
释。再说一遍,这个报告明确否定了废除妥协案的意图。林
肯——正如我们所看到的——颇有智慧地忽略了整个"笔误"事
件,而《独立民主党人之呼吁》却没那么聪明,因为它没有这么
做。只要对废除意图的否定没有遭到道格拉斯本人的否认,这
否定就会使第二十一款中任何废除妥协案的暗示统统归于无
效。在这一关头,反奴隶制领袖们应会满意地以此否定为基础,
做好准备,以防万一。

　　哎,两方的极端主义者都等不及解开道格拉斯所提出的谜
团了。道格拉斯希望,尽管每一个极端都会发现某些可以缓和
他们——如果不是让他们满足——的理论,但是新准州政府的
物质利益可以"替代"对理论的爱好,因为那些理论让人失望。
内布拉斯加很快会产生几个新自由州的可能性一定让自由土地
者感到满意。同时,那个特殊报告的理论——被稳步地、渐进地
解释出来的越来越"纯粹的"人民主权理论——在道德上肯定了
如下观点,那就是,在未来得到的任何领土上,禁止奴隶制的联
邦法令都不会存在。道格拉斯本可以将国家的精力转到那些领
土之上的。

　　1月16日,迪克逊通知参议院他想为内布拉斯加法案提一

个修正案,该修正案将明确废除《密苏里妥协案》第八款中的奴
隶制禁令,而且还会明确支持这样的观点:

> 那几个州和准州中的公民,将可以在合众国的任
> 何准州中——或在它们所形成的州中——随意得到和
> 保留奴隶,就好像该法案……从未被颁布过。

所有记载都表明,这一修正案让道格拉斯感到既困惑又愤
怒。很可能如此。非但不只是对妥协案的简单废除,它实质上
是极端的卡尔霍恩-戴维斯立场的表述。因为"得到和保留"奴
隶的说法意味着准州法令也许无法禁止蓄奴。而修正案除了
准州之外还说到未来的州,这使该修正案成了颠倒了的威尔莫
但书。当然,"就好像该法案……从未被颁布过"这句话是在闪
烁其词;但"将可以……[177]随意"这句话则是一剂猛药。毫无
疑问,迪克逊在此所表达的立场比他原来想坚持的还要极端。
后来他表示,自己对道格拉斯的力量大大减弱的废除条款感到
满意。然而,有必要看一看来自邻近州的参议员的要求有多激
进,因为这能给我们以启发;而迪克逊的席位就是原来克雷的
席位!

迪克逊所提议的修正案立刻将支持奴隶制的力量召集在了
一起。如果一个辉格党人愿意为南方做这么多事,那么民主党
人还可能少做一点吗?接下来的几天到处是秘密会议,从中产
生了不少性命攸关的决定。第二天,即1月17日,参议员萨姆
纳站起来说想提一个内布拉斯加法案的修正案,该修正案将再
次明确维护1820年3月6日《密苏里法案案》的奴隶制禁令,这
意味着另一场危机即将到来,它的规模并不比1850年危机小。
情况不妙了。

萨姆纳最初的举动要比迪克逊收敛。不论是否为了讨价还价的目的,迪克逊都表达了在美国任何准州积极确立奴隶制合法性的意图。萨姆纳本来可以回应说,奴隶制在合众国任何准州中都是非法的,但他没有,而只是不可动摇地坚持《密苏里妥协案》的立场。现在证明中庸女神是善变的。当迪克逊和道格拉斯共同努力,想发现一种可以接受的妥协时,参议院的反奴隶制领袖蔡斯和萨姆纳采取了某些做法,使他们与道格拉斯之间的任何妥协甚至礼貌交流实际上都不再可能。他们发表了《国会中独立民主党人对合众国人民之呼吁》,这是世界上最成功的政治宣传篇章之一。在这篇掷地有声的文章中到处都是如下话语:

> 我们谴责这一法案,因为它严重违背了神圣誓言;它是对各种宝贵权利的罪恶背叛;是一个残暴阴谋的重要组成部分,这阴谋试图将来自**旧世界**的移民和来自我国各州的自由劳力都排除在广大的、未被占领的区域之外,并将这区域变成一片由奴隶主和奴隶居住的可怕的专制地区。

以及:

> 这些虚假的观点……认为[178],1820年禁令所覆盖的领土与奴隶制的关系,和那些从墨西哥得到的土地与奴隶制的关系相类似,这是捏造出来的观点,目的是为了掩盖败坏的信仰,以免受公众斥责。

在结尾时,它请求"基督徒和基督教教士介入这件事。他们的神圣宗教要求他们视每一个人为兄弟,并为了人类的进步和重生而努力"。它力劝所有人"郑重和坚决反抗……这一严重罪行"。

正如我们上面所注意到的,《呼吁》发表于 1 月 30 日的《国会环球》上;作者们标明的写作日期是 1 月 19 日。但《呼吁》正文的注释——前已引用——猛烈抨击了 1 月 10 日的"笔误"和直至 1 月 23 日修订版本的所有随后的更改,该版本包括了道格拉斯自己的废除。但是,很难想象《呼吁》正文的初稿不是在 1 月 10 日之前完成的。因为,如果在撰写《呼吁》的初稿时作者们已经知道了第二十一款的存在,那么很难想象它在《呼吁》正文中没有得到痛斥。《呼吁》确切作于何时,我们并不知道。但全国上下通过媒体知道它的时间是 1 月 24 日。1 月 23 日,在道格拉斯的委员会最后修订那一法案之后,法案被汇报给参议院,但参议院的审议却推迟至 30 日。道格拉斯认为,这是对蔡斯表示尊敬的举动,因为蔡斯要求增加一个星期的时间来研究进一步修订过的法案。然而明显的是,这一个星期的拖延是打算让《呼吁》有足够时间煽风点火。果不其然,30 日,当道格拉斯起身开始讨论该法案时,发现面对的是熊熊烈火。

道格拉斯声称在《呼吁》发表之前对它一无所知。他到底何时发现了《呼吁》,以及何时知道了蔡斯和萨姆纳因此对与他达成任何形式的妥协都不感兴趣,这不太重要。重要的是这样一个残酷事实,那就是,正当参议员们就内布拉斯加法案应采取怎样的形式而讨价还价之时,蔡斯和萨姆纳用火炬点燃了反奴隶制的激情之火。《呼吁》的主要作者蔡斯是在 1849 年进入参议院的,之前的 1848 年选举使俄亥俄州立法机构陷于辉格党和民主党之间的僵局,而一小撮自由土地者就能够使[179]一个辉格党人或民主党人无法当选。蔡斯首先是个自由土地者,最终以一个"独立民主党人"的身份进入参议院。当然,这样一个人在两大政党的全国委员会的眼中都无足轻重。在威尔莫但书的原则复活并成为全国政党组织的基础之前,他一直都是个无关紧要的人物。萨姆纳也是如此。但根据他们从威尔莫但书得来的经验,两个人都认为这样一个政党仍可能夺取政权。道格拉斯的报告和1月4日法案给了他们机会,于是因利乘便,他们抓住了这一机会。

如果蔡斯和萨姆纳曾经私下接触过道格拉斯,如果《呼吁》被当作讨价还价的筹码,而道格拉斯可以用它来抵消赞成奴隶制一派对自己的要求,那么结果会有多大不同呢?我们永远不会知道;但我们相信,道格拉斯——以及蔡斯和萨姆纳——都知晓他们手中所握的这一武器的价值。道格拉斯对迪克逊说,自己知道妥协案的废除会引起一场"暴风雪",这说明他从来都没有低估自由土地激情的力量。但在1854年1月的参议院,在那一刻,自由土地的力量是微不足道的;而它的潜力,非但没有被组织起来支持道格拉斯去抵抗赞成奴隶制的要求,反而被用来摧毁他。道格拉斯后来说,妥协案的明确废除并未改变那一法案的任何重要方面,如果这一说法不对,那么蔡斯和萨姆纳在较早——不,是最早——版本的法案基础之上向全国发出呼吁,我们又该如何评说他们俩呢?林肯的谴责岂不是既落在了道格拉斯身上,也落在了林肯的这两位未来伙伴身上?

可以肯定,《呼吁》将通往一个方向的所有桥梁都摧毁了。因此道格拉斯要想通过内布拉斯加法案的话,就需要完全依靠他的南方伙伴。他是否放弃了所有努力呢?道格拉斯现在被自己的报告困住了。由于这样一篇重量级的咒文,他几乎不可能再回头了。赞成废除妥协案的人们可能会把选票给他,赞成关于那两个新准州的法案。道格拉斯 1848 年与威尔莫但书支持者们也打过同样的一场仗，到 1849 年时加利福尼亚要求作为自由州加入联邦。在整个 1850 年的论辩中，道格拉斯都以这件事当面谴责那些排除奴隶制的教条主义者。他笃定认为这一次他也可以这么做。

他实际上没有又一次这么做吗？到 1858 年春季时，可以肯定堪萨斯会作为自由州加入联邦，正如爱荷华[180]或明尼苏达当初那样。道格拉斯亲自领导了那场确保堪萨斯成为自由州的战斗——在人民主权的旗帜之下。分裂之家演说和随后的运动，难道不正像四年前蔡斯和萨姆纳的《呼吁》那样，残酷打击了妥协精神并摧毁了区域和平的机会么？

第三部分　一个年轻辉格党人的政治哲学

第九章
关于政治拯救的教诲

[182]1838 年 1 月 27 日,林肯在伊利诺州斯普林菲尔德市发表《青年讲堂演说》(Address Before the Young Men's Lyceum of Springfield,Illinois)。分析提纲如下:①

一、引言

  I. 我们的主题(1)

  II. 我们的问题:国父们的成就;我们保存和传承的责任(2)

二、必须预防的危险

  I. 引言:危险来自内部,而非外部(3,4)

  II. 危险及其补救方法(5—22)

    a. 目前的危险:暴民统治及其补救方法

      1. 暴民统治(5—11)

        a'. 其直接坏处(5—8)

        b'. 其间接坏处(9—11)

          1'. 来自不好的例子

---

① 括弧中的数字指文中的段落,演说文本以 1838 年 2 月 3 日《圣加莫期刊》(Sangamo Journal)刊登的为准,后编入《著作集》,第一章,页 108—15。在被刊登的文本中并无段落编号。

2'. 来自最佳公民的情感疏离

2. 补救方法(12—15)

 a'. 政治宗教(12,13)

 b'. 用良法补救民怨(14,15)

b. 未来的可能危险

1. 引言:为何要假设未来的危险(16)

2. 未来如何必须不同于过去

 a'. 关于有天分和抱负的领袖们(17—19)

 b'. 关于民众的激情(20—22)

三、对重建自由圣殿的勉励

I. 材料必须来自理性;激情现在是我们的敌人(43)

II. 愿新圣殿像"唯一的更伟大制度"那样长存(24)

[183]我们说过,林肯1838年的《论我们政治制度之永存》演说,展示出他在有意识地为这场危机做准备,有朝一日,他将以如此之大的规模与这场危机较力。这可能有损林肯在民间传说中的形象,这形象是与凡夫俗子相像的一个英雄,和常人一样出自泥土,有着与他们相同的苦乐,只不过,他能够在通过日常生活的各种难关之后,带着更深刻的智慧履行此前被认为是国王和君主所承担的种种职责。这就是那个林肯,据说,他在从华盛顿到葛底斯堡的路上在一个信封背面写下了《葛底斯堡演说》。然而,如果仔细阅读一下他早前的演说,我们就会发现,凝聚于1863年演说中的思想——他的文笔如此优美,以至于称他为我们语言的最伟大导师都不为过——其实早在足足二十五年前,就已经过深思熟虑而且已然成熟了。

在写林肯的无数作家中,我们认为只有威尔逊(Edmund Wilson)①一人抓住了在斯普林菲尔德青年讲堂前那篇演说的"让人震惊的预言般的"潜在丰富内涵。正如威尔逊所注意到

---

① [译按]威尔逊,1895—1972,美国文学评论家。

的,该演说想传达的令人极度震惊的思想,是警告大家要小心
"卓越天才",这样的天才极度渴望自己与众不同,他不屑于让政
府长存,因为这政府只会成为他人名望的纪念碑,这样的天才还
可能通过"解放奴隶或者奴役自由人"来摧毁现存的社会关系。
威尔逊认为,这个警告模棱两可,而在描述这个超人(*Ubermen-sch*)时,作者"似乎带有一种既崇拜又忧虑的激情"。威尔逊感
到,那种模棱两可不仅来自林肯对[184]想象中的形象之好奇和
恐惧的混合,而且还来自他对解放奴隶和奴役自由人所持的明
显中立的道德立场。威尔逊写道:"他仿佛不但预见了整个戏剧
性事件,而且甚至还带着某种诗性的客观从各个角度打量它,同
时知晓这个世界对这事件的主角必然怀有各种各样的看法。"①
因此,本书第一章所写的控诉,即控诉林肯是美国历史的罪魁祸
首,在修正主义编史工作之前很久就已存在;确实,在历史学家
所记录的历史事件发生之前很久,这一指控就已经作为一种抽
象可能性存在了。因为,林肯在 1838 年看到,只有通过颠覆国
父们所建立的政府,解放奴隶才有可能,或者,解放奴隶才可能
被相信是可能的,这个时候,他已经从原则上预想到了对自己有
朝一日会毅然决然去扮演的那个角色的种种复杂障碍。在某种
意义上,林肯已经想象到了[这]戏剧性事件本身——甚至已经
预想到了布斯(John Wilkes Booth),以及当布斯高喊着"暴君
合该得如此下场!"(*Sic semper tyrannis*!)②从总统包厢上跳下
去时,林肯自己脸上浮现的神情。因为在《青年讲堂演说》中,林

---

① 威尔逊:《亚伯拉罕·林肯:宗教神秘主义的结合体》(*Abraham Lincoln: The U-nion as Religious Mysticism*),见《八篇文章》(*Eight Essays*, New York: Double-day Anchor Books, 1954),页 202。

② [译按]布斯,1838—1865,美国演员,公开主张实行奴隶制,刺杀林肯总统的凶手,行刺时喊了这句话,被追捕时毙命。

肯将美国未来的解放奴隶者——可能是美利坚共和国的摧毁者——比作凯撒。因此,正如威尔逊所表明,他早就预见到了美国的布鲁图(Marcus Junius Brutus),①只不过二十七年之后布斯扮演了这个角色。

诠释林肯思想与诠释道格拉斯思想非常不同。部分原因是两人的处境不一样:道格拉斯很早就成为名闻全国的人物,而且一直都享有这样的知名度,他几乎总是活跃于最高层的政治事务之中。1852年之后他一直是他所属政党排名第一的总统候选人,从这一事实可以看出,他一直都被美国政治的那个特有难题——有效性(availability)——所困。我们一直相信,他做的每一件事情都前后一致;但要从炙热的政治斗争中——在这些政治斗争中他所说的每一句话和所做的每一件事都印了出来——演绎出这种一致性,就如同要将许多相抵触的力量融合为一种力量一样。与道格拉斯辉煌事业形成对比的是,在1854年之前,林肯业绩平平。他成为政党政治艺术的一个娴熟驾驭者;他在自己的母州是个显赫的辉格党人;但他的履历显示他仅是个忠诚党员,是那部机器的可靠能干的辕马,在政党会议或那些"烟味弥漫的房间"里驾轻就熟,站在演讲台上也游刃有余。他最著名的成就是使[185]该州的首府从万达利亚(Vandalia)移至斯普林菲尔德(Springfield)。他在州议会中以及作为国会议员在国会中的各种演说,雄辩轻巧和风趣幽默并具,显示了他拥有驾驭更大事务的能力,可以应付比宣传辉格党正统理论更重大的任务。然而,倘若这篇演说的作者之事业没有出现戏剧化和出人意料的转折,那也很难想象它今天会得到如此之多的

---

① [译按]布鲁图,公元前85—42,罗马贵族派政治家,刺杀恺撒的主谋者,后逃希腊,集结军队对抗安东尼、屋大维联军,因战败自杀。

关注。

　　这是意料之外的吗？在此我们触及一个让人干着急的问题，这个问题明显接近林肯的迷人魅力的核心。坦率地说，林肯作为一个平庸政客，这么多年来是否一直暗地里自命为他在《青年讲堂演说》中所深思的那个惊人戏剧中的一部分呢？他在政治圈中做学徒的时候，是否有意识地企望某一天自己会成为师傅？我们无法回答这些问题，但我们却可以指出，当林肯早年为了生存忙于那些琐屑的政党事务时，他偶尔也为"时代的伟大和经久问题"写了一些历久不衰的文章。尤其是林肯的两篇公众演说——已经提到的《青年讲堂演说》和他 1842 年在华盛顿生辰纪念日为斯普林菲尔德"华盛顿禁酒协会"所做的《禁酒演说》。在这两篇演说中，林肯预见和诊断了民选政府将遭遇的政治和道德危机。但是在这两篇演说中的任何一篇，他都没有像在《第二次就职演说》中那样公开将奴隶制问题置于首位。他看到了在邪恶激情力量——奴隶制仅是它的一个表现——所造成的永恒问题的更广境况中，人类所遭遇的自由政府的困难。由于年轻的林肯体察演说的场合，采取传统的表达方式，因此他思想中的甚为非传统的内容被忽视了。但这两篇演说都是智识的精构巨作（tours de force），而且至少有一篇，即《禁酒演说》，不仅是文学杰作也是政治讽刺杰作。两篇演说相互补充。两篇演说指向同一个中心话题，但第一篇强调的是政治方面，第二篇强调的是道德方面。在林肯看来，"人民的自治能力"问题总是有两个方面含义：它既是指民选政治制度的可行性，也是指那些制度在个体心中的道德基础，正是这些个体使那些制度得以实施。如果在[186]民选政府中施加决定性影响的人自己无法"自治"——即自我控制——那么希望那些制度成为"自治"的制度就是空谈。这两篇演说描述了林肯所看到的主要威胁，那就是，邪恶激情如何可能迂回地潜入一个自由政府的运行之中并因此摧毁这个政府。

　　如果说，正在学习掌握政治家技巧但外表却过着与无数普通人同样生活的林肯，同时在思考并竭力准备扮演他想象中即将来临的生命中最大危机中的最重要角色，那么这是——正如我们已经说过的——在破坏公众心目中林肯作为普通人之模范的形象。而且，对任何深受林肯内战演说感染的人，破坏这一深受爱戴的形象都不是无关紧要。因为，林肯本人比任何人都更努力推广了这样的信仰，那就是，在普通人身上存在着不普通的潜力。尽管作为总统，林肯允许人们赞扬他，但他一向都小心翼翼，以不让人们认为他自己的成就，包括总统职位，具有代表性。说林肯的"不普通的普通"是精心设计出来的——它像一件艺术品，如此成功以至于看不出任何雕凿的痕迹——可能会令人不安。在某种意义上，这让人质疑林肯支持民众事业时所依赖的前提的真实性：该前提就是，即使没有拥有独特天赋或经过特殊训练的领袖，"人民"也可以从人民自己之中为任何公共职位或偶发事件提供人选。1861 年 7 月 4 日，当战争爆发之时，正是在给国会的第一篇声明中，林肯突出了这一主题：

　　　　这实际上是一场人民的斗争……一场为了在世界上保存其主要目的在于改善人们处境的那种政府的形式和实质的争斗……

　　从一开始，这就意味，这不仅是一个民享的政府，而且还是一个民治和民有的政府：

可以毫不夸张地断言,我们所拥有的自由制度,已发展了我们全体人民的才能,并改善了我们的条件,这在世界上是没有先例的……还有许多精锐的民团,它们的每一个战士都具有[187]充分的艺术、科学和专业方面的实践知识……几乎没有一个团里是不可以从中选出一位总统、一个内阁、一个国会和也许一个法院的,他们完全有资格来行使政府职权!

又:

向忠贞不贰的军官致以崇高敬意,尽管他们的同僚中有人背信弃义;然而,至高的荣耀、最重要的事实在于,普通士兵和水手万众一心,无一不是坚贞不屈。据我们所知,他们彻底成功抵制了上级的叛变行为,而仅仅在一个小时之前,他们还把上级的命令当作绝对法律加以服从。这就是平民的爱国本能。他们不用讲道理就能明白,毁灭由华盛顿缔造的政府对他们绝无益处。①

在内战快要结束时,他对一个俄亥俄州军团说道:

出于偶然,我暂时成了这座如此宏伟的白宫的主人。我是活的见证,你们的任何一个孩子都可以想望来到这里,正如家父的孩子曾想望的那样。

---

① 《著作集》,第四章,页 437,438—39。

但在葛底斯堡,林肯赞美了普通人、普通士兵和水手的才干、忠诚和智慧,并把这赞美提升到更高的另一个层次。在这一层次上,赞美被转变为一种获得荣耀的能力:

> 世界不会注意,更不会长久记住我们在此所说的话,但勇士们在此所做的事,世界永远都不会忘记。

郝福斯塔德(Richard Hofstadter)写的广为人知的文章之尖刻标题"林肯和自我制造的神话"——收在《美国政治传统》(*The American Political Tradition*)一书中——不客气地表达了一个重要事实。单纯的心灵实际上遭到了无害的欺骗,他们认为林肯真的不期望后世记住他的话。然而,就像伯里克利(Pericles)和丘吉尔(Churchill)一样,林肯清楚懂得,行为的不朽完全取决于言辞的不朽。"太初有言。"①林肯知道,只有当为这片静默的土地所念的咒语,重新点燃为之付出一切的牺牲者的圣火时,自由才能获得新生。[188]林肯如此娴熟地完成了这一任务,如果说他不知道自己在做什么,这绝不可能。认为他不了解自己会得到更大的声望和成功,但明白自己的演说所发挥的功能——演说的前提是,除非人们听从了演说的激励,否则牺牲者就是白白死去——这也不可能。但这又一次将我们带回到本书开始时所提出的问题。民选政府事业仅仅是林肯用来创造自己声望的事物吗?荣耀传统上是国王和贵族的特权,而且通往荣耀的道路通常认为可以在战争中找到。身处可怜且碌碌无为的芸芸众生之中,普通人多少世纪以来都为这些通常毫发无损的英雄们的胜利庆典而献出了自己的生命。是否因为没有其

---

① [译按]《约翰福音》1:1。

他方法可以令自己摆脱普通人的命运,而如果一直从事原先的普通职业他就注定会碌碌一生,林肯才像他在《青年讲堂演说》中所说的"卓越天才"那样,刻意将美国人民领向战争?

人们在不到一个世纪中所写的关于林肯的文字,可能比有记录资料流传下来的任何一个政治人物都要多。但在某些方面,有关林肯之文献的剧增遮蔽而非揭示了裹在其中的那个人物。我们认为,其中一个原因就是,在那些不遗余力调查林肯日常生活的人当中,几乎没有一个人从林肯本人的角度来问一下,那种生活包含了何种内容。林肯本人对那些让后代着迷的事实根本不感兴趣。查恩伍德阁下讲过:"当他被提名竞选总统时,他被要求提供一份描述自己早年生活的资料。'为什么?'林肯说,'想从我或我的早年生活中发现什么东西是个非常愚蠢的想法。这句话可以浓缩成一个单句;你可以从格雷(Thomas Gray)的《挽歌》(*Elegy*)中找到这个单句:短小而简单的穷人生活的记录。那就是我的生活,那就是你们或者任何其他人能从中发现的所有内容。'"当然,说这些话时他正在竞选总统,林肯对"穷人"、"平民"和"普通"民众的认同,与反对奴隶制扩张一样,都是他的竞选纲领的一部分。林肯是位伟大的演员,而且不曾脱离所扮演的角色。但他仍然对自己的生活毫无兴趣。伟大的表演也出于信仰,而林肯相信他所扮演的角色。困难在于辨别那一角色。林肯并非对自己不感兴趣,[189]这从他有时表现出来的强烈自我意识可以看出,而且他肯定也没有低估自己。但林肯在平庸事件中看不到他如此自觉的那种生活的记录。

　　　　我生在并一直处于最卑微的社会阶层中。没有富
　　有或有名望的亲友推荐我。我的竞选完全依赖这个国
　　家有主见的选民,如果我当选,这就是他们惠助了我,

对此,我将不懈地报以涌泉。但是,如果善良的人们高
见卓识,认为我以隐居幕后为宜,我也不至于此非常懊
恼,因为我已习惯于失意。①

由于有这样的陈述,霍夫斯塔特教授精当地总结道:"林肯
传奇的第一作者以及林肯戏剧的最伟大作家是林肯本人。"这就
难怪人们会那么热衷于从他的卑微出身和他所熟悉的忧伤和失
意中寻找他的力量的隐秘源泉。

但是,在同一篇给圣格蒙县(Sangamon County)人民——林
肯第一次竞选公职(竞选州立法机构席位,但失败)即始于
此——所做的演说中,他还用到以下这些具有启示性的言辞:
"据说,每个人都有自己的独特抱负。无论实现与否,我可以说,
我的最大抱负就是得到我的同胞们的真正敬重,并使自己值得
他们敬重。"由于这些话是出现在竞选的传单中,因此"得
到……真正的敬重"无疑包括得到选民的选票。我们知道,在民
主制度下,一个人并不只是通过培养传统意义上的美德才使自
己变得有价值,或者说值得他人尊重。

在斯普林菲尔德律师事务所与林肯做了十七年合伙人的贺
恩顿(Herndon)写道:"那些认为林肯娴熟地掌握了律师专业知
识、等待人们打电话给他的人,对林肯的看法完全错误。他总是
提前酝酿和计划。他的抱负是作一个小永动机。"林肯野心勃
勃,正如他某日给胡克将军(General Hooker)的一封信中所说:
"合理界限内的野心给人带来的好处多过坏处。"但是,合理会规
定怎样的界线呢? 把这个问题还原成它的经典形式:使一个人
值得[190]同胞敬重的事情,是否就是他被敬重的事情呢? 从某

① 《著作集》,第一章,页8。

种意义上说,民选政府的整个理由都基于肯定这两者的高度统一;而反对民选政府的理由——从柏拉图的《苏格拉底的申辩》(*Apology of Socrates*)开始一直延续下来——则基于对这两者相容性的否定,更别说统一了。如果要在民主制度中得到职位,尤其是高的职位,一个人需要做降低人格的事——人们认为常常如此——那么就不可能真正相信这些人组成的政府是高尚的。如果"最好的人"对林肯热切追求的敬重抱蔑视态度,那么民有和民治政府就不可能长存。如何协调德性要求——即,在获得荣誉过程中不自我贬低——与来自人民承认的荣誉,这是困难的、费力的(*hoc opus,hic labor est*)。① 威尔逊(Woodrow Wilson)②曾评价说,林肯现象使对民主的信任成为可能。威尔逊对名望之爱和卓越之爱之间的张力极度敏感;他知道二者能否协调是个问题,而民主——不是作为某种让人遭罪的事物,而是作为某种让人热爱的事物,作为人的热望的一种体现——要求有这样一种信念,那就是,一个来自人民、并由人民选出的人,可以成为道德高尚和智识卓越的典范。

　　林肯一直被看成——而且是正确地被看成——民选政府事业最重要的倡导者。然而,这不是因为林肯看不到接受他所提倡的民主事业可能会遇到问题或困难。亚里士多德说,高贵的事物是难的,而且越高贵就越难。林肯视民选政府为最高贵和最难的事物。他的《第一次就职演说》鼓励"对人民的最高正义[要有]耐心和信心"。然而,《第二次就职演说》告诉我们,还是这样的人民,却已冒犯了神圣正义;为了矫正这一冒犯,必然需要一场可怕的惩罚,尽管人们并不希望发生这样的惩罚。因此,

---

① ［译按］语出维吉尔《埃涅阿斯纪》6.129。
② ［译按］威尔逊,1856—1924,美国第二十八任总统(1913—1921),民主党人。

人民的"最高正义"取决于净化（purification），这净化不可能靠人民自己的孤立无助的力量来完成。反对人民的理由，与支持人民的理由，自始至终都存在于林肯的思想之中。由于他一直在与这一拮抗较力，因此林肯的思想特别复杂，尽管他表达自我的方式质朴而清晰。我们有责任探询，林肯在自己职业生涯的第一个伟大阶段——他与[191]道格拉斯长时间的斗争中——是否成功克服了这一拮抗。这一问题的答案将在很大程度上告诉我们，我们是否可以——在威尔逊所说的意义上——信任民主。然而有一件事我们可以肯定。林肯永远都不会以如下事实作为理由，那就是，人民最终选择的是他而不是道格拉斯。因为与道格拉斯的整个斗争所围绕的正是道德要求的问题，这些道德要求必须得到人民的遵守，如果人民自己想拥有得到尊敬和服从的权利的话。林肯在多大程度上意识到了这一困难？我们现在转向他的 1838 年《青年讲堂演说》并从此处开始考察。

作为一篇事先精心策划的演说，它有序言和结语。这篇演说开门见山、直奔主题，这主题就是："我们的政制之长存。"接下来，该演说歌颂了美国人民的幸福处境，他们安享太平，拥有世界上最大最好的一部分土地，并拥有一个"比往古一切政治制度都更有助于达到公民自由和宗教自由之目标"的政治制度。但是，林肯说：

> 我们无需为了获得或建立这一切而付出艰辛——那些曾经吃苦耐劳、勇敢无畏和忧国忧民而今受人颂扬的已逝的祖先们，把这一切作为遗产留给了我们。他们的任务（他们高贵地完成了这任务）是使自己——并通过他们自己，使我们——拥有这上好的土地；并在这土地的高山深谷中竖起自由和平等权利的政治大厦；我们

的任务仅是将这一切传递下去……直至子孙万代……

　　我们立刻深感惊异，这与二十五年之后的那篇伟大演说——那篇演说开篇就是上面这段话的完美浓缩——竟是何其相似乃尔。但是，仍有差别存在，而且不仅是文字上的差别。这篇演说并非一个尚未成熟的版本；它的更加精致的语言将大大有助于缓解《葛底斯堡演说》中的帝王般的严厉。现在让我们再看看另外一个相似之处：两篇演说在开篇时都虔诚地乞灵于国父们；国父们就是那些共和国的奠基者们，他们像亚伯拉罕、以撒、雅各那样，通过自己的功绩把福祉带给我们，即他们的后代子孙；而且，他们像摩西那样给我们颁布法律，我们只需承担较轻的维护这些法律的任务。然而，1838 年和 1863 年这两篇演说，在开篇之后接下来的部分中——一篇以预言[192]，另外一篇则以宣告——指出了一个比国父们当初所遭遇的还要更大的危机和考验，倘若真想实现我们所拥有的或者说国父们带到这个世界上来的那些美好事物，则必须通过这一危机和考验。但是还有：这考验的伟大性，同时也是考量那些美好事物的伟大性以及实现美好事物的人之伟大性的尺度。"自由的新生"并不仅仅是旧有自由的更新；它也是对旧有自由的超越。我们将在1838 年演说中看到，作者如何极尽精微、洞悉奥义，以表述这一主题，尽管这些话中没有莎士比亚凭吊战场之言的悲悯哀愁。

　　而今林肯问，我们该怎样履行这一职责——将这片"未经侵略者之足践踏过的土地"、将"未被时间侵蚀、未遭篡权夺位者撕裂过"的制度传递下去？以非常辉格党人的方式，他排除了所有来自外国的危险。"作为一个自由人之国度，我们要么永远长存，要么死于自戕。"接下来就是演说的主体部分，它详细描述了威胁我们政体的来自内部的种种主要危险。

演说主体分为三个部分。第一部分讲的是眼下暴民统治的邪恶,这邪恶已经席卷全国。第二部分说的是将来可能遇到的"卓越天才"的危险,这"卓越天才"将抓住暴民引起的混乱所创造的机会来建立个人统治。第三部分同样是说未来的危险,它是独立革命的公众精神衰退的后果,是卑贱情感释放的后果。这种卑贱情感原来由于对抗共同敌人而得到遏制,某一段时间内又被对独立革命的纪念所驯服,现在,由于这些遏制和驯服力量的消失,这种卑贱情感有可能被释放出来。

关于暴民统治的部分最长,尽管关于危险的领袖的那一部分明显最重要。在林肯的描述中,暴民统治的邪恶有三个方面:非法暴力的直接坏处;非法暴力的间接坏处,即未得惩罚的罪行促使"精神上的无法无天……变成实践中的无法无天";最后也是最糟的坏处是,"好人"和"最佳公民"的情感开始疏离政府。正是这种疏离替为所欲为的领袖铺平了道路。

让我们来审视一下林肯对"暴民精神"的描述,"所有人都不得不承认,〔这种暴民精神〕现在遍及整个国家"。尽管林肯说,暴民精神对国家的破坏不限于某一个地区,而是"类似地……出现在南方寻欢作乐的奴隶主当中,以及有着稳固习俗的土地上的爱好秩序的公民当中",但他的前言很难说体现了对各地区的[193]公平。林肯所举的所有真实事例都是蓄奴州中的私刑处死的事例。然而,这里却存在着比乍看上去要多的公平性。我们将看到,林肯最为关注伊利诺州发生的事件,通过其他地方所发生的事情来讨论自己家乡的问题,是他一贯使用的修辞技巧。"那些发生在密西西比州和圣路易斯市(St. Louis)①的事件,可能是最危险的、也是最违背人性的事例。"

---

① 〔译按〕圣路易斯,美国密苏里州东部城市。

在密西西比案件中，起初他们会绞死惯赌者；这无疑是一群没有从事非常正经或甚为有益的职业的人；但这群赌徒的行为，非但没有违反法律，而且事实上被一年之前立法机构所颁布的一项法案所许可。接下来就轮到黑奴了，他们被怀疑密谋造反，因此被捉拿然后在该州的不同地方被绞死。再下来，就轮到那些据说与黑奴结盟的白人。最后，轮到来自邻近州的陌生人，他们因各种事务来到该州，但很多时候也遭了同样的命运。

因此，林肯疾呼，这一过程就是这样发展的，从赌徒到黑奴，到白人再到陌生人，"直至在每一条路边都可以看到吊在树上的死人，其数量几乎与这个国家的铁兰树一样多，挂在那里，活像树林的帏帘。"

第二个"令人恐怖的场景"来自圣路易斯市的一个黑白混血男子，他的"故事很短，但可能是如此短的篇幅的故事中最悲惨的一个……"这个男子"在街上被逮住，被拖至郊外……绑在一棵树上，然后被活活烧死……而在此之前仅仅一个小时，他还是个自由人，做着自己的工作，与世界和睦相处。"

接下来林肯开始解释，为什么间接后果要比直接后果更糟糕。为了解释得更清楚，林肯采用了一种奇特的修辞策略，打断了教导性的但又老生常谈的道德说教。我们本来希望他会说：这些事情尽管糟糕，但是它们对邪恶的潜在影响更大。但林肯没有这么说。相反，他接下来竭尽其详地——几乎是让人震惊地——说明，至少赌徒和圣路易斯黑白混血男子的事件没有造成任何重大损害。

[194]抽象考虑的话，吊死这些赌徒……不会造成多大的后果。在任何社群中，他们都比无能者还要更糟糕；他们的死，如果没有树起恶表的话，却从来不会让任何人有理由感到惋惜。如果每年的瘟疫或天花把他们从生存的舞台上扫除出去，诚实的人们可能会因这时疫而受益匪浅。

还有：

类似正理也可及于圣路易斯被烧死的那个黑人身上。他因残暴谋杀该城最富有和最受尊敬的一名市民而丧命；即使这个黑人没有那样死去，他一定也会被迅即正法。对他来说，此死彼死，皆无两样。

我们必须评论一下林肯刻意制造的强烈对比，即那个被烧死的"黑白混血男子"——仅一小时之前他还是个自由人，做着自己的工作，与世界和睦相处——与那个谋杀了模范市民的"黑人"之间的对比。可以肯定，前者的形象很难使人联想到后者！但是，烧死一个还未被证实有罪的人，对他来说是否"此死彼死，皆无两样"呢？至于赌徒们，当他们——正如林肯痛苦地指出（与温和的黑白混血男子变成黑人凶手对比，益加彰显）——正从事着法律所允许的事情的时候，以私刑处死人"从来不会让任何人有理由感到惋惜"吗？然而这些奇特的段落在上下文中并不显眼。因为在这些段落之前说了这样一个观点，即暴民统治的直接后果"比较而言，是个小恶；而它的危险是，我们思想中认为它的直接后果就是其唯一后果的倾向"。因此，关于赌徒们的"抽象考虑"和关于圣路易斯私刑的"正理"，就作为我们思想倾向做出的错误判断的样板而展示出来。林肯认为，这样的思路可能会为暴民暴力作出辩护，甚至为其提供正当理由；而且他还告诉我们，重要的是，既要将这样的思路与对暴民的盲目偏见区分开来，同时又要意识到这种思路也可能误导我们。

[195]但林肯在接下来的段落中，并没有从这些不同角度来阐述那些案件以说明上述观点。整篇演说都是在维护法治，反对任何形式的任性统治(arbitrarary rule)。暴民是任性统治的一个极端，专制—独裁者是任性统治的另一个极端；正如续篇所说，任性统治的一个极端可能会导致另一个极端。法治拒绝这样的观点，即任何个人或群体拥有足够的智慧或美德，以至于可以将对个别事件的决定权托付给他们，而无需参照整个社群权威所建立的普遍规则。然而，正如林肯所说，如果抽象考虑，法治的确要比自由裁量规则(discretionary rule)低劣，因为如果是根据每个事件本身的事实来裁量的话，会有更好的裁决。认识到自由裁量规则的抽象优越性与意识到它的实践低劣性，一样重要。

为什么呢？因为所有法律的目的都是抽象正义，法律是达到抽象正义的手段。这一超越法律的抽象正义，来自对智者根据事实所做出的自由审慎的判断之感知；法律必须依靠这样的判断所提供的信息——或者，要让人们相信法律依赖于这样的信息——如果法律想得到尊重的话。人们会接受法律所容忍的滥用，如果他们感觉到这些滥用被法律所容忍而不是被法律所命令或教唆的话。在50年代，林肯一遍又一遍地提到"人人生而平等"的观点是个"抽象真理"，这真理是美国法律的生命原则。这一真理的潜在含义，即使是对白人来说，也才仅仅部分实现，对黑人来说则大部分都尚未实现。但这真理仍然为这个国家所有的好法律提供了方向和意义，尽管在当时的条件下试图实现这真理最终可能和应当包含的内容将导致灾难性的后果。如果一部法律的目标不是抽象或内在的正义,则它是愚蠢的;如果这法律认为抽象正义是唯一的善,并通过屈从于头脑倾向犯的错误——这个错误就是认为直接后果就是唯一后果——来获得这抽象正义,它同样是愚蠢的。有些人认为,法律所批准的一切事情都正确,他们犯了一个大错;有些人认为,法律只应当批准正确的事情,他们犯了另外一个大错。两种错误都可能导致愚蠢的法律;而且,尽管愚蠢的法律比智慧的独裁者要好,但智慧的法律却既好过愚蠢的法律又好过智慧的独裁者。

[196]对于未经正当法律程序就吊死赌徒和烧死谋杀者的行为,林肯尽量降低了它们的内在邪恶。比较之下,他却没有做过任何努力——因为没有可能——来降低那些由于害怕奴隶造反而使用的私刑之邪恶。现在回过头来,可以很清楚地看到,林肯提及赌徒案件主要是因为它涉及这更严重的事件。而且,圣路易斯事件——其内在重要性被林肯大大降低——同样也涉及一系列的事件。林肯并没有明确指明这些事件到底是什么,其原因有待我们进一步去发掘。但是在第九段快要结束时,他历数了一些种类的暴民暴力,如果任其自然发展下去,它们一定会摧毁我们的政治制度:

> ……不论何时,只要允许邪恶的那一部分人成千上万地纠集在一起,并且焚烧教堂、劫掠和摧毁粮店、将印刷机抛进河流、射杀编辑、随心所欲地吊死和烧死惹人讨厌的人,而且还能逃脱惩罚;如果这样的话,这个政府就不可能长存。

在林肯著作集的新版本(1954年)中,有如下注解:

尽管他思考了密西西比和密苏里州中私刑所造成
的各种恐怖,但可能是由于粗心,林肯忽视了 1837 年
11 月 7 日发生在伊利诺州奥尔顿市的废奴主义者拉
夫乔艾(Elijah Parish Lovejoy)的私刑事件。如果认
为避免提及最近刚刚发生、听众记忆犹新的事件是林
肯的明智之举,这未免太明显也太天真了。相反,情况
可能是,林肯选择了更加微妙的方式而非直接谴责的
方式来刺痛观众的良知。在青年讲堂倾听林肯演说的
听众,如果有谁当时没有感受到拉夫乔艾的幽灵,那他
一定非常愚钝。①

与这一注解不相一致的是,林肯的这位编辑贝斯乐先生
(Mr. Basler)觉得,认为一个政治家明智审慎的想法很天真。
可事实上,他正确归属于林肯的那种精微机敏,正是这一品格的
例证。我们应当知道,发生于《青年讲堂演说》之前十一个星期
的拉夫乔艾之死,是约翰·布朗之前最著名的废奴主义者的烈
士事迹。而[197]奥尔顿(后来最后一次联合论辩的地点)是伊
利诺州南部的一个城市,距离斯普林菲尔德五六十英里,位于密
西西比河东岸,靠近圣路易斯。奥尔顿是个富裕和朝气蓬勃的
城市,在与南方腹地的贸易上,它是圣路易斯的对手。奥尔顿的
生意人大多是新英格兰人,他们的观点与波士顿从事棉花产业
的辉格党人十分相似:这些观点对奴隶制或废奴主义来说都毫
无用处。拉夫乔艾从一个基督教长老会牧师变为一个反奴隶制
(和反天主教)的社会运动家,他在圣路易斯已经活动了一段时
间。他在文章中不但严厉批评了私刑绞死麦克恩道施(McIn-

---

① 《著作集》,第一章,页 111。

tosh)的群众,也严厉谴责了那个要求大陪审团不要对私刑提出指控的法官,该法官向大陪审团指出,为了方便起见,如果他们发现"该事件是'成千上万集合在一起的人'所为,而且他们的名字无法被确定",就不要提出起诉了。① 正是拉夫乔艾在麦克恩道施案中的活动,使暴民们第一次将他的印刷机扔进了河里(后来又扔了三次)并使他不得不搬到密西西比河对岸的奥尔顿去住。在那里,他的活动又引起了暴民的暴力行为,最终,当与一群武装起来的支持者试图保护藏在仓库中新到的第四台印刷机时,拉夫乔艾中弹身亡,死时手中还握着手枪。

　　必须认识到,与圣路易斯处于竞争关系之中的奥尔顿,其经济繁荣取决于新奥尔良(New Orleans)消费者的惠顾。在前一年中,伊利诺州(和其他北方的州一样)已经经历了无数次来自蓄奴州立法机构的请愿和纪念活动,要求该州采取反对废奴主义的行动。伊利诺州立法机构于 1837 年 1 月作出回应——比《青年讲堂演说》早一年——通过了反对废奴主义的决议,但没有提出反对废奴主义的进一步措施。这些决议通过之后六个星期,众议院期刊上刊登了署名斯通(Dan Stone)和林肯的抗议文章,他俩是代表圣加蒙县的众议员。文章声称,"奴隶制建立在不正义和邪恶政策的基础之上,但废奴主义的宣传会增长而非减少奴隶制的邪恶⋯⋯"这抗议真是够温和的。当决议说国会"不能在违背哥伦比亚特区民意、明显破坏善良信仰的情况下,废除该地区的奴隶制"时,林肯和斯通则坚持认为国会有这样的权力,但不应该行使它,"除非该地区的人民要求国会行使它"。毫无疑问,关键的差别[198]在于坚持奴隶制本身是非正义的。

---

① 　参见贝弗里奇,《林肯传》(*Abraham Lincoln*),第一章,页 220;要了解整个事件,见页 219—24。

即使在这里,也只是强调的转变而非与多数人的决裂。因为汇报那些决议的联合委员会虽然以过分的言辞否定废奴主义,但他们对"那些虽然身处自由和平之地却命中注定被人奴役的同胞的不幸处境"[①]深表痛惜。

但是,为何在六个星期之后才作出反应?贝弗里奇毫不迟疑地指出林肯这么做是"明智"的。

> 如果林肯和斯通相信他们自己的抗议中所表达出来的观点……那么他们推迟作出反应是有现实政治理由的。他们正专注于确保该州永久建都于斯普林菲尔德这件事上。为了不干扰这一首要目标,非属必要,就不要冒犯任何一位议员,非属紧急,就没有必要冒险失去任何一张选票。直到这件事情解决以后,他们才会对奴隶制问题发表意见。[②]

没有必要另外再说"林肯使任何其他事情都服从了斯普林菲尔德的利益"——尽管贝弗里奇这么说了——才能显示他不是一个浪费政治信任的人。政治修辞问题在《禁酒演说》中得到了更明确的处理;但林肯和斯通对伊利诺州立法机构反废奴主义决议的抗议,以及他在《青年讲堂演说》中对同一问题的讨论,已经例证了贯穿他一生的政治领袖观念。这一观念倡导缓和你将领导的人们的感情,而非与之对抗。这么做对林肯来说不仅仅是一种谨慎行为,而且也是出于几分道德责任:因为如果自由政府事业是高贵的,那么作这样一个政府的领袖的必要条件就

---

① 参见《著作集》,第一章,页 75。
② 贝弗里奇,前揭,第一章,页 195。

不能是卑鄙的。但如果不加区分地顺从公众情感,这又将是荒唐的:林肯对暴民以及暴民所代表的激情的攻击,表明这不是他的意思。然而,林肯相信,而且一直都发现,在公众要求中有对正义的渴望,对高贵事物的渴望。即使是杀害拉夫乔艾的那群人,可能也会觉得自己是在维护《宪法》——或者,是在维护天主教徒的权利,而拉夫乔艾以可憎的方式诽谤了这些权利。一个领袖的任务,就是找到他将领导的人们所热爱的道德要求和他们自我利益之间的叠合之点,然后立足于这一点,来不仅反对其他人的不公正的自我利益,而且反对自己追随者的不公正的自我利益。民选领袖[199]如果想得到自己未来支持者的支持,去获取政治家的更高目标,就必须准备先满足他们的一些不太高贵、但又不是不道德的要求。鄙视这些较低级的工作,就是将民选政府让给那些只有低级目标的人去掌握,也就是使民选政府成为一种低级事物。如果那些有着更高目标的人首先关心民众不太高贵的要求并表现出能够满足它们的能力,那么民众可以被领向他们所意识不到的更高的目标。

毫无疑问,当林肯写作《青年讲堂演说》时,头脑中所想的暴民暴力——这暴力成为那篇演说的三分之二篇幅的主题——仅仅是废奴主义以及对废奴主义的反应所引起的暴力。或者,更公正地说,这暴力源自动产奴隶制度的新生生命和活力,这种新生生命和活力是轧棉机的发明所带来的。奴隶制经济的这一重生,宣告国父们对这一制度的所有预见都错了。如果没有这一重生,就不会有北方的废奴主义,也不会有南方对废奴主义的反抗。但林肯并没有谈论导致暴民暴力的这一关键原因,他不想使支持和反对奴隶制的激情成为自己的主题。这一做法的审慎理由显而易见:废奴主义在斯普林菲尔德很可能并不像在奥尔顿那样受欢迎;如果他批评奥尔顿暴民对拉夫乔艾的所作所为,那么除了毁灭自己的政治前途之外，他会一无所获。但如果林肯不能足以认同拉夫乔艾的事业，那他也就没有任何想推进这一事业的意愿，因为拉夫乔艾的事业在某些方面与暴民相同。因为废奴主义正是属于这样一类事物，即它的一只眼睛仅盯住"抽象"正义而不顾后果，这类事物同样也会导致《宪法》的灭亡。

这篇演说只有一次明确提及废奴主义主题，它出现在暴民统治部分的结尾，作为对暴民统治补救办法讨论的第二部分。补救暴民统治的主要办法是"政治宗教"，我们以后会详细讨论这一问题；但是，通过修改法律来疏缓民怨是刚才所说的宗教补救的一个补充。林肯举出的唯一一个民怨的例子是"废奴主义的宣传"。他说，无论如何——

> 两种立场中必有一种正确；也就是说，该事物本身正确，故此配得[200]一切法律和所有善良公民之保护；抑或，该事物为错，故而宜用立法禁止之；无论何种情况，暴民法律的干预皆无必要，皆不正当，亦皆无可谅宥。

值得注意的是，林肯显然认为，选择的范围仅限于基于理论内在正确性或错误性的积极行为，而根本没有提及对言论权利的保护，不论言论质量如何。这几乎不太可能是疏忽，因为言论自由是废奴主义立场的基础。我们认为，其中一个理由是，林肯已经公开表明奴隶制是非正义的；由此而来的推论就是，废除奴隶制"就其本身而言"是正义的。林肯相信废奴主义者应当受到法律保护，在某种意义上，这是整个演说的负担；但林肯相信，通过批评暴民法律而不是维护废奴主义，可以更好地传达这个意思。因为尽管废奴主义"就其本身而言"是正确的，但却并非绝

对正确。正如我们已经提示的,废奴主义不是想通过《宪法》准
许的方式推翻奴隶制,而是想通过《宪法》之外的方式。废奴主
义者并不是为了说服人们以合法方式摆脱奴隶制而要求言论自
由。对奴隶制的合法削弱,在独立之后的五十年中已经使原来
十三个州中的六个州废除了奴隶制,而且还使反对奴隶制的激
情继续在南方的许多州赢得公众青睐。但这种对奴隶制的合法
削弱的趋势已经遇到阻碍并被倒转过来。加里森(Garrison)①
和拉夫乔艾那种类型的废奴主义——也对那一趋势的倒转发挥
了作用——针对的就是自由州中的观点,想说服的就是那些无
干涉现存奴隶制之宪法权力的人。尽管废奴主义者有时否认他
们目标的违法性,但他们的说辞无法令人信服,就像我们这个时
代的共产主义者说,除了想赢得选票之外别无他想无法令人信
服一样。正如我们已经观察到的,他们当中的很多人公开指责
《宪法》和联邦。而剩下那些人则认为,在纽约、马萨诸塞或伊利
诺州寻求他们事业的皈依者没有任何意义,除非自由州的权力
最终可以被用来反对蓄奴州中的奴隶制。废奴的目的是制造一
种民意,这种民意将使全国多数选民都支持联邦使用权力干预
奴隶制;而反对废奴主义者的情绪的核心,就是害怕政府本身会
成为[201]非法暴力的主体。林肯的立场是,奴隶制像赌博一
样,它本身可能是错误的,但却得到法律的许可。然而,对奴隶
制或赌博采取似乎方便但却违法的方式也同样不对,其情形正
同于对废奴主义者采取方便但违法方式。废奴主义者以言论自
由权利名义站定他们不受欢迎的立场,因此得到宪法对其手段
的支持(总的来说是这样,因为第十四修正案还未能使第一修正

---

① ［译按］加里森,1805—1879,美国废奴运动领导人,创办发行反奴隶制度报纸
《解放者》(1831—1865)。

案在各州都生效),尽管宪法并没有支持他们的目标。另一方面,反废奴主义的暴民们也有正当的宪法基础来支持自己反对废除奴隶制,但他们的暴力方式却没有宪法根据。不论废奴主义还是反废奴主义,都削弱了法律的尊严,这是二者的共同点,针对这一点,林肯对两者都进行了严厉批评,批评他们无法无天的倾向。

　　然而,为何林肯要对言论自由的权利保持沉默呢? 废奴在抽象意义上是正确的,因此应当受到法律保护,但这并没有解释,为何林肯明显愿意在法律上禁止任何“就其本身而言”是错误的理论。然而,对以下这一点,林肯却没有丝毫模棱两可或保留:他显然从未丝毫相信过我们时代广为流传的如下理论,那就是,存在可以自由宣传“本身谬误”的理论的任何不可剥夺的权利。林肯认为——正如他在内战时期所说——一个“对个人的受保障的权利深表尊敬”的政府,在反对滥用个人自由方面往往反应迟钝。然而,有些时候,这样一个政府的安全可能受到这种自由滥用的威胁,这时,不加鉴别地保护所有所谓的个人自由将是一种愚蠢行为。因为,不仅政府可能受到某些权利滥用的威胁——而只有政府的存在才能保护所有权利——而且某些人对某些权利的滥用可能导致对他人的其他权利的侵犯。既然并不总是可能同时保障所有权利,那么就需要在较重要的权利与较不重要的权利之间作出选择。林肯在那篇值得纪念的战争年代的宣言中问道:

　　　　我应该射死那个擅离职守的头脑简单的士兵,而不碰那个引诱他擅离职守的狡猾煽动者一根毫毛吗?我们让一位父亲、兄弟或朋友参加一个公众集会,在那里,我们死磨硬缠,直到他[202]同意写信告诉那个兵娃,他正在为错误的事业而战,在为一个应遭鄙视的政府——如果那士兵做了逃兵,这个政府竟弱到不能逮捕并惩罚他——的邪恶统治而战。这个时候,这么做无论如何都是有害的。我想,在这种情况下,让煽动者缄口并拯救这个兵娃,不仅合宪而且也是一种伟大的仁慈。①

言论自由是非常宝贵,但正义和仁慈同样宝贵,而且有些时候后者更优于前者。如果立法禁止了动产奴隶制的"积极的善"这一理论的传播,那么我们是否还能够怀疑,法律的压制是正义和仁慈的呢? 林肯相信,奴隶制在道德上正当——不同于权宜之计——的观点之传播,足以导致 1860 年无法达成妥协的各种分歧。没有这一观点的传播就不会发生战争。林肯通常倾向认为,压制言论的间接邪恶超过了任何直接好处。但是,他在 1838 年所说的压制那些本身谬误的理论是正确做法的言论,与 1860 年他在库珀学会(Cooper Union)所说的话完全一致。他接着告诉南方,共和党没有废奴的目标,从来都不曾有过,而且一直都否定那样的目标,他问道:

> 这些毫不做作的、而且显然充分的措施全都失败了,那么什么才能说服他们呢? 这样,而且只有这样:不要再说奴隶制错误,和他们一起说奴隶制正确……参议员道格拉斯新的煽动叛乱法必须颁布和实施,以

---

① 给 Erastus Corning 和其他人的信,1863 年 6 月 12 日,《著作集》,第六章,页 266。

压制所有声称奴隶制错误的言论……

　　除非确信奴隶制错误,否则不论有何种理由,我们
都无法理所当然地制止这种做法。倘若奴隶制正确,
那么所有反对奴隶制的言论、行为、法律和宪法本身就
都错了,并应被压制和扫除。①

　　如果奴隶制正确,那么所有反对它的言论就都是错误的而
且必须被压制。但如果奴隶制不正确,则所有倡导奴隶制的言
论就都错了。在自由社会中,政府的基础就是言论所形成的民
意,允许政府所依赖的民意产生变化而禁止政府随之变化是徒
劳的。《宪法》保证每一个州都拥有一个共和形式的政府。这样
的保证——比如,如果没有得到一个州的同意,就不可以减少该
州在参议院中的代表——显示了《宪法》某些基本原则的永恒
性,它们超越[203]一切多数,即使是各州四分之三的多数。在
林肯看来,政治领袖的首要任务,就是保持和加强这些基本原则
所依赖的民意基础。毫无疑问,倡导有利于自由的观念,是击毁
反对自由观念的唯一经久有效的办法。林肯认为,这就是他在
与道格拉斯的长期斗争中所做的。而林肯本人从未倡导过煽动
叛乱法——即使在库珀学会的演说中也没有。他所做的仅是承
认了道格拉斯对这样一部法律的要求之正义性,如果奴隶制正
确的话。对林肯来说,言论自由在逻辑上是一种次要权利,从属
个人自由权利,个人自由暗示了言论自由。一个人不可能是奴
隶而同时享有言论自由;而且,倘若享有个人自由权利都成问
题,那么维护言论自由也就没有任何意义。由于不认为奴役白
人和奴役黑人之间有任何原则上的差别,而且由于对奴隶制扩

——————————————

① 《著作集》,第三章,页 547,548,549。

张的挑战涉及整个个人自由权利的问题,林肯认为,这件事应该在奴隶制正确还是错误这一最重要的基础上来考虑。因此,道格拉斯要求中断对奴隶制问题的讨论,这在林肯看来简直荒唐透顶。奴隶制问题是唯一值得讨论的事情。这一问题的结论关乎人们可以享有的一切自由之命运,只要他们在法律上是自由人。不论压制那些奴隶制倡导者的言论有多么不明智,林肯仍然认为,把倡导奴隶制说成是一种不可剥夺的权利仍是荒唐的。当然,由于支持奴隶制观念的传播而受到奴役威胁的人们——而且林肯相信,白人自由劳力所面临的长远威胁,就是他们跌落至黑人奴隶的境况之中——在道德上有权拥有摧毁这种威胁的任何手段。

我们已经知道,为何从审慎和抽象原则的角度来看,不论攻击还是维护废奴主义都会有损林肯的目标。然而,林肯在《青年讲堂演说》的大部分篇幅中避开奴隶制争议不谈还有另一个更深刻的原因。因为林肯想从人类灵魂深处理性和激情永恒对抗的角度,来分析民选政府的问题。为了达到这一目的,必须拒绝如下假定,那就是,导致冲突的任何直接原因——[204]不论它有多重要——就是威胁我们政制之长存的唯一或充分原因。

林肯认为,在暴民统治的间接后果中,民众对政府的情感纽带被割断是最糟糕的后果。尤其危险的是,"最佳公民的感情"疏离,使政府"没有朋友,或仅有很少的朋友,而那些朋友还处于势弱地位"。"在这个时候,在这种情况下,就不乏天资充盈、野心勃勃的人会出来抓住机遇、尽力一搏,颠覆那一公正的社会制度,这制度在过去的半个世纪中,一直是全世界自由热爱者最热切的希望。"林肯所想象的政变让我们想起了我们这个世纪所见到的法西斯主义;即将面包和专制独裁的竞技场与中产阶级对安全的要求结合起来的政治运动,林肯所描述的"好人""热爱安稳",他们无法容忍动乱,无法容忍不受约束、受到权力刺激的民众群体对他们的人身、家庭和财产所造成的经常性威胁。在林肯演说的这一部分,我们可以觉察到对杰克逊式民主的辉格党式反对,还可以感受到《联邦党人文集》的精神——即反对谢斯(Daniel Shays)①起义所引发的骚乱的精神——以及在 1787年立宪会议中达到高潮的"民主"的过度。然而,林肯对专制独裁危险的分析尽管与《联邦党人文集》的主题并无龃龉,但却超越了那一主题。林肯看到了汉密尔顿和麦迪逊(Madison)没有看到的危险,就这一危险来说,宪法设计尽管极为出色,却仍然不够。下面从《联邦党人文集》第五十一篇中引用的段落,代表了那些著名篇章的思想:"野心必须用野心来对抗。人的利益必然是与当地的宪法权利相联系……个人的私人利益[必须]是公共权利的警戒线。"然而,林肯的教诲是:有些野心不会被野心所抵制,在有些情况中——并不是不可能发生——存在私人利益之间的分裂,这种分裂实际上使那些私利不再是公共权利的警戒线。在林肯看来,只有一个不带任何私人动机的强大决心才可能抗衡这样的危险。必须要有这样的人民,作为最后的手段,他们会牺牲所有可感知的私利,也必须要有这样的领导,他们会牺牲一切可感知的野心。[205]林肯同意,当可以用自利驱动人的时候,依赖人的德性是愚蠢的。但他也会说,认为共和自由最终依赖于自利则是蠢上加蠢。因为要求共和自由——即自治权利,权利这一名称本身就是德性的同义词——的人深信,当最重要的考验来

---

① [译按]谢斯,1747—1825,美国军官,谢斯农民起义(1786—1787)领袖,起义被镇压(1787),被俘判处死刑,次年赦免。

临时,他们必须以自己的德性来维护这种要求。

林肯对将临危机的先知式描述从一个问题开始。我们为什么应当假定五十年之后的、不同于已经遭遇过和克服了的危险的任何危险之存在? 答案就是,"现在已经有,而且将来还会有许多其倾向十分危险、迄今未曾有过的事情……"

> 我们的政府,从初一建立直到现在,一直都保持着它原来的体制,这一点是不足为奇的。有许多支柱支持它度过那段时期,而现在这些支柱已经烂掉了,崩溃了。在那段时间里,所有人都认为它是一个尚无定论的试验;而现在则一直公认它是成功的。当时,所有寻求名声和地位的人,都希望借试验的成功来获得。他们把所有的一切都寄托在这上面:他们的命运与之不可分割地结合在一起。他们的野心渴望向啧啧称羡的世人实地显示一项到那时为止充其量只能说是成问题的主张——即一国人民有能力自治——的正确性。他们如果成功就将永垂不朽;他们的名字将传遍县、市、江河和山岳,将千秋万代受到尊崇、歌颂和敬仰。倘若他们失败,就将被骂作恶棍、笨蛋和狂人,而后就此湮没无闻。他们成功了。试验取得了成功,千万人因使它成功而名垂青史。

人们也许会注意到,关于政府之保持的论点同样适用于政府的建立,尽管林肯在此并未明确表述这一点。这里所说的热望达到的抱负,适用于建国之父们那一代人的所有工作,尤其适用于国父们自己。现在我们遇到另外一个[206]修辞上的转换——就像先前通过"抽象"和"正确"推理对私刑作出的证明——尽管它几乎无法使传统情感之流泛起涟漪，但这一修辞上的转换表明了水面之下不深之处的惊人的超然。而且这样的话，我们的惊愕可能就要严重得多。因为似乎有人在故意诋毁国父们，把他们说得与野蛮人差不多。林肯在此告诉我们，他们的英雄事迹——林肯对这些英雄事迹的赞美完全超过任何其他人——"并无惊人之处"。他们的事业并非人们想象的那样艰难，因为这一事业有"许多支柱支持自己"。稍后，林肯又仔细探讨这一主题：

> 由于这种影响（独立战争的动人景象对人民的感情而不是判断力的强烈影响），人类天性固有的在和平、兴旺和自觉强大的形势下尤为普通的嫉妒、羡慕和贪婪心理暂时被大大抑制，不起作用了，而根深蒂固的仇恨心理以及强烈的报复动机则没有被用来相互攻击，而是集中用来对付英国。这样，在形势的威力下，我们最卑劣的天性要么处于蛰伏状态，要么成为促进最崇高事业的积极因素，这种事业就是确立和维护公民自由和信仰自由。

国父们正是处于一个将"我们最卑劣的天性"用于"最崇高事业"的位置，而且他们也确实这样做了。尽管这可能会略为减损他们成就的伟大崇高，而且这也是对他们所领导的人民的一种反省，但这不是对国父们的道德反省。这样的反省不会被长期压制。林肯呼应了汉密尔顿的说法，汉密尔顿在《联邦党人文集》第七十二篇中说："追求好的名声［是］品质高尚者的主导思想［林肯后来的表达几乎全无二致］。"然而，林肯质疑那些被名声这种激情所主导的人的高贵，因为激情——就其本身来说——并不一定带来善行。我们将看到林肯对这一主题的进一步阐述,那就是,对名声的热爱本身在道德上是中性的,它曾经与"最崇高事业"相伴纯粹是时势所造,而且,同样由于时势,现在它又成为"最崇高事业"的敌人。我们在此所讨论的个人名声(不同于国家名声)本质上是一种私人的善,[207]那些名垂青史的人才有这样的善。正如我们所注意到的,这种私人之善不仅与国父们所处时代的公共之善相一致,而且也为彼时所必需。不过,国父们是为了名声而寻求善,还是为了善而寻求名声,我们无从判断。因此,我们无法说他们是具有美德之人。然而,这还不是事情的全部。林肯在演说的开头说,国父们"坚强、勇敢而且爱国",他们"极其出色地"履行了自己的任务。我们不会认为,高贵行为是行为者仅为了或主要为了自己的好处而做的举动。但在这里,除了"声望、名誉和地位"之外,林肯没有说国父们还有其他动机。只有通过"成功"才能取得这些东西,他们把"所有的一切"都寄托在成功上面了,而且他们的命运与"成功"与否"不可分割地"(林肯的强调)联系在一起。根据这样的末世论观念,成功带来的是赞誉和不朽的天堂,而失败带来的则是诅咒和遗忘的地狱。让我们把这样的赏罚观与 1839 年 12 月 26 日他在财政部演说的结尾对比一下:在念及什么东西可能赋予自己的灵魂一种"不至有愧万能造物主"的尊严时,林肯想象,是他独自一人在维护这个国家的事业。因此,林肯发誓:"不论后果如何……永远忠于正义事业。"他以同样的语调——这语调在 1858 年和 1860 年又再次响起——继续说道:"自认为做的对的人只要谁也不畏缩,我们就会成功。"最后他总结说:"然而,如果最终我们还是失败了,那就失败吧。面对我们的良心,面对祖国失去的自由的绿荫,我们仍将骄傲地并宽慰地说,当我们赞许的事业,我们衷心崇敬的事业处于灾难……濒于死亡之际,我们没有畏缩不前,而是挺身出来保卫它。"在 1839 年演说中,林肯说,对一项事业的选择——对目的而非手段的选择——是由无愧于永恒造物主的灵魂不计后果——即不计成败——做出的。在灵魂出自其中的永恒中,成败都与此世的声誉没有关系。对于这样的灵魂,有不同的判断标准,不同于极不稳定的政治名声这个标准。在 1838 年演说中,林肯对比了人民的激情和判断。他指明了人民和领袖的激情对公众事业的支持,但他并未说领袖的判断会比人民的判断对公众事业支持更大。这一对比并非是说,美国独立革命的领袖们[208]具有林肯在 1839 年为自己主张的那种尊贵,那就是,首先将他的事业置于良心的判断之下,而且,有一位人不可见但却能见万事万物的判官,他的赞赏超逾一切赞赏,有他的赞赏,所有谴责都只是辩护。在 1839 年演说的最后,林肯说,必须对正义事业心怀崇敬。这也是一种激情,这激情本身就很好,因为这种激情当然是由本身美好的事物所引起;这种激情不是通过自我反省的默观冥想来表达,而是通过崇敬和舍弃自我来表达。如 1839 年演讲结语所祈愿,这种激情不是灵魂与人的观点的虚假不朽性的连接,而是灵魂与永恒的冥合。尽管这样一种激情迫使人蔑视政治名声,但它独自就可让人配享最伟大的名声。对于国父们的这种判断、激情和尊贵,林肯在《青年讲堂演说》里根本没有提及丝毫。虽然他没有积极宣称任何与这种更高尊贵对立的东西,他却更强调我们不应怀疑他们。因为林肯不是几乎同时又说,尽管国父们渴望世人崇敬——即人们对他们表示惊异——但他们的成功并不多么让人觉得惊异吗?

　　林肯认为,是相对小的一群渴望名声之人而非人民证明了人民有自治能力,这一事实还有更深的讽刺。确实,林肯在此说,有"千万人……名垂青史",这可能包括独立革命时期在广袤国土上作战的所有本土英雄。但当演讲继续下去时，林肯表明，他的真正主题并不是千万人共享的荣耀——因为，如霍布斯所说，"荣耀一如名誉，如果所有人都享有，那就没有人享有了"——而是一种无法容忍别人与之平分秋色的卓越。正如我们将看到的，林肯非常相信，在复杂的政治事务中，决定性因素是拥有华盛顿和杰斐逊或凯撒和拿破仑那种品质的"卓越天才"。是他们首先证明了"人民"有——或没有——能力自治。但林肯在此告诉我们，华盛顿所领导的民众，很大程度上是由于"我们最卑劣的天性"与他合作之故，而华盛顿自己则可能主要受到个人利益的希望的驱动，这种利益既不会被任何其他人分享，也不会[209]被认为是民选政府程序的结果。因此，他可能对民选政府并不那么热爱或有兴趣，只不过民选政府偶然成了自己获得名声的必需手段而已。简单说，林肯告诉我们，没有任何真正的理由让我们相信"我们的父辈们"，不论是领袖还是追随者，曾真诚地献身于他们遗留给我们的事业！如果自治的真正考验是对控制激情的理性能力的考验，是人民和他们选出的领袖是否忠于民选政府必然赋予他们的权利的考验，那就没有理由相信，这一考验已然出现。人民的自治能力尚未得到证明！

　　我们该如何解释这些让人疑惑和戏剧性的颠覆——它似乎违背了林肯长期以来最深刻的信仰——以及这篇演说的明确主旨呢？我们不妨暂时这样想。首先，颠覆仅是分析，而演说的字面意思并没有破坏独立革命英雄特征的传统画面。第二，纵观这些中心篇章——我们还没有读完，林肯警告现在要警惕过度的野心，警惕无法忍受与别人分享荣耀的人之野心，这样的人——如果他能够的话——会建设，然而，如果必须的话，他也会摧毁。不过，在林肯还未充分明确表述自己的警告之前，他给出了一个证明,这一证明比要人们警惕有野心的人之劝告还要有说服力。他在我们眼前描绘出这样一个人,其天才和无畏使他有胆在一个像华盛顿那样的人的头上动土,以便让自己通吃所有名誉。但林肯难道不是同时更暗示,政治名声本身是多么没有价值吗? 他不是表明(心怀邪念者蒙羞[*Honni soit qui mal y pense*]),①对人的动机的恶意揣度会玷污最清明的判断和最公正的心灵,名声的外在好处仅是被智者当作诱饵来引导伟大灵魂,使他们在成长阶段品尝到另一种好处——这种好处能慰藉内心并会取代对名声的渴望——吗? 最终,我们甚至可以作出这样的结论,那些选择本身正义的事业——他们的判断所允可、他们的心灵所崇敬的事业——的人们,将被那些无论何时何地接续他们到自由神庙的朝圣之旅的其他人所识别和拥戴。[210]对这一赞扬的沉思本身就足以愉悦最高尚的人们。

《青年讲堂演说》中描述自治试验"成功"的段落继续说:

> 但是猎物已经到手了;俗话说,"猎物一到手,追逐没劲头",我认为这话一点没错。这块播种荣耀的土地已经收割过,而收成已经被瓜分。但新的收割者又会出现,他们也会物色一块土地。如果说我们之间不会再出现有野心和有天赋的人,就等于把世界历史告诉

---

① [译按]传说有一次爱德华三世在埃尔特姆宫殿与一位"索尔兹伯里女伯爵"跳舞时,女伯爵的吊袜带突然落下来了。许多宫廷贵人笑,而爱德华三世则将这根吊袜带拾起来系在自己的腿上,并当众宣布:"*Honni soit qui mal y pense*"("心怀邪念者蒙羞")。后爱德华三世设嘉德勋章(The Most Noble Order of the Garter),专门授予英国骑士,是今天世界上历史最悠久的骑士勋章和英国荣誉制度最高的一级。只有极少数人能够获得这枚勋章,其中包括英国国君和最多25名活着的佩戴者。嘉德勋章最主要的标志即是一根印有"Honni soit qui mal y pense"的金字吊袜带。

我们的事实否定掉。而且，当这样的人果然出现时，他们就会自然而然像别人从前所做的那样力图满足自己的统治欲。于是问题产生了，单单保持和维护一座别人营造的大厦就能满足吗？肯定不能。有不少伟大善良的人，无论做什么工作都能胜任愉快，他们的抱负最多不过是做一个国会议员、州长或总统；**可是对于狮子的家族或鹰的种族来说，情况就不同了**。什么！你们以为这些地位就能满足得了一个像亚历山大、凯撒或拿破仑那样的人吗？永不可能！卓越的天才不屑走一条别人走过的路。他寻找迄今未被开拓过的领域。他认为在那些为纪念他人而营造的丰碑上添层加楼是**出不了名的**。他不相信在哪一个领袖的领导下服务是足够光荣的。他不屑跟着前辈的脚步走，不论那个前辈有多么杰出。他渴望出名；靠解放奴隶也好，还是让自由人做奴隶也好，反正只要能出名就行。因此，说我们中间某一个时候会出现一个天赋卓越同时又有充分野心将其天赋发挥到极致的人，难道不是合乎情理的吗？一旦出现这样一个人，人民就必须团结起来，听命于政府和法律，而且都应该聪明懂事，以便成功挫败他的图谋。

名利是他的至高无上的目标，尽管他除了通过为恶来获得名利之外，也愿意——也许是更愿意——通过为善来获得名利，但机会已经过去，在建设方面再没有什么[211]好做了，于是他就会不顾一切地专门做拆台的工作。

那么，这就是一种可能的情况，极其危险，而且迄今不曾有过。

当林肯准备他的问题时——即英雄模式的人是否可能在别人建立的制度框架内找到满足——威尔逊(Edmund Wilson)在针对以上言论的文章中,做了如下评论:"你可能认为年轻的林肯将要激励他的听众们效法祖先的榜样,不要停留在过去的成绩之上而应继续创造新的爱国之举,但演说却出人意料地出现了转折……似乎他在准备发出警告。"[1] 演说确实发生了转折,但所发出的警告是演说最不出乎意料、最正统的部分。因为在这些字句中我们看到,未来的《葛底斯堡演说》的作者在完全相关的意义上否认人人生而平等!

让我们先来搞清楚这一著名命题的涵义。尽管有无数不同的诠释,但这一命题难道不是不容置疑地意味着,不同于人治的野兽政府(government of beasts by man),人治的人类政府(government of man by man)并非建立在统治者和被统治者之间的任何天然差别之上吗?比如说,任何人天生都是狗的(事实上的或潜在的)主人。正如杰斐逊喜欢说的而林肯有时呼应的,没有人天生背上就有马鞍让人骑,也没有人天生就有马刺来骑人。人对其他物种的统治基于天然差别,但在政治统治中却没有这样的差别。对人的统治可能建立在不合法的强力或欺骗之上,它也可以建立在同意之上。这当然就是《独立宣言》不能克减的意义,没有任何人像林肯那样对这一意义如此敏感,也从未有人像林肯那样翻来覆去地提及它。但林肯在此告诉我们,有这样一些人,他们统治他人的天赋和意志,事实上使他们成为另外一个物种。他们属于"狮子的家族和鹰的种族。"正如平等的人们寻求以同意作为政治统治之基础是自然而然并合乎情理的,那些卓异于常人者追求以承认自己不受限制的卓异为政治

---

[1] 威尔逊,前揭,页190。

统治之基础也是自然而然的(以及合乎情理的)。因此,无论在何种政治制度中,只要依据法律他们无法成为统治者,这样的人[212]天生就是这一政治制度的敌人,尤其是共和国的敌人,正如林肯所例示的那些世界上赫赫有名的共和国的摧毁者。林肯甚至认为,不可能驯服或协调这种天性,或者用现代话语来说,没有"修复"这种天性的可能。林肯所说的话更让人想起古代,而非现代。比如,以下段落来自柏拉图对话《高尔吉亚》,由一个叫卡利克勒斯(Callicles)的人说出,这人是修辞学教师高尔吉亚的学生,他所持有的观点似乎就是林肯认为那些凯撒类型的人所持有的观点:

> ……法律的创造者是力量弱小的多数人;他们根据自身和自身的利益来创造法律,并分配褒奖和谴责;他们恐吓那些力量较强的人,那些能够占上风的人,目的是不让他们超过自己;力量弱小的多数人说,不忠诚是可耻和不义的;不义是指一个人欲望比他的邻人所获更多;因为他们知道自己劣等,因此我认为,他们极为喜爱平等……而自然本身却暗示,较好者比较差者、较强者比较弱者拥有更多,是公正的……不,这些人只是根据宙斯的自然、根据自然法来行为的人(即独裁者和征服者);而也许不是根据我们自己发明并施加在同胞身上的人为法律来行为的人,这些人为的法律规定,当这些同胞长成青年之后,我们从中挑选出最好和最强之人,像驯服小狮子那样驯服他们,——用声音哄诱他们,并告诉他们,应该满足于平等,还要告诉他们,平等是光荣的和公正的。但如果有一个人拥有足够的强力,那他就可能抖擞振作起来,冲破并摆脱所有这一切;他将把我

们所有的信条、符咒和哄诱都踩在脚底,把我们的所有
的违反自然的法律也踩在脚底;奴隶会起义造反,并成
为宰制我们的主人,而自然正义之光将从此普照。①

　　卡利克勒斯认为,建立在人的平等正义信条之上的统治是
一个谎言,是较弱者施加于较强者的神话,其目的是剥夺[213]
后者的力量赋予他们的正当应得。像林肯一样,卡利克勒斯也
区分了两种强大的人性,一种人性可能会满足于较弱者根据自
己的软弱道德所赋予的传统的荣誉,具有这种人性的人,可能会
"陶醉"于总统职位;而那些真正的"狮子",那些超人(*Uberen-
schen*),他们具有穿透那些虚假的"陶醉"的智识力量,并最终拒
绝接受它们。这样的人不可能接受人人平等的社会作为恩赐而
授予他们的最高荣誉,因为他们具有雄狮般的提出要求的权利,
所以他们不可能——老实说,确确实实不可能——承认那些低
于他们的人,有权利把狮子应得的荣誉当作恩赐授予他们。说
这样的人不道德是错误的,因为他们并不承认自己有遵守通常
被称为道德的义务。所有这样的义务都是建立在平等基础之上
的,而他们否认平等的正确性。如果他们的优等是真实的,正如
林肯以及卡利克勒斯要确认的那样,那么道德实际上就应该由
那些维护他们的优等的规范构成。《独立宣言》宣称人是生而平
等的,并根据平等构建了政治义务。但出于同样的理由,义务也
应与不平等相对应,如果人像这里所说的是天然不平等的话。
现在我们面对的是《青年讲堂演说》里最尖锐的问题:林肯真的
相信存在如此优等的人,以至于如果他们服从"平等的"人,就是
对自然权利的侵犯吗? 在警告要小心这种人时,林肯没有为那

① Jowett 译本,页 483,484。

种凯撒式的天性所产生的统治激情,提供任何其他的满足方式。这一事实难道不是强烈暗示了对以上问题的肯定回答吗？林肯说,真正凯撒式的人肯定会出现,他"愿意——也许是更愿意——……为善而不是为恶"。但林肯没有如我们可能期望的那样,为这样的人提出一些他可为的善。如果实际上不存在既可满足这种人的本性、又与共和国的自由相一致的善,那么就可以推断,共和国的自由不可能长存。之所以不可能长存,是因为在决定性的意义上,它违反了自然,是因为在决定性的意义上,它不正义。于是,我们首先就要问一个问题,那就是,林肯有没有说明,在使基于平等权利的共和国长存的努力中,有这样一项任务:完成这一任务所获得的荣耀,将等于或超过未来的独裁者们从摧毁共和国的过程中可能找到的荣耀。

之前我们已经注意到了威尔逊(Edmund Wilson)的观察,[214]即林肯"似乎以一种既崇拜又忧虑的火般激情"描绘了英雄式的摧毁者。这难道不是部分由于用自己的眼光——凭自己的资质——来抓住自己认为正当之事的人,总是值得崇拜吗？这难道不是又一次证明,林肯真的相信有些人天生就是其他人的统治者吗？在试图回答之前,让我们先引用出自亚里士多德《政治学》的一个经典段落,它与《青年讲堂演说》中的那一段落相类似:

> 假如……某一个人或多于一个人但尚不足以构成一个城邦的某些人在德性方面超出他人,以至于所有其他人都承认自己在德性或政治才能上无法与之媲美,那么,就不能再把这样的人当作城邦的一部分了;因为若是将他与那些在美德和政治才能方面远远低于他的人们平等对待,那么对这些优异之人而言就未免

有失公平。这样的人真可被视为人群中的神。有鉴于此,法律只应该涉及在族类和能力上彼此平等的人,而对于这类超凡绝世之人是没有法律可言的——他们自身就是法律。谁要想为他们立法就会闹出笑话:他们很有可能给出安提斯忒恩(Antisthenes)寓言中狮子反驳兔子那样的话:当群兽集会时,兔子们慷慨激昂、长篇大论地呼吁一切兽类平等(狮子的答复是:"你可也有爪牙吗?!")。职是之故,奉行民主政体的各城邦实行了陶片放逐制度;在这些城邦中,平等被奉为至高无上的目标,所以他们曾一度从城邦中放逐了那些<u>显得能力出众的人</u>……①

关于林肯对具有危险性的英雄的含糊态度,威尔逊在评论中还说,"虽然对这样的英雄提出了警告,但林肯显然已经认为自己也是这种角色……"我们认为确实如此,因为林肯已经想象自己在扮演最高的政治角色。但我们相信,他并未预想自己是破坏者,除非每一个真正的谋略家都想象自己处于敌人的位置。针对独裁者的警告是真诚的,这真诚根植于林肯所拥有的与亚里士多德同样的一种观念,即超越独裁者和反对独裁者的一种政治角色的观念。[215]他的真诚态度的保证就是,他相信能够扮演这一角色的人拥有一种大得多的统治激情,而且可以获得比独裁者更大的荣耀。林肯激励人们精诚团结,忠于政府和法律,并警惕破坏者。从这激励当中我们可以看到存在这一角色的证据。然而,这一建议本身却纯属敷衍搪塞。揭穿敌人伪装并非为了人民,而是为了他们的领袖。林肯知道,不论凯撒还是拿破

---

① 《政治学》,1284 a 3—20。Jowett 翻译。

仑,他们都是以共和国护守者的身份颠覆了共和国,当共和国内部不再有反对他们的力量存在时,他们便摧毁了共和国的形式。

> 你们确实都看到了,牧神节时,
> 我曾三度向他献上王冠,
> 他三度拒却。这是野心吗?

我们可以像群众回答安东尼这一设问那样做出回答,但我们知道,安东尼本人的答案却并非如此。但凯撒的对立者并非像威尔逊先生暗示的那样是布鲁图。因为尽管布鲁图——至少莎士比亚笔下的布鲁图——思想最为单纯,但他却是个老实纯真的笨蛋。机智如同蛇的是卡西乌(Cassius)①,他本来可以杀死安东尼,而不是让他在凯撒葬礼上发表演说。凯撒的对手必须不但拥有德性,而且还要拥有亚里士多德所说的政治才能;他必须集布鲁图的善和卡西乌的谋略于一身。② 由于这些品质分散在凯撒的敌人身上,所以他们都无力反对凯撒,但是,凯撒死后——正如布鲁图在菲利皮(Philippi)③所发现的那样——却比活着时更强大。阴谋在内战中结束,阴谋家也在内战中被摧毁,而凯撒所建立的政体却比以往更加坚固地再度挺起。

天生的统治者之统治激情无法忍受屈从于平等权利政体,这是卡利克勒斯的主题。但推崇卡利克勒斯主题的人推崇得还不够。因为战胜弱者不能满足它所颂扬的激情——强者蔑视弱者。卡利克勒斯证明了强者对体现于正义观念中的弱者的观念

---

① [译按]卡西乌,公元前85—42年,古罗马将领,刺杀恺撒的主谋者之一,后组织共和军反抗"后三头政治",被安东尼击败,自杀。
② 对《凯撒》(Julius Caesar)的这一诠释是列奥·施特劳斯告诉我的。
③ [译按]公元前42年,安东尼和屋大维在此战败布鲁图和卡西乌。

的蔑视。那么,建立在完全无差别的弱小胆怯者的献媚基础上的凯撒的声誉又怎样呢?

> [216]接着他第三次献上王冠;他第三次把它放置一边,仍然拒却了它,乌合之众们叫嚣起来,他们鼓掌,都快把手拍断了,他们向空中抛起那满是汗味的晚帽,嘴中喷出的臭气几乎让凯撒窒息,就因为凯撒拒却了王冠……

一个强者难道不会藐视基于如此赞扬之上的荣耀吗? 或者,他难道不会藐视那些精神上、道德上和身体上虚弱之人所给予他的赞扬吗? 哈里·蒙默思(Harry Monmouth)在史鲁斯伯里(Shrewsbury)的田野里找到了哈里·珀西(Harry Percy)。只能用狮子和鹰来衡量狮子和鹰;这样的竞赛中的胜利者才值得敬佩,不论他是否追求这种敬佩。

卡利克勒斯和亚里士多德都同意这一理论,即拥有最高德性的人不应屈从“平等者”——也就是说,低级人——的法律,他本身就是自己的法律。但卡利克勒斯还是没能正确估量自己的主题,因为他认为,高级人和低级人在质上类似,即他们有着相同的快乐,只不过高级人和低级人满足自己的能力不一样。林肯也曾将相同的错误观点运用到国父和凯撒类型的人身上;当汉密尔顿说,爱慕名声是最高贵头脑的主导激情时,他可能也犯了同样的错误。像亚里士多德(以及柏拉图)一样,林肯认为,从公众角度看,由政治成功而获得的名声是最大的善,但这不是绝对的最大的善。通过说明国父们的名声——显然是最安全的名声——都有可能被摧毁,林肯巧妙地表明了把人的最高期望寄托于政治不朽性的愚笨想法。正如《财政部演说》的结束语所说,在最高等的人身上,必定存在一种超越政治名声的善,它取代了对名声的想望。但是,对这种更高的善的想望,使最高等的人在法律禁止我们过度放纵的所有方面——除非是以一种中庸或"平等"的方式——都保持自律。正如一个对奥林匹克运动会金牌有着强烈激情的运动员,自愿放弃了其他人的很多快乐一样,这一最高等的人被企及更大的善的激情所控制。如亚里士多德所说,他超越了法律,因为在他身上有这样的品质,这品质使他能够在既不畏惧法律惩罚也不期望法律奖赏的状态下超额完成法律的要求。亚里士多德说,[217]这样的人与其他人相比,就像神。这断言的含义确当而严密。当我们看到想成为奥林匹克获胜者的人放弃其他人的快乐时,我们不会在任何深刻意义上对他的克己感到惊奇。同样,我们也不会对银行家的诚实、布道者的虔诚或者政治家的和蔼感到惊奇。惊奇源自神秘,而这些例子并不神秘。那些罗马暴民对凯撒三次拒却王冠感到诧异,是因为他们不能理解,为何一个能够戴上王冠之人却放弃它。但对喀斯卡(Casca)来说这一点都不令人惊奇,因为他太了解凯撒拒绝王冠的原因了。在政治领域中,尽管最高的政治成功可以让一个人永垂不朽——因为"子孙万代"都会记忆他——但政治成功首先是作为最高贵思想的统治激情的形式而出现的。然而,当放弃这种唾手可得的荣耀时,就会让那些眼界限于政治领域的人感到诧异。比政治荣耀更重要的更大的善到底是什么呢? 在那些认为政治之善就是最高之善的人看来,如果有人按照一种让其他人觉得还存在更大的善的方式行为,那么他一定不止于人的境界。在这个意义上,他必定是神。林肯的最高政治角色观念,与亚里士多德的拥有神圣德性的人的观念若合符节。因为,共和国的凯撒式破坏者的对立物——正如我们所认为的——是一个比凯撒更伟大的人,他因此是共和国的拯救者。政治拯救似乎与个人灵魂拯救相似,如果没有超人的或神一般的德性,就无法完成。

　　亚里士多德说,有着神圣德性的人不适合成为政治社会的一分子。这是正确的,因为正如我们刚刚看到的,法律根植于遏止人的攫取欲、使他们和平共处的需要,但在拥有神圣德性的人身上,不存在需要法律控制的东西。然而还有:这样的人同样也具有凯撒的力量,能够推翻法律;即使他不这么做,但他拥有这种能力的事实也意味着,他对法律的态度绝不是服从。法律不是为他而制定,他的幸福与法律的存续之间不存在张力,因为他对那些法律限制的事物没有任何欲望。[218]但是,为何他对法律所持有的不是冷漠态度而是保护态度呢? 在内战时期的一篇伟大演说中,林肯说,真正的政治家就像一只保护羊群的牧人。他与狼不同,这不是因为他伤害羊群的能力比狼差,而是因为他选择保护羊群。但是,牧人为何不伤害羊群呢? 难道他不是一只伪装的狼,最终会为了自己的利益而比狼还要彻底地牺牲羊群吗? 显然,林肯的回答是,牧人这个形象仅仅是个比喻,由此人们可以想象神圣天性是怎样的。林肯的牧人就像大卫诗篇和以赛亚预言中的牧人。① 当众羊看到牧人杀死狼时,它们的献

---

① 参见林肯 1864 年 4 月 18 日在巴尔的摩(Baltimore)卫生集市(Sanitary Fair)上的演讲。以下两篇文章对这一演讲做了极其有趣的讨论,《自由之困境》("The Dilemmas of Freedom", Hans J. Morgenthau),和《对"自由之困境"的评论》("Comment on Morgenthau's Dilemmas of Freedom", Howard B. White, *The American Political Science Review*, 1957 年 9 月)。我们对牧人比喻的解释依据的是怀特教授(Prof. White)的看法(页 733),他认为此比喻不仅出自《圣经》,而且还出自柏拉图的《王制》(343 A ff.)和《政治家》(271 E 6—8 和 275 B 1 ff)。暂时没有任何证据表明林肯读过柏拉图,但以下引言说明他知道柏拉图是西方思想中一些核心观念的源头:"正如柏拉图对灵魂不朽的意义,年轻的美国有着一种'欢娱的希望——一种珍爱的欲望——对土地的渴望'"(《著作集》,第三章,357)。这句话出现在埃德森(Addison)的《加图》(*Cato*)之中(第五幕,第一场),但林肯似乎在柏拉图传统的各种观点之间游刃有余,尤其是那些进入到基督教传统的柏拉图观点。

媚不仅出于自我利益,而且是对牧人力量的由衷崇敬。但是,导致这种崇敬的原因,即对牧人力量的惊奇感,不只是来自他的力量。狼的力量激起恐惧却并不让人惊奇,因为这种力量与狼的弱肉强食的天性结合在了一起。确实,如果羊是完全自私的,如卡利克勒斯所示,那么牧人的友善会更加无法理解。是牧人的友善与他的力量之间的对比,以及他为何拒绝让自己得到"人"的满足——即对自私的满足——的奥秘,令人惊奇。正是这种对神的效法(imitatio Dei),创造了超出政治成功可给予的任何奖赏的荣耀。如此荣耀——即使是在政治层面上——事实上可以超出任何单纯的政治荣耀。然而,我们知道,能否实际获得这种荣耀,全靠偶然;政治拯救者之所以能够成为拯救者,仅是因为他不希望看到他可以拯救的事物受到威胁。上帝不希望看见人犯罪;神圣天性仍然拯救了人;但是,认为上帝需要荣耀就像人需要拯救的观点同样不可思议,至少与神圣天性的观念不能相容。相应地,林肯怀有关于最高意义上的真正政治家的本性的观念。这样的政治家能够单凭一己之力拯救他的国家,而且还可以放弃同胞赋予他的赞誉。就像亚里士多德在《尼各马可伦理学》(Nicomachean Ethics)中所描绘的拥有伟大灵魂的人那样,他配享最高的荣誉,尽管他蔑视荣誉,和听到同胞的赞誉相比,他更爱听到只有他一个人可以听到的褒赞:"好,你这又良善又忠心的仆人。"衡量可能[219]达到这一标准的人,是林肯在与道格拉斯的论辩过程中自始至终都在思考的问题。这体现在林肯1858年竞选的最后一篇演讲中:

> 我曾经有过野心。上帝知道,我自始就多么虔诚地祈祷,希望这一野心之域不要向我开启。我并非不敏于政治荣誉;然而,如果今日能够恢复密苏里限制,

如果决不妥协地痛恨奴隶制扩张,如果整个奴隶制问题在奴隶制存在的地方由于那古老的"宽容"之理势必被取而代之,那么经过考虑,原则上,我将欣然同意,道格拉斯法官永远都不应被踢出,而我也永远都不应担任职位,只要我们双方或者其中一方仍然活着。①

　　这段话似乎有这样的意思,那就是,当重大危机来临时,仅按高尚尺度行事的人在民主政治中无用武之地。当然,林肯的生活和他对政治家方式——不论高低——的明显喜爱,都会使人误解这样的意思。但有一种感觉是,林肯的职业生涯证实了这种贵族式的解读。因为,像亚里士多德所说的拥有伟大灵魂的人——他行为不多但件件伟大——那样,林肯的整个内在生命似乎都在为一场危机做准备,这就是《青年讲堂演说》中所预言的那场危机。与道格拉斯不同,在威尔莫但书的整个事件中,林肯发现自己仅能扮演一个小的政治角色。而且,由于辉格党和民主党在《1850 年妥协案》中的联手,林肯接受了克雷——以及道格拉斯本人——的领导。② 他在作政治学徒期间所学的技巧,并非为了把首府从万达利亚(Vandalia)移至斯普林菲尔德,尽管贝弗里奇参议员与林肯相反,正是为此而学。当威尔逊(Woodrow Wilson)说林肯现象使对民主的信任成为可能时,他的意思是,伟大的道德限制在传统上与贵族德性相连,而且总是显得与遵从民意特别不协调。林肯的任务就是证明,高尚品质如何能够立足于人民的事业。

---

① 《著作集》,第三章,页 334。

② 参见林肯对道格拉斯的 1850 年芝加哥演说的赞扬,该演说为维护《1850 年妥协案》而做,《著作集》,第二章,页 138。上面的引言来自第四章,注释 28(页 413)。

　　还有另外一种感觉,那就是,拥有卓越德性的人不是政治社会的一部分,在此林肯同样与亚里士多德意见一致。让我们先来考虑与拯救者角色不同的奠基者角色。类似摩西、来库古(Lycurgus)①、罗慕洛(Romulus)②或华盛顿等人的任务,是为自己所奠基的[220]政治秩序给出一种模式,就像雕塑家赋予雕塑某种形状。正如艺术家那样,这么做就意味着工作者与其作品的分离和分割。作为奠基者的奠基者,从此就不再是他所建立的秩序的一部分。在稍微不同的意义上,整个建国(或美国独立革命)的那一代人都是如此。他们并非由自己帮助创建的共和国的法律养育成人;与后来者不同,他们的内心从来都不是由这些法律完全塑成的。我们应该看到,这种关系同样也存在于《出埃及记》的故事中,摩西带领走出埃及的那些人像摩西本人一样,不能进入应许之地(the Promised Land)。只有被摩西律法养育成人的后代才进入了应许之地。林肯在《青年讲堂演说》中的论点与《圣经》的观点相似,因为他把热爱新秩序的充满激情的个人动机,归在了独立革命那一代人身上,尤其是归在其领袖们身上。对埃及人的仇恨导致独立,但对以色列的热爱而非对埃及的仇恨才能使以色列长存。对以色列的爱来自那些被律法抚养成人者对律法的敬畏,他们从一出生就被灌输律法,并随着律法一起成长。

　　然而,还有另外一种观点,认为后来者不如建国之父那一代人优秀。当林肯表达反对国父的理由时,即认为对"声望、名誉和地位"的激情为国父们的事业提供了外在力量,他在刻意调整

————————

① [译按]来库古,传说公元前9世纪斯巴达的制订法典者。
② [译按]罗穆卢斯,罗马神话中战神Mars之子,罗马城的创建者,"王政时代"的第一个国王。

论点以凸现凯撒式的摧毁者。但是,国父们的"超然"当然可以从一个更有启发性的角度来看。正如林肯所揭示的,为了事业他们不得不担当巨大风险。然而,如林肯所说,虽然建国之父们的命运不可分割地与共和制度的维系相连,但他们却与共和制度的建立没有关系,除非这是他们的刻意选择。国父们所选择的事业为他们自己带来了风险。华盛顿和杰菲逊本可以由于效劳于乔治三世国王而赢得高位,正如摩西本来也可以平步青云,如果他继续为法老服务的话。奠基者们的超然使他们能够从一个后世人不了解的角度来看共和国。那些由法律养育成人者被教导要维护共和主义,不是把它当作协商式的选择之物来维护,[221]而是把它当作他们自己共和本性的直接后果来自发地维护。但国父们必须拒绝相信他们在被养育的过程中所接受的很多观点。他视共和国为一种选择,他对共和国的维护说明他选择了共和事业而拒绝了一切其他选择。并且,华盛顿的荣耀——比方说——像摩西的荣耀一样,是创建秩序的人的荣耀,这种秩序向整个人类家庭许诺了一种特殊的善,人类一直都渴望这种善,但却从不知道这种善可以实现。历史上关于这样的人的所有令人厌倦的经验都是负面的;独揽重大职责于一身并处于孤独巅峰的人,一旦失败,其狼藉名声总是引起人们无比恐怖的想象。他们得不到社会的肯定,从而心乐神怡,因为肯定他们的社会只存在于他们自己对未来的想象之中。同时,他们必须承受那些渴望埃及声色犬马者的责难,必须忍耐目睹了福吉谷(Valley Forge)①的严冬将夏天的勇兵一个个冻死的人之指

---

① [译按]福吉谷,美国宾夕法尼亚东南部的一个村子,是 1777 年 12 月到 1778 年
　　6 月大陆军司令部所在地,此营地受到严冬的影响,导致了广泛传播的疾病和
　　痛苦。

斥。这样的奠基者了解坚持自己的决定所带来的一切恐怖、威严和孤独。因此,对于他将为之牺牲生命的事物之价值,也许只有他自己才这样衡量。因为,当他拒绝的一切其他选择都围绕着自己,引诱他从未知的航程撤回到更为容易、安全和传统的道路上来时,只有他自己才晓得,此时坚信自己的决定意味着什么。

让我们来思考上述反省的种种后果,因为它们与自认为是维护者的本性和角色有关。林肯认为,共和国的主要威胁来自于凯撒类型的人。这一类型的人与奠基者的天分处于同一水准,因为他们也不欣赏所谓的传统欢愉。尽管由法律养育成人,但他们对法律的看法与其他公民不同;他们摆脱对法律的忠诚,仿佛这法律是梦幻或海市蜃楼,他们像奠基者那样看待法律,视它为一种选择——和一个机会。然而此前的分析表明,凯撒自认为已经摆脱了幻觉,但他实际上却是幻觉的受害者。因为我们已经看到,他选择要实现的野心——即获得名声的野心——仅是另一种形式的传统欢愉。但凯撒的对手一定像凯撒一样,也认为共和国是个选择:一个可供挑选的选择,或者——一个只成为自己野心的工具之选择。奠基者处于他所创建的秩序之外的意义[222]相当明显,同样正确的是,秩序的维护者也必须处于这秩序之外。他同样也一定知晓——不,他一定也能感觉到——所有可能拔掉他对共和国的忠诚的原因。要想成为一个拯救者——不论是个体灵魂还是自由国家的政治灵魂的拯救者——都需要经历旷野中的试探。在成为拯救者之前,他必须经历成为破坏者的所有诱惑。《青年讲堂演说》——其最高主旨是政治拯救——在结尾时说"壮丽的自由大厦"仍然可以立基于"磐石"之上,这样说并非巧合,倘若果真如此,"正如对那个唯一更伟大的制度所说的那样确切,'地狱之门不能攻胜它。'"

林肯对《新约》和《旧约》中类比的精心引述,暗示了对祖先的忠诚之审判必须在随后的政治拯救者身上不断重复。通过表明对公民信仰的最神圣信条——建国之父们的道德和智识之卓越,独立革命的英雄主义品质,以及最重要的人人生而平等原则——的极端怀疑,林肯已经系统地指出了审判的本质。林肯已经说明,对他来说这些信条并非绝对信仰,而是让人感到极度疑虑的问题。然而,林肯不但表明了自己对这些信条的怀疑,而且还表明了他对这些信条的战胜。人人确实生而平等,因为那些真正卓越的人在关键意义上超越了人性。说他们要求得到超过他人的权利是荒唐的,因为这样一种要求意味着他们渴望得到自己并不想得到的那些政治好处。"人人生而平等"仍然是决定性的政治真理,因为那些出于正义可以否定它的人没有否定它的动机,而那些确实否定它的人只能出于不正义的动机才能这么做。

我们也已经指出,国父们是真正的英雄族类,这也一定是林肯最后的真诚信仰。当我们指出,林肯确实已经证明建国者的处境在所有关键方面都重现于维护者的处境中时,我们已明确说出了这一点。关于凯撒式威胁的那段话在结束时说,这是以前不可能存在的一种危险。倘若真是这样,那么接下来必然就是,而今存在一项独特的任务——甚至像革命年代有过的任务一样独特。而且,既然林肯将获取荣耀的机会与任务的独特性联系起来,那么获取荣耀的机会就仍然存在。然而[223]现在我们知道,配享真正荣耀的激情并非获取荣耀的激情。我们理解了,奠基者和维护者都必须超越只是有野心的境界。给予拯救者而非破坏者以同样的尊敬,重建了国父们的英雄品格。

但是,拯救者的任务与原先国父们的任务不同,而且,由于前者更困难因而在关键方面愈显高贵。1861 年 2 月 11 日,当离开斯普林菲尔德而去为国掌舵之际,林肯说自己"面临的是比华盛顿所肩负的还要更为艰巨的任务",他这么说并非一时兴起。初始的建国者领导的是与公然以共和国自由为敌者的斗争——在华盛顿时代基本上是与外来仇敌的斗争。凯撒式危险是一种内在危险,它主要来自膨胀的野心和暴民暴力的巧合。①不过,当人民陶醉于他们自己是一切合法权利的源泉这一观念时,他们就会失去耐心,当暴民暴力——林肯相信确实如此——成为人民失去耐心的一种表达时,它对民选政府就尤其危险。因为陶醉于自己的优越性可能产生这样一种信念,即为保障他们的权利而制定的宪法形式是权利的障碍。总之,人民倾向于将自己的权利等同于自己的情感,并反对阻挠自己情感的障碍,好像它们是阻挠自己权利的障碍。当政治家让人民沉浸在这种错觉中时,凯撒式危险就降临了。当那些以这种方式向人民献媚的人主掌政府时,法律形式本身就可能沦为娼妓。通过小心翼翼地遵守法律的要求,独裁者可以掌控政府,而当他的统治稳定以后,他就会废除这些法律。如此这般,民选政府的实质和个人权利的保障,都在人民和个人权利的名义下被整个废除。在对凯撒式危险的诊断中,林肯最重要的是表达了对杰克逊式民

---

① 我们将会看到,林肯已经完全预见了并在某种意义上同意修正主义的观点,即内战是一场"被煽动起来的危机",是不负责任的领袖玩弄非理性的希望和恐惧的产物。但是,修正主义认为,这是一场不可思议、没有可能和缺乏必要的战争,而林肯对这一危险的诊断——几乎在危机全面爆发之前一代人的时候——与这一观点别同霄壤! 让我们来对比一下《青年讲堂演说》中对专制主义会导致道德-政治危机的预见——专制主义是证明人的自治能力的努力中固有的东西——与以下这段话:"献身于和平并忙于成长事务的美国,就该成为充满内部冲突的狂犬乱吠之地。无论怎样长篇大论地解释,导致这种状况的'原因'都无法让人信服。它发生了;否则人们会觉得难以置信。"兰德尔,前揭,第一章,页 75。

主的一种辉格党观点。我们认为,林肯对杰克逊并非反感,而这是辉格党的官方教义。比如,辉格党的观点认为,杰克逊过分扩大了总统权力,我们无法相信林肯同意这样的观点。道格拉斯比杰克逊更多地体现了杰克逊主义所包含的危险。林肯在墨西哥战争期间曾说,他确实极为恐惧"军人的荣耀——那从腥风血雨中升起的迷人彩虹——那充满摧毁诱惑的毒蛇的眼睛"。[224]杰克逊肯定会利用这样的荣耀,它使杰克逊的追随者们比他们的领袖还要陶醉,而其中以道格拉斯为甚。正如我们已完全看到的,道格拉斯的所有政策都在要求摧毁新世界中的英国势力的加图式(Catonian)呼喊中达到高潮。反对英国的巨大运动可能"平息"美国生活中的各种破坏力量。但《青年讲堂演说》所传达的意思是,道格拉斯那样的政策实际上是承认了自由民选政府的失败。在《青年讲堂演说》的那段话中,林肯说"靠解放奴隶也好,让自由民做奴隶也好",未来的破坏者都将不惜代价追求出名,如威尔逊(Edmund Wilson)所说,破坏者首先考虑的并不是自己未来的角色以及这种角色可能遭到的反对。他想的是伊利诺州奥尔顿市的敌对诸派的激情,以及一些不顾暴民手段和目标的本身对错而不择手段寻求选票的政客。但最主要的,他想的是道格拉斯提出的人民主权这样一个可怕的东西——它本身是杰克逊式民主的一种特殊形式,对奴隶制被投票通过还是废除抱"无所谓"态度。道格拉斯所宣扬的人民主权说正是凯撒式危险的本质;它是人民权利原则的一个卑劣效仿。它暗示人民有权利要任何想要的东西,而不是警告人民,他们为反对**旧世界**所有国王和君主而要求的权利,是他们必须首先尊重自己。

因此,我们看到,要想共和国长存,就必须不断重复创建和奠基的行为。确实,我们可以进一步说,把林肯的论证推至其逻辑结论,必然就要求共和国的重建在任何时候都可以完成,还要求只有当存在那些有着非凡能力和德性的人——我们已经说明,他们在社会之外保卫着社会——时,社会中的人才能继续拥有他们的共和权利。由于第一代人中的那些华盛顿们和杰斐逊们以及八十七年之后像林肯那样的人的存在,就可以证明"人民"有自治能力。凯撒式危险也许随时会出现;它根植于人民的激情力量之中和某些人的邪恶天分之中,这些人[225]以某些虚假体现人民权利合法行使的方式来满足人民的激情。但是,对抗独裁者的人必须拥有独裁者具有的一切统治天分,他有能力——如果他想这么做的话——未经人民同意而统治他们,但他更愿意人民得到自由而不是由他来统治。这样的政治才能意味着一种真理,那就是,独裁者——在先前的分析中——不是人民的主人而是他们的小丑。因为他自己的抱负仅只是理想化的粗俗野心;他能够奴役人民仅仅是因为他首先让自己成了人民的欲望的奴隶。通过把人民引向对外征服、面包和竞技场,他颠覆了共和的自治政府。那些想教导人民不吃嗟来之食——无论这食是在国外还是国内赚得——的人所面临的是一项尤为艰难的任务。但是,这些人自己就是真正的主人,他们单凭己力就已经役使了人民——高贵的役使——他们约束了自己的激情。具有一切野心中的最高野心的人类的真正统治者,在平等观念中看到了如下原则:不但在逻辑上而且在政治上,这一原则都以最高程度的道德自治为必要条件。他的职责——不论是像牧人那样沉默地守护,还是像牧人那样坚定不屈地与狼抗争——是使羊群正道直行。唯有他洞晓这一职责之后,他自己的优越感方属清白正当。

　　奠基国父们的工作卓越而高贵,但又是不完整的。说它不完整并不是要指责国父们。在争取从英国独立出来时,他们不得不借助于报复和仇恨的激情;在诉诸平等权利原则时,他们也无法避免利用那些既会抵抗公正又会抵抗不公的约束之激情。正如杰斐逊那样,必须教导人民如何主张自己的权利。但是,人民还未学会尊重他们所主张的东西。人民还未学会如何有尊严地服从。显然,要学会这一点并不容易。无论是谁,只要他视法律为一己意志的产物——不论路易十四还是美国人民——他就易于认为所有事物都是合法的。然而,不论这一错误有多么易犯或不可避免,它仍然是个错误。不论是谁执行了法律,他都没有破坏法律。但是,人民会自我摧毁,他们能够被[226]独裁主义这个花衣魔笛手(Pied Piper)①带领着迈向自我毁灭,林肯完全确信这一点。要想人民尊重权利所赋予他们的东西,人民就必须服从一种德性的规诫,根据这一德性,他们将以自己的至高权威的名义只要求那些合理的事物,即与他们自己的平等权利的内容一致的事物。林肯认为,人民要获得这种自尊只有一种方法。《青年讲堂演说》就是为了——也如整个政治拯救观念所体现的——支持该演说中的一个实践提案,即"政治宗教"提案。我们注意到,该演说结尾处作了一个比喻,把美利坚共和国比作"唯一更伟大的制度",正如我们之前看到的类似比喻,即把独立革命那一代人比作摩西领出埃及的以色列人。现在我们看到,林肯的政治思想几乎已完全被塑成一个双重视角的比喻,他的政治才能要么是发挥把以色列人救出埃及的功能,要么是发挥弥赛亚拯救世界的功能。林肯的道德想象吸收并融合了《旧约》和《新约》的一些象征。比如,倘若我们不从《旧约》意义上先知

---

① [译按]花衣魔笛手,中世纪传说中解除普鲁士哈默尔恩鼠疫的魔笛手,因得到报酬而把当地的孩子全部拐走。

的所作所为来理解，我们就不可能完全了解，在1854—60年与道格拉斯的整个论战中，林肯认为自己是在做什么。同样，如果不从事工的弥赛亚观念来看，我们也不可能理解林肯对自己在内战中的角色的看法。在讨论《青年讲堂演说》中提出的"政治宗教"时，我们将逾出演说本身的框架，来说明它如何涉及到林肯关于政治拯救和政治才能之作用的整体思想，政治宗教在其较高层面上必须与神圣导师的目的和方法保持一致。由于政治宗教预期的重要性，让我们再现林肯以生花妙笔写下的话：

> 让每一个美国人，每一个热爱自由的人，每一个希望子孙后代平安顺遂的人以独立革命的鲜血起誓，永不丝毫违反国家的法律；也永不容许他人违反法律。就像1776年的爱国者用实际行动支持《独立宣言》一样，每一个美国人也要以他的生命、财产和神圣荣誉保证支持《宪法》和法律；——每一个人都要记住，[227]违犯法律就是践踏他的前辈的鲜血，就是撕碎他自己的和他子女的自由宪章。让每一位美国母亲对在她膝上牙牙学语的婴儿灌输对法律的敬畏——让法律在小学、中学和大学讲授；让它写进识字课本、缀字课本和历本；让它在布道坛布讲，在立法机关宣布，在法院中执行。总之，让它成为国家的**政治宗教**；让男女老少、富人穷人、忧者乐者，各种语言、肤色和条件的人，不断地在法律的祭坛上献身。

我们不禁注意到，与《葛底斯堡演说》不同，林肯在此只是呼吁对法律秩序的献身，并不是像我们所期望的那样呼吁对《独立宣言》以及《宪法》和法律的献身。然而，这一差别让我们想起了

《青年讲堂演说》开始时提出的问题：源自卑贱激情的失序问题，独立革命——也就是独立的召唤——激活了这些激情。事实上，《青年讲堂演说》和《葛底斯堡演说》之间的差别，与其说是真实的不如说是明显的。因为后者改变（而非采纳）了出自《独立宣言》的理论，使之发生了微妙而又深刻的变化。在与道格拉斯论辩的整个过程中——也是他生涯的"先知阶段"，其基调是返归古代之路——林肯坚定不移地把那伟大的中心教旨说成是一种"古老信仰"。因此，在《葛底斯堡演说》中，杰斐逊称之为不证自明的真理在林肯的修辞中变成了"我们先辈"的遗产。这并非表示林肯怀疑这一命题的证据——尽管我们看到他的赞同远比"人民"的赞同复杂——而是在"八十七年"之后，林肯发现这一命题的政治有效性更多是来自对它的继承，而不是来自无援助的人类理性容易理解它。林肯把一个向所有人开放的真理，转变成了一个由于同胞关系而可以分享的东西。在《独立宣言》中，每一个个体都有权判断自己对任何一个社会应负多少责任，这一真理在《葛底斯堡演说》中还加上了保持社会——作为该真理之载体的社会——的道德和精神完整的最高责任。[228]这一真理所引起和要求的牺牲——因为对信仰的背离，在某种意义上是该真理的崇高所施加的道德苛求所致——把那个献身于该真理的国家，从一个纯粹理性和世俗的、精打细算以"保障这些权利"——即个人权利——的国家，转变成了一个其价值超越一切计算的国家。正如在《独立宣言》中一样，在《葛底斯堡演说》中，"人民"不再被设想成由当时活着的不同个体组成的契约联合；"人民"也是一个前接祖先后开来世的联盟；"人民"是有机的和神圣的。因为《葛底斯堡演说》的核心比喻是关于诞生和新生的比喻。对林肯和他的听众——以及任何在《圣经》和柏拉图《王制》所塑造的文明传统哺育下长大的人——而言，新生意指有别于肉体的精神的诞生；它意味着经历了洗礼和灵魂皈依的诞生。正如我们所说，这新生并不仅仅是生命的更新，而是一种更高生命的泉源。因此，在内战中，尤其是在《葛底斯堡演说》和《第二次就职演说》中，林肯将战争解释成为人民的灵魂洗礼所付出的血的代价。

当机遇来临时，经过深谋远虑，林肯已然准备好从美国传统的素材中塑造出一种政治宗教，在 1838 年，他就已经看到，为使我们的政治制度永世长存，这种政治宗教断不可没有。林肯发现，在那个民族的经历中存在两种突出的障碍或敌对，政治宗教的基本任务就是使这两种敌对得到和解。一种敌对是美国的世俗传统和宗教传统之间的敌对，另一种敌对，正如我们已经谈到的，是民选政府诸原则和民众激情之间的内在冲突，它部分是由《独立宣言》本身造成的。

我们可以看到，美国文明在很大程度上主要是由两个的思想和信仰流派汇合而成，一个是清教传统，另一个是 18 世纪以及之后被称为启蒙运动的世俗传统。尽管 18 世纪以来，调适在公众和政治层面上一直都在进行（比如自然神论中忠诚和不忠之间的可笑妥协），但是美国生活中的这些要素大体上仍然彼此仇视。法国革命对美国的影响撕掉了大部分的[229]妥协面纱，加重了之前在表面上被抚平了的敌意。虽然杰斐逊偶尔也会使用宗教语言，但他一生都反对教会对政治的影响，尤其是那些来自新英格兰的影响。尽管他不止一次劝告人们遵循他所理解的基督教伦理，但杰斐逊从来都不遮掩对教会神学的憎恶。诸如三位一体、原罪、预定论、通过信仰（而非善工）赎罪等等这些教义，他都认为是人类野蛮历史的残留或是传教士编造出来迷惑人的思想、帮助自己攫取权力的诡辩。虽然杰斐逊是宗教自由的主要倡导者，然而毫无疑问，他希望并相信宗教自由会使人们

对所有——或几乎所有——天启神学的信仰都衰退式微。毫不
夸张地说,在杰斐逊看来,如果人们想要主张自然权利、并希望
共和国自由长存,则他乐于称之为迷信的宗教之式微绝对必要。
《独立宣言》序言所祈求的并非以色列的上帝或三位一体的位格
上帝,而是自然的上帝,他完全是一个理性主义传统的记录。这
个上帝并没有在西奈山顶的雷电中显现,也没有在信仰恩典、神
的启示或对神圣经典的个人判断中显现。他通过"不证自明"的
真理显现自己;也就是说,通过无援助的推理的自然过程显现自
己。然而,林肯在道德想象的层面上,综合了在杰斐逊那里一直
都是相互敌对的不同要素。他将《独立宣言》的各种真理融入神
圣的和礼仪的戒律之中,使它们成为信仰以及认知的对象。当
《独立宣言》本身不能神化时,通过把内战解释为既是希伯来的
又是基督教的礼仪性的赎罪,林肯使这一戒律在美国人民眼中
变得神圣了。人们是否相信这一解释,并不仅仅取决于对该真
理的智识认知——林肯在 1838 年已经证明,这种认知是激情的
虚弱障碍——它还取决于一种热烈的征服激情的信仰,这信仰
来自那一真理向其信徒索取的可怕代价。因为为不忠付出的代
价——但这代价可以衡量忠诚的价值——可以创造一种支持
《独立宣言》的种种真理的假设,而单靠理性则永远不可能为这
样的假设提供证明。

　　[230]林肯所设想的会创造出"敬畏法律"的政治宗教,首先
在《青年讲堂演说》中得到表达,接着《葛底斯堡演说》又以至美
至善的语言使其得到完善。1863 年的演说认为,国家要献身于
这一思想,但该演说又暗中模糊了这一思想的理性基础。它将
自由之新生与精神从罪的束缚中解放出来的观念——人民从古
老的天启宗教那里早已熟悉了这一观念——联系起来。正是通
过这一联系,林肯给出了政治自由的观念,对于西方世界来说,

这是一个如此之新的观念，这是一种只与古老事物天然契合的尊严感。庄严神圣与平和稳定之间的联系在《联邦党人文集》第四十九篇中有最为精彩的表达，我们在此引用它将会获益匪浅：

> 如果所有政府的确以舆论为根据，那么同样真实的是，舆论在每个人身上的力量以及对个人行为的实际影响，取决于拥有同一意见的人数。人的理性，就像人自身一样，在独处时是胆怯小心的，他的坚定和信心是同他联合的人数成比例的。当加强舆论的例子不仅数目多而且又是年代久远时，它们就会有加倍的效果而为人所知。在哲学家的国度里，这点可以不加考虑。开明的理性之声会充分教育人们敬畏法律。但哲学家国度像柏拉图所希望的哲人王一样，是盼不到的。而且在任何其他国度中，最讲道理的政府也不会认为公众对它的偏护是多余的优势。

美国人民对他们祖先的信仰的背离，就像摩西带领的人民对他的信仰背离一样，是背离了即刻可得的真理。无论是夜里的火柱和白日的云柱，还是人人平等的理性的不证自明，对上述两种人民的行为都没有多少"实际影响"，而这行为是他们的使命要求他们去做的。犹太人被带领走出埃及，为的是践履一个承诺，他们得到这一承诺并非由于自身的功德，而是由于亚伯拉罕、以撒和雅各的功德。同样，我们看到，美国人民注定会受[231]平等权利政府的福佑，是由于建国之父们的功德。但是，正如犹太人在埃及寄居时仍然自甘堕落一样，美国人民难配他们自己的使命。由于他们的不忠，他们注定要蒙受苦难，在苦难中，他们的心灵才会洁净，信仰才会执著，不论奇迹还是理性本身都不可能达到这样的效果。

正如我们所看到的,政治宗教的必要性在林肯对自由民选政府问题的分析框架中有着特殊意义。在与道格拉斯论辩中,林肯一再强调,在我们这样的政府中,公众情感就是一切,它决定了法律能否实施,也决定了判决能否执行。因为在这里不存在意志有别于人民的君主或统治阶级,因此人民就尤其必需自制,故而就格外需要《联邦党人文集》第四十九篇所说的"加倍的效果",格外需要那种源自对法律的敬畏的支持道德约束的"偏见"。但是,敬畏是一种崇敬,崇敬只能献给值得崇敬的事物;那就是,古老的事物。敬重古老的观念是一种特殊的必需,对自由民选政府来说也是一种特殊的困难。因为这样的政府是——没有人比林肯更热烈地相信——立基于人人生而平等的命题,但是,这一命题不仅包含个人之间的平等而且包含代际之间的平等;因此,它对敬畏尤其具有破坏性。《独立宣言》因此不仅表达了作为自由政府之基础的核心真理,而且削弱了敬畏的可能性,而这敬畏单独就能够使建立在那一真理之上的政府得到稳固。正如《联邦党人文集》第四十九篇所说,如果单是启蒙理性之声就能够治理人们的话,那么这种敬畏就不是必需的了。然而,正如林肯警告的一样,《联邦党人文集》也警告说,倘若靠这种声音作为公众激情的唯一约束的话,那就异常愚昧了。

这一真理与它所削弱的敬畏之间的张力,只是激情和理性之不可能调和的另一种表达。我们以前说过,在政治宗教方面,林肯寻求的是调和美国世俗传统和宗教传统中的敌对因素。如果说一种因素呼吁没有理性的敬畏,而另一种因素呼吁没有敬畏的理性,那我们就可能是出于方便而过于简化了这一对抗。然而,如果没有其中一个因素,则另一种因素在政治上就不是真确或可行的,对两者而言情况都是如此。[232]在林肯的共和主义神学中,这一张力可以被比作基督教传统中的原罪。我们已经注意到,1838 年《青年讲堂演说》中所表达的政治拯救观念指向了政治拯救者。在《美国总统之职》(*The American Presidency*)一书中,罗西特(Clinton Rossiter)有切中肯綮的表述:"林肯是至高奥秘,是美国经验中内涵最丰富的象征。正如有人以既非不尊敬也非亵渎的方式评价说,他是民主激情行为的受难基督。"就像他的意外死亡一样,林肯一生中的很多事情本来可能都是偶然——或天意——然而他的逝世却使他的生命成为奥秘。这奥秘既非偶然,亦非天意。这奥秘是睿见并诗才的嘎然而止,这奥秘是为"人民自治能力"问题献祭己身的生命之凝练、出色而圆满的终结。

第十章
关于政治中庸的教诲

林肯《禁酒演说》分析 *

A. 禁酒运动的当前成功(1—18)

  I. 庆祝当前的成功(1—2)

  II. 当前成功的原因:新旧禁酒运动倡导者之对比(3—18)

    a. 旧派倡导者缺少可接近性:用人错误(3—4)

      1. 他们缺少可接近性

        a'. 因为缺乏所谓的同情

        b'. 因为缺乏所谓的公正

      2. 与华盛顿禁酒协会成员对比:

        a'. 同情

        b'. 公正

---

* 注:括弧中的数字对应 1842 年桑嘉莫杂志(*Sangamo Journal*)中所刊登的演说文本,后重印于《著作集》,第一章,页 271—79。刊登的文本中的段落并没有数字。

b.　旧派倡导者策略的不明智:措施错误(5—18)

　　1.　不明智的谴责(5—16)

　　　　a'.　其失策之处(5—8)

　　　　　　1'.　其无效性

　　　　　　　　a''.　因为不同情

　　　　　　　　b''.　因为必然会制造对抗

　　　　　　2'.　华盛顿禁酒协会成员的有效性

　　　　b'.　其不公平之处(9—16)

　　　　　　1'.　舆论普遍许可饮酒:因此并非不正当

　　　　　　　　a''.　舆论的证据

　　　　　　　　b''.　舆论的解释

　　　　　　　　c''.舆论的评价

　　　　　　2'.　谴责的不人道:因此不正当

　　　　　　　　a''.　违背利他激情的本性:因此卑贱

　　　　　　　　b''.　违背利己激情的本性:因此愚蠢

　　2.　与华盛顿禁酒协会成员智慧的对比(16—18)

B.　未来成功的原因(19—24)

　I.　自新酒鬼的传教式工作(19)

　II.　不饮酒者的合作(20—24)

　　a.　不饮酒者对合作益处的疑虑(20—22)

　　　　1.　对禁止饮酒的益处的疑虑

　　　　　　a'.　疑虑[234]

　　　　　　b'.　消除疑虑:"普遍的"舆论的证明①

　　　　2.　对不饮酒者发誓的益处之疑虑

　　　　　　a'.　第一个疑虑

　　　　　　　　1'.　姿态的空洞

---

① 　[译按]Public opinion,既可译为"民意",也可以为"舆论",以下翻译视情况而
　　定。

　　　　　　　　2'. 消除疑虑:道德榜样,并非空洞姿态

　　　　　b'. 第二个疑虑

　　　　　　　　1'. 道德榜样无效

　　　　　　　　2'. 消除疑虑:道德榜样若成时髦,则极有影响

　　b. 不饮酒者担忧合作可能带来的伤害(23—24)

　　　　1. 担忧:他们将与酒鬼打成一片

　　　　2. 消除担忧:

　　　　　a'. 来自基督教的理据:发誓后,他们仿效的是高于他们
　　　　　　　的基督,而非在他们之下的酒鬼

　　　　　b'. 来自理性和经验的理据:酒鬼作为一个阶级并不低
　　　　　　　下,因此没有贬低自己的危险

C. 禁酒革命与 1776 年的关系(25—30)

　　I. 两次革命所招致的苦难和舒解的苦难之对比

　　　a. 政治革命

　　　　1. 其益处(25)

　　　　　a'. 过去与现在

　　　　　　　1'. 所取得的政治自由超过任何其他地方的任何
　　　　　　　　　成就

　　　　　　　2'. 解决了人是否有能力自治的问题

　　　　　b'. 未来:人类普遍自由的萌芽

　　　　2. 其代价:饥荒,死亡和疮痍(26)

　　　b. 道德革命(27)

　　　　1. 其益处:道德自由优越于政治自由

　　　　2. 其代价:"寡妇的恸哭"与"普世的[235]幸福欢歌"之对比

　　II. 两种革命的后果:普遍的理性统治(28)

　　III. 两种革命的荣耀(29—30)

　　　a. 那片将成为两种革命的诞生地和摇篮的土地之荣耀(29)

　　　b. 华盛顿之名的荣耀(30)

[236]在分裂之家演说之前二十年，《青年讲堂演说》预告了一场危机，这场危机必须在人民自治能力被证明之前来临并通过。从 1838 年席卷全国的暴民暴力中，林肯看到了这场危机的乌云正在聚集。他对导致那些暴力的原因之分析，说明他不相信这危机是民众转瞬即逝的情感波动，而是独立革命建立的政府所特有的一种病患。当然，我们本就不能期望他要求自我约束的劝告会成为这种恶的缓和剂。这样的劝告只能指明，实施真正疗救的人必须到底是怎么样一个角色，然而，很明显，实施真正疗救的机会仅部分掌握在疗救者手中。政治拯救者就像那另一个弥赛亚，在挺身而出之前，他必须等待预言——这预言恰就暗含于他对自己的重任之设想中——的实现。

《青年讲堂演说》结束时说，"自由神殿的[古老]柱子……已经烂掉了"，这神殿"也非坍塌不可，除非我们……用从理智这一坚实采石场开采出来的其他支柱来代替"。第一座神殿的柱子，即独立革命时代国父们的作品，可以说并非取自坚实的材料。正因为如此，神殿才无法永世长存。必须用岩石建造另一座神殿，它将作为"唯一更伟大的制度"而长存。像前一种制度一样，这种制度也[237]以一种启示录的眼光看到了自己的结局，这结局就是，当"最后审判日的号角唤醒我们的**华盛顿**"时，他会发现共和国仍然自由，共和国的土地未遭敌人铁骑的践踏，而他的英名仍受尊崇。《青年讲堂演说》中有很多似是而非的说法，这是它的典型特征，而在这里，对激情再次献身的热烈呼召被描述成对"理智——冷静、深谋远虑、不动感情的理智"的恳求！

我们已经看到，由于平等观念所造成的人民权利和人民责任之间的内在张力，国父们的作品在某种意义上注定会失败，至少是暂时的失败。生命、自由和对幸福的追求，要求政府用制度来"保障这些权利"。人民有维护保障这些权利的宪法和法律的神圣责任；但人民的无政府激情是如此激烈，以至于有人期望只要在智识上承认这一事实，就足以创造服从，这本就只是乌托邦式的想法。由于国父们最初和最成功的功业是要制造对古老的已存秩序的违抗，因此灌输敬畏思想对他们来说本就尤其困难。我们已经看到，《联邦党人文集》的作者们完全知道需要敬畏。①在我们引用过的第四十九篇中，出现了《青年讲堂演说》主题的更深表述：

---

① 为了眼下目的，我们仅限于粗略对比《联邦党人文集》所阐述的立国之父们对敬畏的一般看法——华盛顿和杰斐逊都称许它是《宪法》各种原则的最权威阐述——和林肯对敬畏的看法。然而，还有两个评论必须说一说。首先，华盛顿的威严形象在开始的八年里发挥了制造约束——这种约束最终源于敬畏法律——的作用。因此，在共和国早期华盛顿扮演了类似君王的角色，他运用事实上高于法律的个人权威——如果愿意，他确实可以选择破坏法律的权威——来创建法律。其次，我们会考虑到，众所周知，汉密尔顿偏爱用英国辉格党理论的某些贵族政治机制来稳定民主激情。汉密尔顿是林肯在联邦党－辉格党－共和党传统中最重要的智识前辈，二人之间的不同是，林肯不是通过假借非民主历史中的反民主设计，而是通过从民主的精神气质内部发展出这些约束，以作为对那种精神气质的完善，从而抓住了开展出对民主的贵族政治约束的必要性。

　　我们应该想到,所有现存的宪法都是在制止了最
不利于秩序和和谐的热情之危险中制定的;是在人民
热烈信任其爱国领袖,从而消除了平常在重大的全国
性问题上的意见分歧的情况下制定的;是在由于对旧
政府的普遍仇恨和愤怒而产生的对新的相反形式的政
体的普遍热望中制定的……我们通常一定期望置身其
中的未来局面,不会对我们所忧心的危险提供任何相
应的防御。

　　尽管《联邦党人文集》极为清晰地提出了林肯的问题,但是,
其基本解决思路取决于如下观念,那就是,在"用相反和敌对的
利益来弥补较好动机的缺陷之政策"的基础上,建立政治制度是
可能的。① 汉密尔顿和麦迪逊认为,理智应该控制和管理政府,
激情应该由政府控制和调节。② "野心必须[238]用野心来对
抗。人的利益必然是与当地的宪法权利相联系。"我们看到,林
肯认为这种方法并不足够——断言其不足够,而非不正确——
因为他否认最高的野心应在宪法中占有一席之地。确实,我们
可以感觉到,林肯在自己的方案中还是让野心来对抗野心,必须
让弥赛亚式的抱负来对抗凯撒式的野心。但是《宪法》所必需的
忠诚,只能产生于更高贵的卓越洞察,而不是来自一套设计精良
的机构。林肯对像《联邦党人文集》这样一个文件的判定,可以
从《青年讲堂演说》的结尾处推断出,在那里,他将"冷静、深谋远
虑"的理性与末日审判联系在一起。

　　正如我们所见,林肯的解决方法是将天启宗教的激情嫁接

① 《联邦党人文集》,第51篇,Modern Library 版本,页337。
② 同上,第49篇,页331。

在俗世的政治理性主义的躯体之上。这与国父一代人的努力有
何不同呢？我们可以通过以下比较看出答案，这就是将《葛底斯
堡演说》的抑扬顿挫不仅与《独立宣言》，而且与以下来自《华盛
顿告别演说》的一段话做比较（这篇演说是华盛顿与汉密尔顿和
麦迪逊合作而成）：

> 在导致昌明政治的各种精神意识和风俗习惯中，
> 宗教和道德是不可缺少的支柱。一个竭力破坏人类幸
> 福的伟大支柱——人类与公民职责的最坚强支柱——
> 的人，却妄想别人赞他爱国，必然是白费心机的。政治
> 家应当同虔诚的人一样，尊敬和爱护宗教与道德……
> 如果宗教责任感不存在于法院赖以调查事件的宣誓
> 中，那么，哪能谈得上财产、名誉和生命的安全呢？而
> 且我们也不可耽于幻想，以为道德可不靠宗教而维持
> 下去。高尚的教育，对于特殊构造的心灵，尽管可能有
> 所影响，但根据理智和经验，不容许我们期望，在排除
> 宗教原则的情况下，民族的道德仍能普遍存在。

要找到同时在语气和情感上与林肯的信仰更加龃龉的林肯
式学说的更加凝练的表达，将是困难的。华盛顿对宗教和道德
的实用功能的讨论，类似于《联邦党人文集》对《宪法》之下政府
权力的[239]机械分配的讨论。尽管林肯曾谈到"唯一更伟大的
制度"，但政治人物在此据说拥有与虔诚之人"同等的"动机，仿
佛"人的快乐"和永恒幸福是处于同一层面之上！华盛顿指示我
们，当心沉迷于如下看法，即没有宗教也能够维持道德。但就在
下一句话中，华盛顿强调，理智和经验告诉我们，不要期望"民族
的道德"没有宗教原则仍能普遍存在。而且，他明显地将这样一

个问题——宗教对受过良好教育的高等头脑的要求——搁置一边。在此我们看到了18世纪的理性主义和宗教的混合，一如油水难溶。华盛顿将虔诚"等同于"政策，让我们比较一下这种"等同"与林肯的如下表白，这一表白引自1846年散发给伊利诺州第七国会选区选民的传单，当时林肯正竞选众议员，而他的对手、福音派牧师卡特莱特（Peter Cartwright）已经公开谴责林肯不忠：

> 我认为，我本人不能够支持这样一个人担任公职，我了解，他公然与宗教为敌，嘲弄宗教。姑不论他与他的创造者之间的永恒结局这类更高（强调为本书所加）事物，我仍然认为，任何人都无权这样侮辱他活于其中的社会的情感，并伤害这社会的道德。①

华盛顿提出，人需要敬畏，而且他还承认（比他所坚持的还要深），敬畏（或责任）源于宗教所赐予的神圣感。然而，在华盛顿对需要敬畏的讨论中，竟然没有敬畏的蛛丝马迹；神圣被当作了世俗的必需之物。在林肯那里，世俗被转化成了神圣，但在华盛顿那里，敬畏上帝的人在世俗秩序中之存在只不过是有益于世俗秩序而已。

在1781和1782年的《弗吉尼亚纪事》以及一篇关于1776年精神的非常杰出的权威评论中，杰斐逊有一些类似的反思，这些反思也颇值我们注意。以下段落来自"第十七个询问"，是关于弗吉尼亚的不同宗教的问题。杰斐逊刚刚列举了古老的普通法对异端的惩罚方式的某些遗迹：

---

① 《著作集》，第一章，页382。

　　这便是一个[240]曾经为了建立自己的公民自由
而不惜耗费生命和财产的人民却愿意生活于其下的那
个宗教奴隶制度的概观。思想活动和身体行为一样都
应该受到法律强制管辖的错误想法,似乎还未完全根
除。然而,我们的统治者只有在我们已经把这样的自
然权利交给他们的时候,才能对自然权利行使权威。
信仰的权利我们从来也不曾交出去,我们也不能交出
去。我们要为这种信仰权利向上帝负责。政府的合法
权力只能对损害他人的行为进行干预。但是,倘若我
的邻人说有二十个上帝,或者说没有上帝,这对我毫无
伤害。这不等于偷我的腰包,也不等于打断我的腿。[①]

　　杰斐逊在此表达的宗教自由和公民自由之本质和价值的观
点,毫无疑问就是林肯的观点。或者我们应该说,它既是林肯的
也是杰斐逊的观点;因为我们在这两个人那里都发现了体现属
于前述理论的类似资格的表达。杰斐逊不可能真的认为政府的
目标仅是防止对身体——或腰包——的伤害。另一方面,当林
肯说没有人有权侮辱其同胞的情感或伤害他们的道德时,他的
意思并不是说公民享有合法抗拒这种伤害的政治权利。他的意
思是,当冒犯者失去同胞的尊重和善意时,他就得到了公正的惩
罚。杰斐逊对这一点也心有戚戚,他说:"如果说他[即嘲弄者]
在正义法庭中的证词不能信靠,那就拒绝接受它,让这证词成为
他的耻辱之标记。"这两个人都认为,社会耻辱感应成为让人鄙
视的异端的应得和恰当报应。但是,杰斐逊公开地、或者更可以

_____

① 《杰斐逊全集》(*The Complete Jefferson*),Saul K. Padover 收集并整理(New
York:Duell Sloan & Pearce, 1943),页 675。

说是愤怒地表达了自己对更古老的宗教传统——这种宗教传统认为,政府权力可以为永恒拯救贡献良多——的鄙视,而林肯永远都不会像杰斐逊那样表达这样的态度。林肯绝不会如此做的原因,杰斐逊就是在那篇著名《纪事》的下一个问题中做了最好的解释。以下引文在林肯眼中不啻珍宝,只有《独立宣言》本身才可以比它更贵:

> 当我们消除它们唯一坚实的基础,亦即消除人们心中认为这些自由都是上帝所赐的信念时,一个国家的自由还能够被认为是安全的吗?[241]这些自由之受到侵犯,不是只能引起上帝的愤怒吗?的确,当我想到上帝是公正的时候,我不禁为我的国家而颤抖;他的公正不会永远长眠不醒……①

如果我们自由的唯一坚实基础就是对特殊天意的信仰,相信只要依赖一个位格的上帝我们就会获得权利,相信上帝会对尊重或不尊重权利的行为做出赏罚,那么,对于一个人不能通过传播无神论和怀疑论伤害另一个人这样的观点,杰斐逊会怎样看呢?答案很可能是,"理智和自由探讨是抵制谬误的唯一有效力量。任由理智和自由探讨奔放吧,它们会把每一种谬误的宗教告上理智和自由探讨的法庭并对之进行审查,以此来支持真正的宗教。"②然而,在这一著名警语中,却有一种天真的乐观主义。我们怎么知道,理性和自由探讨的法庭有下达传票的权力?可是杰斐逊并不天真,从出自同一段落(第十七个询问)的下述

---

① 《杰斐逊全集》,页 677。
② 同上,页 675。

引文中,我们可以明显看出这一点。在这里,杰斐逊呼吁支持人民对民选政府各种原则的尊敬,这表明,对于美国政府的基本问题,华盛顿、汉密尔顿、麦迪逊、杰斐逊和林肯所见略同,令人感铭。

> 让我们……在可能时,除去这些[被旧的普通法保存下来的异端的]暴虐的法律吧。诚然,由于时代精神,我们在这些法律下面还不会有什么危险……但是,人民的精神是一个不可能犯错的、永恒的依靠吗?……时代的精神可能变化,将要变化。我们的人民如果粗心大意的话,我们的统治者就将腐败。……再四重复下面的话都不为过:趁着我们的统治者诚实正直以及我们自己团结一致时,要把每一项重要权利都固定在法律的基础上。这场战争一结束,我们就会江河日下。那时将没有必要每时每刻都请求人民支持……人民也将忘掉自己,只有赚钱的本领,而决不想联合起来去争取统治者尊重他们的权利。①

杰斐逊在革命的火热情感中看到了将公民自由和宗教自由的各种原则确立在公法中的罕有机会。杰斐逊充分预见到了林肯在 1838 年以及之后所悲叹的故态复萌。但他似乎并没有料到,[242]一旦人民的精神远离了法律,法律本身就靠不住了。而且,杰斐逊信仰"理智和自由探讨",他也相信,民众通常会专注于赚钱而非专注于自己的权利,但这两种信念却扞挌难通。因为,如果人民要想通过保持团结一致来获取"统治者"对他们

---

① 《杰斐逊全集》,页 676。

权利的应有尊重,人民自己首先必须尊重自己的权利。杰斐逊
和林肯都认为,这种尊重有赖于一种坚定信仰,那就是,权利乃
公正的上帝之恩赐。任何一个心忧天下的政治家都不会对削弱
这种信仰的事物无动于衷。相反,他必须坚信,加强这一信仰是
政治家的首要和最高任务,因为这一信仰是一切其他政治之善
的必要条件。然而,林肯和杰斐逊都认为,这一任务是普通意义
上的政治架构之外的事情。法律不能命令人们赞同诸宗教教
义;相反,命令人们赞同法治才是诸宗教教义的功能。在杰斐逊
看来,如果人民能够支持基于自己权利之上的法治,那么理智和
自由探讨就将支持真正的宗教。但理智和自由探讨不可能在暴
民暴力的氛围中履行自己的天命;为了使自己有效,理智和自由
探讨要以林肯的"政治宗教"为先决条件,而"政治宗教"也是杰
斐逊所信仰的神圣正义之"坚实基础"。

　　无论是《葛底斯堡演说》,还是林肯的《第二次就职演说》,其
核心思想的基本文献,除来自《旧约》和《新约》外,还来自杰斐逊
的著作,这一点很重要。林肯称杰斐逊为"我们历史中最杰出的
政治人物"。《纪事》第十八个询问——我们已经引用了其中一
部分——中包含了杰斐逊惊人的"命运之轮的往复"这一预言。
他预言,有一天,这个大陆上的白人种族和黑人种族的地位可能
会颠倒过来。不仅如此,而且这样"一种处境的互换……靠超自
然的干预极有可能发生。全能者没有在这场争斗中偏袒我们的
任何属性。"他又以预言的口吻说:"任何人都胆敢让公正的上帝
帮助自己从他人脸上的汗水中榨取食粮,这岂不难以思议?"然
而,当杰斐逊在《纪事》中结束这场讨论时,他就彻底公然背离
[243]此前的预言——"这场战争一结束,我们就会江河日
下。"——并乐观地期待"主人的锐气在减退,而奴隶的精神却自

尘埃中开始昂扬,他的生活苦况在缓解,在上苍的保佑下,我希望自己正在为彻底解放做准备……这解放应经主人的同意,而不是消灭主人。"

不过,当杰斐逊看到人民专注于赚钱——尤其是当利用拥有这些权利的身体和灵魂的私下交易而可以赚钱时——会削弱他们对人权的尊重时,其识见何止"正确"一词能言!杰斐逊毫不妥协地贬损天启神学,对天启神学的鄙视之语在他的著作中比比皆是,他也批评偷腰包、打断腿的无法无天。但是当他思考黑人奴隶制度时,他就不得不以天启神学的最神圣庄严的语言来陈述己见,这不能不令人印象弥深,且其重要性难以言说。按照杰斐逊的前提,要削减主人精神中的贪婪,唯一妙道似乎就是相信,那位活的上帝终有一天会使奴隶的无偿劳苦所堆积起来的所有财富之山都沉没洋底,并相信主人自己的生命和自由会在骚乱中烟消云散。杰斐逊反对教权主义影响的战争是一场高贵的战争,因为它旨在确立宗教自由。不过,倘若我们认真考虑他自己关于公民自由和宗教自由之基础所说的话,那么显然杰斐逊将战争打得太过火了。而且,当杰斐逊警告同胞,他们因怙奴隶制之恶而不悛会遭天谴时,他作为一个自由思想家的恶名使人们很难——如果不是不可能——认真对待他的警告。

然而,我们一定不要认为,因为林肯想用美国人民的宗教情感来支持美国人民的政府形式,所以他就看不到宗教激情也会威胁公民自由。事实恰恰相反。为政教分离、废除国教以及宗教自由的诸多合法形式而进行的斗争大都胜利了;杰斐逊事实上取得了完全的成功。但是,美国政治生活中的神学不宽容性现在采取了一种更诡秘、更危险的形式。19世纪中叶,一系列所谓改革运动——禁酒运动、废奴运动(以及南方的相反运动,即支持奴隶制、宣扬其积极意义)、本土主义运动、①青年美国主义运动、女性主义运动(其早期表现)——席卷美国,[244]这些运动的动力大多来自教会的鼓励以及它们与教会的联系。仅用一个词就可以总结19世纪中叶这些运动的共同核心,那就是千禧年主义(millennialism)。②激励改革者的愿景不是一个更美好的世界,而是一个几近完美的世界,一个新的耶路撒冷。他们的世界是将信仰的弥赛亚精神与天真的理性主义之内核和此世的乌托邦主义结合在一起的世俗化的清教主义。在《禁酒演说》——我们下面很快会论及——的结语中,林肯描述了这次运动的目标:使一切激情最终服从理性,一切物质最终服从思想。在这里,"改革"的意思并不是人的处境的改善,而是人性的彻底改变。

禁酒运动和废奴运动都曾得到福音书精神的哺育,而林肯关于禁酒不得不说的话,让我们洞见了他对改革的整体看法,正如我们在这两个运动当中都感受到的那样。在某种意义上,"禁酒"在两者中更为根本,因为它并不是指亚里士多德的激情的中庸(无过无不及的激情),而是意味着彻底消除激情对人的行为的影响,而动产奴隶制仅是这种影响的一个后果。林肯确实相信,奴隶制源自败坏的人类激情。杰斐逊曾说,尤其是在温暖的气候下,如果一个人可以强迫另一个人为他劳动的话,那就不会

---

① [译按]美国本土主义运动是美国历史上一场以排外思想为理论根基,以反对天主教、犹太教、亚洲和拉丁美洲移民为主要任务,以一些兄弟会性质的组织为骨干,以维护美国白人主流文化为主要目标的运动。此运动自19世纪70年代开始,断断续续存在多年,至今余波未尽。美国本土主义运动与移民问题紧密相连,与美国社会多元文化的存在和发展息息相关,同时还与美国白人种族主义、美国民族主义、美国主流宗教等问题不可分割。

② [译按]千禧年主义,基督教神学末世论学说之一,认为在世界末日前,基督将亲自为王,治理世界一千年。引申为太平盛世到来论,革命创造理想社会论。

有一个人去为自己劳动了,林肯以不同形式多次重申过这一观点。① 然而,林肯敏锐地意识到这样一种危险,那就是,极端期望此世的完美,会产生极端的政治解决方案,而极端的政治解决方案会要求那些贯彻该方案的人采取极端的措施并拥有极端的权力。合宜于天国的期望对一个共和国的自由而言,很可能是致命的。神学不宽容的精神——杰斐逊认为它不是实现神学目的的权力工具——可能成为报复性的胜利,如果它抓住世俗理性主义的目标当作自己的目标的话。

我们看到,在《青年讲堂演说》中,林肯不仅高瞻远瞩、预见了威胁我们政治制度长存的危险,而且还对这些制度一开始就立基于其上的各种原则提出了严厉批评。批评的目的并非是要动摇想成为制度长存之维护者的信心,而是要使他受到更多的启迪。我们明白了,[245]对最高的献身目标持一种批评性的超然态度,怎么样又为什么是奠基者和拯救者必需的品质。但是,林肯不仅视自己为政治制度的拯救者,而且正因如此,他也视自己为政治宗教的奠基者。于是这就体现、也需要另一种类似的批评性超然态度。林肯的《禁酒演说》含有神学上的批评,这一批评与他对独立革命教义的批评并行不悖。

像《青年讲堂演说》一样,《禁酒演说》起因于当时的政治发展状况。当林肯发表这一演说时,他很难预见,是禁酒还是奴隶制将会成为左右近几年选票的主要问题。著名的《缅因州酒类控制法》是《1850 年妥协案》之后不久在该州通过的,接着,马萨诸塞州、佛蒙特州、罗德岛和康涅狄格州也仿效缅因州通过了类似法律。禁酒的骚动 1855 年在伊利诺州达到高潮,在林肯第一

---

① 比较杰斐逊在第十八个询问中对此效果的评论(Padover 编辑,页 677)。

次竞选参议员失败的两个星期之后,该州通过了一部类似《缅因州酒类控制法》的法律。然而,那时林肯已怀有反对奴隶制的远大志向,并且发现对禁酒问题保持沉默方属明智。而在1842年,他却在活跃地倡导禁酒事业。林肯并不像那些改革者那样相信禁酒运动,我们认为要证明这一点并非难事。我们会在演说中看到,不宽容精神是禁酒运动"旧派倡导者"的特征,而林肯否定这种精神,正如他后来要否定布朗和废奴运动一样。林肯历经多年一直反对废奴,但是,就像他在此之后成为**伟大的奴隶解放者**一样,我们在此发现,他以一种先发制人的姿态,通过夸张地使自己居于一场运动——他对这场运动的反对多过赞成——的最前锋,而完成了另一桩类似的丰功伟业。

尽管林肯对废奴主义者和禁酒改革者几乎没什么同情之心,但这是因为林肯不赞成他们的情绪和方法。他对废奴运动终极目标的同情不容置疑,他对禁酒——如果正确理解这一说法,而不是像那些所谓改革者所理解的那样——的同情同样不容置疑。至于本土主义者、反移民主义者、一无所知党人以及那些自封为"美国人"的人,林肯只感到厌恶和鄙视。林肯曾说,他如此憎恶[246]对黑人的压迫,又怎么可能赞同贬低白人的地位呢?然而,正如道格拉斯需要支持奴隶制者的选票一样,终有一天林肯也需要一无所知党人的选票,这是林肯的政治宿命。正如我们注意到的,禁酒运动作为激进新教教义的一个支流,含有反天主教和反外国人的弦外之音。它尤其含有反对爱尔兰人的意思,因为爱尔兰人不但信仰罗马天主教而且据说颇有酒瘾。顺便说一句,《禁酒演说》中还有一个温和的爱尔兰人笑话。笑话虽然毫无伤害之意,但它不但利用了听众的幽默感而且还利用了他们的偏见,并巧妙地将听众的注意力从一个本来可能很危险的理论上移走,这一理论就是:与此世对道德的支持相比,来世对道德的支持是荒唐的。辉格党人林肯可以如此开爱尔兰人玩笑;但民主党人道格拉斯是否也会这么做,却值得怀疑。总之,林肯的《禁酒演说》热烈颂扬美德并谴责邪恶,从表面上看只是一个俗套的演说,然而,它却是一艘装备精良齐全的航船,准备要在 19 世纪中叶美国最猛烈的种种选票大潮——禁酒、废奴、本土主义——中乘风破浪。

不过,演说的主题是四枢德之一,而不是什么实在的政治倡议。林肯在这样一个场合是如何讨论美德的呢? 让我们考虑一下他演讲的场合的性质吧。以下段落引自贝弗里奇所著的《林肯》第一卷:①

> 全国上下都在进行的禁酒运动……现在在伊利诺州也是如火如荼;而且……一场不同寻常的禁酒骚动也在进行之中。反对酗酒的情绪,已在向立法机构的请愿中作了表达,并已经达到白热化的程度,每一个城镇都在召开热烈的禁酒会议。林肯加入了这一运动,在许多村庄和小村落都做过禁酒演说。主要由改邪归正的酗酒者组成的"华盛顿人禁酒协会"风靡全国……当此协会在斯普林菲尔德建立分会时,林肯于 1842 年华盛顿诞辰纪念日给分会成员做了一场禁酒演说。
>
> 那是一个伟大的时刻。从十一点直至中午,人们一直都在街上列队游行。为首者是"贝克上尉(Captain E. D. Baker)②指挥的雄赳赳的桑加莫(Sangamo)

---

① 贝弗里奇,前揭,页 324。

② 贝克也是辉格党人,但在政见上是林肯的敌手,尽管两人私下是朋友。林肯次子即从贝克命名。

卫队。""水泄不通的人群"聚集到[247]举行活动的第
二长老会教堂。是日艳阳高照,群情欢欣,禁酒的歌曲
响彻云霄。这歌声让大家如此"愉悦开怀",以至于"有
几首歌被要求再唱一遍"。最后,十二点一过,林肯站
了起来,开始对满满一教堂听众讲话。

这是当地一种古怪有趣的场合,是信仰复兴布道会、政治集
会和球赛鼓气集会混杂的场合。在这种气氛中,林肯发表了演
说,演说的主题曾让雅典和耶路撒冷以及各名校聪明绝顶的脑
袋绞尽脑汁。我们很难想象,还有什么场合比这场合更易于
讲说关于人的灵魂的所有陈词滥调了,而林肯在这一场合的表
现足以说明,作为在他之前的那些大师中的最伟大者的学生,他
当之无愧。

林肯确实以某种方式讲出了那一场合所要求的一切陈词滥
调。但这些老生常谈并非是他的灵魂的陈词滥调。从某种意义
上看,老生常谈在公开演说中不可或缺。但我们相信,问题在
于,当演讲者与听众打成一片时,他是否就此放弃了他自己的任
何独立身份,为了听众而获得了——至少在演讲中(这确实是抓
住听众的不可或缺的基础)——一种新的身份。《禁酒演说》公
开讨论了这一设问:

> 要想影响人们的举止行为,就应该采取劝说的办
> 法,亲切的而不是装腔作势的劝说。常言说得好:"一滴
> 蜂蜜引来的苍蝇比一加仑苦胆汁还要多。"人也是一样。
> 如果你想争取一个人支持你的事业,首先就要说服他,
> 让他相信你是他的真诚朋友。这里面就有一滴赢得他
> 的心的蜂蜜,而他的心,乃是通向他的理智的捷径……

　　接下来我们可能会设想,林肯将举出实际运用这一格言的例子。虽然演说的形式或外在主题是赞扬禁酒的运动,但其真正主题却是在社会中实施任何道德改革之正确方式和错误方式之间的差别。更具体一点说,是道德改革的适度方法和过度方法之间的区别。既然林肯在演说中表明自己是一个道德改革家,那么林肯的演说[248]——也是林肯在这一场合中的行动——必须为适度行动做出榜样。但是,"行动胜于空谈",而人有时言行不一。"别照我做的做;照我说的做",有时,这可能是良言,但却从未被人采纳过。每一位道德家都知道,没有榜样的戒律只是空谈,而政治道德家还晓得,他在人前的行为方式比他阐述这一方式的观点更能深刻影响他们。现在,人们相信没有人比林肯更善于自控;亚里士多德说,凭靠我们相信具有美德的人,我们才会知道什么是美德。倘若此言不虚,那么我们就不仅要洗耳恭听林肯所说的话,而且还要仔细观察在这样的场合他是如何自控的。要理解林肯的行为,我们必须既要关注演说中的显白论点,又要关注我们辨别出来的、演说旨在达到的效果中的隐微论点。隐微论点和显白论点有何不同,我们可以从接下来的分析中看出。当林肯批评其他人进行道德改革所用的方式时,我们不禁要问林肯,在那一时刻,他想用的方式到底与他拒绝的那些方式有何不同。倘若我们发现有时——正如我们即将发现的那样——林肯极力恭维对手,即模仿他们,我们就会猜想,显白论点其实——至少部分——似是而非,而实质争议不仅涉及方法而且还关乎目的。再进一步思考,我们就可以推断,用似是而非的问题部分替代真正的问题之原因是,林肯不仅与那些可疑的对手意见相左,而且与那些所谓的朋友也看法不一。这样,我们还会发现,真正的禁酒与其说是肉体欲望的德性,不如说是精神欲望的德性。与控制自己的酒瘾相比,真正的禁酒与控制自己的意见或意见的表达关系更大。

在我们引用的段落中林肯说，如果你想争取一个人支持你的事业，你就必须说服他，让他相信你是他的真诚朋友。整个演说给人的印象是，禁酒事业是林肯的事业。然而，不论是否确实如此，林肯自己的修辞原则也要求他制造这样的印象；否则，他怎么可能让那些禁酒的人们相信（当然包括那些"只要还能蹒跚着走到[249]投票站投票"就一定会把票投给主张禁酒的人），他是他们的朋友？作为一个政治人物，林肯总是不得不采纳同胞和希望争取到的选民所明言的事业和信仰，并"援助"他们的事业和信仰。然而，为了公众目的而采纳别人的观点，并不意味着自己信仰这些观点。《禁酒演说》教授了现代政治文献中极其罕见的一种方法。用这一方法，一个公众人物能够既接受又拒绝他的同时代人的偏见；有了这一方法，一个公众人物就知道，如何能够同时既恭维他的同时代人、满足他们的虚荣心，又斥责他们的自我中心主义；有了这一方法，一个公众人物就知道，他如何能够在表面上同意他的同时代人的意见，而同时又修正——不论多么微小——这些意见，或者，如果无法修正这些意见，那么当一个公众人物运用这些意见时，他的判断能够不受这些意见的束缚，并且他能够为了更智慧的目的来利用它们，以便提高他自己的领导权威。

对林肯《禁酒演说》的粗略考察使我们看到一个年代学模式的计划。① 这一计划始于庆祝禁酒运动当前的成功，回顾了禁酒运动以往的历史，并以禁酒运动在未来获得彻底胜利的启示

---

① 值得注意的是，从林肯早年开始，"时间"就成为他的修辞之主题。因此，《葛底斯堡演说》和《第二次就职演说》之所以具有许多最深远的影响，这一主题是关键。

录式意象为结尾。而今我们都知道,公开演说的一个修辞原则就是,演说的开头和结尾部分尤其能够吸引听众,正如辩证法原则将重点集中在中心部分一样,两者适成对照。开头和结尾是"外观",演说修辞的多数听众一贯反应迟钝,而精心设计的开头和结尾,恰能抓住他们的心。正是在林肯演说的这些部分,我们尤其要留心寻找适合该场合的老生常谈或传统观点。林肯果然没有让我们失望——非但如此,他还超出了我们所有的合理预期! 让我们来听听,林肯是如何以富丽堂皇的头韵、谐音、反复和比喻来庆祝该事业当前的成功的:

> 　　与这一事业为友的人成百上千、成千上万地与日俱增。这项事业本身似乎忽而从一个冰冷抽象的理论,变成了一个生机勃勃、吐纳淋漓、活力四射和遒劲盎然的头领,他勇往直前,"荡平继之以征服"。他日日克城拔寨,令冗敌闻风丧胆;强敌的神庙和祭坛——以前那里经久香火缭绕,见天为偶像献祭——而今逐日遭罹亵渎和废弃。征服者的赫赫威名[250]雷贯山岳,远播重洋,声闻原野,风之所至,无数人皆赢粮景从。

若说上述哗众取宠不免过火,那就来听听下述引自结语的段落——我们之前已经提及——在这里,林肯以一种类似《启示录》的迷狂语调,热烈欢呼着禁酒事业必胜的千禧年景象:

> 　　……它必将不断向前迈进,直至每一个地球之子都能开怀畅饮彻底自由这一消愁甘露。到了那幸福的一天,一切欲望皆被控制,一切激情皆被驯服,一切事物皆有顺从,心(mind),无往不胜的心,将长存并主宰

世界。功德圆满！万岁！暴君垮台！理性称王，万
万岁！

　　从禁酒必胜的沉思导出如此激昂的言辞，似乎不太相称，我
们认为，作者并非不晓得这种不相称，尤其是当想到他耍弄"畅
饮"这个词的时候。[①]　由此我们可以直陈己见，那就是，林肯在
《禁酒演说》的开头和结尾都在夸张地模仿对这场运动热情过
头的人。这夸张的模仿搞得真还挺像，那些热情过头的人看
了必然心满意足，然而这模仿又如此夸大，以至于任何一个精
明、冷静的人都看得出，林肯自己并非这样一个狂热的人。总
之，在演说极尽修辞之能事的部分，林肯的夸张风格本身就是
一种修辞手法，它表明这些部分所表达的情感纯粹只是夸饰
而已！然而，与其说演说的开头和结尾是文体比喻，还不如说
演说的中心部分更是，因为后者才包含了林肯深思熟虑的想
法。在转向中心部分的论点之前，我们观察到，在整篇演说
中，不论何时——甚至在间接引语中，只要林肯重述这一运动
的新旧献身者的言论，他就使用了同一种手法。当他说出自
己的评论或批评时，行文风格就一如《葛底斯堡演说》，简洁洗
练、毫不矫作。林肯自己的冷静语调与他所模仿的高亢语调
之间的微妙差别，没有幽默感的评论家体会不到，他们反认为
该演说不够成熟。我们很难轻易找到比这篇演说的文学技巧

---

①　请对比以下双关语："如果全面并最终禁止醉人之酒，世界会否受益良多，现在
似乎尚且悬而未决。四分之三的人在口头上肯定了这一点，而我相信所有剩下
的人心里都承认这一点。"尽管"现在"这个词可能应该从最表面意思上去理
解——即当着华盛顿人协会成员的面——但还是存在令人不快的疑虑，即那四
分之三的人心里可能并不这么认为。本章所有林肯引文（包括此处），强调均为
林肯自己所加。

更老成的范例了。

　　[251]演说的中间部分由以下这句话导入：

　　　　我们为这一新的辉煌成就感到由衷地高兴。这一
　　成功之所以比以往伟大得多,无疑是有许多原因的;如
　　果想让这成就继续下去,我们最好来研究一下这些原
　　因何在。

　　这朴素的行文紧接在征服者获胜的序言之后。林肯从歌
颂禁酒运动的成功转向探索这一成功的原因。探索的目的据
说是使成功继续。在假设以前从未有人说过这样的知识之后,
林肯表示,在此之前运动并未由真正的理解所引导;它当前的
成功仅是天意——或偶然。在观察他对华盛顿人协会成员的
赞扬时,我们必须记住这一点。在赞扬中,林肯对比了他们的
智慧与旧改革者的愚蠢。华盛顿人协会成员的智慧并非真正
的智慧;它至多是亚里士多德称之为成功经验的东西,而如果
没有正确理解这一经验的原因,则它就永远都不是真正的智
慧。只有当林肯讲出关于原因的知识时,它才会成为一场真正
的改革运动。

　　然而,林肯对"理性的原因"之探询出人意料地引发了更深
的问题。理性的原因据说大部分都存在于人的激情之中,在此,
林肯像斯宾诺莎那样,认为这些激情就像自由落体一样,仿佛是
由作为自然秩序之一部分的必然性所控制。旧的禁酒改革者们
是地狱之火般的人,他们用斥责代替说服,而我们已经看到,林
肯建议要使用说服的方法。旧的改革者所用的策略会造成什么
样的后果呢?

> 要指望他们［即卖酒的人和喝酒的人］不这样
> 做——指望他们不是以骂人对抗骂人、以责备对付责
> 备、以诅咒抗击诅咒——就等于指望改变人的天性，而
> 人的天性是上帝决定的，永远也改变不了。

寻求"理性的原因"因此就是寻求扎根于人性的原因。林肯在此认为，人的行为应该受到这些原因的控制，实是由于有上帝：自然法[252]和神法似乎合二为一了。然而，林肯论及神圣命令的方式有点像异端方式：他说，神圣命令从不"能够"被逆转，而非它绝不"会"被逆转。人们在传统上认为，以色列的上帝既许必践，但上帝并不受必然性的约束。亚里士多德和斯宾诺莎的上帝才受到必然性的约束。① 现在我们相信，至少在林肯的时代，

----

① 当然，不能够逆转自己的上帝和将不会逆转自己的上帝之间的差别，几乎举难胜举。林肯对此有多少认识，我们不敢贸然猜测。然而，林肯在后来的一篇文章中——适当时我们一定要好好讨论一下——确实说过，赞同神的论点，与赞同威士忌的论点一样，基于普遍舆论。现在，正是由于哲学的上帝屈从了本体论的必然性，所以不再能够把上帝想象成可以变化的，因此也就不再能够把他想象成是"神"——即与特定存在或特定事件相关的"神"。职是之故，他不可能改变他的"命令"，而圣经中的上帝却可以（而且经常）这么做。此外，赞同上帝的"命令"屈从于必然性的论点，是本体论的论点，而非来自普遍舆论的观点。

可能有人会反对我们过分强调"能够"和"会"的差别，而且无论如何都没有必要以严重对立的形式来设想神的两种观念。比如，托马斯主义神学认为，神圣命令的一切明显"逆转"，本身就被始自太古的必然性所预定，这就克服了上述二律背反。无需询问托马斯主义的综合观点从哲学上看是否成功，我认为，林肯的语言显然与这样的综合观点相龃龉。因为，尽管托马斯主义理论认为，神的逆转与其说是真实的还不如说是明显的，但它否认人的智慧可以洞穿神圣本性之必然性的核心，在那里看到未来的一切逆转。天启仍为人类生活所必需，正是因为关涉人类生活的中心事实——比如，人罪及其补赎——非无助的人类理性所能奈何。因此，从托马斯主义角度看，林肯的断言——激情的力量总是一成不变乃自然知识——难以立足。既然林肯确实断言这是自然知识，那么他在此必定已经预设了一种自然神学。而且从自然神学的角度看，神的两种观念的对抗力量又全部重新出现了。

以下观点为所有基督教教派所共享,那就是,至少某些激情的力量并不应归因于上帝的命令,而该归因于人的罪恶。尽管不同教派对堕落之后人性的衰朽程度有不同估计,但所有教派都同意,在堕落的境况中,人仅有人性知识是不够的。林肯批评旧的禁酒运动的不节制,必然涉及对这一运动的基本前提——即它的神学——的批评。这一神学教导说,道德改良的首要前提是信仰和恩典,如果没有这些,关于自然原因的自然知识就毫无价值;林肯至少说是颠翻了这一先后顺序,他似乎是主张,关于人性的理性知识已经足够,而把人罪的教义插入道德改革工作中,就会阻碍这些自然原因的有益活动。确实,林肯在演讲过程中也提示,华盛顿人协会的人不但以符合人性的方式工作,而且因此(*ipso facto*)他们也是基督教的真正继承者,他们与旧派倡导者的法利赛人的(伪善的)基督教不同。然而,在林肯看来,“真正”的基督教到底是起源于基督教的天启还是起源于人性的自然知识,则很难说。伦理德性与天启的关系以及伦理德性与无助的理性之关系,是林肯的《禁酒演说》中最深的问题。

　　演说主体内容的安排详实而复杂。我们可以清楚看到,它分两个部分,但这两部分之间的关系却很成问题。在林肯演说的三十个段落中,我们所说的主体部分是指第三至第二十四段。①其中,第三至十八段可以用“当前成功的原因”这一标题来归纳,而第十九至二十四段则可以归纳在“将来成功的原因”这一标题之下。两部分篇幅的大致比例是三比一(大致是这

---

① 建议读者参考我们提炼出来的《禁酒演讲》分析性提纲,以便准确无误地了解我们所指的各部分和细目。方便时,我们也在括弧内标出所指部分位于第几段。

样,因为段落长短不一)。然而,[253]当前成功的部分事实上主要是分析以往的失败。尽管和以往对比是为了赞扬新的运动,但谴责以往比赞扬新运动要长出两倍。在内容尤短的"将来成功的原因"这一部分,我们发现林肯仅用了三分之一篇幅来说他所认为的将来成功会有哪些主要原因——即自新酒鬼们的宣传工作——而用三分之二篇幅来讨论不喝酒的人们的反对意见,这些人对运动的帮助极其重要,但他们并不想成为酒鬼们——不论有没有改邪归正——的运动的一部分。如果我们把反对两场禁酒运动——新的和旧的——的篇幅相加,就会发现演说主体超过三分之二的篇幅都是对禁酒运动的批评和攻击。

我已经说过,这两个中心部分之间的关系很成问题。第二部分究竟是承接第一部分还是第一部分的细化,我们并不清楚。在构思如此审慎细密的作品中,这样的不确定性可能并非疏忽大意。正如我们已经注意到的,说明当前成功原因的那一部分主要关注的是以往的失败。正如我们已经说过的,林肯认为导致这一失败的原因在很大程度上是由于基督教神学,或者是由于对基督教神学的一种诠释。与此相对比,在这一部分中,林肯认为华盛顿人协会之所以成功,不是因为基督教的另一种诠释,而是由于能够智慧地(或者,更可以说是幸运地)与人性中有益的激情合作。然而,在下一部分中(如果它真是承接之前的内容的话)——姑且认为这一部分是在说明将来成功的原因——林肯集中注意力于可预见的将来成功的主要障碍上。这障碍就是自命清高者对品行不端者的蔑视,以及他们甚至在那些改邪归正者面前的优越感。顺便说一句,这种对道德上怯懦的人的蔑视态度,与《尼各马可伦理学》中所说的自命清高之人的观念若合符节。亚里士多德

说,德性之人没有耻辱感,因为他做不了任何耻辱之事。那
么,一个自认为做不了耻辱之事的人,就不可能同情那些做得
了耻辱之事的人,不论自己改正与否,只有那些能意识到自身
弱点的人才会同情他们。在此,林肯借助人皆有原罪的基督
教观念,借助[254]若非神恩则所有人都是道德上的怯懦者的
观念,来驳斥那些蔑视酗酒者且不参加运动的人的观点。这
样,在第一部分中,林肯说明,旧的禁酒运动之所以失败,主要
是由于神学思考的方式,具体来说,就是原罪理论的教条式运
用妨碍了人性的仁慈的机能;在第二部分中,他似乎借助于同
一神学教条的另外一面来协助新的禁酒运动的最终胜利。在
我们看来,诠释林肯《禁酒演说》的基本困难在于,他为了消除
最终成功的障碍而所借助的神学,与作为这一运动以往失败
的原因的那一神学,是否同一个神学。如果最终是同一个神
学,那么该运动最终胜利的条件就会与它过去失败的原因相
类似了。进而,禁酒运动就不会有最终胜利,未来的情况将和
以往没什么不同。

现在让我们转向《禁酒演说》主体的第一部分。它也分为两
个部分:第一部分讨论的是旧的运动由不当的人所倡导的命题,
第二部分讨论了措施的错误。

> 过去同酗酒进行的斗争由于种种原因是错误的。
> 要么是领导斗争的人不太适当,要么就是他们所采取
> 的策略不太适当。这些领导人大多数是牧师、律师和
> 雇来的代理人。这些人和广大群众之间缺少可接近
> 性——如果可以用这个词的话——这对成功是个致
> 命伤。

林肯接着说:

> 这类人参加禁酒运动,除了他们自称的动机之外,还有别的动机,这也是司空见惯的。**传教士提倡禁酒据说因为他是宗教狂,渴望政教合一;律师提倡禁酒是出于让人家听他讲话的骄傲和虚荣心;而雇来的代理人则是为了酬劳。**

[255]在提到的三类人中,核心阶层是律师,而林肯——我们都知道——也是律师。林肯警告听众,要当心律师阶层。抑或,我们是否可以说,林肯警告他们,以及我们,如果他自己已经是个禁酒改革者的话,要小心他所属的那个阶层?当我们在后续篇章中讨论林肯驳斥不饮酒的人们反对加入华盛顿人协会的观点时,我们应该牢记以上这段话。因为,除了自新酒鬼以外,喝酒和卖酒的人还会对谁的动机有同样的怀疑呢?屠夫和面包师都有要卖的东西,难道不也可以怀疑他们由于兴趣而参加公众抗议?倘若所有这样的人的动机都值得怀疑,那么在林肯看来,这些人一旦全部参加禁酒运动,无疑就会伤害而不是有利于这一运动。如果林肯像后来所做的那样真的催促这些人参加禁酒运动,这不说明他自己是个不可靠的朋友吗?这难道不是让我们怀疑他的动机,就像他怀疑律师阶层的动机一样吗?

但是,在说牧师、律师和雇佣人员是禁酒运动的不当倡导者时,林肯并没有提及政客。而他自己是以政客而非律师的能力站到讲台上去的。如果说迷恋于自己的声音是律师的一种恶习,那么它更是职业拉选票者的恶习。有些人认为,自己的声音就是人民之声,人民之声就是上帝之声,而虚荣确实能够以无比巨大的力量裹挟这种煽动者。难免给人留有如下印象：当林肯说"律师"时，他指的是"政客"。林肯加入禁酒大浪中弄潮的原因，正是由于禁酒运动如今不仅是一场道德改革运动，而且还是一场立法运动，是政党政策宣言中的一项。我们认为，林肯对华盛顿协会的人的特殊德性的关注，使人们的视线从这样的立法上转开，更合理地把它们引向诸如"嗜酒者互戒会"（Alcoholics Anonymous）①这样的组织，他想强调的是这种组织。

　　但是，一个长期被认为是纵酒牺牲品的人打破了束缚他的桎梏，"衣冠楚楚、神志清醒"地出现在邻人面前，作为失去已久的人性重新得到拯救的典型昂然站立[256]，热泪盈眶，向人们诉说过去所受的苦痛现在永远不会再受了……他的话多么朴实！既有哲理，又有力量，有人情味的人很少不为所动。他们不能说他渴望政教合一，因为他根本不是教徒；他们不能说他自矜于听自己说话，因为他的整个态度表明，如果完全不说话他会非常乐意……无论如何也不能怀疑他的真诚；或者否认他对那些希望能被说服效仿他的人深怀同情。

　　作为律师—政治家，林肯禁不住要加入这样一场运动，因为从表面上看，这场运动事关真正的人类不幸之解除。但在将这一运动卷进漩涡的激情洪流之中，林肯看到很多意在利用而非消除这不幸的人。要想不弃羔羊给狼群，就必须加入这场运动。

―――――――――――

① ［译按］又译"戒酒无名会"。1935 年成立于美国俄亥俄州，总部设在纽约，成立目的在以酒鬼帮酒鬼的方式，鼓励酒瘾患者重建生活，目前在全球逾 140 个国家都有组织。

如果林肯迫于修辞而将自己归入狼的群体，但无论如何，他事实上是警告那些愿意聆听的人，要他们当心豺狼的危险。这样，林肯扮演的角色就不再是狼而是牧人。

现在我们来讨论一下，为何说旧派倡导者采用的措施是错误的。那些措施据说错误有二。第一点直接源自"不当的人"之个性。"冷酷无情的"人采用了"难以让人接近"（unapproacha-bility）的策略。然而，难以让人接近的概念被微妙地缩窄了。以前说过，牧师、律师和雇佣人员可能有狭隘和自私的动机。但现在林肯挑出来单独评论的是公开谴责的策略，或者说狂热的策略，这是牧师的专有职分。我们都已经知道，为何这种策略是不审慎的。但林肯在此说，还有另外一个原因导致了这种策略的错误：因为它们不公正。我们认为，如果林肯只想解决手段问题——如何赢得饮酒者对改革事业的热情支持——的话，那么如今他探询禁酒运动当前成功的"理性原因"的公开意图就已经完全实现了。说旧的禁酒运动不公正，等于说它不仅采用了错误的手段，而且目的也不正确。[257]因为正义不只是公民社会的手段，它还是公民社会的目的。

林肯批评旧的禁酒运动是不公正的，这一批评设计精心、构思谨严。它分为两个主要部分：第一部分说，普遍舆论许可饮酒，而且这种舆论实际上是良心的社会基础，它所允许的任何事物都不可能被公正地谴责；第二部分——也是我们首先要讨论的——再次攻击了公开谴责的策略，这次攻击不再局限于这一策略的无效性，而且还强调了它的不讲人道和道德上的卑劣。以下就是第二部分的开头：

　　老的改革者们犯的另一个错误……是认为一切喝

酒成瘾的人都是绝对不可救药,因此必须将他们流于
蛮荒之地,让他们受罚,这么做是为了使当时的戒酒者
既得到戒酒的好处,几百年后的人也都得到好处。这
种态度含有一种和人性很不相容的东西,那么苛刻,那
么冷酷无情,因而没有赢得也永远不可能赢得人民对
这项事业的热情支持。我们不能爱提倡这种主张的
人——我们不能耐心听他说教。心灵之门无法向它敞
开。宽宏大量的人不能采纳这种主张——它无法与他
的血液融化在一起。这种主张看上去自私到极点,活
像为了减轻船身重量以求得自身安全而把父兄从船上
抛入水里,心地高尚的人,对这种主张所表现的卑鄙感
到吃惊,避之唯恐不及。

　　谚曰,无端攀比,令人生厌。然而,既然我们知道,林肯年轻
时曾孜孜不倦地攻读《天路历程》(*Pilgrim's Progress*)这本书,
那我们就禁不住要问,林肯在此所批评的世俗教义,如何不同于
班扬(Bunyan,《天路历程》作者)编写的基督徒故事——这个故
事讲的是,那个基督教徒将自己的亲人弃之不顾,这样他才可能
独自到达天国——中的宗教教义呢? 姑且将这一疑问暂放一
边,我们注意到,尽管林肯无情地嘲笑并指明了公开谴责策略的
无效性,[①]但当他思考他们道德上的卑劣时,林肯自己又响应了
旧派倡导者的话。你要记得,林肯一开始时就感叹旧的禁酒运
动缺乏"劝说,亲切的而不是装腔作势的[258]劝说"。但是,当
林肯转向那些认为醉酒就是缺乏"恩典"——即无法救赎的原罪
的标志——的人时,他"忘记"了自己推荐的对待酗酒者的同情

---

① 　参见演说第五段,此前不曾引用。

的方法。林肯说过:"如果你想赢得一个人支持你的事业,首先就得使他相信你是他的真诚朋友。"然而,他又说旧的改革者"自私到极点",还说"心地高尚的人"对他们的"表现的卑鄙"避之唯恐不及。显然,在那些像林肯看待这些人一样相互看待的人之间,不可能有朋友般的交流。换句话说,依他的警告——尽管不是依他的训诫——林肯同意旧派改革者的观点,认为某种形式的放逐或开除对道德上可恶的人而言是正义的——如果不是必须的——反应。然而,尽管林肯没有说酗酒者可恶,但他描述旧派改革者的话暗示,酗酒者确实令人生厌。

这反过来又为改革策略提供了不同的解释。正如我们已经看到的,这些策略主要由"劝说"构成。劝说意味着将可能的朋友转变为事实上的朋友。在与你将要劝说的人站到同一条战线的时候,你就是在引导他认同你的事业。不过,导向友谊——热爱朋友之间共同的东西——的条件,恰恰包含了恨:对异于朋友之间共同的东西的恨。因为我们不可能在爱某一事物时,而不恨可能摧毁我们所爱之物的事物。如果我爱某人,我就会恨他的敌人。爱,既可部分用肯定来证明,也可部分由否定来证明。甚至耶稣在证明他认同并挚爱人类时,也需要与罪人和撒玛利亚人往来,而且也需要批评圣殿里的商贩。

这样,我们的论证似乎又一次回到了原点。由于林肯开始时嘲弄、但又使用公开谴责这一策略,所以我们现在发现,尽管他攻击酗酒者不可矫正的理论,攻击酗酒者无可救药的诅咒,但他又暗中采纳这些理论作为攻击的隐秘前提。因为整个《禁酒演说》的论点就是,我们的职责——只要这职责尚存——是让可能的朋友成为事实上的朋友,而非让可能的朋友变成事实上的敌人。然而,根据林肯所求助的激情的自然法("这是上帝的命令,从不能被逆转"),他在此必定会使旧派改革者成为敌人。① 可是,按照林肯的原则,这种做法难以被证明为正当,除非某些[259]人只是可能的敌人而非可能的朋友。而情况不可能如此,除非酗酒者不可矫正的理论在某种意义上是正确的。

我们还要问一下,林肯的论点是否只是自相矛盾呢?或者,是否在两种意义——林肯一定是接受了酗酒者不可矫正的理论,以及拒绝这一理论——之间存在理论上的差异呢?要知道可能会有怎样的差异,我们就要回顾一些段落,它们包含了两个"不可矫正的"阶层之间的对比。第一个阶层隐晦地出现在演说的第二段,林肯在这里说,"这项事业本身似乎忽而从一个冰冷抽象的理论,变成了一个生机勃勃、吐纳淋漓、活力四射和遒劲盎然的头领。"当林肯说出下面的话时,隐晦的成了显白的:

> 他们[华盛顿协会的人]晓得他们[酒鬼]并非恶魔,即使人中的最坏者也不是恶魔。他们晓得,酒鬼通常都仁厚善良、慷慨豁达并且乐善好施,他们甚至超逾了自己沉着冷静的邻人中的典范。他们是实践中的慈善家;他们的身上洋溢着宽厚慷慨的兄弟般热情,单纯

---

① 忠诚的赫尔顿(Herdon,1818—1891,美国律师,曾与林肯合伙开设律师事务所,与 J. Weik 合著林肯传记)曾记录说:"当人们鱼贯而出时,我站在教堂门口,听到他们在讨论这场演说……'真羞耻,'我听见一个人说,'居然允许他在主的圣殿中这样诽谤我们。'事实是,[华盛顿人的]协会主要是由镇上的粗人和酗酒者组成,他们已明确表达了改革的想望。他们中的很多人刚从贫民窟出来,还很难立刻加入那些来教堂听演说的人所构成的社会……我再重复一次,整个这件事伤害了林肯的声誉,导致教会反对林肯,几年之后,当林肯作为候选人与著名的卡特赖特(Peter Cartwright)竞选国会议员时,教会就出面反对他。"贝弗里奇,前揭,第一章,页 329,注释 2。

的理论家不可能有这样的感情。

在此，我们可以发现一种让人联想起伯克（Edmund Burke）①攻击法国革命者的论调。像伯克一样，林肯以"实践"的名义反对"理论"。但是，差异比相似更加意义深刻。伯克对"理论"的批评广泛而尖刻，他的批评表明，每一种为道德和政治原则寻找形而上基础的努力——不只是卢梭的信徒们在做这样的努力——皆是卑劣或愚蠢的。但是，在这种反理论的教条主义与一个将自己的政治生涯立基于"适用于天下万国、古往今来的抽象真理之上"②的人的信仰之间，倘若真的能发现任何密切关系，那确实就怪了。林肯非但没有批评理性主义，他反而是将自己的整体思想建立在理性主义之上。因为我们看到，林肯认为旧派之所以在措施上失败，是由于他们忽视了人性。而且，正如我们又看到的，演说主体所倚赖的假设，是该运动当前的成功应当归因于"理性的原因"，而且演说的核心功能是要提供关于这种因果关系的知识。可是因果知识是关于自然、人类或[260]非人类的知识；它是卓越的理论知识。故而不论其目标多么实际，林肯在演说中都表现出自己是一位理论家。如此一来，旧派倡导者就只不过是"单纯的理论家"，因为他们是糟糕的理论家。重要而且——我们认为——独特的是，在谴责旧派改革者之卑劣的段落中，林肯说，这种卑劣源自本身是一个"错误"的"立场"。先前他曾说过，酒鬼是这样一种人，其"弱点被[一贯地]视为不幸，而非犯罪甚至耻辱"。这样，真正的邪恶就与错误

---

① ［译按］伯克，1729—1797，英国辉格党政治家，下院议员，维护议会政治，主张对北美殖民地实行自由和解的政策，反对法国大革命。
② 《著作集》，第三章，页376。

相关,林肯甚至对醉酒也是如此看的,亚里士多德对无节制(in-
continence)就更是这样看的,因而称无节制为邪恶并不恰当。
林肯将邪恶——不同于无节制——与错误联系起来,自然体
现了对应的观点:将德性与知识相联系。潜藏在《禁酒演说》中
的苏格拉底式主题,也许能为演说中诸多谜一般的问题提供
解答。

　　旧派改革者认为,酗酒者不可矫正,这一观念建立在对原
罪教义的一种诠释和应用的基础之上。而林肯似乎是在说一
些类似卢梭在《社会契约论》中所说过的话:不论是谁,如果他
说"教会之外无拯救",他就不是个好公民,就必须被逐出统一
的政治共同体。通篇观之,林肯的实际目标是,如何在公民社
会中实现友谊和和谐。真正的禁酒应该会在社会的灵魂之
中——就像在个人灵魂中那样——制造和谐或一致。不好的
激情不断威胁这种和谐,但灭绝不好的激情之努力——如旧派
改革者所做——会弄巧成拙或使情况更糟。因为灭绝不好的
激情之激情——不同于控制不好的激情之激情——是所有可
能的激情中最糟糕的一种,它比其他任何激情都更容易产生不
和谐和敌意。我们前面说过,爱包含了恨,因为我们在爱一样
事物的同时,不可能不恨任何会毁灭这一事物的东西。然而,
这样来阐述这一原则,就必然产生一种含蓄的限制:只有对可
被摧毁的事物的爱才能使我们恨。对未生者、不亡者和永恒者
的爱,从来都不要求我们去恨。前面我们已经注意到,在亚里
士多德看来,全德之人鄙视道德上的软弱者。但是,古代拥有
伟大灵魂的人对道德较低者的鄙视,却标志着一种更伟大的激
情。追求智慧的激情,或者拥有伟大灵魂的人对追求智慧的激
情的思考,乃是他优越的原因,也是他鄙视较低级的人的原因。
因为,正是哲人[261]对永恒者、神圣者——而非转瞬即逝者、

仅属于人者——充满激情的全神贯注，才可能使他无恨而爱。林肯内心对自己立场的认识有多深，我们在此无需评判；但是显然，神学改革者的信条——即使以挚爱的（ὰγάπε）上帝的名义——使他们不可能无恨而爱。神学改革者并没有真正全神贯注于神圣者，这可以从他们对那些人——这些改革者认为，那些人与神的关系和改革者自己与神的关系不一样——的病态态度中看出。他们更乐于诅咒他人，而不是使自己得到救赎。旧派改革者是真正的不节制的典型。他们没有纵容肉体的享乐；相反，他们拒绝这种享乐。但这些人并没有使肉体的享乐服从于真理，而是使肉体的享乐服从了灵魂的虚假快乐。林肯的分析刻画出一副既惟妙惟肖又复杂深刻的肖像，这就是所有政治型的人之中最危险者的肖像：他是苦行僧式的改革者，他的潜在动机是变态的欲望。他是莎士比亚的《恶有恶报》（*Measure for Measure*）中的安吉拉，而从克伦威尔到列宁再到希特勒这样一些人的禁欲主义，则坚持要在地上创造出一个新耶路撒冷，为达目的，倘若必要，他们可以消灭世界上所有不能照他们圣徒般的标准生活的人。在林肯的分析中，这种对俗世人生的低俗性质的病态反对，与他们对神圣者和永恒者的虚假观念紧密相连。这是一种不正当的激情，追求正义的激情这一面具将它罩住了，而我们若认为这真是一种追求正义的激情，那就大错特错了。这样的人从自己的圣洁中得到的满足，尽管可以使他们抵制一般的恶，但也可以使他们犯下非同寻常的罪行。因为，他们所谓的自我主宰，是一种荒诞地强化了的自我中心主义，一种无边无际的虚荣心。这虚荣心在使他们否定激情的普通目标的同时，也使他们拒绝了普通的同情心。但是，当排除了同情心时，它并没有排除恨。虽然古代具有伟大灵魂的人意识到了自己的优越，并由此产生了鄙视，但是他对道德弱者的鄙视就像大人对小孩的鄙视,这种鄙视与人格的善良和宽容完全一致,即使在严格检查他们的错误时也是如此。

刚才的论述说明,鄙视而非同情[262]才是对道德软弱的真正态度。与此相矛盾的是,林肯坦陈己见,支持人们加入华盛顿人协会——一个戒了酒的酒鬼们组办的协会,反对充满鄙视态度的、不愿参加该协会者的立场。

> "不过,"有人说了,"我们不是酒鬼;参加了酒鬼自新会反而会获得这个臭名声,所以不管我们的影响多大,还是不参加为妙。"的确没有一个基督徒会赞成这种反对意见。如果他们真像嘴里所说的那样,相信全能全知的上帝屈尊就卑,化为带罪之身,并以这种身份为他们屈辱地死去,那么,他们一定不会不接受这种不知要小多少的委屈,使他们的许多犯了错误和不幸的同胞暂时、也许是永远获得拯救。更何况这种委屈也并不困难。

林肯在提到基督徒的那一句话中说了五遍"他们"和"他们的",如果我们过分强调这一事实,可能有失偏颇。也许林肯在这里所表达的意思,与他在1846年竞选国会议员时所表达的意思差不了多少,彼时他的对手——一个牧师——指控他"公开嘲弄基督教"。林肯愤怒地否认了这一指控,尽管他承认自己不是"任何一个基督教会的成员"。然而,不论林肯是否把自己当作以上论述所针对的人群的一员,他还是又补充了另外一种不同的论述,它由上述引文的最后一句话所带出。

依我看,我们这些从未受过喝酒之害的人所以幸免,多半还是由于不喜欢喝,而不是由于理智上或道德上比那些受害者强。实际上,如果我们把习惯性酒徒划为一类,他们的才智与其他任何一类人比较起来相信只会占上风。聪明和热情奔放的人似乎容易染上这种恶习——纵酒的恶魔似乎总是喜欢吸天才和慷慨豁达者的血。

在这里,我们看到林肯采用了两条论述思路,我们或许可以将它们分别描述为天启思路和理性思路。在第一种思路中,林肯[263]借助道成肉身的信仰来与基督徒对话,林肯表明,如果他们加入华盛顿人协会,他们就可以认为自己是在效法基督而非效法酒鬼。然而,这一论点的含糊性难免令人怀疑其价值。① 首先,这一观点取决于人有罪的教义——因为道成肉身必然要求先有堕落——正如我们所见,林肯在其他地方认为这种教义妨碍了人性知识的获取,而人性知识本身就足以实施道德改革工作。然而,即使在人性知识所乞灵的神学语境中,我们还是可以怀疑它的教化品质。有些人是出于此处所说的动机加入协会的,那么,他们还会是在灵性的意义上效法耶稣吗?我们都认为,耶稣是出于悲悯和爱,才与罪人为伴。但林肯的听众会这么

---

① 可能有人会说,在表达反对林肯观点的意见时,我们把解释和批评混在了一起。情况是否如此,要看林肯是否确实有意要使明智的听众批评他的公开观点。林肯的观点具有明显瑕疵,需要批评,他也公开将一些缺陷归咎于他人的立场,当这样的批评和缺陷极为一致时,我们也许就可以猜想,林肯和我们一样意识到了他在说理中的漏洞。如果确实如此,那我们就理当相信,林肯还有一种超越这些困难的隐秘观点,它才是我们要解释的真正目标。要发现这一观点,我们就要用前述的批评方式,找到林肯的显白表述中所缺少的位于中间位置的前提。

做吗？难道他们会效法耶稣,通过与位于自己之上的神的冥合,
而克服对位于自己之下的人的极度反感吗？难道他们会以悲悯
而非骄傲作为动机吗？难道屈尊俯就的行为不会强化——而非
减少——他们的优越感吗？在我们看来,那些如此加入华盛顿
人协会的"基督徒"的屈尊俯就——不是出于自发的善意,而是
出于抑制自己情感的刻意决定——本就"断难让人忍受"。① 林
肯极力谴责旧派改革者身上具有的灵性上的傲慢自大,而这种
屈尊俯就似乎着实会导致这种傲慢自大。克服先天性鄙视——
它源自道德强者对道德弱者自然上的优越感——的企图,只会
导致人为的鄙视。总之,尽管启示难以适应"理性因果"的范
畴——整个演说却属于这一范畴——但在此求助于启示将克服
不加入者的鄙视态度,因为求助于启示会使他们甚至以更加鄙
视的态度加入这一运动。这对禁酒运动的成功没有什么
益处。②

　　再来看看来自"理性"的观点,我们发现其价值同样令人怀
疑而且模糊不明。首先,这一观点说自己与屈尊俯就毫不相关,
这能强化源自基督教的观点的力度吗？倘若没有屈尊就卑,何

---

① 这是林肯在一个稍有不同的语境中的表达。见演说第十段。

② 我们或许会注意到林肯另一个同样虚假的论点,即不饮酒者应当发誓,以便使
　拒绝发誓的行为像戴老婆的帽子去教堂那样不合时宜。当然,这种将"禁酒"变
　成流行时尚的观点,会意味着这一运动失去了所有内在的道德重要性。林肯所
　选的道德冷漠的例子就说明了这一点。从另一位总统的经历中,我们可以看
　到,这是如何有益于真正的禁酒。杜鲁门(Harry S. Truman)在其回忆录中,讲
　述了儿时在一家药店的工作经历。当地的禁酒领袖们在去上班的路上,时常成
　群结队地进入药店购买他们早上吃的药。杜鲁门说,正是在那里并从那时起,
　他发现自己宁可喜欢酒吧饮者也不喜欢处方柜台饮者。由于林肯在这里的观
　点相当于使成千上万人变成处方柜台酒徒,因此我怀疑他不会同意杜鲁门的看
　法。

来道成肉身？倘若提到了道成肉身，为何还要怀疑屈尊俯就的必要性？不论这两种观点各有怎样的独立[264]价值，这些价值都没有因两种观点的接近而有所增进。

　　林肯说，"天才和慷慨豁达者"的血液里有一种不节制的倾向，这一断言当然存在某种重大真理，但他的推理却似乎并不正确。就事实而言，某些人的激情确实比其他人要强烈得多。而且，"没有激情则不可能建树任何伟业"，判断一个人有多伟大，就要看他的德性在多大程度上能将他的激情导向正确的目标。然而，"伟大天性"所拥有的强大欲望，本身在道德上是中性的。那些成功主宰自己欲望的人，通过使欲望臣服于德性事业，而理当得到尊崇和颂赞。但是，基于同一理由，那些没能这么做的人应得双倍的谴责：因他们所为之恶而受谴责，因他们有超逾他人之能、多能为善而未之为，而受谴责。① 要免除对具有卓越天分的人的谴责——因为让他们自我纵容的诱惑更强烈——就是要破坏颂赞那些克服诱惑者的基础。上述批评意见可能会有一个例外，或者更可以说有一个限制。有一些处境或场合对一个人的德性之考验，超逾了德性本身可能期望或承受的任何限度。

————————

① 前述思考需要如下申论。"天才和慷慨豁达者"可能有不节制的倾向——即广义上的自我纵容（不仅仅是饮酒）——但他们也受到德性的"诱惑"，而资质较低的人却不会。让我们通过类比来思考一下女性的德性。毫无疑问，美丽的女人会遇到丑陋的女人不会遇到的诱惑。但同样真实的是，美丽的女人之美丽为他人带来愉悦，因此也为她自己赢得好处，而丑陋的女人却无法获得这些好处，或者必须做出美丽的女人无须做的牺牲才可得到这些好处。与此相似，天才和慷慨豁达者可以享受到高贵的愉悦，他们对下流的快乐需求不大。也许这样说更对，那就是他们不易受下流的快乐之诱惑，然而一旦他们真被下流的快乐所俘获，他们就会以强得多的力量去满足自己。但这似乎就导向了与林肯相反的结论：社会对那些为了下流的快乐而放弃高贵的愉悦的天才应该更加严厉；提高对道德失败的惩罚将会增强取得道德成功的决心。根据同样的内在（和有效）逻辑，社会似乎也总是更严厉地惩罚美丽女人的不贞。

于是,悲剧便从中而生。麦克白、李尔王或奥塞罗的悲剧,超出了单纯道德谴责的范畴。因为没有一个人——甚至那些具有最高德性的人——可以肯定自己不会失足于导向堕落的过失;面对自己的命运,他会感到遗憾、恐惧和颤栗,而不是感到标志优越感的鄙视和愤怒。这显示了《尼各马可伦理学》作者的智慧,他(在第七卷中)以包括了英雄美德和兽性的更广阔的视野,取代了德性-邪恶的简单对立。在德性-邪恶的范畴里,赞美和谴责体现了优等和劣等。然而,还存在一个超出德性的领域,在这一领域中,失败并不一定包含谴责或劣等。① 可是,把华盛顿协会成员当作悲剧英雄,只可能是一种莫大的屈尊俯就行为或者奥林匹亚式幽默。

　　林肯在《葛底斯堡演说》中说,世界"不会注意,更不会长久记住",我们在此看到了隐晦的讽刺,而林肯在我们正思考的这一段中的观点,也具有同样的性质——尽管是在不同层面上。林肯在这里说[265]"我们这些从未受过喝酒之害的人所以幸免,多半还是由于不喜欢喝",当他说这话的时候,他绝对就是在说自己喝威士忌酒——当然,不是比威士忌更烈的酒——的事情。在《青年讲堂演说》中,我们已经听到林肯警告人们,要当心那种"让人如饥似渴地追求出名"的激情,这种激情在他自己的血液中与在他人的血液中同样天生地强劲。渴望政治名声的激情,可以用凯撒、亚历山大或者拿破仑那样的方式——即摧毁共和国——得到满足;或者,这种激情还可以用我们的奠基国父们所用的那种方式得到满足,那就是通过建设性的工作——比如说,"为人的自治这一经久难决的问题寻找答

---

① 见我在《托马斯主义和亚里士多德主义》(*Thomism and Aristotelianism*)(University of Chicargo,1952)中对英雄美德的讨论,页98以下。

案"——得到满足。在早前的一篇演说中林肯已经表示,他认为自己是在承继奠基国父们的工作,但要履行这一工作,就可能需要甚至超过奠基国父们的德性。因为,诱惑国父们的东西实际上是他们的工作可令之名垂青史,这是一种令人愉悦的希望或让人欢喜的欲望。不过,林肯表明,有些人配与国父们齐名,但却不得不默默地牺牲声名以证明这种般配,只有当存在这样的人时,国父们的工作才可能被保存下来。然而,一个可以将名声弃之如敝屣的人,一定也会鄙视人类意见的价值。在某种意义上,他必定超乎人类之上。因此,在这里,林肯对道德软弱的宽容态度,似乎并不是由悲悯而来的屈尊俯就,而是像神那样的一种优越感的屈尊俯就,这种优越感并不强迫其他人达到它加于自身的标准。因为林肯已经说过,单是理性知识就可以引导一场运动,而不论有多少"天才和慷慨豁达者",这场运动仍然主要要靠运气。但是林肯也表明,他坚决拒绝了为了狭隘的政治利益而利用这场运动,并且,他也会与那些要这么做的人划清界限。有些人是由于缺乏诱惑才具有"德性",林肯就把自己归入这类人中,他在这样做时所说的话,只是那种更大的自我牺牲行为的征兆,整个演说都可以证明这种自我牺牲,而这种自我牺牲也掩饰了这些话。

此外,林肯明确主张支持加入由自新酒鬼组成的协会,而普遍的舆论——林肯谴责旧派改革者之不正义的主要反面证词——并不赞成这一主张,这几乎没什么疑问。因为这同一个舆论允许饮酒,并把滥饮视为一种不幸而非罪恶,故而它也赞同[266]将习惯性酒鬼排除在有教养的社会之外。从常识来看,这既不是带有神学威吓怒斥的旧派改革者的观点,也不是林肯在此推荐的社会的和道德的平等主义。一个人可以宽容仁厚地对待酒鬼——无论他们自新与否——但在传统的道德和社会方面还是会区分他们。如果我们以更激进的形式重述林肯的观点，那么我们或许就能评价这些区分是多么有效了。因为，尽管华盛顿协会的人本身只关心一种类型的缺乏自制，但是他们的原则可以平等适用到所有其他种类的缺乏自制上。

> 这种将习惯性酒鬼委诸绝望毁灭的体系，被华盛顿协会的人拒绝了。他们采取了一种更大的慈善悲悯……他们把希望传授给每一个人，而从不把绝望传授与人。当专注于他们的事业时，他们否认罪的不可宽宥这一教义。正如基督教所教导的那样，他们也教导："当灯火不灭时，罪深恶极者也可能翻然悔悟。"

既然福音书也给窃贼和通奸者以救赎的希望，那么我们就当——如果林肯的观点有效的话——准备加入这些可能自新酒鬼组成的协会，正如我们准备加入已经自新的酒鬼组成的协会一样。① 但是，从我们对人性的所有了解——这是林肯的主要观点所依赖的基础——来看，这显然荒唐透顶。无论终生为罪人还是终生为圣人，他们的救赎在天国并无分别（除非天国更为罪人的得救而喜悦），但是，这不是拒绝用自然理性在道德上和

---

① 这种想法说明，华盛顿人协会可能会成为早期基督教的一个合宜象征，彼时的基督教也主要是由被社会遗弃的人所组成。以下观念至少对此有所暗示，那就是，在天国中，那最后的将成为最先的，等等，更别提耶稣传福音给那些人中的多数人的社会和道德地位了。林肯对旧派改革者的批判，让我们想起了早期新教徒对罗马的华丽炫耀和不宽容的批判。旧派改革者是早期新教徒的直系后代这一事实，或许会让我们对华盛顿协会运动的可能命运有新的洞见，在林肯看来，这种情况应该沿着林肯已经看清的道路、作为一种有组织的政治力量继续下去。

社会上区分这些阶层的充分理由。① 人们与税吏和罪人在同一座教堂祈祷,而出教堂后又避免与他们为伍,这二者之间有矛盾么? 普遍的民意看不出它们之间有何矛盾。来生还早着呢!

我们已经给出了深思熟虑的判断,那就是,林肯并不真的相信不饮酒者应当参加自新酒鬼组成的协会。这一运动理当只属于酒鬼,外人的介入不但不会带来新的成功,反而会使它成为其他野心的游戏。但是,林肯是在对一个由自新酒鬼组成的协会发表演说。在考虑他为[267]华盛顿协会所说的所有美言时,我们不应忘记,他是在直接对自新的酒鬼们说话。他不太可能采取如下立场:即成为他们的一员是丢脸的事。天国的平等主义在有限程度上已经存在于美国民主的原则之中,这一原则规定,无论德性如何,一人总有一票。政治家林肯对这一事实洞若观火。而林肯本来可以指出很多其他方法,凭借这些方法,不饮酒者可以通过同情、慷慨和友好的行动,来帮助禁酒事业。然而,他却选择了以尖锐的形式提出这样一个问题,那就是,在一个好的社团中,正式成员身份必须要和德性相称。他的论述不能令人满意,但他说明了,请"好"人加入一个"低等"人的协会这一想法,是多么不切实际。就此,他还更深刻地说明了相反的命题:如果"好"人因其"好"而"没资格"加入低等人的协会,那么"低等人"因其"低等"而"没资格"加入"好"人的协会这一命题,又有多正确呢? 我们从一个无言的证据那里窥见,林肯一定知道他在

① 我们可以观察这一区分,它无疑是华盛顿协会的人所发的誓和进入天国所需要发的"誓"之间的常识性区别的基础。假定——我们接受这一假定——受福佑者从福佑中得到如此大的享受,以至于犯罪的诱惑在天国中难以想象(绕开天国中是否甚至可能有肉体激情这一问题)。不幸的是,华盛顿协会的人并不是这种情况,所以,一个饮酒节制的人加入该社团后,即使在其中成为显贵,他还是不能肯定自己参加的是一个"自新的"酒鬼组成的协会。

这一部分的公开论述有多糟糕：林肯自己从未加入过华盛顿人禁酒协会。① 在结束这一讨论时，我们就可以说，有德性的人对德性较低的人所具有的以及我们有点刺耳地称之为鄙视的优越感，在林肯那里并没有遭到否定。因为这种优越感所导致的道德和社会的等级之分，隐含在德性意识之中，这种意识对德性而言不可或缺，并由此而对一个好社会的构成也不可或缺。②

我们现在回到林肯对正义与普遍民意之关系的主题性讨论。读者该记得，林肯曾经说过，旧派改革者对饮酒的谴责并不公正，因为饮酒为普遍民意所赞同。这一论点包括三个部分。在第一部分，林肯摆出了这种观点的证据，即人们普遍用酒（"从牧师的餐具柜，到无家可归的流浪汉的破烂口袋，都可以发现它"）。在第二部分，他从人们谈及饮酒的好处和坏处时的态度，来阐述这种观点（"……似乎所有人都认为，伤害并非来自使用

---

① 这一说法的证据并非不容置疑，正如相反说法的证据也从来都不确凿。巴斯勒（Roy P. Basler）在他一卷本的《林肯的著作和演说》第 129 页上写道："林肯是否曾是该组织的成员，并不确定。"我们补充一个观察意见，那就是，林肯在《禁酒演说》中说，像他自己那样的绝对禁酒主义者的加入，其全部目的是为公众作榜样。从这一观点来看，要想成为该组织的成员而不臭名昭著，那就根本不要成为该组织的成员。可是，除此之外林肯自己还有一次直接表白（贝弗里奇，前揭，第二章，页 241,242），尽管它是在演说过后多年才被发现：
    一瓶"红酒"，……放在餐具柜上，而且，出于惯常的礼节，道格拉斯会邀请来访者喝一杯，如果他们想喝的话。"林肯先生，你不喝点什么吗？"当林肯起身要走的时候，据说道格拉斯这样问道。"不，不用了"，林肯说。"为什么！你是禁酒协会的成员吗？"道格拉斯问道。"不！我不是任何禁酒协会的成员，"林肯答说，"但我在这方面很节制，我一点酒都不喝。"
② 林肯在这些段落中所讥讽的目标是道德上的"废除差别（leveling）"，这是 19 世纪势力强劲的乌托邦主义的特征。法国革命对"人为的"差别的废除——以至于"公民"成为比国王和贵族更光荣的头衔——就是这种乌托邦主义的前身。但"公民"一词与"同志"一词相比仍显狭隘，"同志"的历史在 1842 年才刚刚开始。共产主义与禁酒运动发源于相同的土壤，可以从本章明显看出。

革从属于党派政治的努力，无论对政治生活还是对道德而言，都可能是致命的。让我们努力来理解，为什么会是这样。

让我们首先来关注林肯的说法，即1776年革命"发现了"解决人的自治能力问题的方法。自古以来人们一直都在双重意义上理解"自治"这一术语，一种意义是指政治自治，另一种意义是指道德自治。在政治意义上，它似乎更是比喻性的，意思是指治理他人以及反之受他人治理。① 然而，当用到道德上时，自我统治（self-rule）在某种意义上至少有一部分含义并非比喻。因为当一个人控制自己的激情时，那是他自己的某一个部分控制了另外一个部分。当林肯说"到了那幸福的一天，一切欲望皆被控制，一切激情皆被驯服，一切事物皆有顺从，心，无往不胜的心，将长存并主宰世界"的时候，[270]他是在说——尽管有点夸张——道德德性。而且，林肯说理智对情感的统治是一种君主式的统治，这并不是随便说说而已。通过摧毁个人灵魂内的平等，通过使许多激情和欲望完全臣服于心，人才能获得道德自由。相反，政治自由则是通过推翻多数人对一个人的臣服而获得。对道德自由具有破坏性的平等主义，对于政治自由来说却不可或缺，反之亦然。因此，如果道德改革成为政治的目标，如果政治被"道德化"了，以至于作为政治革命目标的人的解放被重新解释为人的重生，那么它就意味着君主政治原则权威的重新确立。不仅如此，这种权威将会比以往更大，因为在民主攘助下重新引入君主政治原则，将会导致远与1776和1789年革命所推翻的专制主义不同的新的专制主义。当人民坚持要新生时，当所要求的不是好的行为而是纯洁时，参与政治生活的要求

---

① 不论是古代的轮流执政，还是现代民主制下选民在选举日实行"统治"和随后被统治，都是如此。

将彻底改变。因为只有纯洁的人才能参与新生的事业。一旦一个民主政府说服自己或允许自己被说服,认为自己应致力于新生事业,那么它就必须与不获新生者划清界线,谨防被他们污染。林肯的隐晦观点已经充分说明,要摆脱不获新生者的污染的冲动是多么难以克服。这种意义上的政治道德化,只可能导致神权政治的专制主义的一个世俗版本,林肯在旧改革者的例子中已经就此提出过警告。只是在后一种情况中,我们才能在远景中分辨出克伦威尔专制主义或马萨诸塞湾专制主义。[1] 而在近景中,我们则可以看到斯大林。

尽管林肯在《禁酒演说》结尾处以华丽的语言歌颂了"道德革命",但他并不相信这种革命。这一点不仅仅从过多的修辞中可以看到。正如我们已经注意到的,林肯说,世界已经从 1776 年的诸原则中找到了自治问题的解决方法。他说,从这一萌芽开始,"人类的普遍自由"会"逐步生长和扩展。"正如古代的柏拉图一样,建国之父们认为如下观点是不证自明的公理:(正是因为,而且)只要激情[271]——身体的需要——在人的动机里发挥作用,政治政府就是必需的。汉密尔顿和麦迪逊写道:"政府本身若不是对人性的最大侮辱,又是什么呢? 如果人都是天使,就不需要任何政府了。"而天使若不是只由精神统治的一种存在——因为他的本体是纯粹知性的——又是什么呢? 如果林肯所欢呼的那一天到来,当"一切事物皆有顺从",而心独自为王时,那么人就真的像天使了,政治政府将会结束,国家亦将烟消云散。如果政治政府因此而基本上成为多余,那么林肯就不会

---

① 　[译按]1630 年至 1640 年约有二万清教徒逃离英国,在他们到达马萨诸塞的时候,竟然在马萨诸塞实行神权统治,对其他基督教派别进行排斥迫害,文中所指当是这一事情。

认为 1776 年革命对自治问题来说具有决定性意义。他会像马克思那样，把 1776 年革命只看作为真正革命所作的准备。

我们应该记得，仅仅二十年以前，林肯还说普遍舆论是赞同饮酒的。应当注意，这会让生活于 1776 至 1842 年之间的那一代人免受折磨。政治自由的这段原始时代对林肯现今称为道德革命的事物毫不关心。林肯在结束《禁酒演说》时，以让人目眩的方式提到华盛顿的名字："天下最伟大的名字，在公民自由事业上早就是最伟大的名字；在道德改良上仍然是最伟大的名字。"如果我们对 1776 年革命——在林肯的年代表中，它发生于禁酒革命前四十六年——是否已经解决了道德自治问题有任何怀疑，那么只要政治行为能够解决这一问题，我们的疑虑就应烟消云散。因为如果华盛顿的名字"在道德改良上仍然是最伟大的名字"，那么它早在禁酒革命开始之前就已经是最伟大的名字了。如果那些借用国父名字的华盛顿协会的成员们，已经为他的名声增添了荣耀，那么这一名字本应"现在在道德改良上仍然是最伟大的"。然而，在林肯看来，独立革命时代之后进行的、以禁酒运动为象征的道德改革，并没有在奠基者事业的基础之上取得任何进展。

诞生了禁酒运动和废奴运动的时代，是一个乐观主义、乌托邦主义以及对人的不完美境况失去耐心的时代。在许多人眼中，《独立宣言》所开启的时代并不是争取政治自由、反对封建主义和迷信的长期斗争的终结，而是[272]向人的处境之不完美性全面开战的邀请。同样，在林肯看来，《独立宣言》不仅是一个成就，而且也是一个承诺。人人平等的理论，即所有人都应享有追求幸福的平等权利之思想，表达了一种人生必须永远为之斗争的渴望。然而，林肯在同意的要求中也看到了另外一种要求，那就是,这一斗争必须与人的不完美、人的无知以及人难免犯错的实际条件相妥协。认为我们不仅可以保护自己免受暴君统治,而且还可以使自己不再做蠢事,这在林肯看来一定愚不可及。

　　19世纪中叶是这样一个时代,它迷信进步观念,并相信后来的时代才是最好的时代。既然社会变革节节向上有了保证,那么成功将把用邪恶手段造成的所有恶果一网打尽。这是一种危险的幻想,而那时正是这一幻想控制了人心。对付邪恶时再也没有必要克制急躁之心。倘若事业正确,则没有什么事情不能做。如果说林肯是个空想家的话,那么他是以古人的方式在空想,古人认为,黄金时代不在将来而在过去。他时常发现"我们不再是我们祖先那样的人了"。他后来为恢复我们"人人生而平等"的"古老信仰"而进行的斗争众所周知。在《禁酒演说》中,我们看到了这一即将到来的斗争的范式。此外,我们还看到他诊断出了异常辉煌的现代平等主义骨子里的极权主义冲动。

第四部分　林肯的理由

第十一章
奴隶制扩张的法律趋势

[275]在奈文思对《密苏里妥协案》之撤销的判断中,矛盾比比皆是,然而,在当代历史文献中,没有谁比奈文思的判断更能阐明林肯－道格拉斯论辩的道德混乱了。正如我们看到的,奈文思在论述《堪萨斯－内布拉斯加法案》的章节中,尖刻地指责道格拉斯的道德感知模糊不明,道格拉斯自己对奴隶制不反感,他也没有能力想象自由州中反奴隶制情感的深度。然而,在奈文思卷帙浩繁的四卷本著作的最后一章,有一段文字回顾了内战起因,在这一回顾中,奈文思突出了《密苏里妥协案》的撤销,认为它是一系列厄运的开端。奈文思说:

> 要是绝大多数美国人已经准备好了要接受定居于新开辟土地者主权原则,那么这一法律本来是可以发挥政治家式的威力的;然而毫无疑问,南方和北方的各种强大力量会坚决抵制这一法律,以致它反而会加重纷争和混乱。①

---

① 《林肯的出现》(*Emergence of Lincoln*),第二章,页 463。

人们本来认为——从谴责道格拉斯撤销妥协案的早期开始——北方反奴隶制观点拒绝一种宣称不关心奴隶制的道德性的理论是对的,而倘若绝大多数美国人已经接受了这种立场,那它就不会成为政治家式的威力而是一场灾难。奈文思似乎极想认可如下观点:绝大多数人可以接受的就是对的,如果绝大多数人想要奴隶制,那么奴隶制就是对的,而如果绝大多数人反对奴隶制,那么奴隶制就是错的;总之,道格拉斯的人民主权说是正确的理论。

[276]在另一个地方,奈文思还评论说,"在1858年的晚春,[道格拉斯]可能觉得,作为正直诚实和民主原则的倡导者,他已赢得重大胜利……乐考普顿宪法像亚祖骗局（Yazoo Fraud）①一样死了。他的胜利是一种道德胜利……"②但是在道格拉斯看来,反对乐考普顿的争斗是一场完全基于人民主权基础之上的争斗。在那场争斗中,道格拉斯自始至终都声称,他的唯一目的是确保堪萨斯宪法由堪萨斯人民自己制定,它不应是外人的作品,不论这外人是帮助移民的社团、边境暴徒、美国总统和国会,还是骗人的、装扮成多数的少数。如果道格拉斯的胜利真的是一个道德胜利,也就是说,如果它没有附带地或偶然地产生道德上合意的结果,那么,这就与他战胜1854年自由土地观点对他的指责的胜利差不多,也与他战胜布坎南的邪恶指南的胜利差不多。事实上,道格拉斯使大多数北方的自由土地者都抓住了人民主权原则的要领,而林肯在1858年春天认为,这种迫近

---

① [译按]亚祖骗局是美国历史上最著名和最重要的土地事件。佐治亚议会在1795年以50万美元的价格将其西部土地(包括今天的阿拉巴马州和密西西比州)卖给了四个土地公司,折合每英亩1.5美分。这项买卖很快被发现有问题,几乎全部投票赞成这项买卖的佐治亚州议员都受贿了,丑闻迅速传开。1796年,新当选的佐治亚议会废除了这项买卖。
② 《林肯的出现》,第一章,页347,348。

的可能性恰是降临在美国人民身上的最大灾难。

现在让我们再次审视本书第一章所提出的问题。在进行这场大论辩时,林肯的政策和道格拉斯的政策之间难道没有实质性区别吗？道格拉斯的政策会像林肯的政策那样一定产生自由吗？还会有其他人建议国家采纳人民主权方案来处理奴隶制问题吗？林肯执著地坚持,奴隶制无论在哪里都是错的,应当靠这一原则来使奴隶制停止扩展,我们首先面对的就是林肯的这一态度。这种坚持是教条主义的还是机会主义的？总的来说,没有谁比林肯更倾向于遵循审慎的指导原则,凭借这一原则,一个人总是试图消除邪恶而又不惊动支持邪恶的偏见——给出足够的时间和环境来慢慢改变偏见。我们将看到,这一点在渐进主义中是隐而不显的,而林肯正是通过渐进主义来解决改革中的所有具体问题的。尽管林肯认为所有合理政策都立基于普遍适用的"抽象真理"之上,但他仍然谴责那些"致命的抽象事物",因为它们使人们争吵不和,而又不是为了任何实际好的目的。但是在林肯看来,道格拉斯允许准州[277]人民自行决定是否建立奴隶制的理论,并非避免一场没有实际后果的争执的方案。它是剥夺北方抵抗奴隶制扩张的道德甲胄的方案,这扩张正威胁要吞并"所有的州,不论新州还是老州,不论南方还是北方"。林肯在分裂之家演说中警告说:"我们安心睡下,梦想着密苏里人民很快就要使自己的州成为自由州了,而我们醒来时却将发现,事实是联邦最高法院已使伊利诺州成了蓄奴州。"奈文思教授谴责了林肯的警告,认为这警告是一个"荒诞的妖魔"。① 兰德尔教授则以更温和但更坚定的语言拒绝接受林肯的担忧,认为这

_____

① 《林肯的出现》,第一章,页362。

是"想象出来的"、"极其不可能的",并且是建立在"不合理推论"的基础之上的。① 如果这些博学之士都是正确的,如果林肯对奴隶制扩张的真实危险的预言都是废话,那么林肯——正如我们已经说过的——不是恶魔就是笨蛋:因为他看不到在教授们看来十分明显的事物,所以是笨蛋;或者,因为他有意拿国家的和平去冒险,因此是邪恶的魔鬼。如果同意这一判断的话,那就不可能为林肯做任何辩护。

演说的修辞精髓②——林肯以此演说开始了著名的 1858 年竞选运动,这演说赋予了联合论辩强烈的个人色彩——是指控道格拉斯、坦尼、皮尔斯和布坎南(四个"工匠":"史蒂文、罗杰、富兰克林和詹姆斯")③之间使奴隶制全国化的共谋。在兰德尔教授看来,这样的共谋是"相当不真实和不存在的",④而且,当兰德尔未经审查而忽略林肯的证据时,他明显觉得这对林肯是一种慈善之举。奈文思教授确实稍微注意了一下林肯的指控证据,但他认为这证据是一种"在后代人看来处于令人失望的较低层次上的""党派结论"。⑤ 奈文思似乎认为,林肯如下做法颇为愚蠢,那就是,林肯让道格拉斯有机会用"臭名昭著的错误"那样的话来攻击自己,并让他有机会宣称"他[道格拉斯]从未与坦尼或皮尔斯就斯科特判决交换过任何意见,而且直到该判决做出很久之后才跟布坎南谈及此事。"奈文思似乎赞同道格拉斯的话,毫不犹豫地宣称指控是"没有根据的"。⑥ 然而在关于斯

---

① 兰德尔,前揭,页 116。
② 分裂之家演说,1858 年 6 月 16 日,《著作集》中有收录,第二章,页 461—69。以后脚注中将不再标明。
③ [译按]括弧中是前面四个人的名。
④ 兰德尔,前揭,第一章,页 108。
⑤ 奈文思,前揭,第一章,页 362。
⑥ 奈文思,前揭,第一章,页 362。

科特判决的章节中,奈文思引用了凯特伦法官(Judge Catron)与尚未就任的当选总统布坎南之间的一封长信,格利尔法官(Judge Grier)也参加了通信,而且信中称据说首席大法官也读了这封信。[278]这是否就构成了共谋勾结,是一个很好的诡辩术的论题。但如果布坎南和坦尼确有交流,那么对于布坎南所知道的事,皮尔斯极有可能是知情者,因为——正如林肯注意到的——即将离任的总统对所期望的判决的支持,与即将上任的总统对该判决的预先赞同十分相合。奈文思教授自己翻出的证据强烈地暗示,四个"共谋者"中有三个人之间存在事先约定。①在论辩过程中,林肯修改了他原来的指控,他承认罗杰、富兰克林和詹姆斯可能利用了史蒂文,而道格拉斯对归咎于其他三个人的意图可能并不知情,但他一定知道自己帮助他们达到目的是愚蠢的。

---

① 奈文思在附录中谈了柯蒂斯(Curtis)和麦克林(McLean)对斯科特判决应负的责任,我们也来比较一下出自其中的一段话:"还有一些关于当选总统布坎南对此事的干预的话,必须说一说。尽管在他和坦尼之间并没有策划什么'共谋',但布坎南的确让联邦最高法院的核心成员了解了他想要的判决,并让他们知道了他为何想要这样的判决……布坎南说服了犹豫不决的格利尔……他一贯认为法官们是现实的。他一直都认为政治应当统治法院。"《林肯的出现》,第二章,页 477。韦伯斯特(Webster)词典为"共谋"(conspiracy)所作定义如下:"为了某一目的数人的联合;就事态而言,导向某一结果的协力合作(凑巧同时发生)或一般趋势;协力合作的行为。"我们相信,坦诚的读者会从这一定义中找到足够证据来支持林肯对共谋的指控。奈文思和兰德尔在法律意义上否定了林肯的指控,但林肯从来都没有说这是法律意义上的指控。林肯的言辞是商讨性的,而非法庭论辩性的。它的论辩性质是比喻性的;毕竟,林肯是个律师。然而,他并不是在试图证明罪行;他只是在努力说服人民,要他们别将自由委托给坦尼、皮尔斯、布坎南和道格拉斯的民主党。因为这些人彼此之间有某种"协力合作的行为",《堪萨斯—内布拉斯加法案》、斯科特判决以及他详述的其他一些事情在目的上的一致,都暗示了这种"协力合作的行为"。林肯的指控从来都不是要在法律意义上归罪。他不可能有这样的意图,因为法律上的共谋意味着违法的意图,而这些人则是法律的制定者。

分裂之家演说从序言开始，在这一著名序言的结尾，林肯警告说存在一场危机，国家踏上最终消灭奴隶制的道路，还是踏上在全国范围内合法化奴隶制的道路，将在这一危机中决定下来，他以一个问题来结束序言："难道我们没有走向后一种情况的趋势吗？"这句话经常被忽略。然而，重要的是要记住，林肯在演说中罗列的证据，与其说是一个阴谋的证据，不如说是奴隶制将在全国成为合法的这种趋势的证据。在当时以及后来，林肯都小心翼翼地指出，他并不知道阴谋是否存在，他只是相信它的存在。他所有关系到阴谋的证据，都是根据对环境的判断而得出的证据。然而，我们必须要问的关键问题，并非是否环境无法抗拒地暗示了主要参与者之间的事先约定，而是是否环境无法抗拒地体现了一种扩散奴隶制的趋势。那么，让我们先来问一问，林肯是否有理由说存在这样一种趋势。如果回答是肯定的，我们就可以进一步问，为这样的趋势带上阴谋的帽子是否合理。

我们将把注意力集中在林肯的两大支撑性证据上，因为林肯的理由正是建立在它们的基础之上的。第一个证据是《堪萨斯－内布拉斯加法案》；第二个证据是斯科特判决。内布拉斯加法案推翻了国会在路易斯安纳购地剩余部分的奴隶制禁令，但又声称——

　　　　其真正意图和意思……并非要使奴隶制在任何[279]准州或州中合法化，也不是要从这些地方排除奴隶制；而是让这些地方的人民，仅仅依据《合众国宪法》，完全自由地按照自己的方式组织和制定他们的内部制度。

"仅仅依据《合众国宪法》"的意思的含糊性,使"自由地组织和制定"的意思也令人怀疑。林肯指出,该法案的反对者(主要是蔡斯)试图修正它,"以便明确宣布该准州的人民可以排除奴隶制",但法案的支持者却拒绝这一建议。我们的评论是,在联合论辩中,当林肯重申这一指控时,道格拉斯回答说,蔡斯这么做只是想阻碍法案的进程,蔡斯的修订案是不公平的,因为他拒绝宣称人们可以排除也可以引入奴隶制。对此,林肯反驳说,道格拉斯非常清楚蔡斯的原则拒绝对蓄奴权利的任何支持,而道格拉斯或者他的某个朋友则可能把蔡斯所拒绝附加的那些话拿掉。

在此我们愿意提醒读者,在 1854 年 1 月 4 日的委员会报告中——前面已对该报告做过详尽分析——道格拉斯已经列举了对《宪法》与准州(在 1850 年和 1854 年中)奴隶制之间关系的相互矛盾的观念。他在该报告中提到,有一派观点认为,《宪法》保护每个公民携带任何种类的财产移居任何准州的权利,"以及在法律允可下持有和享受同一财产的权利"。而且,内布拉斯加法案的最早版本吸收了 1850 年法律的一些条文,而这些条文规定,所有涉及宪法问题的裁决权都应操于联邦最高法院之手。因此,道格拉斯知道或者至少相信,联邦最高法院有可能裁决,"完全自由地"这一表达并不应当包括排除奴隶制的权力。当然,我们不能说——倘若公正的话,林肯也不能说——道格拉斯在 1854 年就知道法院会怎样判决。但道格拉斯在委员会报告中确实考虑了那种可能性——而那种可能性后来在斯科特判决中变成了现实。因为,坦尼在 1857 年采纳了一种观点,将它作为联邦最高法院——根据法案条款——可能被号召采纳或拒绝的对《宪法》的解释之一,而 1854 年的报告已经提出了这一观点。而且道格拉斯一定知道——正如众人都知道一样——在任何跨区域问题上,联邦最高法院成员显然会倾向南方。这就使人很难相信如下观点:道格拉斯是在未察觉的状态下被利用的——如果他被"利用"了的话。

[280]《堪萨斯－内布拉斯加法案》推翻了《密苏里妥协案》对奴隶制扩张所造成的障碍。该法案鼓励了这样一个推测——然而,其作者却拒绝在法案中明确表达出来——那就是,移民去新组建的准州的人民可能引入也可能排除奴隶制。法案的作者宣称,消除国会对奴隶制的限制之目的,仅仅是想让这些人能够"完全自由"。然而,当斯科特案的重大判决出来时,结果却是,"依据《合众国宪法》",将不允许"无论国会还是准州立法机构……排除奴隶制!"

在林肯看来,斯科特判决最令人反感和最危险的特征,并不是在它之下"'定居新开辟土地者主权'遭到了废除",因为定居者组织他们内部制度的"完全自由"被证明恰是完全没有自由。斯科特判决的核心首先是这样一种主张,那就是,"从非洲进口的黑奴及其后代,从不可能有一个人成为任何州的公民——《合众国宪法》意义上的公民。"林肯说:"这一主张意在剥夺黑人在任何可能情况下享受《合众国宪法》规定所赋予的利益,这一规定宣称,'每个州的公民享有各州公民的一切特权和豁免权。'"联邦最高法院随即在法律上使用了前述格言,坦尼为了支持这一格言,也引用了证据,这证据以臭名昭著的说法(林肯没有引用这一说法)告终,那就是,黑人是"[如此]低级的种类……以致他们不享有白人必须尊敬的任何权利"。从终极意义上看,联邦最高法院使用这一说法尚难与坦尼的证据相提并论。坦尼确实没有说他相信自己的说法是真的;他只是坚持这是缔造《宪法》的人们所相信的,并认为自己有责任将这样的实践含义赋予《宪法》,因为国父们的意图支持这样的解释。然而,结果却是,在坦尼所解释的《宪法》之下,黑人不享有联邦最高法院可以尊敬的任何权利。因此,斯科特判决的中心宗旨与《堪萨斯-内布拉斯加法案》的中心宗旨异曲同工,它对奴隶制"通过投票采纳还是[281]通过投票否决"抱冷漠态度。因为相信《独立宣言》包含了黑人、并相信黑人与白人一样拥有不可剥夺的自由权利的任何人,都不可能对"通过投票采纳"奴隶制抱无所谓态度。道格拉斯所谓的"'自治的神圣权利'……尽管表达了所有政府的唯一正当基础,但当[道格拉斯]试图把它阐述成仅仅是这一观点时——如果任何一个人选择奴役另一个人,任何第三者都不应表示反对——这种权利却被扭曲得不成样子。"当然,在坦尼及其同僚所解释的《宪法》之下,倘若一个人是黑人,那就不存在任何权力可以让任何一个人保护他不受奴役。林肯指出,在联邦最高法院的这一理论之下:"一个黑人在自由州被持有并在实际上被奴役,这是否会——违反持有者的意愿——令他自由,合众国的法院不会就此做出判决,而会把这类事留给主人可能强迫黑人要进入的任何一个蓄奴州的法院去裁断。"然而,当林肯说这样的话时——依照人民主权原则,如果一个人选择奴役另一个人,则没有第三者可以反对——却尤为精心地挑选了措词。因为黑人是人,而让林肯极为满意的是,道格拉斯的人民主权逻辑并没有止于黑人。如果白人不尊重属于黑人的人性的权利,那么白人就同样打击了自己的权利。我们很快就会听到林肯说,任何一个原则,如果它证明了奴役黑人是正当的,那它就不可能不同时也证明奴役白人也是正当的。

　　然而,林肯为何认为斯科特判决可能导致奴隶制在自由州中合法化呢?我们已经注意到,林肯认为它否决了黑人享有支持北方联邦的法院的任何真正保护的权利。这样,该判决就剥夺了黑人应受保护而不被掳掠成为奴隶的权利,除非黑人可以从蓄奴州的法院得到这种保护。但是,在林肯根据已往历史来判断可能的未来时,《堪萨斯－内布拉斯加法案》宣言部分的怪异措辞震惊了他,因为其中包含了意在不"使奴隶制在任何准州或州中合法化"的断言。林肯问道,一部准州法案谈及"州"的人民引入或排除奴隶制的权力,这到底是怎么回事?确实,由于道格拉斯长期以来一直都坚持,合众国国会无权为州的内部制度制定法律,因此他本应是最后一个[282]允许——更别说引入——国会拥有如此权力的含义的人。然而,当国会宣称它的意图是不使用这样的权力时,就难免要推断国会拥有这一权力了。

　　国会在 1850 年的准州立法中已经说过,在尤他和新墨西哥土地上形成的州,根据它们各自的宪法规定,可以带着也可以不带着奴隶制加入联邦。然而,这不过就是宣称国会将如何接受这些地区的申请——要求获得州资格的申请。同样,旧的《1787年法令》和 1820 年《密苏里法案》第八款事实上也都是宣称,首先,所说各准州作为准州必须是自由的,以及其次,除非申请州资格的各未来州的宪法能规定禁止奴隶制,否则将不会考虑各地区的申请。国会可以行使其毫无疑问的权力来承认——或拒绝承认——新州,并规定加入联邦的条件。但是,各州平等原则意味着,国会对老州所没有的权力,对已加入的新州同样也没有。然而,《堪萨斯－内布拉斯加法案》却规定,任何准州或州的人民应当"仅在《合众国宪法》之下,完全自由地按照自己的方式组织和制定他们的内部制度"。法案作者拒绝在法案中详细说明"完全自由"的意思,而且他承认其中存在对《宪法》的相反解释——他不会判断这些解释,而其中某些解释会使完全自由归

于无效。现在,如上所述,联邦最高法院——完全相同的法案将
所有这样的问题都送到那里待决——已经宣布这种自由无效,
因为它认为,准州和州都必须服从的《宪法》,不许可国会或者准
州立法机构排除奴隶制。然而,尽管联邦最高法院有极多机会
可以确认各州排除奴隶制的权力——在众所周知的四分之三附
带意见①的判决理由中——但它没有那样做。

　　尽管奈文思教授完全不相信奴隶制会扩散至自由州,但他
承认,"尼尔森法官(Judge Nelson)已经提示了州对奴隶制问题
的决定权应受宪法的某些限制。"②尼尔森确实认为密苏里最高
法院的判决——即斯科特[283]在伊利诺州的居住并不能使他
自由——在联邦最高法院有约束力,而且联邦最高法院不可能
质疑州法院处理这类事务的能力。奈文思接着说:

　　　　换言之,除非是在州权力受到《合众国宪法》限制
　　的那些案件中,否则州的法律在其管辖权内对奴隶制
　　问题具有至高无上的权力。作为这一原则的实例,我
　　们可以看各自由州废除奴隶制的立法和禁止将奴隶制
　　引入其领土范围内的立法。应当承认,除非受到《联邦
　　宪法》的限制,否则各州正当地享有对奴隶制问题的完
　　全和绝对的权力。③

　　但是,这个"除非"是什么意思呢? 尼尔森刚刚断言,如果斯
科特被强迫回到奴隶州的话,那么伊利诺州禁止奴隶制的法律

----

①　[译按]Obiter dictum,[法律]附带意见,即法官所说的意见,只是案件审理中的
　　附带意见,因此无约束力。
②　奈文思,前揭,第一章,页 362。
③　原文中并无强调。

并不能使他成为自由人。现在,很明显,斯科特在伊利诺州是作为奴隶被持有的。伊利诺州可能阻止他的主人把他带入该州吗? 可能有人到伊利诺州的一个法院为斯科特申请人身保护令①吗? 再有,如果该伊利诺州法院宣布他为自由人,那么,一旦上诉到联邦最高法院,联邦最高法院会支持该伊利诺州法院的判决吗? 或者,坦尼的法庭会再次宣布,根据密苏里法律斯科特是奴隶吗? 它会再次宣布,《宪法》第四条的充分信任款项或特权和豁免权款项"限制"自由州如此剥夺一个密苏里公民的财产吗? 我们不知道这些问题的答案,但是,从《宪法》之下的"完全自由"——1854 年准州法案将"完全自由"赋予了堪萨斯-内布拉斯加人民——的命运来看,我们能够怀疑林肯不信任尼尔森的"除非受到《联邦宪法》的限制"吗? 尼尔森的"除非"对各州的宪法权力提出了怀疑,而道格拉斯在原始报告中对国会在准州中的权力也提出了怀疑,从这段历史来看,难道尼尔森的怀疑在程度和种类上不正是与道格拉斯的怀疑一样吗?

斯科特判决宣布了 1820 年《密苏里法案》第八款违宪,因为该判决否定了国会在作为国家共同财产的任何准州中禁止奴隶制的权力。我们已经注意到,在 1820 年,"门罗和整个内阁[包括约翰?琨西?亚当斯和约翰?卡尔霍恩]都同意国会在准州中禁止[284]奴隶制。"②可以肯定地说,在南方 1830 年代紧急转向把奴隶制当作"积极的善"来维护之前,很难发现有人——即使在严格的解释者当中——会怀疑国会决定准州的奴隶制问

---

① [译按]Writ of habeas corpus,人身保护令,目的在于保障人权,被拘捕的人须于一定时间内被移送法院处理之命令。
② 摩尔,前揭,页124。

题的权力。坦尼的判决否决了一部严守国家成文法达三十四年之久的法律的效力,道格拉斯自己在 1849 年曾说过,这部法律与《宪法》同源,美国人民在内心深处已奉其为正典,任何残毒之手都从不会鲁莽扰攘这一神圣之物。然而,坦尼的判决所做的还不止这些。它还认为,依据《宪法》召开的并重新颁布《1787年法令》——该法令起初由杰斐逊起草,它禁止在老的西北土地(Northwest Territory)实行奴隶制——的第一届国会,是超逾其宪法权限而行事!正如林肯要在《库珀学会演说》中指出的,本届国会包括了三十九位《宪法》签署者当中的十六位,包括麦迪逊在内,而该法案"在两院中都毫无争议地通过了,相当于以一致同意通过。"①华盛顿总统签署了这一法案,而且据我们所知,他对该法案的合宪性没有丝毫怀疑。坦尼解除了国会在老的西北土地的奴隶制禁令,但他的理由是如此牵强,以至于需要至少一章的篇幅才能道尽其中的曲曲折折。然而,为了眼前的目的,我们只引出这样一句话:

> 因此,西北土地内的土地要被派用的目的,以及在西北土地上要实施的政府形式和司法原则,尽管仍保留在准州手中,但本届国会似乎认为这些都已经被各州决定了,当各州在过去有充分的权力和权利来决定这些的时候;似乎,在此条件下已经接受它的新政府,应当切实执行这些州以前就已采纳、并无疑是当这些州把权力转交给新政府时所希望的计划和原则。②

---

① 《著作集》,第三章,页 527。

② 原文中并无强调。

当坦尼说到各州以前的行动时,他指的是各州依据《邦联条例》而采取的联合行动。总之,坦尼试图为第一届国会的行动——该行动指的是本届国会采纳了在西北土地施行奴隶制禁令的法律——提供正当理由,坦尼这么做所根据的前提是,在管理准州问题上,国会依照《邦联条例》[285]比依照《宪法》拥有更大的权力。我们不会试图证明,正如林肯认为不值得证明一样,《宪法》之父们不相信他们自己正在建立的政府,要比《邦联条例》下的政府在任何一个方面逊色。而且,如果第一届国会重新颁布《西北土地法令》的行动,是结构上如此精致复杂的一点,正如坦尼使它看起来的那样,那该法案就不太可能——如林肯指出的——毫无争议地通过。①

除此之外,我们还想再说一点,那就是,斯科特诉桑佛德案(Dred Scott v. Sandford)是合众国最高法院第二次判决国会法案无效的案例,唯一的另一个类似案例是马伯里诉麦迪逊案(Marbury v. Madison),其判决在 1803 年做出。但是,马伯里诉麦迪逊案对我们现在称为司法审查权的行使远非明确。因为马歇尔(Marshall)否认国会有扩大联邦最高法院原始权限的权利;他坚称,联邦最高法院有权利决定《宪法》所说的授予联邦最高法院权力的含义。毫无疑问,我们并不清楚他是否认为,对于《宪法》授权政府其他机构的权力,联邦最高法院也有同等决定权。在联合论辩过程中,林肯引用了杰斐逊和杰克逊的话,想说明美国政府关于政治问题的政策,可能不应由法官们来决定。杰克逊曾不止一次拒绝接受联邦最高法院认为合众国银行合宪

---

① 《西北土地法令》——包括奴隶制禁令——的重新颁布,在当时肯定被麦迪逊、华盛顿等人认为是普通立法权力的一次行使,柯蒂斯的不同意见充分证明了这一点。

的观点,认为这一观点对他自己没有约束力。杰克逊曾经说,每
个联邦官员在宣誓效忠《宪法》时都是效忠他所理解的《宪法》。
尽管马歇尔在马伯里案中使用了广义语言来为一个非常狭窄的
立法领域的无效性辩护,但从政治角度来看,该案所涉及的问题
仍悬而未决。坦尼的判决则有完全不同的重要性。恢复《密苏
里妥协案》对奴隶制之限制的要求,在当时是共和党内唯一的真
正的凝聚力量,是共和党能在政治上继续存在的绝对的必要条
件(*sine qua non*)。1856 年的选举已经表明,从总统选举的选票
来看,民主党当时在国家中是少数党。辉格党和一无所知党正
迅速分裂,而且共和党极有可能在不久的将来成为多数党。似
乎共和党很快[286]就会推翻民主党的霸权,而不论是联邦党人
还是辉格党人都不曾做到这一点。1856 年选举明确预兆了国
内政治力量的重新组合即将发生,这是自 1800 年以来还没有发
生过的事。而且,紧接这预兆而来的斯科特判决不啻于宣告,选
共和党当政就是选一个致力于推翻《宪法》——这里指的是坦尼
所理解的《宪法》——的政党当政。这样一个判决远远超出了马
歇尔对马伯里诉麦迪逊案的判决意见的意义。如果马歇尔宣
布,废除杰斐逊政党《1801 年司法法》是违宪的,那么上述类比
就更加公允。马歇尔从未有一个公平机会来就这件事正式表达
他自己的意见,而且我们无法知道他是否敢于做出这样的判决
意见。然而,即使这样一个判决,也不会成为让杰斐逊解散他的
政党、把控制政府的权力交还联邦党人的命令。斯科特判决是
一个让共和党解散的命令。从这段历史来看,正如林肯所说,斯
科特判决毋庸质疑是一次宪法革命;而且毫无疑问,接受这一判
决的政治约束力,一如州对国会法令拒绝执行的理论和脱离联
邦的理论一样,是否认民选政府原则。
　　林肯在整个论辩过程中不断重复的主题就是,在民选政府

中,法律和判决能否实施,取决于公众情感。立法机构和法院正是参考这样的情感来决定他们可否尝试制定法律和作出判决的。林肯相信,坦尼法院在1854年不会有这种诱因或鲁莽来宣布1857年的判决。首先《密苏里妥协案》不得不被废除;其次,所谓的人民主权理论,成了一条竞选纲领,并作为模糊不明的旗帜领导了一场选举。接下来,必须让人民知道,通过重选民主党当政,他们已经认可了已将《密苏里妥协案》废除的宪法意见——这意见还认为,国会限制准州奴隶制的权力,如果不是肯定非法的话,也是不甚适当的。只有当古老的[287]在道德上反对奴隶制的观念——正如早前的《西北土地法令》一样,《密苏里妥协案》也敬奉并保护这种观念——被对奴隶制的道德冷漠观念取代时,联邦最高法院才能够尝试它现在已经尝试了的判决。只有当《堪萨斯—内布拉斯加法案》以及利用它来改变公众情感的政党策略取得成功时,人们才会认为斯科特判决可能得到执行,并因此而值得尝试。因此,林肯的想法是,如果斯科特判决像《堪萨斯—内布拉斯加法案》那样,能够在民意测验中赢得同样的支持——或者,应该说,是道格拉斯和布坎南根据1856年选举结果而声称它所得到的支持——那么更多的革命仍然极有可能很快到来。林肯没有说另一个斯科特判决已经逼近,但是他说,公众情感对斯科特判决的原则——这些原则颠覆了国会或准州人民排除奴隶制的权力——的默认,会为另一个这样的判决奠定坚实的基础。一旦稳固确立将奴隶当作财产的观点的神圣性,则确有可能产生另一个判决——它会宣称任何州都无权力禁止奴隶制。林肯承认,这样一个判决现在可能显得让人难以容忍并且难以执行。但是,在杰斐逊、华盛顿、麦迪逊、两位亚当斯或门罗眼中,否定国会有禁止准州奴隶制的权利的判决,尚且难以容忍和难以执行,而这样一个宣称任何州都无权力禁止奴隶制的判决,岂非更加令人难以容忍和难以执行? 倘若这样一个改变能够实施,为什么另一个类似改变就不能呢? 不是在分裂之家演说中,而是在联合论辩过程中,林肯证明,斯科特判决事实上已经为这样一种改变做好了准备。

1858 年 10 月 7 日,林肯在盖尔斯堡说了下面这些话,以强调对斯科特判决所含危险的指控:

　　《合众国宪法》第六条第二款……原文如下:"本宪法及依本宪法制定之合众国法律,以及依合众国权力已缔结或将缔结之一切条约,均为国家之最高法;[288]即使其条文与任何一州之宪法或法律相抵触,各州法官仍应遵守不误。"

　　斯科特判决的精髓归结为这样一句话,我现在来念一念:"如我们已在本判决意见的前一部分就另一要点所说,以奴隶为财产的权利是宪法明白无误地予以确认的。"我再重复一遍:"以奴隶为财产的权利是宪法明白无误地予以确认的!"宪法"确认"意味着什么? 它被宪法稳固——稳固到这个地步,如使之脱离宪法即为违宪——和宪法一样垂诸久远,是宪法的一部分。现在,记住我刚才念过的那条宪法;坚信宪法是国家的最高法律;即使其条文与任何一州之宪法或法律相抵触,各州法官仍应遵守不误;对奴隶的财产权是宪法确认的,已经列入宪法,脱离宪法即为违宪;和宪法一样垂诸久远,是宪法的一部分;——从以上所说可以得出什么样的简短的、甚至是三段论法的结论呢? 我认为是这样的,现在我请擅长推理的人来考虑一下,我以三段论形式提出的结论有没有毛病:

　　任何一州的宪法或法律皆不得破坏合众国宪法明
白无误地确认的权利。

　　以奴隶为财产的权利是合众国宪法明白无误地确
认的。

　　因此,任何一州的宪法或法律皆不得破坏以奴隶
为财产的权利。①

　　道格拉斯从来没有回应过林肯在此三段论中所阐明的观
点,而且据我们所知,不接受它的结论的人中间无一人曾对此作
出回应。林肯说,他看不出这一推理中有任何瑕疵,如果前提为
真,结论必然为真。瑕疵存在于前提之中。他说:"我相信宪法
并没有明白无误地确认以奴隶为财产的权利。"②他在弗里波特
向道格拉斯提出的第三个问题是:"如果合众国最高法院裁决各
州不得将奴隶制排除在其境外,你赞成把这个裁决作为政治行
动准则予以[289]默认、通过和遵守?"③道格拉斯回答说:"这种
事情是不可能发生的。这是一个道义上的背叛行为,没有一个
法官会降低身份去做。"④当奈文思教授称林肯的预见——即最
高法院会使伊利诺成为一个蓄奴州——是一个"荒诞不经的妖
魔"时,他几乎说了同样的话。因为"没有法院敢冒险做出这等
蠢事。"⑤但是,我们倒想问一问奈文思教授,甚至像林肯问道格
拉斯那样,我们怎么知道那些能做出斯科特判决的法官不会做
出另一桩蠢事呢? 如果坦尼已经胆敢给出了大前提和小前提,

①　《著作集》,第三章,页230—31。
②　同上,页231。
③　同上,页43。
④　同上,页54。
⑤　《林肯的出现》,第一章,页362。

为何他还会不给出结论？林肯的主题是，与斯科特判决对宪法的改变相比，他所预见的以该判决为前提的进一步后果还要更糟糕。林肯承认，暂时还没有一个法院胆敢做这等蠢事；他认为，证明这一结论的前提已经包含在坦尼的斯科特判决中了，而且，如果这些前提作为前提在法律中得到确认，那么当公众渐渐习惯了这些前提之后，默认其结论不过是迟早的事。当公众情感允许这样一个判决付诸执行时，林肯相信，执行就近在眼前了。

兰德尔教授虽然自己并没有直接讨论林肯这一明确的三段论，但他也公开谴责其结论。他写道：

> 当林肯在 1858 年说，坦尼 1857 年的财产理论有一天可能导致联邦把奴隶制强加给所有州这一后果时，这是一个不合逻辑的宣称。
>
> 几乎没有哪个宪法专家会认为，第五修正案的范围涵盖了第十四修正案的大得多的领域。未来的某人领导的合众国最高法院，做出允许联邦政府将奴隶制强加于不情愿的州身上的判决的可能性，微乎其微。这一理论在禁止奴隶制的北方州会遭到反对，而南方也会由于州权原则（state-rights principles）而反对它。①

然而，兰德尔教授针对林肯三段论的不合逻辑的指控，会遭到如下反驳。林肯从坦尼的判决意见中得出的小前提，并非基于第五修正案。在林肯所引用的判决意见中的那句话之后，坦

---

① 《总统林肯》，第一章，页 116。

尼继续写道:

> 买卖奴隶的权利,就像[290]普通的商品交易和财
> 产权一样,在想要得到这一权利的各州,在二十年内,
> 保障给了合众国公民。而倘若奴隶逃离其主人,则政
> 府以明文保证,在将来的全部时间内保护这项权利。

《宪法》第一条第九款第一项说:"现有任何一州认为得准予
入境之人的迁移或入境,在一千八百零八年以前,国会不得加以
禁止⋯⋯"第四条第二款第三项说:

> 根据一州法律须在该州服劳役或劳动的人,如逃
> 往他州,不得因他州的法律或规章而免除此种劳役或
> 劳动,而应根据有权得到此劳役或劳动之当事人的要
> 求将他交出。

因此,坦尼断言,《宪法》明白无误地确认了以奴隶为财产的
权利,其实正是这两个宪法条款为他的断言奠定了基础。上引
坦尼判决理由继续说:

> 清楚地、明文肯定了这一权利——清楚得不可能
> 产生误解。而且,《宪法》中找不出一个字来表示给予
> 国会对奴隶财产的更大的权力,或者给予此类财产的
> 保护少于其他任何种类的财产。《宪法》赋予的唯一权
> 力就是带有守卫和保护主人权利之义务的权力。

显然,坦尼现在并不想从第五修正案的纯粹消极表达

中——任何人不经正当法律程序,不得被剥夺生命、自由或财产——推导出守卫和保护奴隶主权利的积极义务。坦尼先前把第五修正案当作理由,来解释国会为何不可以剥夺那些人——带着奴隶财产移居联邦准州的人——的奴隶财产。但是,尽管他说奴隶财产所受到的保护不应比任何其他财产少,但他没有说奴隶财产不应得到更多的保护。与"服从《宪法》"或者"除非受到《联邦宪法》的限制"中的模糊性相同,我们在此也看到了模棱两可。场地已经打开,正如林肯所说,以便为奴隶制赢得更有利的地位。毫无疑问,坦尼"守卫和保护"奴隶财产的言论,大大推动了南方的要求——要求国会在准州颁布奴隶法,而这一要求在1860年导致了民主党的分裂。我们暂时只需强调,坦尼的断言——《宪法》[291]明确无误地确认了以奴隶为财产的权利,并由此而要求保护奴隶财产的义务——主要是基于对《宪法》的第四条第二款的解释,而根本不依赖第五修正案。而且,这一断言与至上性条款①联合起来,在逻辑上必然产生如下结论:任何一州都不得破坏以奴隶为财产的权利。

可是,即使林肯的三段论涉及第五修正案——但它并不涉及——我们也仍然会对兰德尔的断言感到吃惊,他说,"几乎没有哪个宪法专家"会把第十四修正案的范围包括在第五修正案的范围中。很明显,他心里想的是20世纪中叶的专家们,但我们的问题所关心的是1858年时的宪法状况,当时第十四修正案尚未构思出台。毫无疑问,当时占主导地位的有关宪法的判决意见,是首席大法官马歇尔1833年做出的关于拜伦诉巴尔的摩案(Barron v. Baltimore)的判决意见。马歇尔说,第五修正案只是想对联邦政府施加限制,而不是对州施加限制。不过,这一

---

① ［译按］指《合众国宪法》第六条第二款。

事实本身并不能告诉我们,如果二十五年之后才出现法律挑战,
会有什么样的判决被做出。关于这一点,我们可以引证克洛司
基教授(Professor Crosskey)最近在题为《对州的权威的宪法限
制》的论文中的观点。① 根据他的调查,部分由于无知部分由于
不同意马歇尔的判决意见,许多律师和法官并不认为这是一个
具有约束力的先例。在一系列案例中,"律师们继续援引第二至
第八修正案中的各种条款来反对州",克洛司基仅例举了这些案
例中的一部分。② 他写道:

> 在 1840 年的霍尔姆斯诉詹尼森(Holmes v. Jen-
> nison)一案中,拜伦案判决在联邦最高法院受到了精
> 心策划的最复杂的挑战,挑战者认为这一判决是错误
> 的。伊利诺州最高法院显然对拜伦案一无所知,它在
> 1845 年评论道……第五修正案的正当程序条款"对任
> 何州均有约束力"。而在 1852 年,佐治亚州最高法院
> 以毫不含糊的言辞公开谴责拜伦案的判决,并拒绝受
> 其约束……而且,在拜伦诉巴尔的摩案判决被做出十
> 九年之后,佐治亚州法院还说,它"意识"到该案所涉及
> 的问题"至今仍被认为悬而未决"。③

　　为了说明眼下观点,我们没必要论及克洛司基教授的更广
的主旨之长处,比如他认为,共和党人制定第十四修正案[292]
的意图,是确保第二至第八修正案可以运用至各州,共和党人一

---

① 《芝加哥大学法律评论》,1954 年秋季号(*University of Chicargo Law Review*,
　 Autumn 1954)。
② 同上,页 142,注释 266。
③ 《芝加哥大学法律评论》,页 142。

直相信(在克洛司基看来)这种可运用性是存在的。然而,道格拉斯在 1849 年认为,《密苏里妥协案》在民意中有神圣不可侵犯的地位,而拜伦诉巴尔的摩案当然没有这么重要。如果支持奴隶制的冲动可以在如此短的时间内就推翻那一强大障碍,把奠定其基础的国父们的宪法观点踩在脚下,那为何拜伦诉巴尔的摩案不可能也被推翻呢? 在内战之后的几十年中,联邦最高法院曾取消州对公司财产权的干涉,这一记录臭名昭著。第十四修正案当然就是联邦最高法院当时发布说教所依赖的文本。在重建时代,共和党人制定新的修正案要比重新解释旧的修正案方便得多。然而,要是 50 年代的争斗是支持皮尔斯和布坎南——他们组建的政府被像戴维斯(Jefferson Davis)和汤普森(Jacob Thompson)这样的人所把持——的政党的话,那么我们为什么还要认为,由他们所任命的法官主导的法院,为他们所喜好的财产权形式所做的事情,要比共和党人主导的法院为自己所喜好的财产权形式所做的事情要少呢?

兰德尔说,由于州权原则,南方本来可以反对林肯所想象的新的斯科特判决。这决不可能。在内战前的十二年中,除为维护奴隶制以外,南方从未援引过州权原则。如果南方认为州权原则是神圣的,那它就不会要求颁布严苛的逃奴缉捕法。《宪法》说逃奴"应被交出",但它没有说让谁去交出。这一条款不在《宪法》所列举的国会权力范围之内。也没有理据可以认为交出逃奴是联邦的职能而不是州的职能。而且,如果说"州权原则"在任何正当意义上是原则的话,那是由于某种地方自治的上等德性的观念。然而,正是由于道格拉斯坚持联邦不应该颁布准州奴隶法,所以南方才在 1869 年拒绝让道格拉斯作政党领袖。

然而,兰德尔还认为,这样一个判决会"遭到禁止奴隶制的北方州的反对"。如果这一断言是指,一个使奴隶制合法化的判

决,会在[293]奴隶制被反对的地方遭到反对,那这一说法当然
正确,因为这(实际上)是同义反复。但是,如果斯科特判决以及
对《密苏里妥协案》的撤销被允许成立的话,北方还会持续地反
对奴隶制吗? 这里就是林肯所看到的危险的本质。有一种想法
认为,可以通过法律策略或政治策略的任何结合而把奴隶制延
伸至当时所有的自由州和准州,像道格拉斯本人一样,兰德尔和
奈文思教授都相信,这种想法"愚蠢透顶"。他们相信,林肯考虑
的是虚幻的而非实质的问题;通过政治手段扩张奴隶制是不可
能的,因为奴隶制只会向有经济利润的地区扩张,且其利润已经
达于极限。我们很快会再来审视这一主题。目前我们断言,如
果《宪法》"明白无误地确认"了以奴隶为财产的权利这一观点被
接受为已确定的法律理论,那么未来的、宣布奴隶制在所有
州——不论新州还是老州,南方还是北方——都合法的判决,就
不存在任何法律障碍了。

　　坦尼的附带意见从字面来说是一个谎言:以奴隶为财产的
权利并没有在《宪法》中得到"明白无误的"确认,因为"奴隶"或
"奴隶制"这些语词在宪法中甚至都没有出现(在第十三修正案
之前)。一个"须服劳役或劳动的人"既可以是一个奴隶,也可能
是一个契约仆役。再者,《宪法》中提到这些人时,并没有说他们
是因为一种受到《联邦宪法》确认的权利——而是根据"州"的法
律——而被持有。林肯再三重复说(有南卡罗来纳州的布鲁克
斯[Preston Brooks]为证),在设计《宪法》时,国父们相信奴隶
制终有一天会消亡,而且,在林肯看来,国父们刻意避免使用那
样的语言,因为它们会在奴隶制消亡之后还把先前存在的奴隶
制记录在《宪法》之中。当然,国父们相信各州有权力废除奴隶
制,但是,当坦尼说逃奴条款是吁求联邦政府保证"在所有将来
的时间内"保护奴隶主时,他使用的语言就强烈暗示了,奴隶制

的法律基础是在《宪法》之中而非在各州之中。总之,坦尼说服
的法官们所解释的《宪法》,可以意味奴隶主利益要求它意味的
任何事情。可以阻止这种解释的唯一方法,就是选一位总统,来
任命持不同意见的法官。

第十二章
奴隶制扩张的政治趋势

[294]我们已经证明,存在一种奴隶制蔓延到所有州的法律趋势。让我们进一步问一下,从何种意义上看,这种法律趋势构成了实际的或政治的趋势。让我们留意一下,在分裂之家演说中,林肯仅说奴隶制在所有州中会成为"合法的"。他谨慎精心的措辞首先表明,他反对道格拉斯的观点,因为道格拉斯认为,奴隶制在美国扩张与否,事实上从未受过对奴隶制的普遍禁止或普遍允许的影响。在林肯看来,奴隶制的合法化对其扩张而言至关重要。他一再引证克雷的观点:"殖民地抱怨英国的重大和公正的理由之一,以及我们现在为拥有这一制度而作的最好辩护",①就是母国拒绝禁止奴隶制,并拒绝赋予殖民地人民自己禁止它的权威。此外,林肯还指出了与老的《西北土地法令》相关的间接证据。有一种观点认为,这一法令决定了俄亥俄、印地安纳、伊利诺、威斯康星和密歇根诸州的自由,我们看到,道格拉斯对这种观点冷嘲热讽。已经移居到那里的人决定反对奴隶制,是因为他们认为奴隶制对自己没什么利益。然而,他们为何

---

① 《著作集》,第二章,页518。

会认为奴隶制对自己没什么利益呢？道格拉斯又被迫回到他的等温线理论——土壤和气候使奴隶制在那里无利可图。然而林肯指出，肯塔基、弗吉尼亚、马里兰和特拉华州的大部分地区的纬度，与俄亥俄、印地安纳、伊利诺州的纬度一样，都很偏北。俄亥俄河[295]左岸和右岸在土壤和气候上的差别，尚没有大到可以让奴隶制扩张至该河一边、而在另一边就不能存在的程度。自然界不存在自由土地和蓄奴土地之间的东西分界线，《西北土地法令》只不过是划出这一界限罢了。同样，也不存在一条南北分界线。因为密苏里州紧临伊利诺州，就在它西边，两个州的三分之二土地都处于同一纬度。此外，我们还可以注意到，密苏里州奴隶最集中的地区——奴隶人口超过百分之十五的地区——是以圣路易斯以北的一个点为基准、东西贯穿整个州的一系列县。① 从纬度来看，密苏里州的大部分奴隶也可以存在于伊利诺、印地安纳或俄亥俄诸州。1858 年竞选之后，林肯在俄亥俄州的数次演说中还说，印地安纳州和俄亥俄州（尤其是印第安纳州）都曾向国会请愿，要求去除或停止《西北土地法令》的反奴隶制条款，但国会依据弗吉尼亚的伦道夫（John Randolph）的报告——他本人是奴隶主——驳回了请愿。因此，说《西北土地法令》之下的准州的人民没有关注奴隶制禁令是不正确的。事实上，在该法令之下，他们有时也相互摩擦。这样一部已存法律的可能影响在于，劝诱敌视奴隶制的人到西北来，并说服赞成奴隶制的人不要到这里来，而道格拉斯的整个观点所漠视的就是这种影响。

在俄亥俄河以北的大多数早期定居点中，来自蓄奴州的移民颇占优势，这是事实。伊利诺、俄亥俄和印地安纳诸州的早期

---

① 奈文思，《林肯的出现》，第一章，页 165。

历史,到处都是支持奴隶制和反对奴隶制两方的斗争,这也是事实。这只是证明,仅有《西北土地法令》还不足以决定奴隶制是否会在这些地区扎根。但是,我们是否应该质疑,奴隶制禁令的存在对于最终的自由非常重要呢?林肯根据个人经验知道,许多来自南方、横跨俄亥俄河的移民——就像林肯自己的家庭一样——像从新英格兰来的移民一样偏爱自由土地,他们逃离与奴隶劳力的屈尊就卑性的竞争来到西北,满心期望《西北土地法令》中的自由土地承诺得到尊重。再有,毫无疑问,许多奴隶主是因为害怕失去奴隶,所以才避免把奴隶带到该准州来。最后,还有一个简单明了的事实,那就是,无论[296]法律有时有多么不足信,尊重法律本身却是决定服从法律的一个要素。

在老西北的形成阶段,法律资格和道德资格已将奴隶制禁令奉于《西北土地法令》之中,而公众情感——从广义上来说——认可并赞同这种法律能力和道德能力。众所周知,在《西北土地法令》中提出奴隶制禁令动议的是身为南方奴隶主的杰斐逊。支持奴隶制的移民就不得不与一个反对自己的、带有道德性和合法性的重要理据进行政治斗争。林肯赞同联邦政府在准州中限制奴隶制,但他的这一观点从未依赖过法律本身的有效性。林肯一直都认为,法律应是人民道德情感的表达。谴责奴隶制的道德情感自然会要求防止奴隶制扩张的法律,而要求这样的法律同时也就是要求保存这种道德情感。林肯并不相信《西北土地法令》本身在俄亥俄以北的领土上排除了奴隶制,而是相信,对奴隶制的道德谴责——它呼吁制定该法令并在该法令中得到体现——才是排除奴隶制的力量。同样,林肯相信,《密苏里妥协案》的奴隶制禁令既是对奴隶制的道德谴责也是对它的法律谴责。在林肯看来,《密苏里妥协案》的废除,确确实实也是推倒了奴隶制道路上的一个重要法律障碍。但尤其重要的是,它也在暗中废除了对奴隶制的道德谴责。而正是对奴隶制的道德谴责的废除,才可能迟早会让奴隶制既蔓延到目前的自由准州、也扩展到自由州中去。

　　兰德尔教授说,道格拉斯的计划"必然会使堪萨斯经由人民主权而成为自由准州,并且经由宪法程序而成为自由州"。① 然而,兰德尔的可怕假设是,即使在共和党身上表现出来的政治剧变从未发生过,或者至少从未获得它实际上已经获得的政治效果,那堪萨斯的人民主权也仍会产生同样的结果。正是对废除《密苏里妥协案》的反对,导致了这个政党的产生,并让九十多个共和党人成为第三十五届国会的众议院议员。在乐考普顿谎言被揭穿——道格拉斯当时只能争取到三张民主党人的选票(包括[297]他自己的那一张)来反对布坎南在参议院中的势力——的众议院中,共和党人为道格拉斯提供的选票几乎五倍于道格拉斯的民主党人为他提供的选票。② 换句话说,道格拉斯在1858年和1861年之所以能"成功"使人民主权在堪萨斯发生作用,是因为有一个致力于恢复《密苏里妥协案》奴隶制禁令的政党,但这个政党却完全拒绝他的人民主权观点!

　　在分裂之家演说中,林肯坚持认为,道格拉斯不适合做一个相信自由土地优于蓄奴土地的政党的领袖,林肯之所以这样坚持,在很大程度上是针对东部的共和党人,由于道格拉斯在乐考普顿斗争中带领东部共和党人取得了胜利,因而他们对道格拉斯评价很高。不过,兰德尔和奈文思犯了一个错误,这一错误与

---

① 兰德尔,前揭,第一章,页124。强调为作者附加。
② 林肯在1858年7月17日的演说中,将这一观点发挥到了极致。《著作集》,第二章,页504以下。

林肯归于格里利那样的人身上的错误相同。他们没有看出来，反对乐考普顿的勇气并不是人民主权而是反奴隶制激情。一个不关心奴隶制被"投票赞成还是否决"的政策，不可能保持这种激情。最终保证堪萨斯自由的，是堪萨斯应当成为自由州的决心，而非它应当拥有一部体现堪萨斯人民意志的宪法的决心。那些认为堪萨斯势必获得自由的人们，是否相信堪萨斯宪法应是堪萨斯人自己的事情，并不重要。要紧的是要意识到不相信这一点是错误的。道格拉斯因为在乐考普顿骗局中打败了布坎南一派而得到很高赞誉，兰德尔和奈文思教授对此也从不吝啬誉美之辞。然而林肯说，乐考普顿争议不是一个原则问题而是一个事实问题：一方肯定、而另一方否认《乐考普顿宪法》是真正的定居者之意愿的实际表达。布坎南一派、道格拉斯一派和共和党人认为，它应该是这样一个表达。"如果是这样……那么道格拉斯法官是否……想终其一生都坚持一条世界上没有一个人反对的原则？他是期望带着威仪尊严站起来，并通过坚持一切受造物——不论是人还是耗子——都不反对的原则，而完成自己的神化并成为神吗？"①而林肯认为，乐考普顿骗局之所以企图背叛堪萨斯，是因为它背叛了《堪萨斯－内布拉斯加法案》中体现的原则。废除《密苏里妥协案》是以对奴隶制和自由的道德冷漠为前提的，因此也就是以对宪法的道德冷漠为前提的，[298]因为这个宪法包含了人的平等的自然权利，故而也就表达了堪萨斯人意志，而通过许可奴隶制，宪法又否定了这些权利。就像布坎南的支持奴隶制的顾问一样（布坎南本人仅是个工具），道格拉斯只是口头上支持堪萨斯应当有一部自己制定的宪法这一原则。在乐考普顿成为关键问题的时候，自由州对道格

---

① 《著作集》，第二章，页509。

拉斯自己的内布拉斯加法案最初的侵犯行为如此恼火，以至于道格拉斯除了与共和党人一起抵制乐考普顿之外没有其他选择，除非他想在政治上自戕。但是，如果接受道格拉斯作为领袖——因为，道格拉斯自己的恶作剧可能招致某些恶果，而政治上的权宜又要求他必须全心投入预防这些恶果的工作中去——就会愚蠢至极。如果国会中没有那些来自自由州的共和党人的话——他们的选票的力量足以支持主张自由土地的堪萨斯人——堪萨斯反对奴隶制的人们将孤立无援。乐考普顿的史实证明，将奴隶制问题留给准州自己去决定的观点，纯粹是幻想。倘若国会中没有反内布拉斯加的政党——没有共和党，那么堪萨斯就已经被一部奴隶制宪法缠上了，而道格拉斯对此也会束手无策——即使他希望能够帮一点忙。

简而言之，林肯在整个论辩中的观点就是，只要国会有承认新州的权力，那么国会就有权决定——不论这一决定权是以积极肯定的方式还是以消极否定的方式行使——准州应成为自由准州还是蓄奴准州，并有权决定准州应以自由州还是以蓄奴州身份加入联邦。道格拉斯的《堪萨斯－内布拉斯加法案》没有确定州资格的人口数量要求，堪萨斯何时才有足够居民组成一个州，国会有权力自由决定，这一权力本身就是帮助或阻挠堪萨斯相互争斗各方的一个有力杠杆。无论何时，只要这一自由裁量权希望帮助的一方正好处于优势地位，它就总是能够在这一时刻决定，堪萨斯获得州资格的时机已经成熟。① 总之，如果国会

---

① 英国法案在 1858 年 8 月 2 日将乐考普顿宪法交给了堪萨斯，如果这一蓄奴宪法被采纳的话，那么该英国法案本身就会含有公共土地的巨大贿赂。那些不太关心奴隶制和自由的人，不会像堪萨斯人那样投票。以下想法没有什么用：那就是，认为一个致力于联邦禁止准州奴隶制的全国政党对他们的支持，并没有影响他们的关心程度。

中没有一个具有控制全国政府潜力的、与道格拉斯在原则上有意见分歧的政党,那么道格拉斯自己在第三十五届国会中反对布坎南时就会孤立无援。但是,如果要接受道格拉斯作为领袖,或者要以任何方式弱化恢复《密苏里妥协案》的目的,那么就会完全破坏对奴隶制扩张的政治上的反对,因为它会[299]摧毁共和党人独立存在的唯一与众不同的基础。

兰德尔认为,奴隶制"一定"不会进入堪萨斯,这等于是说,即使历史原因不同,也会导致同样的历史结果。共和党的存在,足以导致乐考普顿失败以及堪萨斯赞成奴隶制的观点回潮。[1]是否当时同时还有其他原因足以遏止奴隶制扩展到堪萨斯,尚有待观察。唯一的另外一种可能性——在当时或之后所声称的——涉及土壤、气候和物产。然而,即使暂时同意经济观点——它证明奴隶制在堪萨斯无利可图——的合理性,我们也只能得出结论说,希望在堪萨斯尝试奴隶制的南方人毫无疑问最终会放弃它。没有任何历史理由可以断言堪萨斯在不久的将来必然得到自由——当然也就没有任何历史理由可以断言堪萨斯一定会成为一个自由准州——除非假设像共和党这样的致力于国会在准州中禁止奴隶制的政党可以继续存在。而且,即使相信经济观点,那也没有理由认为将奴隶制根除出堪萨斯的过程——如果它曾经在那里扎过根的话——不会耗时长久而且非常艰难。像林肯一再说的那样,阻止奴隶制进入,要比将奴隶制清理出去容易一千倍。

---

① 共和党作为原因的充分性,是建立在如下看法之基础上的,那就是,共和党的不断壮大不仅可能、而且必然使道格拉斯与布坎南决裂。在众议院关于乐考普顿宪法的最后决战中,尽管共和党人数以五倍之多超出了道格拉斯的支持者,但共和党人在第三十五届国会中并没有足够的票数来凭一己之力战败乐考普顿宪法。

与关于堪萨斯斗争的任何断言一样肯定的是,如果没有活跃的共和党支持他们,比彻(Beecher)①的圣经在与蓝穴人(Blue Lodges)②及其边境暴徒的斗争中会毫无抵抗之力。奴隶主没有也不会在动荡的斗争中以他们在堪萨斯价值不菲的财产作赌注。兰德尔注意到,1858 年和 1861 年堪萨斯没有奴隶,他还得出结论说,由于当时(可以说)没有一个奴隶,因此那里也就不曾有过奴隶。然而,他的所有证据都证明,奴隶主在当时的情况下没有把奴隶带到那里去。奴隶主们在等待斗争的结果。认为南方耗费巨大政治努力要在大草原上确立蓄奴权利,而他们又从不希望行使这一权利,这未免太天真了。[300]移民堪萨斯的反奴隶制的人是那些认为奴隶制没有利润的人,还是那些认为奴隶制是重大道德和政治邪恶的人,这顶顶重要。前一种人可能会温和地敦促奴隶主们回家出售其奴隶而后把钱投资于其他更有利润的事情上。或者,他们可能会发现这种做法无利可图而后自己尝试畜奴。后一种人则可能会偷他们邻居的奴隶,或者尝试剥夺其邻居的所有权。对奴隶制的仇恨本身就会使到堪萨斯来的奴隶主受如此敌对的待遇,这种待遇决定了他们大多数人还是继续留在祖先的奴隶法的保护伞之下,直至国会在这一问题上拿出定见。如果没有共和党,那些坚决反对奴隶制的人就不会移民堪萨斯,并且无法知道还会有多少奴隶主敢冒险进入堪萨斯。但如果没有恢复《密苏里妥协案》的坚定而持久的决心,就不会有共和党(即不会有那一类人组织的政党)。人民主权 1858 年之所以在堪萨斯"行得通",并非因为道格拉斯,而是因为共和党人。

---

① ［译按］Beecher, Henry Ward, 1813—1887, 美国基督教公理会自由派牧师、废奴运动领袖,主张妇女参政,赞成进化论。
② ［译按］指北美印地安人,因他们在蓝色圆锥形棚屋中居住而得名。

兰德尔教授写道:"到 1858 年时,奴隶制在堪萨斯显然没有机会。确实,此事的决定性步骤是在联合论辩之前的 1858 年 8 月 2 日以倾向自由州的意义迈出的。"①不过,这一断言只是猜想。只有在回忆这段历史时,我们才能说是日堪萨斯人民对乐考普顿的拒绝是"决定性的"。当时没有人知道,这整个烦人的事情还会不会再来一次。8 月 2 日,一万三千名堪萨斯人参加投票,并以六比一的票数差距拒绝了乐考普顿宪法。但是,在一个像堪萨斯这么大的地方,九千票的差额能有多长久呢,尤其是,如果国会在三年、四年或五年之内仍不赋予它州资格的话?如果一个顺从奴隶主愿望的总统又一次利用其行政任命权强迫国会屈从他的意志,那又用什么来阻止另外一个欺骗性少数再次尝试同样的骗局而获成功呢?除了经验——再说一遍,活跃的共和党的经验——所提供的保证以外,当时的人对此事实上并没有把握。如果相信堪萨斯或者世界任何地方的自由都是"必然"的,并因为这样的信仰而高枕无忧,那就等于是抽掉了[301]共和党的凝聚力。1858 年 8 月 2 日的"决定性步骤",对共和党而言是一次危机,因为它意味着更复杂更长远的危险代替了确定的即时的危险。存留该政党的不是别的,而是林肯在那个命运攸关的夏日、在草原的酷暑和飞尘中成功让他的支持者充分意识到的持续危险感,这一危险感最终还保证了同一方向的其他步骤会继续 8 月 2 日的"决定性步骤"。当堪萨斯在道格拉斯未经改动的 1854 年《堪萨斯—内布拉斯加法案》之下于 1861 年成为自由州时,这自由的获得不是因为道格拉斯——或者是因为愚蠢的格里利,他曾想让林肯为了支持道格拉斯而退出参议员竞选,而是因为林肯。

---

① 兰德尔,前揭,第一章,页 127。

第十三章
《密苏里妥协案》废除的内在邪恶

[302]我们已经说过，林肯相信，对国家政策而言，没有什么比恢复《密苏里妥协案》对奴隶制的限制更为必要。然而，这种必要性，并非只在于或主要在于作为奴隶制障碍的这一限制，在堪萨斯这样的地方的效力。与道格拉斯和某些当代历史学家的意见完全相反，林肯相信必须要有这样一种障碍，这一点确凿无疑。之所以必需这种障碍，是因为在自由准州和自由州中，对奴隶制的道德和法律反对是不可分的。兰德尔教授认为，自由州不会容忍联邦最高法院使奴隶制在其境内合法化的判决，因为他们仇恨奴隶制。当然，林肯会承认这一点，但林肯相信，如果不再坚持准州的自由，则自由州必会丧失作为它们自己自由的信仰基础。因为，如果自由州放弃《密苏里妥协案》的限制，这只能意味着自由州对奴隶制的态度发生了剧烈改变。如果允许这种改变不受限制地发展下去，那么自由州在不久的将来就很有可能和平地接受奴隶制。还有一种观点认为，不存在奴隶制扩展到自由准州或自由州的危险，因为奴隶制在这些地方本就无利可图，我们也必须检讨这种观点。但让我们先来总结一下林肯的观点，这就是，为了不论在准州还是在自由州保持对奴隶制

扩张进行政治抵制的道德观念,[303]共和党就必须坚持在堪萨斯和内布拉斯加维护奴隶制在法律上的障碍。

　　联邦政府在堪萨斯和内布拉斯加准州限制奴隶制的问题,林肯一定不能让它湮灭,因为这一问题对林肯尤其具有重要的实践意义,我们对这一实践重要意义已经强调尤甚。然而,如果我们局限于这些考虑,那我们就无法完全把握林肯观点的多种维度。"即使今日堪萨斯陆沉而留下无垠之空地,"他在论辩的过程中说,"这一恼人问题仍会存在于我们中间。"①别的准州可能会在道格拉斯内布拉斯加法案所确立的先例的基础上——如果允许该法案成为准州法律的榜样的话——落入奴隶制的虎口,我们将很快看到,林肯视堪萨斯只不过是这些准州的代表而已。然而,在准州或州的问题之上,还存在着奴隶制本身是对是错的问题,这是争议的核心。问题是,作为原则问题,是否只有在奴隶制已经存在、公众相信它正处于最终消亡过程中的地方,奴隶制才有被容忍的必要;或者,是否奴隶制可能会壮大、扩展并永久存在。这就是《密苏里妥协案》废除所提出的问题。这个问题一旦提出,其重要性自然就超过所有其他问题。这一问题之所以如此突出,是因为它涉及对整个美国政体的本质和功能的根本不同的另一种看法。要想在提出黑人的人性地位问题的同时,不涉及白人的人性地位这一同样重要的问题,这是不可能的。要否定黑人享有《独立宣言》所要求的所有人都应享有的自然权利,而不否定白人的权利的自然基础,这是不可能的。而且,要彻底改变对白人权利的看法而不彻底改变白人的生活,这也是不可能的。即使美国人的权利的法律基础保持不变——林

①　《著作集》,第二章,页180。

肯相信这不可能——那么关于这些权利的法律范围外的、存在于"自然法和自然上帝之法"中的基础之观念的改变,在林肯看来也将是灾难性的。这一改变将是美国公民内在良知的改变,而良知的改变会渐渐削弱他们的道德尊严并剥夺他们的内在价值,不论外在的后果是否会随之而来。

[304]兰德尔教授认为论辩没有"重要意义",因为论辩者并没有"进入与他们相反的观点的实际和实质结果"。兰德尔暗示,除非观点会决定"实际和实质结果",否则它们在政治上就是不重要的。兰德尔教授可能是对的,但他的观点并非林肯的观点。或者,我们也许应该说,所有事情都取决于"实际和实质结果"是什么。对林肯来说,没有什么比美国人是否相信人人生而平等更具有实质性的重要意义了。在林肯看来,美国的物质繁荣之所以珍贵,主要是因为这是内在精神健康的外征。而这种健康——美国人生活的质的优越性——不可分割地和不容变更地与《独立宣言》的信条联系在一起。

当代广为流传的观点认为,在面对可能分裂公民的不同观点时,自由社会的原则本身应保持中立。根据这一观点,宪政民主过程存在的目的,就是为了允许不同的观点相互竞争,而公共政策可以基于任何观点之上,只要这些观点拥有宪政多数的支持就行。倘若我们没有意识到林肯的政策就是对这一观点的绝对否定,我们就不可能理解他从 1854 年到 1860 年与道格拉斯的长期论辩中所采取的政策。道格拉斯的人民主权理论,本身在许多方面都不甚清楚,但有一点却十分明白:人民主权理论构想出一种实际上不受限制的权利,这是一种由某地方的多数人来决定少数人权利的权利,而且是一种根据多数人的利益来决定少数人权利的权利。这就直接否定了杰斐逊第一次就职演说中所提出的一条原则:"尽管多数人的意志在所有情况下都要占据上风,但要想使这一意志正当,它就必须是合理的;少数人拥有他们的平等权利,这是平等的法律必须保障的,侵犯这些平等权利就是压迫。"道格拉斯的理论直接使得黑人的权利成了只由实在法来决定的东西;但是,他的理论也间接地对白人的权利产生了同样影响。林肯坚持认为,这正是道格拉斯理论的特征,这种理论既错误又不道德。在林肯与道格拉斯的长期论辩中,正是林肯的这种坚持,[305]构成了他的理论和实践的核心主张。

林肯在1854年的《皮奥里亚演说》中宣称,他痛恨道格拉斯内布拉斯加法案中的原则,该原则承认人们保有奴隶制的权利——无论在哪里,只要他们认为奴隶制符合自己的利益。林肯仇恨这一原则,因为他认为奴隶制不公正,因为这一原则使"自由制度的敌人能够骂我们伪善,……而且尤其因为它促使我们自己当中那么多真正的好人公然敌对公民自由的基本原则——它批评《独立宣言》,硬说除私利外没有其他正确合理的行为原则。"当然,使公民自由的基本原则的正确观点合法化,不是自由政府的任务。但是,在公民的思想和心灵中创造对这些原则的信仰,却必定是政治家的任务。那个向人民献媚,让人民相信凡其所欲者皆正确、且自己将唯人民要求——无论何种要求——马首是瞻的人,不是自由政府的良友。

在《皮奥里亚演说》结尾处,林肯驳斥了道格拉斯的一系列反对他的论点,这些论点是林肯早前在斯普林菲尔德作了相同演讲之后道格拉斯提出的。在林肯的演说中有如下一段话:

> 在我的主要论证过程中,道格拉斯法官打断我说,内布拉斯加法案的原则非常古老;当上帝创造人类、将善恶摆在他面前、让他选择并要他为自己的选择负责时,这一原则就产生了。当时我认为这只是逗笑的;并

做了相应回答。但当道格拉斯回应我时,他又把这一
原则当作一个严肃论点重提。那么我们就来严肃地说
说,这一观点的事实并非像他所说的那样真实。上帝
并没有把善恶摆在人面前让他自己选择。相反,上帝
告诉他有一棵树,叫他不要吃树上的果子,因为吃了就
会死。我不并希望内布拉斯加有如此厉害的奴隶制
禁令。①

　　在林肯看来,人在自由政府之下的处境,与人在伊甸园中的
处境类似。他的自由是有条件的——条件就是要克制自己不吃
[306]禁果。这禁果就是专制主义的诱人欢愉。林肯在联合论
辩的前夜写道:"由于我不愿成为奴隶,因此我也就不愿成为主
人。这表达了我的民主观念。不论什么观念,只要与此不同,就
不是民主。"②民主的人民必须遵守某些限制,才能成为民主的
人民。任何时候,如果他们放弃了这些限制,他们就不再是民主
的,不论他们政治生活的外部形式是否改变。林肯说,他不愿成
为奴隶或者主人。但是,林肯的真实意愿是林肯心中"人人生而
平等"的信仰的反映。不要指望人民可以长久地自我克制不去
吃禁果,倘若他们不相信这种克制符合比他们自己的欢愉更高
的原则的话。如果自由的欢愉与专制主义的欢愉展开角逐,自
由的欢愉就不能仅在其讨人喜欢的基础上存活。我们看到,这
就是杰斐逊和林肯的明白判断——如果有人说这是不对的,那
他一定是个鲁莽之人。林肯在《青年讲堂演说》中对民选政府问
题的分析,长期以来使他相信,如果选择自由政府仅仅是因为这

---

① 《著作集》,第二章,页278。
② 同上,页532。

样的政府能够迎合激情——即迎合人民的欢愉——那这政府就
不会长存。《青年讲堂演说》证明了,最高贵的灵魂具有的最崇
高的抱负——人们迄今认为只有在君主制下才能实现——如何
可能在民主制的永存中实现。这一演讲记录了发现于"抱负极
高的天才"灵魂深处的东西,那就是,只有在最崇高的服务中,才
能想象最崇高的抱负之实现,自我中心主义和利他主义最终冥
合于惠助他人的能力的卓越意识中。但是,对于卓越的个人来
说是正确的道理,对于卓越的国家来说也同样正确;林肯在与道
格拉斯论辩的过程中说,自由人民的自由,首先在于自由意识,
这种自由意识也是为自我施加限制的意识。林肯支持民选政府
的根据之核心,就是以最崇高的理由为人民的事业辩护,而那些
最崇高的理由以前一直是被用来支持贵族制度形式的。觉悟到
未被滥用的力量,就是觉悟到更伟大的力量,与此同时也就觉悟
到更伟大的骄傲和更伟大的欢愉,那些不知如何自我克制之人,
也不知道这些更伟大者。

[307]建立在普遍人权理论基础之上的自由民选政府,不会
保证每个个人都能得到与其努力相称的生活报答。但是,自由
民选政府将是第一个不会保证所有人——除少数享有特权者
外——的回报都不与其努力相称的政府。自由民选政府也将是
第一个不对分配正义预先设定障碍的政府。有些人认为,黑人
是劣等人种,自然给予了他们较少的智识天赋和道德能力,林肯
对这些人的回应是,即使自然给予黑人者较少,这也不应成为剥
夺他们的较少所有之理由。如果他天赋极少,那就让他享有他
所拥有的那一点点吧。如此看来,林肯理解的"平等"就只是分
配正义或比例平等。每个人都有从事生产性劳作、并享受其劳
作成果的权利。一个人的劳作比另一个人的劳作有更多产出,
并不能赋予前者占有后者少量产出的权利,正如后者也无权利

占有前者多量产出的权利。每一种否认黑人平等权利——不同于平等回报——的企图，都被林肯称为"古蛇"，①它是一切专制主义——即"你劳作；我吃喝"——的根基。

美利坚人自由的代价，所有公民自由的代价，就是要忠于"人人生而平等"的信仰。必须矢志不渝地坚持这一信仰，这是保存美利坚人自由的伊甸园所必需的，就像亚当和夏娃对上帝唯一禁令的服从是保存那另一个伊甸园所必需的一样。哎，两个乐园都有诱惑。黑人奴隶制的存在以及从中可渔巨利的情况使美利坚人相信，并非人人生而平等，有些人生来就该服侍他人，而有些人生来就该受人服侍。但是，假设这个结论成立，那强力和欺诈将在事实上决定谁该服侍他人和谁该受他人服侍。林肯认为，单单奴隶制的存在，并非致命的罪过，因为美利坚人民并不应对奴隶制的引入负责。独立革命的精神已将这一制度导入最终消亡的轨道并使之渐行渐远；然而，独立革命的精神已经逝去，新的"曙光"已现熹微。同意奴隶制的扩展说明美利坚人民屈从了蛇的诱惑。就像摩西或其他先知一样，林肯现在强调，时候已经来到，每一个人都得回答这一问题："主与谁同在？"

---

① 　[译按]指魔鬼、撒旦。在《旧约·创世记》中，撒旦曾装扮成蛇的形象来诱惑原祖吃下命果。

第十四章
《独立宣言》的普世含义

[308]有一种观点将构成美国政府的理论基础,而道格拉斯和林肯之间长期的政治决斗,首先就是一种决定这种观点的本质的斗争。历史上没有哪场政治斗争会比它更专门地或更有激情地关心人们要将灵魂安顿于其中的那些信仰的性质了。无论是十字军东征时代穆斯林和基督教的差异,还是16世纪欧洲新教和天主教的差异,还是欧洲各国君主与法国大革命时代的弑君者之间的差异,在争斗的双方看来对他们自己的救赎——不论是个人的还是集体的——都没那么重要。所有上述这些差异都产生了巨大的实际后果,但是,如果我们不首先以那些为之奋斗的人的眼光——他们认为除一切外在后果之外,这些差异更有着绝对的内在重要性——来看待这些差异的话,我们就无法理解这些差异的意义。

兰德尔教授说:

> 他们在伊利诺州到处跑来跑去,叫喊声响彻云霄并在草原点起了激情之火,林肯与道格拉斯论辩了——什么? 这可是令人吃惊的事。对公务员的选

择，移民，关税，国际政策，教育的促进，铁路向[309]西部延伸，为自耕农场开放新土地，保护这些土地免遭野蛮掠夺的措施……对移民的鼓励政策……改善工业工人处境，缓和近几十年中可能出现的农村民怨，等等这些问题，都是人民在选择参议员时可能考虑并应该考虑的问题，而国家也面临着所有这些问题，但是，那两个参议员候选人的论辩让人感觉仿佛这个国家只有一个问题。①

兰德尔认为，林肯和道格拉斯忽略了任何一个这样的"世纪中叶的美国所面临的代表性问题"，而几乎完全局限于对准州奴隶制问题的讨论。然而，尽管准州奴隶制问题是唯一的实际问题，但在论辩过程中它在很大程度上处于次要地位。对林肯来说，确实"只有一个问题"，但这个问题是，美国人民是否应当完全和真正相信"人人生而平等"这一观点。林肯相信，把注意力集中在这个独一无二的问题上，并不会缩小和限制讨论的范围。在斯科特判决作出之前，林肯说道："我们的政府基于民意。谁可以改变民意，谁就可能改变这个政府，事实就是如此。"不过，在林肯眼中，民意基本上或首先并不是关于很多个人话题——如兰德尔教授所列举的那些话题——的观点，它也不是盖勒普民意调查（Gallup poll）试图测量的那种东西。林肯说："对于任何主题，民意总有一种'核心观念'，从这一核心观念可以辐射出许多次要的想法。"而"我们的政治民意的'核心观念'，从起初直到最近都一直是'人的平等'。"②因此，在林肯看来，当人人享有

---

① 《总统林肯》，第一章，页121，122。
② 《著作集》，第二章，页385。

平等权利的问题还未解决时,讨论公共土地政策或者工业工人处境,都是意义不大的。土地由地主还是由奴隶耕种,工业工人是否可以罢工,端赖于我们如何确定那一"核心观念"。在核心观念问题得到解决之前,形势要求我们必须把所有外围问题暂时搁置起来。

在渥太华的第一场联合论辩中,为了抓住公众的心,林肯以最有力的话为他与道格拉斯之间论辩的重要性作了辩护。他说:

> 在这个以及其他类似的社会里,公众情感就是一切。顺应了[310]公众情感,无往而不胜;反之则寸步难行。因此,塑造公众情感的人,比制定法规和宣布判决的人还要更胜一筹。法令和判决能执行,或不能执行,都掌握在他手里。我们必须记住这一点。另外还必须记住一个事实,那就是,道格拉斯法官是一个有巨大影响的人,影响如此之大,以至于只要道格拉斯法官表示相信什么,许多人都会跟风。①

这些话略加修改之后,被重复多次。正如我们已经提过,如果不是道格拉斯自1854年以来反复向公众心里灌输那些新的"自由的普遍原理"的话,林肯相信,斯科特判决并不"会被……执行"。林肯在盖尔斯堡列举了道格拉斯的那些普遍原理,它们包括"'不在乎奴隶制是被投票赞成还是被投票否决';'凡想要奴隶制者皆有权利采纳奴隶制';'在平等原则基础上,应允许奴隶制扩展到任何地方';以及'自由制度和奴隶制度之间不存在

---

① 《著作集》,第三章,页27。

龃龉'。"①

　　《堪萨斯—内布拉斯加法案》说,如果人们希望拥有奴隶制,
就可以在准州中采纳奴隶制。而斯科特判决说,即使人们想禁
止奴隶制,也不可以禁止它,因为《合众国宪法》确认了以奴隶为
财产的权利,并禁止国会或准州立法机构干涉这一权利。用大
法官的话来说,法案和判决的共同前提就是,黑人是"商业和贸
易的一种普通物品",他"可以公正地或合法地被降至奴隶地
位",而且他是一个"如此低等[的人种]以致[他]没有白人应当
尊重的任何权利"。这就意味着,"人人生而平等"这一命题——
众所周知这就是合众国政府的基础——的普遍主义涵义无法被
理解,或者就意味着不能承认黑人是人。林肯驳斥坦尼—道格
拉斯的前提,理由就是,从历史角度看它是错误的,从逻辑角度
看它是荒唐的,从政治角度看它是不义的。
　　坦尼和道格拉斯不会用很多话来说黑人不是人;也没有任
何证据证明这是国父们的观点。而林肯坚持认为,坦尼和道格
拉斯否认了黑人享有自由的自然权利,这必然就意味着黑人不
是人。林肯在[311]1845 年的《皮奥里亚演说》中证明了这一
点,那时他说:

　　　　禁止从非洲贩运奴隶的法律和长期以来禁止把奴
　　隶带入内布拉斯加的法律,从任何道德原则来看,几乎
　　都是一致的。
　　　　据说,为了和南方公平交易,我们必须同意把奴隶
　　制扩展到新的地区。这就是说,因为你不反对我把我

――――――――
① 同上,页 225,226。

的猪带到内布拉斯加,所以我也一定不能反对你把你的奴隶带进去。只要猪和黑人之间没有区别,我就承认这是完全合乎逻辑的。但既然你们要我否认黑人是人,我就想问一问你们南方人,你们自己是不是也一向愿意这样做呢?生到这个世界上的人,幸亏只有一小部分天生是恶霸。这个比例在蓄奴州并不比在自由州大。南方绝大多数人,和北方一样,都具有人的同情心,他们摆脱不了这样的心理,正如他们摆脱不了肉体的痛楚感觉一样。南方人胸中的这种同情心在许多方面表现为他们觉得奴隶制是错误的,意识到黑人毕竟是人。如果他们否认这一点,那就让我来向他们提几个简单的问题。1820 年,你们和北方一起,几乎一致宣布非洲奴隶买卖是海盗行为,从事这种买卖的人要绞死。你们为什么要这样做?如果你们不觉得奴隶买卖是错误的,你们为什么赞成把从事奴隶买卖的人绞死?这不过是把野黑人从非洲运给愿意买他们的人罢了。可是你们从未想过要把捕捉和买卖野马、野牛或野熊的人绞死。①

林肯曾经认为,一旦民意接受奴隶制扩张为合法,由于在逻辑和道德中没有什么理由,因此在政治中也就不会长期有什么理由,可以禁止奴隶买卖的重新开放。如果黑人仅是——如坦尼所说——买卖的一种商品,那么强迫人支付一千五百块高额购买种田帮手,而与此同时他们仅花买一个红手绢的价钱就可以从非洲海岸购买这样的帮手,这确实是武断侵犯人的财产权。

---

① 《著作集》,第二章,页264。

但事实上，美利坚人从来都没有普遍认为[312]将黑人降格为奴隶是公正和合法的，这在对奴隶买卖的死刑处罚中可以看出来。此外，林肯继续说，从事国内奴隶买卖的人，即奴隶商人，普遍受到轻蔑和鄙视，即使在南方也是如此。

> 如果你不得不和他做买卖，你设法不和他接触就把买卖做成。通常你和人见面总要握手为礼，但是对于奴隶贩子你却避免这个礼节——本能地回避同这种奸诈阴险的人接触……这到底是为什么？你并不是这样对待贩卖玉米、牲畜或烟草的人的呀。

林肯继续说道，有近五十万自由黑人，每个黑人平均以五百美元计算（1854 年），总值在两亿美元以上。

> 这样一宗巨额财产怎么会没有主人而到处乱跑呢？我们从来没有看到自由马或自由牛到处乱跑的呀。这到底是怎么回事？所有这些自由黑人都是奴隶的后代，或者本身曾经是奴隶；要不是有一种东西对他们的白人主人起作用，促使白人忍受巨大金钱损失而解放他们，他们现在还会是奴隶。那种东西又是什么？这难道还会有错吗？在所有这些情况下，就是你们的正义感和人类的同情心在不断地告诉你们说，那些可怜的黑人也有一种天赋的权利——那些否认这种权利，使黑人仅仅成为商品的人应当受到斥责，应当受到蔑视，并且应当把他们处死。

尽管美利坚人——不论南方的还是北方的——的道德观念

都承认黑人是人,都认为把黑人"仅当作商品"的做法在道德上是卑劣的,然而道格拉斯的内布拉斯加法案,以及后来的斯科特判决,还是开始了一种"将黑人非人化的趋势"。在林肯和道格拉斯的论辩结束之前,道格拉斯在孟菲斯(Memphis)发表过以下言论,而林肯在1859年辛辛那提演说中提到了这种说法:

> ……尽管在黑人和白人的所有争斗中他都支持白人……但在黑人与鳄鱼的所有争斗中,他都站在黑人一边。①

林肯说,这样的言论并非偶然;道格拉斯在1858年竞选中曾经多次重复同一论调,[313]尽管他的演说中并没有反映出来。在林肯看来,这种言论暗示:鳄鱼与黑人的关系,相当于黑人与白人的关系。因此,这是使黑人降到——从白人角度看——野兽水平的一个精心算计。"正如黑人可以理所当然地视鳄鱼为野兽,白人也可以理所当然地视黑人为野兽。"

企图合法地扩张奴隶制是不可能的,除非要否认黑人的人性,或者否认人性的道德权利,或者两者都否认。坦尼在斯科特判决中,通过将一些甚至连他自己(与道格拉斯不同)都不会支持的观点归属在奠基国父们的身上,而试图摆脱对上述这些否认所负的道德责任。接着,他在宪法责任的原则中发现了强加这些观点的正当理由。

> 我们觉得,没有人会认为,关于该不幸种族的民意或情感的任何变化……应引导联邦最高法院更灵活地

---

① 《著作集》,第三章,页445。

解释《宪法》的表达，以有利于该种族。《宪法》在当初被制定和采纳时，本意想要该种族承担什么，我们就应当依照这一文件的本意来解释它……任何其他的解释规则都将取消本法院的司法性质，并使法院仅仅成为时代的民意和激情的反映。

林肯全心全意赞同以上对联邦最高法院功能的看法。但林肯认为，坦尼在做的恰是坦尼自己所反对的事，也就是说，坦尼是在采纳一种从未被想过——直到由 1856 年 11 月的选举结果所表明的民主党的需要使该观点产生之时——的观点。在联合论辩过程中，林肯最终说，他相信坦尼是第一个否认《独立宣言》包括黑人的人，而道格拉斯就是第二人。总之，自 1776 年直至 1857 年的"稳定的和普遍的"观点，几乎恰与响应道格拉斯和坦尼的民主党现在所宣称的观点相反，也恰与民主党现在说国父们曾经宣称过的观点相反。林肯在奥尔顿说：

> 那天，在盖尔斯堡，我在回答道格拉斯法官的时候说，三年前，据我所知，[314]天底下没有一个人说过《独立宣言》不把黑人包括在"一切人"这个词组里。今天我再说一遍。我敢保证，即使道格拉斯法官和他所有的朋友们把国家的档案记录都翻遍，如果能找到三年前曾经有任何人表达过《独立宣言》中"一切人"这个词组不包括黑人这一令人震惊的意见，那我将感到十二万分吃惊。不过大家不要误会我的意思。我知道，三年前，有些人确实感到"一切人"这个字眼经常妨碍他们使奴隶制永世长存的图谋，因而**否认它的真实性**。我知道，卡尔霍恩先生和他那一派所有政客就否认过

《独立宣言》的真实性。我知道，它在一些南方人的嘴里挂了好多年，最后以印第安纳的派迪（Petit）那可耻然而强有力的话告终，派迪在合众国国会参议院说《独立宣言》就那一点而言，与其说是一个不证自明的真理，不如说是一个"不证自明的谎言"。但是我要说……三年前，从来没有一个人胆敢表面上假装相信《宣言》而私底下断言它没有把黑人包括在内，从而对它进行攻击。我认为，第一个这样说的人是首席大法官坦尼在斯科特案件里，第二个就是我们的朋友道格拉斯。而现在它已成为全党的口号了。①

尽管我们不会从历史考证角度去证实 1857 年之前没人曾说过道格拉斯和坦尼所说的话，但林肯的表述并不能够算太夸张，假如这是夸张的话。华盛顿、杰斐逊、亚当斯、麦迪逊、汉密尔顿、亨利（Patrick Henry），以及所有其他用普遍理性来说服别人的人，都是在普遍主义的意义上来理解《独立宣言》的，黑人被包括在内这一点是不容怀疑和吹毛求疵的。他们所有人都认为《独立宣言》是洛克《政府论下篇》（*Second Treatise of Civil Government*）中的情感的表达，而他们中的很多人几乎从小就读过这些文字，那就是，所有人都天生处于——

　　安排自己行为的完全自由的状态之中……不用征询任何人同意，或依赖任何人的意志。这也是平等的状态，在其中一切权力和支配都是相互的，没有人比另一个人拥有更多；[315]同一种属和同一等级的受造

---

① 《著作集》，第三章，页 301，302。

物……彼此也应当平等,不存在隶属或屈从……没有什么比这一点更明显了。

《独立宣言》说过,建立政府是为了"保障这些权利",这恰恰表明,一切人天生拥有的这些权利的保障或享用,并不源自它们的不可剥夺性。独立革命是伟大的工作,它更好地保障了一些人的不可剥夺的权利,但是除此之外,它还是一个承诺,它向全世界的人许诺,他们有一天不仅会拥有而且能够享用他们的自然权利。这个承诺将会实现,正是这些希望权利受到保障的人们组建了一个政府,而这一致力于保障人们自然权利的政府将在世界历史上率先垂范。如果这个政府试图保障所有美利坚人——且不说其他地方的人——的一切自然权利,那么这样一个政府实验在未完成之前就可能已遭灭顶之灾。然而,奠基者们在当时的情况下无力保障一切人的权利——他们相信一切人都拥有不可剥夺的权利——的事实,丝毫不意味着他们相信,只有权利可以即刻得到保障的人民,才是拥有这些权利的人民。

林肯在斯普林菲尔德演说(1857 年 6 月 26 日)中提到斯科特判决时说:

　　　首席大法官坦尼承认,《独立宣言》的文字含义很广,把整个人类大家庭都包括进去了,但他和道格拉斯法官提出论据说,那项文件的作者们并非想要把黑人包括在内,所根据的事实就是他们没有立即使黑人处于和白人同样的平等地位。但另一个事实却使这个严肃的论据完全落了空,这个事实就是:他们不是立即而且以后也从来没有使所有的白人处于互相平等的地

位。而这正是首席法官和参议员阁下如此明显地曲解
《独立宣言》那明白无误的文字的主要论据。我认为那
项著名宣言的作者们是想要把**一切人**都包括进去的，
但他们不想宣称**一切人在一切方面都平等**。他们并不
是说一切人在肤色、身材、智识、道德成长或社会能力
等方面都是一样的。他们相当明确地说明了，[316]他
们认为在哪些方面一切人是生来平等的——平等在于
"某些<u>不可剥夺的权利</u>，其中包括生命、自由和追求幸
福"。他们是这样说的，他们的意思也是这样。他们并
不想断言当时一切人都已真正享有那种平等，因为这
显然不是事实，也不想立即让一切人平等。事实上，他
们根本没有能力给予这样大的恩典。他们只不过想宣
布这种**权利**，这样，一旦环境许可，就能尽快实现这些
权利。他们打算为自由社会规定一个准则，这个准则
应该是人人熟悉的，又是受大家尊重的；人们经常关心
它，经常为它的贯彻而出力，即使从来没有完全做到，
也是在不断接近目标，这样就能不断扩大和加强它的
影响，并增进全世界各种肤色的人民的生活幸福和
价值。①

　　林肯信仰，要想使我们的政治制度长存，就必须有"政治宗
教"，我们很熟悉这一点。此外，我们也了解，他将美利坚故事转
变成圣经故事的道德原理的意向，在《青年讲堂演说》中已经完
全成熟，并最终完成于《第二次就职演说》。我们不禁要想，"一

---

① 《著作集》，第二章，页 405,406。在奥尔顿的论辩中，林肯引用了这一段落的大
　　部分内容，同上，第三章，页 301。

个准则"、"人人熟悉"、"大家尊重"以及"经常关心"这些表达,与一切立法者中之最伟大者的话竟何其相似乃尔:①

> 我今日吩咐你的话都要记在心上;也要殷勤教训你的儿女,无论你坐在家里,行在路上,躺下,起来,都要谈论。

林肯也没有忘记政治拯救的概念,在 1858 年的竞选过程中,他说道(1858 年 7 月 10 日):

> 在主的许多训诫中,有一条训诫说:"但愿你因此和完美的天上之父一样完美。"我想,救主并不真正渴望任何一个凡人能和天父一样完美,可是他说:"由于你天上之父是完美的,因此但愿你也完美。"他把这个树为标准,谁尽最大努力来达到这个标准,谁就达到了最高度的道德完美。所以我说,对于人人生而[317]平等这个原则,我们要尽我们所能去实现。如果我们不能给予每个人自由,那就至少不要做任何一件会使另一个人受奴役的事情。②

林肯对《独立宣言》签署者意图的断言,是否适当呢? 在此,我们不得不插入来说说我们的一些批评性反思。如果我们首先问,从历史角度来看,林肯对国父们的前后一致性的证实是否准确? 那么我们相信,答案不可能是毫不含糊的肯定。确实,林肯

---

① [译按]这里是指摩西(Moise),下面的话见于《旧约·申命记》6:6—7。
② 《著作集》,第二章,页 501。

关于《独立宣言》涵义的推定，与这一文件的表述是一致的，而且与它的众所周知的哲学上的先行者①至少在表面上也并无龃龉，而道格拉斯和坦尼的解释确实如林肯所说"明显歪曲"了《独立宣言》。我们甚至可以跟从林肯的指控进一步说，道格拉斯的解释把《独立宣言》从一个自然法文件转变成了一个实在法文件。在关于斯科特判决的演说中，道格拉斯曾经说——林肯引用过这段话——当《宣言》的签署者们——

> 宣布人人生而平等时……他们说的是这个大陆上的英国人与出生和居住在英国的英国人一律平等——他们享有同样的不可剥夺的权利……制定《独立宣言》的目的，是向文明世界证明，殖民地人民不再向英国王室效忠，并和祖国断绝关系是正确的。②

最后一句话完全正确地表达了《宣言》的目的之一。但正是由于革命者诉诸于整个文明世界，诉诸于不在英国法律管辖之下的人们，所以他们要宣称的并不是他们作为英国人的权利，而是他们作为人的权利。而且，他们也没有求助于英国法律，而是求助于他们自己和他们向其说话的一切人的普通法律，即"自然法和自然上帝之法"来作为基础的。道格拉斯的说法与《宣言》的表述之间唯一合乎逻辑的一致是通过如下命题获得的，那就是，一切人天生都是英国人！这种命题可以在吉尔伯特（Gilbert）和沙利文（Sullivan）合作创作的佚失轻歌剧中找到，但我们难以想象[318]奠基国父们会出现在他们的合唱队中！再有，

---

① ［译按］这里是指洛克《政府论下篇》。
② 《著作集》，页407。

某些权利的不可剥夺性概念恰与这些权利是英国臣民的权利这一观念互相龃龉。英国人作为英国人的权利是英国法律所赋予的权利,因此它们可以被剥夺,剥夺程序与赋予程序一样。议会中的国王可以增加或减少这些权利;但《独立宣言》所指的权利是人根据他的本性而拥有的权利,因此任何道德权力都无法将其改变。道格拉斯和坦尼对自然法和实定的人法之间的差别确实懵懂无知——他们因此应愧悔无地——并且他们也确实明显歪曲了杰斐逊的话,这种明显歪曲之甚,实在怎么强调都不算过分。

然而,林肯对《宣言》签署者和奠基者们的意思也作了另外一种解释,尽管这种解释有其一致性,但只有在略加修饰历史资料之后才能认可这种一致性。因为在刚刚引用的段落中,林肯把"人人生而平等"这一命题当作了超验目标,而不是实际政治权利的内在和有效基础。而且,林肯在这么做时,尽管没有破坏、但却转换并超越了这一命题的初衷。我们可以说,他的解释是一种创造性解释,是为"自由的新生"而做的精心准备。让我们更准确地来理解他的解释。

在18世纪的视野中,一切人平等的观念与自然状态观念连在一起,那是一个政治之前的状态,其中没有政府,也没有一个人对另一个人在法律上的服从。这是一个差强人意的状态,但也仅仅如此而已。因为它只不过差强人意,所以"当恶可以容忍时,人类更愿意忍受恶,而不是通过废除他们已经习惯的形式来给予自己权利(成义)。"但由于这种状态是差强人意的,因此它好过让人无法忍受的"绝对专制"。作为前政治状态的、极为不受欢迎的、但又差强人意的自然状态之概念,是《独立宣言》理论的公理性前提之一。为了阐明林肯的解释所代表的偏差,我们认为,这种前政治状态观念在其思想中没什么重要作用。林肯唯一一次使用"自然状态"这一表达,是当他引用或解释克雷在曼登郝尔的著名演说的时候。下面就是林肯引用的那段话,他在奥尔顿回应道格拉斯时也曾引用过:

> [319]我不想隐瞒我对奴隶制的看法。我认为它是一个巨大的邪恶,并为我们从我们的宗主政府和我们的祖先那里继承了这种制度而深感哀痛。我希望合众国的每一个奴隶都安居于他自己祖先的国里。但是,他们却已经在这里了;现在问题是,如何才能最恰当地对待他们? 如果存在一种自然状态,而我们将要在这个状态中奠基社会的基础,那我将比任何人都更坚决地反对把奴隶制挽和到它的各个组成部分中去。①

林肯把堪萨斯和内布拉斯加比作自然状态,在那里,社会的政治基础即将奠定。可是,这一用法与《独立宣言》中的自然状态观念大相庭径。林肯和克雷假设了一个有几分像处女地的国家,它有着差不多是最适宜的条件。他们想象着柏拉图《王制》的戏剧性对话中所描述的那种奠基行为,在这种国家中,人们是用理性选择一个"好"社会应该包括的"要素"。另一方面,洛克的自然状态尽管是一个规范性概念,但却首先是以否定方式规范的:洛克的自然状态概念详细说明了在什么样的条件下才能行使革命权利,还详细说明了应当为谁来行使这种权利。但是,由于只能在条件非常糟糕(尽管不是最糟糕)时才能行使这种革命的权利,因此行使这种革命权利时,就只能满

---

① 《著作集》,第三章,页 303,304。

足人的最低条件的幸福而非最高条件的幸福。确实,十三个殖
民地的政治处境在 1776 年所表达的那些最低条件,在今天看
来并不是极其惹人讨厌的。《宣言》签署者称之为绝对专制的
制度——暂时不去想《宣言》中有力但夸张的描述——对许多
时代受压迫的人类来说,已经是自由的乐园了。然而,事实仍
然是,在他们的经历中,并且从他们的自然状态概念的角度看,
他们所主张的仅是最小限度的权利,而且他们声称,在文明世
界的眼里,他们被解除了臣民的义务,因为他们在英国政府手
里越来越没有安全感。另一方面,林肯对"人人生而平等"的解
释,并非阐述了[320]人在前政治状态中的处境——一种糟糕
到人们应当反抗的状态——而是阐述了人心可以想象的最好
处境。这是人们有责任为之奋斗的一种处境,而不是一种人们
有权利逃避的处境。这种处境被设想为一种政治的而非前政
治的处境,在这种处境中——视其实现的程度——每一个人的
平等权利不是由自然法(它支配了洛克人人平等的自然状态)
而是由人类的实在法来保障的。正如我们已经指明的,林肯对
人类平等的解释就是,人人都有被公正对待的平等权利,公正
对待具有内在价值,人从社会中所得回报应与其工作的价值相
称,而不应与任何主观好恶相称。

在 1858 年 7 月 17 日的斯普林菲尔德演说中,林肯说:

　　黑人在肤色上当然和我们不一样——在其他许多
方面恐怕也不一样;然而,就享用以自己的双手挣来的
面包的权利来说,他与任何其他人,不论白人黑人,都
是平等的。较多的东西是给了你们了,你们还要把给
他的一点点东西也拿走,那就讲不出道理了。我为黑
人请命的仅仅是,如果你们不喜欢他,就别去理他。如

果上帝只给他一点点东西，就让他享用这一点点东西吧。①

或者，正如他在保存下来的纸片上所写的：

> 假设黑人确实天生就比白人低等，那么白人由此而从黑人那里拿走他仅有的丁点东西，不正是正义的颠倒吗？"给他所需的东西"是基督教的仁慈法则，而"拿走他所需的东西"则是奴隶制的法则。②

正如我们所说过的，林肯认为，人的回报应与其劳作相称，而且这回报取决于（或应当取决于）他的道德和心智能力。当然，林肯避免了让自己卷入黑人是否拥有与白人相同的能力这种愚蠢争议之中；他只是坚持，无论黑人的要求是什么，都应当与白人的要求依同一原则确定。[321]这来自人人都应得到公正对待的平等要求这一命题——以及黑人也是人的观念。

总结一下：在对《独立宣言》旧有的、主要是洛克式的解释中，公民社会是由一个逐渐远离自然状态、逐渐远离人人实际上平等的处境的运动构成的。但在林肯对公民社会（即公正的公民社会）的精微解释中，公民社会则是由一种迈向人人实际上平等的处境之运动构成的。在更老的观念中——林肯也不反对——对人人平等的事实上的承认，确实是政府合法治理被统治者的必要条件。但它也是一个充分条件。因为《独立宣言》的表述至少允许人有如下观点，那就是，如果乔治三世国王的政府

---

① 《著作集》，第二章，页520。
② 同上，页204。

不像它所说的那么专制,那么独立革命就没有正当理由。总之,《宣言》主要是以解除压迫的名义来构想公正治理的。林肯更是在积极意义上以获得正义的名义来构想公正治理的;确实,林肯认为,"人人生而平等"命题是如此高贵的要求,以至于为正义而奋斗必然是人类处境和政治处境始终存在的要求。林肯强调说,《宣言》不仅对合法政府提出了考验——即如果政府不是专制的,那么它就能够唤起我们的忠诚;而且还对好的和公正的政府提出了考验——即如果政府增进了"全世界各种肤色一切人的幸福和生活价值",那么它就能够赢得我们的爱戴和敬畏。尽管林肯毫无疑问是在最狭窄的、革命的意义上来接受《独立宣言》的,但是,当他做上述强调时,他又为《宣言》赋予了新的涵义。

林肯对"人人生而平等"的解释,将这一命题从前政治的、否定的、最狭窄的和仅属革命的规范——一种规定了公民社会不应该是什么样子的规范——转变成了宣告它应该是什么样子的一种先验确认。当然,林肯并未放弃较低层次的洛克—杰斐逊式要求,但这样的要求与林肯所坚持的较高层次的要求之间明显存在张力。他在关于斯科特判决的演说中说:

> "人人生而平等"这个主张在实现我们同英国分离方面并没有起实际作用;把它放在[322]《独立宣言》中并非为了这一目的,而是为了将来的用处。它的作者们是想要使它——谢天谢地,现在这一点总算被证实了——成为那些以后企图使自由人民倒回可恶的专制主义道路上去的人的绊脚石。他们晓得太平盛世容易产生专制统治者,他们的用意是,一旦这种人重新在这

块美好的国土上出现并开始活动时,将发现至少有一颗硬钉子难以对付。①

　　林肯正在努力使政府长存,而杰斐逊在 1776 年努力推翻政府,林肯显然夸大了杰斐逊的非革命目的。事实上,当杰斐逊根据洛克理论为革命权利论证时,平等观念是不可或缺的。但与平等观念相连的自然状态观念却与林肯的整个思路完全不同。可是,当林肯说杰斐逊事实上是想表达一种既有当前用处又有未来用处的说法时,他很可能是对的,尽管他可能夸大了这种想法在杰斐逊心中所占的比重。但是,在杰斐逊可能想要的用处与林肯归属到他身上的用处之间,存在差别。杰斐逊总是更注意提醒人民他们所拥有的权利,而非提醒他们的责任。他强调人民对政府提出的要求,而不是强调他们对自己应有的要求。杰斐逊最担忧的是,当人民打盹儿并且不能永远保持作为自由之代价的警觉时,政府就有可能篡权。他是从统治者和被统治者之间的永恒争斗的角度来思考的,这在他那些著名的警句式断言中体现出来,例如"自由之树必须不时用爱国者和暴君的血来浇灌",以及"偶有小小的反抗是件好事,就像自然界偶尔会有风暴一样,政治世界也必须要有风暴。"这些说法的道德视野与林肯《青年讲堂演说》的道德视野明显不同,在这一演说中,林肯毫不客气地谴责无法无天,并相信在杰斐逊亲自帮助建立的政府中,任何无法无天状态,都是对暴民统治发出邀请,而暴民统治就是整个民选政府实验失败的前奏。尽管林肯从未否认过政府篡权的危险,但他却更强调[323]无法无天的民众篡权的危险,因为它可能成为为了应对公众压力的政府篡权。林肯认为,

---

① 《著作集》,第二章,页 406。

一旦政府在民选基础上建立,那么重大危险就是人民的腐化。杰斐逊倾向认为人民有时对他们自己的权利粗心大意,他们的主要动机只是来自不想遭受压迫的想望。而林肯在人民身上还看到了压迫的欲望。专制独裁的危险会因为独裁者的雄心和人民压迫欲望的叠合而出现;只有其中之一而缺乏另一个,也不会有很大力量。

然而,杰斐逊并非完全不关心民众腐化的可能性,他对一无所有的城市无产阶级的恐惧,以及他对重农主义——杰斐逊认为增进农民利益可以保护德性——的倡导,都可以证明这一点。但是,杰斐逊的立场在这一方面却极其自相矛盾,因为他同时还倡导科学以及以科学为主导的教育。因为科学——尤其是杰斐逊强调的实践科学(像富兰克林的那种科学一样)——带来的结果,必然会导致劳动生产力增长,以至于不可避免地会要求日益细化的劳动分工、更发达的商业和交通,以及美利坚不断提高的城市化和工业化。杰斐逊的农业运动从一开始就完全是一个时代错误,那是对他和其他人并肩携手摧毁了的世界的残留怀念。杰斐逊至少偶尔会意识到,为了保存他如此珍视的制度,德性不可或缺,而外部环境不可能长久存在以制造德性,但农业运动又恰恰依赖于这种外部环境。然而,杰斐逊的农业运动只是能有针对性地补救他理论中的缺陷,他困惑地意识到了那一缺陷,但他却永远无法克服。因为杰斐逊为人民腐化而费心思索的挽救措施,被他的洛克式视野挫败了。① 在这一视野中,一切责任都

---

① 杰斐逊从来都不完全信仰洛克理论。在某些作品中——比如,在他 1823 年 10 月 28 日给约翰·亚当斯的信件中——他说到一种自然的贵族制度,并说人"是为了社会状态而组织的",这似乎是把拒绝整个平等主义的自然状态理论作为前提。很难说这样的背离纯粹是个人偏见还是杰斐逊只不过是拿不定主意。

是从那个人人在事实上都平等的自然状态推论而来的。然而，在这种人们享有平等和不可剥夺的权利状态中，人们没有真正的义务。存在于洛克自然状态中的萌芽性义务并非真正的义务，而只是一些规则，这些规则只是告诉我们，不要做那些可能迫使他人伤害我们自己的事情。任何有意义的义务只会在公民社会中出现，并且，如果公民社会要想很好地履行其保障我们权利的功能，则义务在逻辑上是必需的。[324]但是，不论是在自然状态还是在公民社会状态中，根据洛克的理论，人们都没有被告知，不要伤害他人，因为这在客观上是错的，人们却是被告知，因为这样做是愚蠢的：它削弱了他们自己权利的安全之基础。总之，以原始的、洛克理论形式构想的普遍平等理论，几乎没有超出对已被启蒙的自利之迎合。而对林肯来说，自我中心主义和利他主义的最终一致，在于最伟大的自我满足是为他人服务；在刚描述的伦理中，这样的利他主义，如其所是，最终又返回到自我中心主义。争取独立的斗争所产生的爱国主义，给予了这种伦理更高的、比我们所想象的还要高的尊严，这一点是不可否认的，正如华盛顿品格的尊严或者杰斐逊理想主义的尊严在如此低的层次上也不能被证明正确一样。然而，同样真实的还有，黑人奴隶制对《独立宣言》的普遍权利理论的道德挑战，没有得到独立革命那代人的普遍关注，这可以追溯到按洛克理论构想的这些权利的自我中心品质。由于这个原因，我们必须承认，林肯夸大了独立革命那代人对所有人自由的关注程度。因此，尽管微弱至极，但道格拉斯的断言还是有点道理的，即如果《宣言》签署者们本来想把黑人包括在"一切人"之内而自己却继续蓄奴，则他们就会言行不一。事实上，他们的原则确实是把黑人包括在"一切人"之中的，但黑人的权利并没有将相应的义务强加在白人奴隶主的身上。我们相信，林肯给予了《宣言》签署者们的立场以更大的一致性和尊严,比这些立场当初具有的一致性和尊严还要大。让我们试着准确理解一下他究竟如何做到了这一点。

根据《独立宣言》理论,一切人无可否认都享有自由的权利。但是,无可否认每一个人也都享有生命权。现在,如果我们设想这些权利在洛克的自然状态中实施,那我们会立刻看到,任何人都没有任何必须的义务去尊重另一个人的权利。例如:因为我享有生命权,所以我就有权利杀死任何一个我有理由相信会杀死我的人。也就是说,我没有义务尊重另一个人的生命权,除非他向我绝对保证不会杀我。我在得到这样的保证誓言之后,才对他有负有义务。但是,[325]我有这样的义务,是因为而且只是因为在此之前我关注自我保存。通过尊重他的誓言我提高了自己的安全度。自由也同样如此:我享有自由权,这一权利允许我奴役任何我担心有可能奴役我的人。

杰斐逊曾评论美国黑人奴隶制说,正义在天平的一端,而自我保存在天平的另一端。或者,正如他在另一个场合曾言词灼灼地问道,我们会把自由和匕首同时给予奴隶吗?杰斐逊在回答这一问题时从不迟疑:只要奴隶的自由可能伤害(或者被相信可能会伤害)白人,那么黑人就应当继续被奴役。林肯当然从来都不是一个废奴主义者,而且总是给予蓄奴州继续保持奴隶制的权利,只要他们能感觉到杰斐逊(与大多数南方人一样)所坦率承认感受到的那种危险。然而,当林肯说奠基国父们的政策就是让公众相信奴隶制会逐步走向最终灭亡时,他也是在曲解国父们的态度,以适应自己的理论而非他们的理论。说国父们希望奴隶制最终会走向灭亡,要比说他们相信它事实上正在迈向灭亡,还要更真实。奈文思评论说,“他们预计奴隶制会终结,但这种预计比他们的希望还要不确定得多"，此一评论，实在良有以也。① 我们在以前的一章中已经引用过杰斐逊的观点，这观点表明，未来境况有利于黑人自由，而他对这一前景，又摇摆得何其之甚。

回到理论分析上，我们可以说，从严格的洛克理论立场来看，任何人都没有义务尊重另一个人的不可剥夺的权利，除非是为了自己权利的安全而必须尊重另一个人的权利。只有通过社会契约联系在一起的人们，从严格意义上看，才会尊重彼此不可剥夺的权利。而且，由于他们没有尊重其他人权利的义务，因此不论何时，只要他们认为杀害或奴役其他人可以加强自身安全，他们就可以这么做。然而，被奴役的黑人总是有反抗和杀害自己主人的权利，也就同样正确了。但是，直到、并且除非黑人有天然的力量可以善用自己的自由时，主人们才有义务让他们获得自由。没有谁比[326]林肯把这一革命权利观点表达得更清楚、更坦率了，在关于墨西哥战争的演说中，林肯说："如果愿意并且有力量，则任何一地的任何人民都有权利揭竿而起摆脱现存政府，以建立一个更适合他们的新政府。"②卑屈到不渴望自由的、或者缺少力量的人民，在任何实际意义上都没有这种权利。"求助于上帝"，也就是求助于最高的法律原则（*ultima ratio juris*）——洛克的革命权利在这里达到顶峰，生命权和自由权也因之而获得强制力——就是求助于强力。谁人不具有可以自由使用的强力，谁人就没有有效的洛克式理由来否定加在他们身上的专制力量。

---

① 《林肯的出现》，第一章，页392。
② 《著作集》，第一章，页438。

　　但如果上面所说确实,那么杰斐逊及其同道在黑人的最终解放中——或者,在他们可以奴役并从中获利的任何人的解放中——到底得到了什么? 我们相信答案(除了个人的道德口味之外)可以在长期而非短期的自我中心主义概念中找到。自由和民选共和国的自由,依赖于向各处人民灌输一种信仰:他们拥有自然的、不可剥夺的权利。安全,就是在国内不受压迫的自由以及不受外来统治的自由。18 世纪的伟大启蒙——杰斐逊本人是其中的佼佼者——正是由于其世界主义才有了赫赫声名。这种世界主义的本质在于一种信念,那就是,只有当一切地方的人的权利都得到保障时,它们才会在一切地方都得到最大的保障。以下信仰典型地表达了上述信念,即共和政府不好战,因为当政府为民有政府时,当那些为战争付出鲜血和财富的人们要在战争与和平之间做出决定时,就不会再有侵略性战争,就不会再有为了征服或王朝荣耀的战争。① 我们曾引用过杰斐逊的一段《弗吉尼亚纪事》,② 在那里,他就是以这种心绪忧惧有一天黑人会站起来奴役白人。总之,杰斐逊确实像林肯那样相信,不愿成为奴隶的人自己也不应当做奴隶主。但杰斐逊信念的洛克之根——杰斐逊那一代人最深的根——认为这一教导明显是启蒙了的自利的要求,是自爱的、自私的个体保障权利安全的长期要求。然而在短期内,在可预见的将来,从这种观点来看,可能不存在紧迫的、有意识的[327]对奴隶制的反对,继续奴役那些人

---

① 对比一下林肯在 1848 年 2 月 15 日给赫恩登(Herndon)的信,尤其是以下这一段:"《宪法》将宣战的权力赋予国会,照我的理解,是出于以下原因。君主们过去总是让自己的子民卷入战争,使他们贫困,君主们一般——尽管并不总是——都会假称是为了人民利益而战。我们一般认为,这是君主压迫中的最甚者……"潘恩(Tom Paine)的《人权》(*Rights of Man*)是表达君主制与共和制之间这种关系的最负盛名的通俗著作。

② 参照上一注释。

不会对主人构成威胁,而解放他们却会这样。确实,在第十八个
问题中,杰斐逊对奴隶制提出了进一步的反对意见。正是奴隶
制制造了专制的方式,他暗示(尽管他没有说出来),这样的方式
对自由共和制度的精神有害。但这一论点本身也很审慎,它对
奴隶制的谴责与其说是基于奴隶制对黑人造成的冤屈,还不如
说是基于奴隶制对白人产生的影响。从伯克的回忆中可以看
出,这一观点不够恰当,在伯克关于与美国和解的演说中,他同
样提到了杰斐逊观察的奴隶制对白人产生的影响,但他所得出
的结论却与杰斐逊恰恰相反。[①]

　　林肯的道德观不仅与杰斐逊相同,而且还有过之而无不及。

---

① 因此,在先前提到的《弗吉尼亚纪事》第十八个问题中,杰斐逊如此写道:
　　　　"主人和奴隶之间的整个交往,是一方永远发作最狂暴的脾气……这个本
　　性是他身上所有教育的基础……只有非凡的人才能在这样的环境中保持他的
　　仪态和道德不被败坏。而容许一半公民这样践踏另一半公民的权利,把那些人
　　变为暴君并且把这些人变为敌人,败坏一部分人的道德及另一部分人的爱国心
　　的政治家应该换什么样的咒骂啊……"
　　　　出于种种原因,这是一段令人惊奇的文字,也许最重要的原因是它提到奴
　　隶时说他们是公民。但杰斐逊对自己的坚持从未动摇过,那就是,作为这些"公
　　民们"获得自由的代价,他们必须被驱逐出境。然而,不妨思考一下与上面这段
　　话对应的另一个经典段落,它来自伯克与美洲和解演说的第42段:"……在弗
　　吉尼亚以及南北卡罗来纳州,人们拥有大量奴隶。正如在世界的任何其他地方
　　一样,到目前为止那些自由人最自豪和最珍惜的就是自己的自由。对他们来
　　说,自由不仅是享受,而且还是一种社会地位和特权……先生,我并非想要赞扬
　　这种情感的道德优越性,这一情感至少不仅包含自豪而且也包含德性;但
　　是……事实是这样:南方殖民地的这些人对自由的情感,要比北方的人们强烈
　　得多,且有着更高的和更坚定的精神。"尽管伯克和杰斐逊并未发生正面冲
　　突——因为伯克保留了自豪和德性之间的差别——但他们的评论之倾向却大
　　相径庭。不用说,这位英国政治家的评论成了南方的主导观点。当然,林肯完
　　全接受杰斐逊在第十八个问题中的观点——除了它说的奴隶主的精神正在削
　　减的乐观结论以外,我们之前已经说过,这是一个不合理的推论。

基于洛克理论的杰斐逊的眼界,认为尊重他人权利的一切要求,基本上都是假设性祈使句:倘若你不愿成为奴隶,就请你不要成为奴隶主。林肯同意这一说法,但他还说了实质性的观点:愿意自己得到自由的人,必须同时愿意他人也得到自由。林肯的祈使句不仅是假设性的;而且还是无条件的。因为所有人天生都对正义有平等的要求,所有人都对实现正义有平等的义务,这与自利的算计毫不相关。抑或,换句话说,如果离开我们自己的善行或者公正行为,则我们自己的幸福、我们自己的福利是不可想象的,并且,这种善行不只是增加我们自己的安全,而且也会惠及他人。对林肯来说,就像对亚里士多德和伯克来说一样,公民社会是"在每一种德性和一切完美之中"的伙伴关系。由于我们对朋友和同胞的义务先于对不是朋友和同胞的人的义务,因此正义或非正义的可能性就存在于与每一位他者的关系之中。确实,如果不能公正对待非公民同胞,那么公民同胞之间的正义和友谊就不可能存在。因为,公民社会是一种潜在可能性的实现,无论何时,当一个人际遇同胞时都存在这种潜在可能性,或者,无论何地,它都不是一种潜在可能性。在林肯看来,"人人生而平等"命题已将这种潜在可能性表达得淋漓尽致。

林肯认为,道格拉斯-坦尼关于黑人的观点从历史来看是错的。我们只能说[328]林肯是对的而他的对手是错的;然而我们也必须晓得,林肯对奠基者和签署者们意图的确认——与他对道格拉斯和坦尼的反对不同——从纯粹的历史角度来看,本身并非无懈可击。然而,尽管从历史角度看它并非无懈可击,但在逻辑和道德上它仍然优于它想要解释的理论。林肯在多大程度上意识到他的解释是"创造性的",我们无法肯定。但我们不能忘记,在《青年讲堂演说》中林肯曾警告,独立革命不仅是由正义感支持的,而且也是由革命者的激情支持的,这革命者的激情既包括人民的仇恨和报复这样的卑贱激情,也包括领袖们争取名声和地位的高贵但危险的激情。我们不禁注意到,对不可剥夺的权利的洛克式解释,正如我们已经描述的,最终认为这些权利可以被缩减成为激情。① 因为生命权和自由权在洛克理论中是不能取消的,而这正是由于对生活的激情,以及对生活的必要条件的激情,被认为是不能取消的。正如在论辩中反复强调的那样,林肯说,道格拉斯对奴隶制的"无所谓"政策荒唐透顶,因为他容忍了"存在一种犯错误的权利"这样一种观念,当林肯这样说时,他就为洛克的不可剥夺的权利理论添加了一种非常不同的权利观念。洛克式的自由权观念意味着,没有人能够前后矛盾地诉诸于我的权利意识来放弃我的自由;但这一自由权观念并不意味着,奴役另一个人的人违背了奴役者关于何为正当的观念。权利意味着一种不能取消的欲望和激情,"何为正当"是指正义实现于其中的客观状况和条件,林肯混淆了权利的涵义和"何为正当"的涵义。然而,林肯并没有否认存在洛克意义上的自然权利;那就是,存在着不能取消的激情,这些激情能使所有人拒绝强加在他们身上的、与这些激情的满足不相容的所谓道德要求。② 然而,尽管《青年讲堂演说》——为了独立革命那代人——承认了作为激情的权利这种自然权利观念的适当性,但演说同时也否认了这种自然权利观念的未来功用。"激情曾经帮过我们的忙;但是今后它再也不能帮了……理性必须提

---

① 对霍布斯和洛克自然权利理论的权威阐述,尤其是关于理性和激情各自作用的阐述,参见施特劳斯(Leo Strauss),《自然权利与历史》(*Natural Right and History*,Chicago, 1953),尤其第五章:"现代自然权利"。

② 要了解林肯对这些激情中的"权利"所持的观点,无论是隐微的还是显白的观点,参见下面对政治和社会平等的讨论,第十七章。

供今后支持和保卫我们的全部材料……"由于林肯在1838年对独立革命的批评，我们推测，他并非不晓得他随后对国父们的意图之"重构"的本质。因为，激情是主观的，[329]理性却是客观的。何为正当的概念是关于可由理性辨认的客观条件的概念。"我为黑人请命的仅仅是，如果你们不喜欢他，就别去理他"，林肯以预知战争年代逼近的悲悯口吻这样说。然而他是指，考验正当与否，并不是看某事物是否与我们的激情（pathos）相吻合，而是要看这事物怎样与对人应得的东西之辨识相吻合。被看成主观激情的权利，并不强迫我们做客观上错误的事；它仅指导我们去做我们认为对我们的生活和我们的自由来说是必要的事情。我们自己的生命和自由对我们自己具有价值，可能受到我们行为影响的任何人的生命和自由，对他们自己也具有价值，被看作一种状态或条件——在这种状态或条件中，每个人都能得其应得——的正当，绝不允许我们将这两种价值割裂分开。

第十五章
现代世界政治自由的形式和实质

[330]我们在前面某一章中已经说过,道格拉斯关于奴隶制的政策,形成了一种和而不同(agreement to disagree)。对这种"和"的渴望反过来又取决于他的这样一种信仰:"我们仅仅因为《宪法》才作为一个国家存在",因此各州和各地区友好共处所真正需要的,就是一丝不苟地遵从所有宪法义务。若干州的公民对奴隶制可能继续保留不同意见,因为他们不会为奴隶制问题制定联合政策作出必然会导致冲突的任何努力。然而,林肯断然否定了这一政策的整个基础,因为林肯认为,我们不是只因为或主要因为《宪法》才作为一个国家存在。当林肯在葛底斯堡用"八十七年前"这一说法,小心翼翼地把国家的诞生年份置于1776年而非1787年时,他就是要将这一否认变成国家的正面信仰。于是国家的生命原则就并不是《宪法》中的各种妥协——作为一个诚实的人,林肯总是承认和自动接受这些妥协——而是献身并重新献身于一切人的平等。《宪法》和联邦可以被视为国家的形式因;尽管作为形式,它们注定会变化:联邦可能增加新州,《宪法》可能增加修订案。而《独立宣言》的核心命题才是国家的目的因。对这一目的因的共同献身才是[331]我们国家

的首要结构性要素,而对目的因的任何改变都会摧毁依照这一目的因建立起来的国家。林肯对美国政治民意"核心观念"的态度——这种民意也是美利坚民族性的核心结构性要素——再次揭示了亚里士多德《政治学》的中心主题。在《政治学》第三卷中,亚里士多德问道,城邦(*polis*)之所以成为城邦,是依据什么呢?亚里士多德说,城邦不是因为人们居住在某个地方,因为可以环绕伯罗奔尼撒半岛建一道围墙——但那并不能使被环绕在内的人们成为同胞。同样,城邦也不是任何具体的居民群体,因为组成一个城市的居民(我们可以说组成一个国家的国民)总是在变化,像河流之水。一个城邦,亚里士多德说,就是一种合伙或联合,一个政体(*politeia*)中的合伙。而政体是城邦的形式,正如灵魂是身体的形式。① 因此当政体改变时,城邦就不复是昔日的城邦了,这就好比一个合唱队,当组成悲剧合唱队的人现在组成喜剧合唱队时,合唱队已然不同,尽管成员并没有改变。在这里引用希腊词 *politeia*,是因为它通常被翻译为宪法(*constitution*),比如在美国宪法(*American Constitution*)这一表达之中就是如此。但是,宪法是一整套法律,尽管是一整套基本法律。然而,政体(*politeia*)并不是法律,而更是赋予法律生命力的原则,凭着它,法律才成了某一种类型的法律。因此亚里士多德说,"应当制定法律,而人们确实制定了法律,来适应政体,而不是政体来适应法律。"林肯在一篇零散文字中出色地表达了这种关系,这段文字没有标明日期,一般认为写于 1858 年竞选

---

① 灵魂是身体的形式,因此是它的形式因。灵魂的功能——即理性活动——是目的因。严格来说,美利坚政体的目的因,并非"人人生而平等"原则,而是这一原则所引起的行动——该原则在所有人心里植下的希望所引起的行动。除为此处使用的必要外,我们并不想更细致地阐述亚里士多德的因果理论,或其在林肯语言中的运用。

运动之后到他宣誓就职之前这段时间。① 这段话比林肯任何实际演说中的语言都更简洁、更优美地表达了他在整个论辩过程中所主张的、关于《独立宣言》与《宪法》和联邦之间关系的基本观点。它是对《箴言》(*Proverbs*, 25:11)的沉思：

> 所有这些并非偶然之结果。它有理性上的原因。如果没有《宪法》和联邦，我们不可能获得这样的结果；但即使这些也不是我们得以高度繁荣的主要原因。在这些背后还有某种更紧密地与人的心灵纠缠在一起的东西。那样东西，就是"人人获享自由"的原则，[332]这原则为一切人扫清了道路——给一切人以希望——而结果是，这成为一切人的事业和奋斗目标。
>
> 我们的《独立宣言》能表达那一原则，真是幸甚之至。无论有没有它，我们都能够宣布我们已从大不列颠获得独立；但如果没有那一原则，我想，我们就不可能保障我们的自由政府，以及由此而来的繁荣。倘若没有更美好的承诺，而仅仅是主子的变换，那么任何被压迫的人民都不会奋战，以及坚忍，一如我们的祖先所做的那样。
>
> 那时，那原则的宣告，就是那一句"说得合宜"的话，它对我们来说确是一个"金苹果"。联邦，以及《宪法》，是一幅银画，衬托在金苹果的周围。这幅画并非要遮掩或是毁坏苹果；而是要装饰并保存它。这幅画是为了苹果而作——而非苹果是为了画。
>
> 因此，让我们奋起行动，以使画以及苹果永远都不

---

① 《著作集》，第四章，页168。

会被玷污、创伤或毁损。

　　　为了能够这样做，我们必须研究，并理解危险之所在。

　　因此，林肯认为，如下说法毫不夸张，即这一著名命题与《宪法》和联邦的关系就像灵魂与身体的关系。从某个角度来看，联邦的分裂会是致命的，但是，灵魂死亡之后身体存活下来又有什么意义呢？有一种观点视奴隶制为一种积极的善，而道格拉斯则想通过向这种观点让步来保存州的联盟。道格拉斯可能并不同意那一观点——尽管他的不同意极其模棱两可，因为他一向赞同为黑人奴隶制张目的种族不平等理论——但他的人民主权理论在道德上同意了任何白人多数采纳奴隶制的决定。道格拉斯认为，只有承认美国白人多数之间的平等，各州的宪法平等才能得以保持，由此对联邦原则的忠诚也才能得以保存。然而，林肯说，共和国的"核心观念"并不是"'所有州作为州是平等的'，也不是'所有公民作为公民是平等的'，而是……那个更大度的、更美好的、不仅包括这些而且内容更丰富的宣言，它就是'人人[333]生而平等。'"①通过取消人的平等来保存宪法平等的观念，是一种道德和逻辑上的怪物。

　　在林肯看来，只有当合众国人民采纳或者拒绝奴隶制在道德上正当、在社会上希求的观点时，奴隶制在 1858 年的扩张或者不扩张才有可能。反过来，这又取决于他们对《独立宣言》普世意义的拒绝，或者返回其"古老"蕴意。在整个论辩中，道格拉斯一直努力想与对手争论的问题就是——

---

① 《著作集》，第二章，页 385。

　　林肯先生断言,联邦各州的地方法律和内部制度一定要有统一性,这才是本政府的基本原则……换言之,林肯先生悍然并明确地支持战争,北方反对南方的战争,自由州反对蓄奴州的战争——一场灭绝性的战争——非有一方屈服,这战争决不会停止,所有的州要么全部变成自由州要么全部变成蓄奴州。

　　现在,我的朋友们……我断言,联邦各州地方制度应当统一的观点,既不可欲也不可能……因此,我认为,我的朋友林肯先生完全误解了我们政府立基的诸伟大原则……统一性在全世界都是专制主义的根源,政治和宗教中的统一性都是如此。无论在哪里,统一性教条一旦宣布,则所有的州都必须成为自由州或蓄奴州,所有劳力都必须是白人或者黑人,不同州的一切公民都必须享有同样的特权或被相同的规则所统治,这样,你就摧毁了我们制度为公民权利所设的最伟大的屏障。①

　　道格拉斯预言,林肯政策的最终结果将是州与州战,而这场战争的顶峰就是,要么最终颠覆自由要么最终推翻奴隶制。他的精确预言令历史学家们赞叹不已。林肯从未否认这种战争的可能性,但他坚称,发动战争绝非他的意图。而且,他不会[334]因为战争的威胁而否定自己的政策。道格拉斯说林肯坚持统一性,在某种意义上是正确的。然而,在正确的那一意义上,道格

———————————

① 引自道格拉斯在 1858 年 7 月 9 日发表于芝加哥的演说。载《生而平等? 林肯—道格拉斯 1858 年论辩全集》(*Created Equal? The Complete Lincoln-Douglas Debates of* 1858),Paul M. Angle 编辑(University of Chicago, 1958),页 18。

拉斯本人也要求统一性。因为,如果道格拉斯"统一性是专制主义的根源"这样的警句是正确的,那么道格拉斯就一定相信,关于这一警句的信念的统一性是可欲的,就像林肯相信关于奴隶制道德错误的信念的统一性是可欲的一样。唯一的真正问题是,在具有统一性是可欲的这一信念中所说的信念是什么——由此而来的制度又是什么——以及,在多样性要么是允许的要么是可欲的、或者既是允许的又是可欲的这一信念中,所指的信念又是什么。林肯坚持认为,源自土壤和气候的多样性——或者源自宗教自由的多样性——既是允许也是可欲的。但奴隶制却不在此列。对自由和专制主义的相对优点,自由的人民不能不达成一致意见,或见仁见智地达成一致意见。如果多数人支持专制主义,那么这些人就不再是自由的人民,政府的形式已经变化与否都是如此。杰斐逊说过:"如果我们当中有谁想要解散这个联邦,或改变联邦的共和体制,那就让他们安稳地站在那里,作为警醒安全的碑石吧。在这鉴碑下,只要让理性自由地进行斗争,即使错误观点也是可以容忍的。"然而从华盛顿和杰斐逊的时代开始——他们视奴隶制为一种必要的恶,应逐步消除——直至现在的"积极的善"一派——他们对平等人权的公然否定达于顶峰——南方观点的改变,也已经导致了对那里的不同意见事实上的完全压制。当密西西比州参议员富特(Foote)在1848年邀请新罕布什尔州参议员海尔(Hale)访问密西西比州,并荣耀了该州森林中最高的一棵树(这为他赢得了"刽子手富特"的绰号)时,①海尔回请富特去新罕布什尔州,并让那里的

---

① 　[译按]富特曾经在一次与黑尔的激烈辩论中说,如果有一天他能把黑尔从新罕布什尔州(黑尔的母州)弄到密西西比州,他就会把黑尔绞死在密西西比州森林中最高的树上。而黑尔则回答说,倘若富特到新罕布什尔州来,他会礼遇富特。福特由此而得到"刽子手"的绰号。

人们洗耳恭听了富特在每一个城镇和村庄的演说。在奴隶制是积极的善这一观点盛行的地方，就会出现清除所有不同意见的政治要求。这一趋势的高潮——在联合论辩之后来到——就是道格拉斯在约翰·布朗袭击之后随即发表的参议院演说。在该演说中，他呼吁制定刑事法律以惩治叛乱，这种法律可能会有效驱逐共和党，就像已故麦卡锡参议员提议的法律会有效禁止共和党一样。随着对人的平等的否决，共和[335]自由的天才想法也消失了。对基本原则缺乏一致意见的任何社会都能够生存这一观念，无疑是妄想。而对一个所有人的意见都可以进入政府的共和社会来说，情况尤甚于此。每一个"和而不同"(agreement to disagree)的共识，都以一个已有共识为前提，这已有共识就是，哪一种不同意见不能够被容忍。在林肯看来，美国人民对抽象的人人平等原则的意见不一，是不可容忍的。只要他们对这一点无法达成共识，他们就不再是一个国家。

　　道格拉斯所解释的人民主权理论，是矿工和工兵，它正在北方准备这样一种观点的改变，正如它在南方已经造成了那样的改变。在 1858 年告诉北方的大多数人说奴隶制是正确的，还不可能。但是，通过让人觉得它并不错误，道格拉斯已经使不可能的事情正在变得可能。林肯认为，当大多数人仍还相信自由原则时，明智的做法是通过民意测验一决雌雄，这样才能使专制主义的倡导者们丢弃幻想。那些无法抵抗民意测验结果的人们可能会转向使用武力，但这从来都没有吓倒林肯，这也一定不会吓倒任何信仰自由政府的人。有些人认为，道格拉斯在共和党的胜利中洞见了战争的可能性，而这就是给那些人的真正答案。这也是道格拉斯自己给南方的最终答案。

　　林肯说，道格拉斯宣称并不在乎奴隶制在投票中被采纳或放弃，但这是这个国家的每一个人——不论是南方人还是北方人——都关心而且极为关心的一件事。正如林肯一再说,他相信他没有权利使用联邦政府权力去干涉各州的奴隶制问题,而且他也从未表示过这样的意向。但他确信,是否允许准州保有奴隶制的决定,将间接影响到奴隶制最终在所有州中是否会变成合法的这一问题。因此,这样的决定就不是也不可能是一个地方性问题。它不仅仅是堪萨斯的问题。它关系到所有人,应该是由所有人一起来做的决定。①自由人民不会对关系到自己未来的最重要的问题袖手旁观。汉密尔顿在《联邦党人文集》第一篇中写道:

> 时常有人指出,似乎有下面的重要问题留待我国人民[336]用自己的行为和范例来求得解决:人类社会是否真正能够通过深思熟虑和自由选择来建立一个良好的政府,抑或他们永远注定只能靠机遇和强力来决定他们的政治组织。

林肯相信,如果忽视最根本的政治选择——对自由还是专制的选择,就不可能使一个献身于不证自明真理的政府、一个意在采纳理性选择原则的政府长存。

在林肯看来,自由人民不可能在对自由和专制的相对优

---

① 参见《皮奥里亚演说》:"最后,我坚持认为,如果说有**什么事情**,是**全体人民**有责任自己决定而不是委诸他人的话,那就是保存他们自己的自由和制度并使之长存。而且如果他们像我一样,认为奴隶制的扩张比任何或所有其他事物都更严重地威胁着他们,那么如果他们将这个问题,以及整个国家的命运一并交给一小撮人[即根据道格拉斯的理论,将为所有后来者决定这一问题的准州早期居民],仅仅屈从于眼前的自我利益,那他们是如何地背叛自己啊。"

点持有不同意见的同时，还继续是自由的人民。如果选择奴
役他人，就必须承认奴役自己也是正义的。献身于自由一定
同时就是献身于正义，自由是不正义的这一观念的含义——
出于同样理由——就是，自由是不自由的。在林肯的语汇中，
自由和正义不分彼此，它们就像曲线的凹陷部分和突出部分
一样不可分隔。林肯对上述主题的论证之最简洁的表达，可
以在他另外一篇著名的"零散文字"中发现，在这篇文字中，他
提炼出了散布于整个论辩中的论点之精髓。但这篇文字同样
也没有注明日期。①

> 如果 A 能够证明——不论多么不容置疑地——
> 他可以名正言顺地奴役 B。那么为何 B 不可以用同样
> 的论证，同等地证明他可以奴役 A 呢？
>
> 你说 A 是白人，B 是黑人。那么，就是关于**肤色**
> 了；肤色浅的就有权奴役肤色深的？当心。按照这一
> 规则，一旦你遇上比你肤色还要浅的人，你就将成为他
> 的奴隶。
>
> 你并不一定是指**肤色**？你是说白人的**智力**高于黑
> 人，因此就有权奴役黑人？还是要当心。按照这一规
> 则，一旦你遇上智力高于你的人，你就将成为他
> 的奴隶。
>
> 但是，你说，这是个利益问题；如果关系到你的利
> 益，你就有权奴役另一个人。很好。如果他说这关系
> 到他的利益，他也就有权奴役你。

---

① 《著作集》，第二章，页 222。

[337]对智识优越论——这是赞成奴隶制的唯一严肃的论点——的反对,林肯显然是从克雷那里继承来的。1858 年 9 月 11 日,林肯在伊利诺州爱德华兹维尔(Edwardsville)发表演说,当时竞选运动正如火如荼,在演说过程中,林肯为听众读了克雷写于 1849 年的一封信中的片断:

> 我知道有些人以所谓黑种人智识低为理由赞成奴隶制。这个理由有无事实根据,现在姑置不论,我仅想说,如果它能证明什么的话,那么它证明的实在太多了。它证明,在全世界所有的白种人当中,任何一个白种人都能名正言顺地被另一个在文明上获得更大进步的白种人奴役。而且,如果这一规则能应用于种族之间,就没有理由说它不能应用于个人之间;天下最聪明的人堂而皇之地使所有其他男男女女都当奴隶,也就不在话下了。①

从以上片断我们应当看到,不论林肯还是克雷,都没有试图证明智识优越论错误;他们所坚持的是,承认这种主张所导致的后果会如此离谱,以致那些提出这种主张的人都不打算接受。因此,提出这种主张是愚蠢的行为,而愚蠢的行为不能够证实智识上的优越或智慧! 正如林肯在另一篇零散文字中所说:"尽管想证明奴隶制是好的事物的书汗牛充栋,但我们却从未听说过谁希望通过让自己作奴隶来从奴隶制中得到好处。"这种评论的潜藏含义就是,智慧之人从来就不会宣称他拥有智识优越性。我们可以推定,其他的智慧之人会凭借他们自己的理性认识到

① 《著作集》,第三章,页 93。

他的智慧,而正是愚蠢之人的愚蠢,才使他无法认识到他人的智慧。一个人宣称由于他比其他人聪明所以可以统治他们,最能表明此人是恶棍或笨蛋。因此,有些人声称,他们之所以可以奴役其他人,是因为得到了人的或神的许可,林肯是如此描述这些人的理由的:

　　　举个例子,假定牧师罗斯博士有一个奴隶名叫萨博,问题是:"上帝的旨意是让萨博继续当奴隶呢,还是放他自由?"全能者对这个问题并未作出口头回答,而他的[338]启示——《圣经》——里也没有任何回答,或者说至多不过留下一些含义有争执的字句。没有人想到问一问萨博的意见如何。所以,这个问题最后只好由罗斯博士来决定。当他考虑这个问题的时候,他是坐在荫凉地方,戴着手套,靠吃萨博在烈日下挣来的面包过活的。如果他断定上帝的旨意是让萨博继续当奴隶,他就可以保持他自己的舒适地位;但是,如果他断定上帝的旨意是让萨博自由,他就只从荫凉地方走出来,脱掉手套,自己去挣面包吃。罗斯博士会抱那种一直被认为有利于作出正确决定的绝对不偏不倚的态度吗?①

　　在《皮奥里亚演说》中——这是林肯公开紧扣那个特殊制度的第一篇演说,林肯说:"奴隶制起因于人的本性的自私,这和人爱好正义的本性恰恰相反。这两种本性是永远对抗的,一旦被扩展奴隶制卷入那样剧烈的冲突中,随之而来的必然是不断的

_____

① 《著作集》,第三章,页204。

震动、剧痛和痉挛。"①

因为林肯相信奴隶制根植于人的自私，而且为奴隶制作辩护的论点都是对理性的歪曲，无论何时，当人面对奴隶制的真正本质时，他的正义感必会谴责奴役人的行为，而想出这些论点就是为了要泯灭人的正义感。当自治的要求同时也是主张做不义之事的权利时，那就不可能证明这种要求的正确性。林肯相信，政治自由之所以正当，是因为它能比没有政治自由的制度在人与人之间造就更大的正义。

但接着我们就会面对这样的矛盾：如果公正的政府是建立在被统治者同意的基础之上，那么那些声称自己的政治权利并非来自平等、而是来自自己的卓越的人，天生又有什么权利来统治呢？一个不相信政府应建立在被统治者同意基础上的社会，那里的统治权利又是怎样的呢？不可思议的是，内战之前的白人南方的情况，与它认为有权利奴役的黑人的情况，有一个十分相似的突出特征。那就是，白人说黑人在文明素质方面是有缺陷的，但是根据林肯的定义，否定《独立宣言》的白人在一个关键方面[339]也是不文明的。道格拉斯在渥太华表述对南方的看法时说道：

> 可是，我不相信上帝曾打算让黑人与白人平等。如果上帝有这个打算，他早就该用事实来证明了。数千年来，黑人都是地球上的一个种族，在所有这些时间内，在一切地方和一切气候区，无论他在什么地方游荡或被捕获，他总是比他在那儿遇到的种族低劣。他属

---

① 《著作集》，第二章，页271。

于劣等种族,必须总是处于劣等地位。①

　　道格拉斯令人厌烦地一再重复这一主题,为了理解林肯的
反应,我们必须先来表扬一下这一主题所包含的真理元素。我
们甚至不必问"数千年"的历史准确性如何,就可以看到,在 19
世纪的文明框架中,西欧文明相对于非洲和亚洲民族的优势是
毋庸置疑的,也似乎是不能挑战的。但是,如果以最严格的形式
来表述,则启蒙运动各种学说的宣传,1688 年的英国革命、1776
年的美国独立革命和 1789 年的法国革命所宣告的政治自由诸
原则,都是西方人和白人的作品。美国黑人的巨大悲剧,就像以
前在美国的其他非西方种族一样,在于这样一个事实:黑人被迫
要向白人呼吁,要求他们承认自己的自然权利,而且他们无法举
出其他地方黑人的自然权利得到承认的例子;因为情况确实是,
没有任何一个地方的黑人政府像这个白人政府保障其公民的平
等权利那样保障了黑人的平等权利。从这个角度看,我们必须
承认,黑人的确来自于"劣等文明",即一种不承认人的普遍平等
权利的文明。然而,正如克雷会说的那样,这种论证显然也太过
分了。因为在普遍平等权利发源地的西欧,这些平等权利同样
也是直到 18 世纪才得到普遍承认。西方世界的君主们,过去几
乎无一例外地都不承认这些权利,直到最近还有这样的事情发
生。而且,一直到 1776 年,才有国家建立在对这些权利的公开
承认的基础之上。[340]总之,如果认真对待道格拉斯的论证,
那我们就会看到,上帝等了许多个数千年才证实了白人的自治
能力,为时之久不亚于黑人。

　　我们已经引用过密尔(John Stuart Mill)发表于 1859 年的

────────

① 《著作集》,第三章,页 10。

《论自由》，来说明"在与野蛮人打交道时，专制主义是一种合法的统治模式，条件是，这么做的目的是使野蛮人得到改进，而手段，由于实际实现这一目的的努力，就是正当的。"我们认为，必须承认，林肯并没有绝对地和率直地驳斥专制主义的正义。因为，《独立宣言》本身的一个必然涵义，用密尔的话来说，就是"自由，作为一种原则，在人类能够通过自由和平等讨论来自我改进之前，不能运用到任何情况中。"也就是说，在封建国王和贵族对臣民以及自己实施蒙昧主义、因而充满欺骗和迷惑的世界中，或者，在未开化的民族的灵魂被困于原始的野蛮状态的漆黑之夜的世界中，人民自治是不可想象的。但是，《宣言》中所宣告的革命的权利，也就是使用暴力反抗那些否认我们享有生命和自由的自然权利的人的权利，显然既可以用来反抗腐败和堕落的统治者，又可以用来反抗腐败和堕落的人民。革命的权利就是这样一种权利，它让我们可以使用暴力反抗任何不允许我们享受自己权利的人。从这个角度看，启蒙了的少数拥有使用暴力反抗残暴多数的权利，一如启蒙了的多数拥有反抗暴君的权利。而且，如果无法把被虐待的少数或多数驱逐出去，那么就必须以专制来统治他们，直到他们能够被接受正当地参与治理为止。必须注意，尽管这一观点是为南方的黑人奴隶制张目，但它同时也说明，用战争摧毁南部邦联（Confederacy）①是正当的，而实行专断统治的战后重建政府的制度也是正当的。否定黑人享有平等自然权利的南方，不仅否定了自己权利的基础，而且也否定了自己行使这些权利的能力。

　　林肯的立场既谴责对专制统治权利的任何承认，又深思了

---

① ［译按］南部邦联，指 1860—1861 年南北战争时从美国联邦中分离出去的南部 11 州。

反对那些主张专制统治权利的人的暴力，这两者之间是否存在某种自相矛盾呢？我们认为没有。林肯在[341]《青年讲堂演说》中与这一难题较力，并解决了这一难题。确实，有些人相对于另外一些人是如此卓越，以至于他们——从理论上讲——不经他人同意就可以公正地统治他们。但这样一种权利并不要求得到普遍平等权利必须得到的那种承认。卓越之人的天性就是，它不需要通过剥削其他人来得到满足，这也正是他们的卓越性的精髓。放弃剥削的权力，本身就能够满足他们的卓越感。因此，那些用卓越性论证来奴役他人的人——譬如牧师罗斯博士——并非卓越之人。在人们已被启蒙的地方——也就是说，在人们认识到平等的自然权利理论必需道德的地方——他们有能力通过理性的讨论来自我改进，如果用密尔的说法来表述的话。伟人的作用，也是他的统治的标志，就是他使用自己的权力来巩固和提高同胞们的自治能力，并防止他们背离那些使他们成为理性之人的信念。除为保障自己的权利外，伟人——不论是华盛顿还是其他人——不愿强迫那些本身不愿强迫他人意志的人之意志。但是理性的人也不会对使用强力来保障自己的权利有丝毫迟疑。对这些权利的威胁是来自一人还是多人，是来自多数还是少数，从原则上来说，都无关紧要。

上述思考将另外一个困难推到我们面前，这一困难必然引导我们暂时超出两人论辩的视野。从我们刚刚所说的可以知道，到底是什么"必要的东西"——用林肯的话来说——让奠基国父们有理由容忍奴隶制。这一"必要的东西"，一方面是奴隶主无法遏制的贪婪，另一方面是奴隶实际的落后状况，这种落后状况部分继承于非洲，部分是奴隶制的残暴后果。只有让这一制度"迈向最终灭亡"，才能削弱黑人奴隶制，反过来，只有当黑人在某种意义上做好获得自由的准备时，奴隶制"迈向最终灭亡"才能想象，在林肯看来，这是不证自明的公理。在悼念克雷时，林肯引用了［342］1827 年克雷对"美国殖民协会"所作的演讲：

> 　　欺骗和暴力的残毒之手将非洲儿女的祖先们从母洲夺走，把非洲的儿女送还非洲，这种想法在道德上是合宜的。由于曾被移植到异国的土地，他们将携带宗教、文明、法律和自由的累累硕果返归故土。将原本是罪恶的东西，变成赐福地球上至为不幸的部分的标记，这难道不是宇宙主宰的伟大计划之一吗（他的意图常让短视的凡人费解）？①

　　我们相信，只要必须承认奴役黑人是在为他们成为自由人做准备，那么，对黑人的奴役在一种被修饰了的意义上就是"公正"的。但是奴役他们的"罪恶"是什么呢？林肯曾有一次抱怨自由党人，他们因为克雷蓄奴而不愿投票支持他，相反他们把票投给了波尔克，并因此帮助了墨西哥战争的发动以及随之而来的奴隶制扩张。自由党人说："我们不会为了让善来临而去做恶。"对此林肯回答道："看果可知树。恶树结不出善果。如果把票投给克雷先生的后果是奴隶制扩张得到遏制，那么这种投票行为还是恶的吗？"②然而，同样的论证也可以用于美国黑人的原始奴役问题。如果我们通过看果来知树，而且如果非洲奴隶贸易所结之果是非洲人拥有了无比珍贵的平等人权理论和建立

---

① 《著作集》，第二章，页 132。
② 《著作集》，第一章，页 347。

人类自由大厦的可能性——这大厦只能建立在这样的教诲之上——那么,我们怎么能把达到这一目的的手段看成罪恶呢?如果说只有上帝可以为了善而做恶,我们应当相信,这只不过是遁词而已。

　　在很多地方我们都揭示了林肯的道德教诲——这是他的政治教诲的基础——与亚里士多德的道德教诲之间的类似。这种类似看上去一定很矛盾,因为一个人是奴隶制的伟大辩护者,而另一个则是奴隶制最彻底的反对者。然而,我们认为这只是他们名义上的矛盾而非真实的矛盾。亚里士多德在《政治学》第一卷中对自然奴隶制的辩护,是对没有足够[343]理性指导自己、而只有在他人指导下才能过一种有用生活的人的奴役的辩护。这主要是指精神上软弱的人,没有哪个社会会给这样的人以自由,不论是使他们成为动产还是将他们放在制度之中。同时,这也是指那些不管因为什么而不可救药的人——此世的那些卡利班们(Calibans)①——所有这些人也都受到这样那样的限制。

　　但是,亚里士多德也清楚地想象到了不属于之前所说的任何自然奴隶制的奴隶制,它的持续存在因此仅仅是因为传统,这种奴隶制,用亚里士多德特有的话来说,是不公正的。在《政治学》第七卷,亚里士多德多次提及在他所说的最佳政体中对奴隶的使用,这种政体要么可能是最公正的,要么就是体现了他那个时代城邦普遍可达到的最高程度的正义。表面上看,这与林肯承认一切人的自然平等权利的呼吁形成了鲜明对比。但也仅仅是从表面上看才是这样。因为在第七卷第九章,亚里士多德论评说:"为何要把自由作为奖赏(或回报)放在所有奴隶面前更好,这我们以后再说。"在似乎不是全本的《政治学》流传下来的

---

① [译按]莎士比亚作品《暴风雨》中古怪、丑陋的奴隶。

所有部分中,我们发现这一承诺没有兑现。但这句话有两个暗示:首先,亚里士多德心中所想的奴隶,并非由于天性而只是由于传统才成为奴隶的奴隶;其次,仅由于传统成为奴隶的奴隶应当让他们的奴隶制"迈向最终灭亡"。和林肯一样,亚里士多德认为,自由所产生的希望,和由此而来的德性活动,不应被关在奴隶的心灵门扉之外。

然而,与林肯不同的是,亚里士多德明确赞同"捕捉奴隶",而且设想了源源不断的稳定的奴隶添补,很可能所提供的奴隶数量与解放的奴隶数量相同。为什么呢? 我们相信答案应该是这样。亚里士多德所认为的文明,主要——尽管不是绝对地——限于希腊文明。这当然不是因为他认为只有希腊人才能够变得文明,因为他也同意,希腊人俘虏或奴役的非希腊人,在得到希腊生活的训练之后同样适合得到自由。这是因为亚里士多德晓得,在自己所处的世界中,文明是一棵稀有又难于伺候的植物,事实上它仅存在于极端幸运的环境里。文明在其他地方的存在,尽管总是可能的,但却是极度罕有的。希腊人对野蛮人的奴役因此由于如下事实而有了正当理由,[344]那就是,奴役可能是使野蛮人开化的不二法门。亚里士多德认为,奴隶劳力为希腊生活的物质提高做出贡献的事实,并没有减少奴隶制中的正义成分。尽管亚里士多德和林肯都认为这一现象本身是不义的,但在解释两人对它的容忍程度时,也必须考虑到古代世界的经济匮乏,而这与林肯所处的物质急剧增长的世界是不同的。

然而,还有进一步的区别。在林肯看来,1776 年开始的革命,仅是一场世界革命的开端。在 1848 年 1 月 12 日的墨西哥战争演说中,林肯说,《独立宣言》所宣告的革命权利是"一种非常宝贵、非常神圣的权利,我们希望并相信它将解放全世界。"在有生之年,林肯事实上已经看到了整个中美和南美的"革命"。

他也看到了,在墨西哥反抗并脱离西班牙之后,德克萨斯也成功地反抗并脱离了墨西哥。在两代人的时间之内,两块大陆都在《独立宣言》理论的名义之下经历了革命;并且,尽管欧洲的经历没那么振奋人心,但专制主义的基础已经被夭折的革命数度动摇,欧洲从事自由事业的人们对最后的胜利满怀信心。在这种形势下,像韦伯斯特一样,林肯认为,作为一个国家,我们的首要职责是树立一个自由共和国的榜样,这自由的共和国,致力于改善自己的人民的生活条件,但又绝无向其他地方的人们扩张的野心。在林肯与道格拉斯的论辩中,我们可以看到,此前辉格党－民主党最后大论辩中的问题——这也是克雷和波尔克竞选中所讨论的问题——被重新定义。我们可以把这个问题叫做内部改进对外部征服或侵略的问题。林肯号召人们忠于《宣言》,这呼吁就像涅磐的凤凰,从老的辉格党要求内部改进的呼吁之灰烬中升起,但内部改进的概念已被纯化,其涵义已转变成国族灵魂的提升。在与道格拉斯的论辩中,林肯对内部改进与向外侵略的解释,一如苏格拉底所解释的柏拉图《王制》中的那些概念。当格劳孔(Glaucon)拒绝粗朴道德健康的城邦,或"猪猡的城邦"时,那是因为他要求奢侈,他认为,没有奢侈比[345]通过侵略战争得到奢侈更令人头疼。道格拉斯的所有政策都把侵略战争作为解决内部困难的办法,而林肯则像柏拉图一样,相信可以通过道德约束来避免这些困难。林肯认为,无论对个人还是对国家而言,侵略之路都是一条无穷无尽的卷入之路,侵略制造侵略,终点遥遥无期。在一个越来越相互依赖——尤其是《独立宣言》本身的原则所创造的道德上的相互依赖——的世界中,那条道路尤其不再可能。因为,在《独立宣言》中,特殊民族将国族革命建立在如下假定基础之上,这假定就是,该民族的特殊原则,同时也是普世文明人都会承认的普遍原则,就这一点而言,《宣言》

的确是首开先河、史无前例的。《宣言》认为，它的潜在——如果
不是事实上的——对象，包括了整个的人类大家庭。《宣言》并
不认为这些对象是类似古代斯多亚主义者那样的少数"智者"，
可能生活在广散土地的社会之间隙中。《宣言》推断，全世界的
众人，迟早都能够按照它所宣告的原则行事。在古代世界中，从
未有过一次，一个普世正当的原则之表述，假定了这样的受众。
而且，一旦政治自由事业与这样一个宣布原则的宣言永恒地连
在一起，那么要想保存这一事业，就只能把这些原则和道德约束
的榜样连在一起，这榜样就是，尊重一切地方的人的权利。

　　对亚里士多德来说，就像对林肯来说一样，许多人在道德上
和智识上有能力安排自己的生活且不伤害他人，奴役这些人，本
身就是不义的。对林肯来说，就像对亚里士多德来说一样，之所
以容忍奴隶制，是因为存在一些"必需的"正当理由，这使得奴隶
制没有那么罪恶。林肯在为自己敬仰的伟大领导克雷所作的悼
辞中说："尽管他生于长于奴隶制已然普遍存在并深深扎根的地
方，但他并不认为——我想没有一个智者会这样认为——在不
制造更大罪恶的情况下，就能立刻铲除奴隶制，即使是为了人类
自由事业本身。"①亚里士多德和林肯所处的世界是不同的，这
我们可以承认；但说他们在奴隶制的内在正义问题上存在原则
性差异，却肯定令人怀疑。我们相信这是正确的，而即使在亚里
士多德的世界中，奴隶制度——与个体的奴役不同[346]——也
总是较轻的恶、因而永远都不可能被导向"最终灭亡"，这也是正
确的。在林肯的世界中，为古代奴隶制辩护的那种长期的经济
匮乏已不复存在。如果在亚里士多德的世界中，闲暇的可能性
以及由此而来的人文陶成在某种程度上还要依赖奴隶制，那么

---

① 《著作集》，第二章，页130。

在林肯的世界中，相反的观点才是正确的。在 19 世纪，自由而非奴隶制，才是经济丰裕的创造者。现代社会的奴隶是机器，而人以人为财产，在道德上是说不通的，除非作为一种暂时的权宜之计。到底林肯的世界还是亚里士多德的世界更好，到底这机器所创造的最终消灭人的剥削的希望，能否抵消相同的机器所制造的恐惧，我们在此不必谈论。这对林肯来说不是问题，因为他被召唤在一个已然被机器的潜能所控制——但又无法预料这种控制会带来怎样的结果——的世界中，为了善亦为了恶，而采取行动。

　　在结束这段分析之时，我们认为，尽管主人与一个并非凭天性而是由于传统才成为奴隶的人之关系，本身是不义的，但是，我们无法先验地知道，在特殊情况下允可这样一种关系，是正义还是不义，或者，是更大的恶还是较小的恶。因为，实践智慧的精髓，就是使判断适应于不同的情况。实践智慧的目的总是相同的，而智慧的政治家将采取行动，以获致他所处的世界所能接纳的最大限度的正义。

第十六章
人民主权：正确和错误

[347]林肯经常警告那些赞同或者保留对奴隶制不赞同意见的人，这是一件在原则上不能妥协或含糊的事。林肯说，有些南方人用《圣经》来证明奴隶制的正当性，而道格拉斯要比这些人聪明，因为《圣经》中的奴隶制是对白人的奴役。在第二章中，我们已经表达过自己的观点，那就是，在道格拉斯看来，自由政府的精髓在于，自由人民对其最重要的问题——以及最琐碎的问题——拥有决定的权力。林肯同意这一观点，不过他认为，将国家的未来交给最初游荡到堪萨斯或内布拉斯加的流浪汉手上，是转嫁责任，且是可耻的逃避责任。道格拉斯"无所谓"政策的前提是，人民主权理论是这样的理论，一旦人民的决定权力得到保障，那么政治家的职责就终结了，这一前提绝对是站不住脚的。林肯对这一观点的经典反驳可以在《皮奥里亚演说》中看到：

> 自治的理论是正确的——绝对和永远正确——但是用在黑人这个问题上却不恰当。或者不如说，是否恰当，要看黑人是不是人来决定。如果黑人不是人，那么是人

的人就可以借口自治随心所欲地对待他。但是如果黑人是人，说他也不能管理自己，岂不是把自治彻底破坏了吗？白人自己管理自己是自治；但是，如果他管自己[348]又管别人，这就超出了自治，这是专制。如果黑人是人，为什么我的古老的信念教导我"人人生而平等"呢？而且还教导我，当一个人奴役另一个人时，这中间就不可能存在道德上的正当性呢？

　　道格拉斯法官经常带着强烈的讽刺和嘲弄意味解释我们的论据，说什么："内布拉斯加的白人好得足以自己管自己，但他们还没有好得足以管那么几个可怜的黑人！！"

　　好！我不怀疑内布拉斯加的人民现在和所有其他地方的人民一样好，而且将来也一样好。我不说相反的话。我要说的是，没有一个人好到这种程度，能够不获得另一个人的同意就统治那个人。我说这是首要原则——是美国共和主义的靠山。①

　　林肯认为，自由政府不只是经由体现多数统治原则的任何方式无强制地达成决定的程序。它甚至不是民有、民治和民享的政府。它是献身于某种理念的民有、民治和民享的政府。当代的很多道格拉斯崇拜者只记得《葛底斯堡演说》的结尾却忘了它的开头。林肯的立场总是两种概念都采纳，而道格拉斯却从未理解平等原则的含义，也没有理解它与所谓人民主权的关系。

　　如果自治是一种权利，而不仅仅是描述（或多或少是）美国景象的事实，那么它一定是源自某种基本义务。林肯坚持认为，

---

① 《著作集》，第二章，页265，266。

作为一个人,每个人都一定具有某种与生俱来的东西,这种东西创造了每一个其他人对他的义务。如果任何地方的任何多数,不论其构成如何,都可以名正言顺地奴役任何人或任何人们,那么这只能是因为,任何人——仅仅因为他是一个人——身上都没有其他人必须尊敬的东西。如果后一种说法正确,正如道格拉斯所暗示的,那么无论在哪里,单单自治现象的存在都不能说明它的正当性和可欲性。它可能只是因为机缘巧合而存在,或是由于某些除了盲目相信之外没有其他支持的信仰而存在。那么,说任何人都有责任让一个自治政体长存,或有责任促其在不曾有过的地方存在,都是没有意义的。[349]除了林肯所说的理由外,道格拉斯没有列出任何其他理由作为人民主权理论的基础,因此当他声称人民主权是永恒的政治正当原则时,就完全不合逻辑了。

道格拉斯的人民主权,允许一种类型的人奴役另一种类型的人,因此也必然支持对任何其他类型的人的奴役。道格拉斯所主张的奴役他人的权利,仅仅是白人种族奴役所有其他种族(道格拉斯认为,他们是"劣等的",不享有自治权利)的权利。然而,道格拉斯却没有考虑到这种立场的所有潜在含义。如果一个州或国家的白人多数决定奴役白人少数(或者决定剥夺白人少数的政治权利,或者以《独立宣言》认为是"专制"的方式行事),为何它不可以名正言顺地这么做? 如果有人回答说,这样的行为会违背《宪法》,那么这一回答必会带来如下应复:任何宪法都只是实在法,制定这一宪法的"主权人民"可以通过宪法的或革命的方式,修改或废除任何妨碍自己权威的障碍。此外,正如林肯在 1857 年所看到的,修正《宪法》条款所要求的宪法多数,在任何实际意义上修订《宪法》时并不一定是必需的。选举总统和国会的多数人,可以做他们真正达成一致意见的任何事情。因为总统和国会联合起来，可以重新组构、压制或无视最高法院。然后，如果多数在不违反任何基本道德原则的情况下奴役少数，不论该少数的肤色或构成如何，那么就没有任何原则——至少在多数统治观念中没有这样的原则——可以阻止多数奴役其他少数。而且，如果一个又一个少数被奴役，多数本身就会成为少数。总之，从普世人权思想中分化出来的人民主权观念，完全是荒谬之说。

　　林肯在弗里波特对道格拉斯提出的第二个问题非常有名，其名声实乃空穴来风，因为它是最重要的政治后果的直接原因。然而，最直接地通向两人之间问题之核心的，却是我们已经提到过的第三个问题。这个问题就是："如果合众国最高法院裁决各州不得将奴隶制排除在其[350]境外，你赞成把这个裁决作为政治行动准则予以默认、通过和遵守吗？"尽管道格拉斯对第二个问题作了直截了当但又无法自圆其说的答复，但他对这第三个问题的回答完全是含糊其辞的。他在弗里波特最初回答这个问题时如此说道："林肯竟会提这样一个问题，真使我惊异。（一个小学生也知道得更清楚。）是的，一个小学生也知道得更清楚。林肯先生的目的是污蔑最高法院……他假设合众国最高法院会违反《合众国宪法》，从而诬蔑了最高法院。我告诉他说，这种事情是决不可能发生的。这是一个道义上的背叛行为，没有一个法官会降低身份去做。"如此这般，道格拉斯对这个问题避而不答，相反，他说这个问题是不恰当的，因为它只是假设了一种不可能性。然而，无论联邦最高法院是否会做出各州不能禁止奴隶制的裁决，做出这种裁决显然是可能的，正如法官们发疯也是可能的一样。如果联邦最高法院的法官们不可能在智识和道德上无能，那么为何《宪法》会允许弹劾他们呢？林肯猛烈锤击道

格拉斯甲胄上的这一致命弱处,而在昆西,他收到如下回应,这是他收到的关于第三个弗里波特问题的最后一次回应:

> 可是,林肯先生却说我不愿意回答他提出的这样一个问题,即万一合众国最高法院作出一个他认为他们会作出的荒谬绝伦的判决,竟然判决伊利诺州这个自由州不得在其境内禁止奴隶制,我该采取何种做法?我在弗里波特告诉他说为什么我不愿意回答这样一个问题。我告诉他说,任何一个美国人,只要稍微有点头脑,无论当律师还是不当律师,都不会想到会发生这样一件事。我当时就像现在对你们说的那样告诉他,按照斯科特判决中提出的原则,这是绝对不可能的。我当时就像现在对你们说的那样告诉他,没有证据地相信最高法院会名誉扫地,作出一个尽人皆知是直接违反《宪法》的判决,这是对人的悟性的羞辱,是对最高法院的莫大诬蔑。①

演说进行到这个时候,听众中有一个声音说:"斯科特判决作出之前,对它也是这样说的。"那个声音,及其丰富的意蕴,很可能就是历史女神的真实声音。我们已经强调了[351]道格拉斯承认他没有也不愿意回答林肯问题的那句话。他所说的不回答的理由当然是不可接受的。在竞选运动开始时(1858 年 7 月 9 日),道格拉斯在芝加哥说,林肯是一个"友善、和蔼和聪明的绅士,一个好公民和正直高贵的对手"。也许道格拉斯希望驯服林肯,通过这种"乖乖狗"的方法把林肯拉过来认同格里利的观

---

① 《著作集》,第三章,页 267。

点。如果是这样，那他一定很快就放弃幻想了。无论如何，这个
"聪明"的人，恰巧也是个比较出色的律师，他的的确确相信所说
的判决是可能的，而且他还让成千上万的人都相信了这种判决
的可能性。道格拉斯知道这些，当他说没人相信时，他知道自己
是在撒谎。更何况，我们知道，林肯在盖尔斯堡已经通过不可辩
驳的逻辑证明了这样一个裁决并没有与斯科特判决中所提出的
原则——至少是首席法官判决理由中、也是最高法院的判决理
由中所提出的原则——相冲突。道格拉斯从来都不曾试图反驳
林肯的三段论。他不这么做，是因为他做不到。

　　在回答那一无名之声时，道格拉斯重复了我们所引段落之
前他所说的话："……我不愿意被拉进对斯科特判决的是非曲直
的论辩中去。我只知道《合众国宪法》设立最高法院是为了让它
来裁决，一切有关对宪法的正确解释的争议……"当然，最高法
院受委托来为"一切争议"作出裁决，这本身在论辩中就是有争
议的一点。尽人皆知，《宪法》本身并没有提到这一点。正如我
们看到的，林肯引用杰斐逊和杰克逊，目的是证明政府的每一位
官员都必然是支持自己所理解的《宪法》。道格拉斯被锐利的飞
矛钉穿了，越挣扎就被钉得越死。

　　在对林肯的回应中，道格拉斯的关键陈述是，他断言林肯的
问题暗示了法官们能够"在道德上叛国"。这当然正是林肯所相
信的。他不仅相信法官们能够在道德上叛国，而且相信他们事
实上已经犯了这样的罪行。因为林肯相信，道德上的叛国首先
是否定"人人生而平等"这一主张，或者[352]否定它事实上是美
国宪政体系的基础。从逻辑上来说，道格拉斯不需要接受林肯
对道德判国罪的定义，但援引这样的叛国罪的概念，仍然对他立
场的逻辑有致命打击。因为道德叛国罪的概念，正意味着存在
一种"法律叛国罪"观念必须服从的更高的、实质的原则。援引

这样一个概念并接着表示愿意接受最高法院裁决的政治后果,不论这些后果如何,都是不合逻辑的。如果道德判国罪比法律叛国罪更加令人发指,那么一个毫不置疑地服从恶法(或法例,比如法院的判决)的人,在原则上必然要比打算不服从它的人低劣。而且,出于同样的理由,把道德上正当的法律改变成道德上错误的法律——比如,把自由法改变成蓄奴法——从原则上说,必然和不服从道德上正当的法律同为一丘之貉。林肯在《青年讲堂演说》中最极端地呼吁服从法律——当然,这并非呼吁服从任何法律,而是呼吁服从自由共和国的法律——时说,法律"如果不是太过无法忍受",就总是应被承受。对此他不可能再多说什么,除非他也忘记了《独立宣言》中所宣称的革命权利。再说一遍:道德拉斯说,他只须知道由最高法院来裁决就足够了,而无需探究裁决的是非曲直如何,这表示不存在高于实在法的标准;但是,如果不存在这样的标准,那么道德判国罪观念就没有意义。可是正如我们所见,道格拉斯实际上曾试图让"人民主权"扮演"人人生而平等"那样的角色,而为具有内在道德—政治价值的观念提供实质性内容。但我们也看到,"人民主权"可以化约成一切政治正当都是实在正当(positive right)的主张。正像道格拉斯不会探究最高法院判决的是非曲直一样,他也不会探究"人民"决定的是非曲直。至少在这一点上,他是前后一致的。

在弗里波特向道格拉斯提出的第三个问题是根本问题,对这个"弗里波特问题"本身不能不予置评就轻易放过。无需再说它使道格拉斯与南方分离的作用了,就像分裂之家演说中的"共谋"指控使他与他的共和党[353]崇拜者分离一样。我们看到,斯科特判决否定准州立法机构和国会拥有将奴隶制排除出准州

的权力,只要他承认有义务遵从这一判决,那么这一问题首先就
是想宣告道格拉斯犯有他自己所定义的那种"道德叛国罪"。我
们假定读者都知道,道格拉斯说最高法院对准州立法权力的"抽
象"问题怎样裁决并不重要,因为如果没有肯定性的立法,任何
地方都不可能建立奴隶制,而准州立法机构不负通过这种法律
的义务。道格拉斯事实上是否正确——即积极的保护是否奴隶
制存在的必要前提——现在我们不去追究。我们眼下所说的,
是林肯在道德上反对这一政策。林肯相信,自由人民在道德上
不能容忍这种政策,因为他相信,在自由社会中,法律必须表达
人民的道德信仰。通过摧毁一项权利的价值——而最高法院的
首席大法官说,这项权利是《宪法》"明白无误地确认的"——道
格拉斯的政策等于是否定了《宪法》的效力。在这一点上,林肯
与激进的南方人意见一致。我们在第九章曾引用库珀学会演
说,正如林肯在那一段中所说:"倘若奴隶制正确,那么所有反对
奴隶制的言论、行为、法律和宪法本身就都错了,并应被压制和
扫除。"①林肯相信奴隶制是错误的,并相信如果要保存国家的
自由制度并使之永存,就必须承认奴隶制的错误。但是,道格拉
斯的人民主权思想不仅否认奴隶制的错误,而且还否认人们有
按照他们相信是正确的事物行事的义务,这就从根子上打击了
一切道德的基础。在他的回答中,或者说,在他拒绝回答第三个
问题的回答中,道格拉斯承认,斯科特判决没有构成"道德叛国
罪",而且也没有违反《宪法》的"明白"含义,因而该判决具有约
束力。他不会否认《宪法》"明白无误地确认"了准州的以奴隶为
财产的权利。那么,知道《宪法》确认了这样一种权利而仍说准
州立法机构的成员没有保障被确认的权利的义务,"接受"这样

---

① 　参见原书第 202 页。

的观点难道不是"道德判国罪"吗？如果《宪法》的存在不是为了保障它所确认的各种权利,那么它又是为了什么而存在呢？林肯对这一反常观点不断地猛烈开火,并且,正如我们相信每一个坦率的人都必须承认的那样,林肯坚持认为,在坦尼所解释、道格拉斯所接受的《宪法》中所谓的在准州中持有和享受的以奴隶为财产的权利,与州与州之间互相引渡逃奴的权利之间,不存在质的区别。如果国会或准州立法机构都没有责任保障一种被"明白无误地确认的"权利,那么保障另一种权利的责任又从何谈起呢？[354]废奴主义者是举国仅有的断然否认国会有义务制定逃奴缉捕法的一群人,而道格拉斯的弗里波特主义则更是将他置于同一立场之上。林肯在联合论辩中的最后的一句话就是:"归根到底,为何这个国家竟没有一个像道格拉斯那样的废奴主义者呢?"①

　　在《尼各马可伦理学》中,亚里士多德将德性和邪恶的对立与节制和无节制的对立做了区分。这些对立是相似的,但又有

---

① 《著作集》,第三章,页318。道格拉斯在1850年说,合众国公民可以像携带其他任何财产一样携带奴隶财产到准州去;即以奴隶为财产的权利属于地方法律的管辖范围。银行、威士忌和奴隶这三种不同的东西,都在某些地方和某段时间被地方的准州法律禁止过,就像有酒的人没有理由抱怨禁酒一样,奴隶主也没有理由抱怨禁止奴隶。1858年,他的意见变了,说奴隶像任何其他财产一样可以被地方法律所"规定"。林肯嘲笑了这一模棱两可的表达:这种"规定"完全摧毁了对这一财产的享受并因此也摧毁了它的价值,这到底是什么样的规定?当道格拉斯在1850年坚持说奴隶与其他财产一样附带着责任时,他是有道理的,但是斯科特判决断言《宪法》确认了对奴隶的财产权,这就将这种财产置于一种与其他财产完全不同的基础之上。坦尼说,《联邦宪法》确认了那种财产权,而郝德教授(Professor Hodder,前揭,页19)在拒绝坦尼的断言时说道:"所有的财产都基于地方法律。"道格拉斯因而不可能在不拒绝坦尼观点的情况下,将保护以奴隶为财产的权利的责任与保护其他财产的责任相联系。只要他拒绝这么做,那么林肯将坦尼所说的权利与逃奴条款中的权利相类比就是有道理的。

重要区别。一个有德性的人行为正当,是因为他知道什么是正当的,并克服了会阻碍正当行为的各种激情。确实,亚里士多德认为,德性品质的标志,不在于拥有这一品质者做正当的事,而在于他乐于那么做。节制的人与有德性的人相似,但他的激情仍反对好的或正当的行为,因此他不能愉快地从事好的或正当的行为。旁观者不一定总能觉察到德性和节制之间的差别,但这一差别的内在重要性却十分关键。因为伴随德性行为的愉快必然提高该行为的质量。无节制也不同于邪恶,因为邪恶使人故意做错误的事。邪恶的人乐于邪恶,正如有德性的人之乐于德性。然而,无节制的人并非想做错事,而是他的弱点让他做了错事。他知道什么是正当的,并希望那么做,但他犯错误的激情过于强大,以致于他做不到自己希望做的。保罗在致罗马人书中(7:15 和 19)的话,描述了他追求完美的苦境:

> 因为我不明白我做的是什么:我所愿意的,我偏不做;我所憎恨的,我反而去做。

以及:

> 因此,我所愿意的善,我不去行;而我所不愿意的恶,我却去做。

表面上看似乎是这样,正如节制是一种次于德性的长处,无节制因此也是一种轻于邪恶的罪恶。邪恶的人按道理是有恶意的,而无节制的人是[355]因为他无法控制自己。而且很有可能,像保罗一样,无节制的人能因其愿望而得到表扬,尽管他的行为不能得到赞许,而邪恶的人的意图和行为则都应受到谴责。

上述结论作为一种概括表述大体正确。道德教育是一个过程,通过这一过程,执拗的激情服从于纪律,这种纪律最初大多都必来自外部。在道德教育的时间安排中,无节制通常都先于节制,而节制通常也都先于德性。因为道德要求之轭先是长期沉重地加在我们大多数人的身上,然后才能变得轻松。将道德要求内化的过程分三步:首先它们必须被接受,然后被遵守,最后才被内化。然而,有这样一些人,他们的发展被整个或部分地束缚了。至于那些一直无节制的人,从根本上可以说,他们比邪恶的人尤坏。因为一个按照原则犯错的人——即他相信那是正确的——可能会改变自己,如果他被说服,他所做的是错误的而不是正确的话。"但是,对于无节制的人,"亚里士多德说,"我们可用谚语说,'当水都呛人时,还可以喝什么把它送下去呢?'如果他已经被说服,相信他所做的是正确的,那么当他被说服改变他的想法时,他本应断念;但现在他只一条道行到黑,尽管他已被说服应按相反的方式行事。"

道格拉斯的弗里波特主义相当于一个灌输无节制的精心策划。只要它不是纯粹的伪善,它就是允许拒绝履行得到承认的最神圣的宪法责任。就此而言,它对自由共和政府原则的整个道德教育过程都具有颠覆性。道格拉斯自己的《堪萨斯—内布拉斯加法案》说,各准州人民在行使他们的立法权力时必须服从《宪法》。对《宪法》的忠诚是为他整个职业生涯作可能的唯一合理辩护的关键:他说,正是由于那部《宪法》,我们才得以作为一个国家而存在。但是当他承认坦尼的宣称——即《宪法》已经明白无误地确认了以奴隶为财产的权利——具有约束力时,他又建议堪萨斯人民无视这种权利,如果他们不想让奴隶主来到他们中间的话。我们之前已经引用了道格拉斯的1850年演说,他在这一演说中说,在自由的国家,法律和法令都只是[356]无效之物,除非得到那里的人民用心灵和智识来拥护它们。但是,不仅《合众国宪法》是如此,任何依据宪法权威所制定的地方法律也都是如此。他建议通过不作为来使一项宪法权利无效,这只是诡辩。因为,如果这样一项权利可以通过地方的不作为而变得无效,而联邦最高法院或国会也不提出任何补救措施,那么为何不可以通过积极行为使另外一项权利无效呢?弗里波特主义所拥有的无效化和解散联邦的一切潜质,在卡尔霍恩的教诲中都有,只不过它们不具有弗里波特主义的智识和道德完整性。在这方面,林肯同意,而且是完全同意戴维斯(Jefferson Davis)派的想法:作为一个政治实体,联邦通过承认国家是奴隶制而地方是自由制而可能存活,或者通过承认地方是奴隶制而国家是自由制而可能存活。但联邦不可能承认国家是奴隶制而又否认这种承认的法律后果,或者承认国家是自由制而又否认由此而来的后果。说是《宪法》把奴隶制带到了全国各地,而其政治权利只源自同一《宪法》的那些人,又可以摧毁各地的奴隶制,这在法律上和道德上都是严重到难以容忍的畸论。林肯对弗里波特主义含义的最后总结发生在论辩之后,在1859年9月16日俄亥俄州哥伦布市的演说中。其格言式的完美无与伦比。林肯说,当你清除了所有的“废话、空话和枝枝叶叶”之后,道格拉斯的弗里波特主义就只剩下“赤裸裸的胡言乱语”了:

　　……一个具有合法权利在一个地方存在下去的事物,可以被合法地从那地方驱走。①

　　道格拉斯聪明如是,又如此敏感于自己对《宪法》的忠诚,以

---

① 《著作集》,第三章,页417。

至于他不可能允许林肯从这一畸论中得到不可挑战的优势。他仅有的一次真正的试图答复,是在联合论辩之后,这就是他在1859年发表于《哈帕斯》(*Harper*)上的一篇文章《准州中的人民主权》。正如我们在序言中所说,要想对他在文章中的论证作充分分析,会超出本书的研究范围。我们在此仅强调,道格拉斯试图保持这样的立场,即准州的立法权力并非来自国会,虽然国会有权为准州建立政府,但准州中的政府权威却[357]来自准州人民。他认为,国会设立准州立法机构的行为与它设立合众国各法院的行为类似。国会可以设立法院,但它自己不能做应该由法院做的事,它也不能压制法院的判决(这一观点本身极成问题)。根据这一观点,法院的司法权力来自司法权力的内在特质,而不是来自赋予法院司法权力的国会。因此国会有权利赋予各准州立法权力,但没有权利行使它。而准州立法机构的权力——尽管是国会赋予准州的——来自那里的人民的固有的自治权利,国会在"赋予"准州立法权力时大概只是对这种权利的承认。

为了眼下目的,我们仅需注意,这一学说证实了林肯的攻击是正确的,因为它认识到了道格拉斯在论辩期间所采取的立场在道德上是不可能的。这一学说试图将弗里波特主义建立在他的作为道德原则的人民主权思想的基础之上——尽管我们已经看到这一思想作为道德原则是经不起审视的。然而,即使作为一种宪政学说,《哈珀斯》上的那篇文章也站不住脚。林肯在论辩过程中已经指出,像其他准州法案一样,《堪萨斯—内布拉斯加法案》规定州长和州法院法官由总统任命,而且他们分享准州的立法权威,这就像总统和最高法院分享合众国的立法权威一样。在《堪萨斯—内布拉斯加法案》之前,国会可以宣布准州法律无效,州长也可以否决准州法律。道格拉斯的法案比此前的

法案更加"民主";但道格拉斯即使在 1854 年也没有吐露过,使
准州服从国会监督的此前的准州法律,是违宪的或者是违反政
治正确原则的。在道格拉斯的《哈帕斯》文章之前,从没有人怀
疑过——很可能是除了道格拉斯之外没有一个人——无论是否
出于权宜之计,只要国会选择否决或推翻准州立法,它就有这样
的法律权力。

　　国会依据《宪法》所拥有的接受新州的权利,在当时以及后
来,已被用来批准为准州成为新州做准备的所有必要和正当权
力的行使。在这一方面,"必要和正当"一直都是[358]严格依照
字面意思解释的。对《宪法》的严格解释——不论在其他方面可
能说了些什么——用在这一方面却是荒谬至极的,原因很简单,
如果《宪法》被严格解释,那么国家就不可能得到建立新的准州
和州的那些土地。① 整整两年时间,杰斐逊独控新得到的(而
且,在他自己看来是以违宪方法得到的)路易斯安娜购地,尽管
它拥有数量相当于几个州人口总和的克里奥尔(Creole)的人
口,而且美国与法国的协约保证了他们享有合众国公民权。当
杰斐逊勉强接受当地人民参与准州政府时,这种参与的基础比
《堪萨斯-内布拉斯加法案》(其实比任何产生于其间的法案)所
规定的参与基础要有限得多。不过,更关键的一点或许是道格
拉斯自己在 1857 年关于尤他准州的提议。当摩门教难题正让
人焦头烂额之际,道格拉斯却提议这样一个可能的解决方案,即
撤销准州法律,让尤他居民完全处于联邦的直接控制之下! 总
之,道格拉斯打算收回赋予准州人民的立法权,如果他们没有以
完全负责的方式行使它的话。众所周知,一夫多妻制是摩门教

---

① 由于与所讨论的观点不太相关,我们省略了原来所拥有的准州与 1787 年之后
　得到的准州之间的差别。

诸多难题中的根本问题,道格拉斯会采取一切必要措施以确保联邦中没有一个州会允许这种"家庭内部"制度。我们再加上一点,共和党从一开始就致力于消除"野蛮主义的两个孪生残余",即一夫多妻制和奴隶制。而道格拉斯从来都没有为任何地方的人民拥有选择——如果他们愿意的话——一夫多妻制的权利做过辩护。

《宪法》不能将下述任务委托给国会,那就是,保证新州必须是"共和"形式——那实际上意味着新州会有与联邦其他州和谐一致的制度——但同时否认国会拥有决定未来新州各种制度的组建时间和组建地点的立法权力。让人怀疑的是——像杰斐逊所质疑的那样——《宪法》是否赋予了国会接纳新准州的权力。然而,道格拉斯是本国历史上最疯狂地主张扩张的国家领导人,因此也是最不可能质疑宪法这一权力的人。而如果国会没有对准州进行立法的权力,国会就不可能完成[359]把得到的土地转变成州的毋庸置疑的职责。而且,如果准州立法机构不是只有附属的、有条件的立法权利的话,情况也不会是这样。《哈帕斯》的文章只是给弗里波特主义乱上添乱而已。

在说明道格拉斯的立场时,我们将他描述为一无所知主义的敌人,以及较古老的盎格鲁-撒克逊种族对新移民潮蓄积的敌意所制造的所有势利和阶级意识的敌人。然而,道格拉斯在反对盎格鲁-撒克逊的偏见时,是通过培养爱尔兰人对英国人和黑人的偏见来达到这一目的的。可是,林肯反对一切偏见,如果它们削弱"古老信仰"的基础的话,他相信,古老信仰是自由的民选共和国中所有政治和道德幸福的必要条件。在关于斯科特判决的演说中,林肯讲出了他对《独立宣言》含义的经典解释,以作为自由社会的准则。在演说中,他论从这一主题而出,不但阐

明了自己的观点,而且还挑战了爱尔兰人对道格拉斯的盲从:

> 我曾以为,《宣言》答应使我们的条件比作英国臣
> 民更好些;可是不,它只不过是说,我们应该在他们自
> 己被压迫和不平等的情况下和他们一样。根据这个说
> 法,它也没有保证在赶走了英国的国王和贵族以后,不
> 会很快有我们自己的国王和贵族骑在我们头上。①

　　林肯也会批评英国,但他这么做只是为了宣称,由于美国人
的自由原则,他们自己有争取更伟大的正义的责任,这种正义要
比旧世界中任何政体的正义都更伟大。尽管曾经是保守的辉格
党人,但林肯绝对相信,新移民以普遍平等条件融入美国生活的
唯一希望,在于以宗教的方式向他们传授《宣言》的普世信条。
在 1858 年 7 月 10 日的芝加哥演说中,林肯喊出了一个后来在
论辩中不断回响的主题。他说到每年一度的独立庆典——他一
贯热衷于这么做——就仿佛是在说庆贺[360]希伯来人民逃离
法老的埃及的逾越节庆典,或者,就仿佛是在说庆祝世界从原罪
中解放的复活节。

> 我们举行这种一年一度的庆祝会来回忆在这个历
> 史过程中所做的一切好事,记住它们是怎样做到的,是
> 谁做的,我们在历史上又怎样同它们联系起来。我们
> 参加这些庆典以后,心情也更好了——感到彼此更加
> 情投意合,同我们居住的国家的关系更加密切。由于
> 这些庆祝活动,我们认为不论在时代方面,在种族方

---

① 《著作集》,第二章,页 407。

面,还是在我们居住的这个国家方面,我们都比较优
越。但是……除此之外还有一件事情同它有关系。除
了同我们祖先有血缘关系的那些人外,我们当中恐怕
有半数人根本不是这些人的后代,他们是从欧洲来
的——德国人、爱尔兰人、法国人和斯堪的纳维亚
人——他们要么本人是从欧洲来的,要么他们的祖先
是从那里来的,在这里定居,在一切方面都和我们平
等。如果他们回顾这段历史去追溯他们同那些人的血
缘关系,他们会发现毫无关系。他们不能把自己带回
到那个光荣的时代,使自己感到他们是我们的一部分;
但是,当他们细读老的《独立宣言》时,他们发现那些先
辈说:"我们认为这些真理是不言而喻的,即人人生而
平等。"于是他们感到:当时教导的那种是非感证明他
们同那些人是有关系的,它是一切道德原则之父;他们
有权要求承认他们同那些写《宣言》的人是血缘关系,
骨肉之情,而事实正是如此。这是《宣言》中的一根电
线,它把爱国和爱自由的人的心连结在一起,只要对自
由的热爱存在于全世界人民的心中,它就会永远把那
些爱国的心连结起来。①

我们可以把以上言论与道格拉斯在渥太华的开篇演说中的
典型表达作一比较:

我不怀疑林肯先生确信黑人在各方面都和他相
等,因而是他的兄弟,但是就我这方面来说,我不把黑

① 《著作集》,页499。

人当作我的同辈,决不承认他是我的兄弟或亲戚。①

[361]这样的俏皮话,如果收集在一起,会让人大笑不已。但两者间的重大反差像联合论辩中的所有其他内容一样沉重。正如每一位政治哲学家都一贯认识到的,林肯坚持必须有某种信仰,这种信仰通常体现为故事的形式,可被讲述,可被理解,并可被所有人记在心中,它会造成一种团体感,并将所有互称同胞的人的心团结在一起。如果没有那种同胞的情感,那就没有相互信任的基础,而没有信任也就不可能有自由。因为政治自治包括统治和被统治,如果没有充分的信任,那么让其他人成为自己最切身利益的受托人——不论时间长短——的想法,都是胡扯。让一个像美国民族那样的血统多样化的民族团结在一起的唯一可能基础,必须超越他们的不同血统。这样的团结不可能在任何天启的宗教教义中找到,因为它们像任何其他教义一样,在这一方面意见不一。然而,正如我们在《青年讲堂演说》中所看到的,林肯通过重述我们的历史,确实重新铸造了历史,使其能够反映多种宗派之间的共同要素。但这段爱国历史的理论基础是《独立宣言》中的普世化表述,如果以一种使白人团结的方式来理解这一普世化表述的话,那么就必须以包括黑人的方式来理解它。

内战前后,汹涌的移民浪潮使不同血统的美国人之间爆发了仇恨,任何人,只要他了解这一点,那他就不会怀疑,这仇恨中包含着种族和阶级压迫的巨大可能性,这种压迫,如果没有超过对黑人奴隶的压迫的话,至少也与它相等。确实,19 世纪后半

---

① 同上,第三章,页 10。我们可以考虑一下,道格拉斯否定人的兄弟关系是否有其他含义。

叶的压迫,像那些大城市贫民窟中的压迫以及工厂和煤矿里的压迫,就已经够糟糕的了。然而,这些压迫在很大程度上是转瞬即逝的,而且除了美国的印第安人,要在美国再找到这么大的群体——它过去与其他群体关系紧张,现在其地位仍没有得到任何改善——还真殊为不易。而且,在内战之后没有哪一个群体——不论是奴隶还是自由人——像内战之前几十年中的黑人群体那样被如此绝望地贬低。如果这是真的,那么这是因为,而且只是因为,尽管阶级和种族压迫事实上可能存在过,但[362]在整个美国人民面前,这些压迫从未被作为正当的事物辩护过或被认为是能辩护的。整个国家从未能够像南方为奴隶制辩护那样,来为不平等辩护,这可以追溯至——正如任何伟大的政治后果都能够向以往追溯那样——林肯反对道格拉斯作为"美国政治民意"领袖的成功。

第十七章
平等的含义：抽象和实际

[363]然而，对于前述论证，有一个重大的反对意见。简而言之，这一反对意见就是，指控林肯从未真正相信过《独立宣言》的那些原则，并且他对这些原则的倡导，从未超出过个人和党派目的。这一指控的证据便是，尽管林肯坚持"抽象"，即黑人毫无疑问享有与白人一样的生命、自由和追求幸福的权利，但他并不比道格拉斯更愿意去保障这些权利；那就是，给黑人提供他们享受这些权利的实在方法。因为不容置疑的是，从最先提出奴隶制扩张问题的1854年《密苏里妥协案》废除开始——对这个问题的讨论在联合论辩中达到高潮——林肯就宣布，他反对任何使白人和黑人种族在政治上和社会上平等的法案。正因如此，林肯的前后一致性——如果不是他的诚意的话——已经受到广泛置疑。很多人认为，林肯坚持《宣言》的普世性，是因为或只是因为，普世主义符合共和党的利益和作为共和党领袖的他自己的利益。沿此思路，而且与修正主义对论辩的蔑视相一致，兰德尔教授坚持认为，在1858年，"关于奴隶制和黑人的重大和基本问题，都没有被列入全国各政党的议事日程中。"①

---

① 《总统林肯》，第一章，页122。

反对林肯的理由——因为他将自己局限于对奴隶制的"抽象"谴责，该谴责[364]来自对奴隶制扩张的谴责，只有北方的废奴主义者和畏惧黑人者赞同这一谴责——在郝福斯塔德教授《美国政治传统》①一书的一篇出色文章中，有淋漓尽致的表述。必须指出，修正主义的政治倾向使道格拉斯成了努力避免"无必要的战争"之英雄，而郝福斯塔德并不同意修正主义的政治倾向。然而，他的史撰，除了存在某些极端主观的解释之外，似乎主要是依赖修正主义。我们会举出其中几个明显的例子。整体而言，郝福特斯德的政治同情心似乎偏向废奴主义。兰德尔、密尔顿、克雷文（Craven）以及这一派的其他人，都以不同程度的尖酸刻薄责备林肯，因为林肯坚持《宣言》的普世含义，并使对奴隶制的道德谴责成了一个政治问题。然而，尽管郝福塔斯德同意这种谴责，但他却相信，谴责奴隶制的同一论证也应迫使林肯谴责他所宽容的政治不平等。不过，关于林肯，他的结论与修正主义的结论毫无二致：在做总统之前，林肯首先是个平民领袖（demagogue），他想的最多的是，当选总统最需要什么，而不是想的当选后会对国家造成怎样的后果。

郝福塔斯德教授以令人赞叹的清晰，描述了林肯面对的实际政治问题和他的解决之道。林肯的竞选运动使废奴主义者的要求——对他们来说反对奴隶制是首要的——与那些不关心黑人是否被奴役的人的要求达成了妥协，这些人认为，不论作为奴隶还是自由人，只要黑人被排除在准州之外就可以，因为那些准州是他们和他们的孩子可能想去的地方。在郝福塔斯德看来，

---

① New York：knopf，页 93—136。最初印刷成普通版，并重印了三次。后于 1954 年重印为软精装本，在 1957 年 3 月之前，此版本又重印了六次。根据本书作者的经验，这是当今大学生吸收关于林肯的观点的主要源泉。

林肯的伎俩是,借助《独立宣言》的整体道德力量,来实现把奴隶制排除出堪萨斯和内布拉斯加(在此,郝福斯塔德同意修正主义者的观点,相信奴隶制在那里会被排除出去)的极为有限的要求。郝福斯塔德认为,林肯成功地实现了这一要求,同时又(事实上,而非逻辑上)使其追随者的歧异和互相冲突的观点达成了和解,这"使他有资格进入世界最伟大的政治宣传家行列"。然而,郝福斯塔德显然并不认为,林肯的成功使他有资格进入世界最伟大的道德家行列。

[365]郝福塔斯德对林肯立场前后不一致的指责,可能在他以下的文章中看得最清楚:

> ……[林肯]同时迎合废奴主义者和畏惧黑人者的策略,使他陷入难堪的矛盾之中。在伊利诺州北部,他以一种方式对怀有废奴主义观念的听众说话,但在南方血统居民为主的该州南部地区,他又以另一种方式说话。对比一下他在芝加哥关于黑人所说的话和他在查尔斯顿所说的话,会很有启示:

> 芝加哥,1858 年 7 月 10 日:
> 让我们把所有这些关于这个人和那个人、这个人种与那个人种、那个人种是劣等因而必须处于劣等地位的诡辩统统扔掉吧。让我们扔掉所有这一切,在这片土地上作为一个民族团结起来,直到我们再一次站起来宣布人人生而平等。

> 查尔斯顿,1858 年 9 月 18 日:
> 我要说,我过去从来不赞成,现在也不赞成以任何

方式使白种人和黑种人在社会上和政治上平等:我过去从来不赞成,现在也不赞成让黑人作选民或陪审员,或者使黑人有资格担任公职,或者与白人通婚……

由于他们不能平等地生活在一起,而事实上又相处在一起,就必然有优等地位和劣等地位之分,那么,我和任何其他人一样,赞成使白人处于优等地位。

要判断真正的林肯究竟是芝加哥的那个林肯还是查尔斯顿那个林肯,并不容易。可能这个人在作这两次演讲时,每一次都虔诚地相信自己所说的话;可能他的思想本身就是兄弟阋墙般的分裂之家。无论如何,在所有这些当中,我们可以很容易看到一个职业政客争取选票的努力。

我们可以慨然承认,林肯是一个职业政客和选票拉拢者,但我们相信,民主的理据建立在这一职业可以是高贵的这一可能性之基础上。不,我们不只相信这一点,我们相信的还要多。正如威尔逊(Woodrow Wilson)所说,林肯的榜样具有极其关键的重要意义,因为他为这种可能性提供了证据。郝福塔斯德希望我们相信,[366]至少林肯在当选之前所提供的证据,无法表明民主政治的职业要求可能与高贵的要求达致和谐。此外,上面引用的一段话还表明,林肯的观点不仅前后根本不一致,而且,林肯还卑劣地编造自己的职业生涯来迎合当时听众的偏见。让我们首先来看看这种较轻的指责,即对于林肯见风使舵的指责。

道格拉斯在盖尔斯堡论辩中曾指责林肯既前后不一、又见风使舵,而郝福斯塔德从道格拉斯那里(正如他所指出的)将这两种指责都接了过来。对于道格拉斯指责自己耍两面派手法，林肯首先回答说——而郝福斯塔德并没有提及这一回答：

　　当法官说……我对本州北部人民作一个类型的演说，对南部人民作另一个类型的演说时，他是认为我不知道我的演说会印出来，北方和南方都能看到。我当然知道我在芝加哥作的演说，在琼斯伯勒作的演说，还有我在查尔斯顿作的演说都会被印出来，社会上所有爱读书看报的人都能看到并了解我的观点。①

　　以上就是林肯在盖尔斯堡所作的即时回应的一部分，但当道格拉斯在昆西再次实施攻击之后，林肯又加上了如下回应：

　　现在我想对你们说明，……在查尔斯顿演说之前——就是法官[以及郝福斯塔德教授]所引用的这个演讲——他曾亲自听我讲了大致一样的话。在我们在渥太华举行的第一次辩论会上……[在那里]我念了一段我四年前所作的一篇旧的演说中摘录下来的话，不仅是为了表明我的思想感情，而且还是为了表明我的思想感情是由来已久的，是可以公开表达的；在那段摘录中，我明确宣布我自己的感情不赞成白种人和黑种人在社会上和政治上平等，即使我自己的感情允许，我知道国人感情也不会允许，这样一件事是绝对办不到的，或大体上是不可能的……我在[367]渥太华念完我从旧的演说里摘录下来的话以后……作了一些评

_____

① 《著作集》，第三章，页221。

论……现在我来念一念,请大家注意,它们与道格拉斯
法官说我在埃及发表的评论是多么相似。①

　　我们在此不打算再现整个摘要,因为稍后会需要这么做。
但在这个过程中,林肯确实说过,尽管他说过很多意思相近的
话:"我不是打算要在白种人和黑种人之间引入政治上的和社会
上的平等。"读完摘录的话之后,他接着说:

　　　　我现在作如下声明:我刚才引用的那篇演说……
　　是在本州北部最典型的(*par excellence*)废奴主义地
　　区——洛夫乔伊地区——当着洛夫乔伊本人的面作
　　的。那篇演说是在查尔斯顿演说之前一个月只差三天
　　在那个地区作的,而且在那个地区印了出来。这类演
　　说,道格拉斯法官认为在废奴主义盛行的地区,我是不
　　敢作的。②

　　在我们看来,这至少充分和完全地驳斥了见风使舵指责的
一半——即林肯在北方对他的"不平等主义"要了两面派手法。
至于他为了南方而对平等主义修正,我们确实发现,他在琼斯伯
勒、奥尔顿或查尔斯顿并没有热诚引用过《宣言》。但是,竞选运
动历时四个月之久,其间候选人们不断发表演说,林肯在这三个
地方没有说过的话,可能在其他地方说过数十遍也未可知,而
且,如果该州南部这些地方的人们了解林肯的话,他们一定知道
林肯经常说些什么,因此,根据这些很难指责林肯是要两面手

———————————
①　《著作集》,第三章,页248。
②　同上,页249,250。

法。安戈(Paul Angle)在他关于林肯—道格拉斯论辩一书的新版序言中,这样描绘那场竞选运动:"它以两种方式铸就了新闻业的历史。记者跟随候选人到处旅行,这是史无前例的;一系列政治演说以速记的方式被报道,也是首开先河的。"这似乎证实了林肯的说法,即他知道他的演说会被该州所有地方的人看到。然而,关系更大的事实是,林肯在竞选运动之前的两篇伟大演讲,1854 年《皮奥里亚演说》和 1857 年关于斯科特判决的演说,都是在斯普林菲尔德发表的,这个城市不论在地理上还是在政治上都属于该州南部。确实,无论是在 1858 年还是 1860 年,共和党人从未赢得过[368]林肯的故乡。在这两篇演说中,林肯力陈《独立宣言》的普世主义,《独立宣言》的把黑人包括在内,以及《独立宣言》对奴隶制的道德谴责。而且,林肯在这两篇演说中还都否定了一种虚假逻辑——正如他在斯科特演说中所说的:"那种虚假逻辑的结论是,因为我不想要一个黑人女子当奴隶,所以我就必然是想娶她作老婆。"

在结束讨论这一琐碎但却麻烦的观点时,我们要说,政治演说必然要作一些修饰,来迎合已知的听众偏见,如果有人发现不作任何修饰的政治演说,那才让人吃惊呢。而且我们肯定,不但林肯会这么做,道格拉斯也一样。林肯的修辞格言一直都是:"一滴蜂蜜能逮到的苍蝇,比一加仑苦胆汁还要多。"但是,演说者通过强调自己的观点与听众一致来接近听众是一回事,而向听众假报自己的立场则是另外一回事。没有证据表明林肯在南方刻意掩盖了他在北方说过的话,而且还有正面证据表明,他在北方并没有掩盖他在南方说过的话。道格拉斯指责林肯卑劣的非难,可以被记下来作为竞选运动的演说术。但郝福斯塔德教授对这一指控的重复,以及他未能指出林肯对指控的回答这一事实,却无法被归为演说术。

在联合论辩中，林肯唯一一次发脾气可能是在琼斯伯勒。
道格拉斯的报纸引参议员本人的话说，林肯在渥太华论辩中战
败，以至于不得不被人抬下演讲台，于是，这一指控由于登了报
纸而搞得尽人皆知。林肯确曾被他的一些热情崇拜者抬上过肩
膀，但道格拉斯坚持说，他是不得不被人抬下演讲台的。在说了
一些相当强烈又极具个人风格的话后，林肯评论道："关于这件
事，我也许真的不该说这么多，因为不是什么大不了的事，但鸡
毛蒜皮的小事常是最难处理的。"因此，正是这个见风使舵的愚
蠢指控，流传了一个世纪之久，尽管林肯在昆西——如果不是在
盖尔斯堡的话——已经证明了这一指控最重要的部分是假的。
然而，尽管要两面派手法的指控不能自圆其说，但仍可能有许多
人相信它，因为他们把道格拉斯对林肯前后不一致的指控信以
为真了，而这是最严重的事。[369]林肯究竟哪里前后不一致
了，郝福塔斯德在一个注释中作了简明总结，该注释附于上引文
章段落之下。注释是这样写的：

　　　林肯喜欢宣称，当《独立宣言》说人人生而平等时，
是包括了黑人的。林肯相信黑人可能比白人劣等，对
此，他曾重复再四，然而他认为，黑人无须任何其他人
的允许而自食其力的权利，是与白人平等的。可是，他
仍然反对黑人拥有公民权。没有选举的权力，一个人
如何维护享用自己劳动成果的权利，林肯对此未置一
辞。在《皮奥里亚演说》中，他自己说道："没有人好到
这个程度，以至于他可以未经另一个人的同意而统治
他。"在关于奴隶制的一篇庄重堂皇的私人备忘录中，
林肯论辩说，谁为奴隶制的道德正当性辩护，谁就是创
造了可以证明奴役他本人是正当的这样一种伦理。然

而,同样的推理也可以用在任何否定黑人公民权的人
身上。于是,结论就必然是,林肯无法摆脱对黑人的道
德冷漠,这是普通的美国白人特有的东西。

在专门探讨这一问题之前,我们最好先回忆一下丘吉尔先
生(Winston Churchill)对政治一致性的定义,这在前面某一章
中已经提及。① 仅仅语辞的一致,并非政治一致性的真正标准。
事实上,真正的语辞的前后不一致性,才可能是真正的政治一致
性的要求。我们曾将基于这种前提的测验运用在道格拉斯的政
策上,在他所说和所做的一切之中都看到了高度的政治一致性。
如果道格拉斯的政策错误,那肯定不是因为它们前后不一致;而
是因为它们前后一致地拒绝接受"人人生而平等"的真正含义。
忠于事业,而非忠于陈腐的言辞陋规,才是我们有权要求政治家
去做的。不同的言辞在不同的环境中可以推进相同的事业,有
时,在某种特定情境下,必须同时使用具有相反意思的言辞来推
进那一事业。政治家对他所处的环境——他也必须在这一环境
中行动——只有有限的控制力。在有限的控制范围内,如果他
的行为[370]与正确政策的目的不一致,那么责备他就是公正
的。可是,如果他表示不想去改变那些超出他控制范围的情况,
那么凡神志健全的人也都不会谴责他,即使目标——我们认为
他自己就是他的目标——会使人们想要这些情况得到改变。因
此,把历史的道德判断用到政治家身上这一问题,要求四重
标准:首先,目标是否有价值;其次,政治家是否能够明智地
判断,什么在他的能力范围之内、什么在他的能力范围之外;
第三,所选择的方法是否适合制造想要的结果;第四,通过"前后

---

① 参见原文页 40。

不一致地"否定做那些无论如何自己都做不到的事的任何想法,他是否说过或做过任何事,来阻碍未来的政治家更好地实现他的目标——当环境的改变使那一目标更加可能实现时。从所有这些方面来看,我们相信,可以证明林肯所言所行完全前后一致。

　　林肯在多大程度上意识到了这一问题,我们已经从林肯对道格拉斯和坦尼的回答中看到了,他们认为,国父们和《宣言》签署者们不可能既把黑人包括在"人人生而平等"主张之中,自己又继续持有奴隶或代表蓄奴群体。林肯说,使我们获得独立并建立了我们政府的那些人,当然相信一切人都拥有某些不可剥夺的权利。但是,如果他们当时试图保障一切人的一切权利,那他们就会以无法保障任何人的任何权利而告终。"人人生而平等"的真理,或他们的意图的真诚,都不应因他们的中庸行为而遭质疑非难。在 1858 年 7 月 10 日的芝加哥演说中——郝福斯塔德(踵武道格拉斯)引用过——林肯还如此说道:

　　　　……某些情况造成需要,并将它们硬加在我们头上,这种需要大到什么程度,一个人也应该让步到什么程度。我想,当这个政府最初建立的时候,就是这样一种情形。我们当中有奴隶,我们要获得《宪法》就非让他们继续当奴隶不可。如果我们贪多,就连已经到手的好东西也保不牢;但是我们虽然由于需要作了让步,我们却并没有因此而破坏自由宪章的原则。①

————————

① 《著作集》,第二章,页 501。

[371]因此,林肯理解我们所描述的政治家的任务:要知道什么是好的或对的,要知道那种好的或对的能够实现多少,并采取行动保障那能够实现的部分,而不是贪求更多以致放弃能够实现的部分。现在,林肯自己认为,他在1854年之后的任务,就是让奴隶制走向最终灭亡。他确信,通过遏制奴隶制的扩张、将奴隶制局限在现有范围之内,可以做到这一点。要取得成功,就必须恢复《密苏里妥协案》对奴隶制的限制。毫无疑问,林肯可以做得更多。比如,如果可行的话,他可以恢复威尔莫但书中的限制。关于这一点的证据,可以在共和党人1862年通过的法律中发现,这一法律宣布所有准州的奴隶制为非法。我们以后还会讨论这部法律。然而,林肯的政策不仅要关注可能的事物,而且同时都要更进一步。林肯确如临深履薄,唯其如此,他才能知道脚下的土地可载几何。因为,我们不应忘记刚说的那一政策的反面:林肯相信,尽管存在意见相反的修正主义者,但是,奴隶制不仅可以走向最终灭亡,而且还有可能蔓延全国,在所有州都成为合法制度,不论北方还是南方、新州还是老州,如果不是被驱向最终灭亡之路的话。换言之,正如林肯看到的,问题不仅仅是奴隶制是否会在现有范围内永存,而是被驱向最终灭亡的是奴隶制还是自由。这就是分裂之家演说的含义。按照林肯的判断,反奴隶制联盟——正如他在分裂之家演说中所说,该联盟是由"生疏的、不协调的、甚至互相敌对的人"所构成——的命运,取决于他个人作为领袖的成功。因为他相信,那些认为能够与乐考普顿之后的道格拉斯联合的东部领袖们,都大错特错了。因此,林肯在1858年时坚信,就像在1863年时坚信一样,在他所立足的政策——而且人们也将他等同于那一政策——获得成功的基础上,自由和民选政府能否存活这一问题,将会得到解答。因为具有这种几乎非人所能承担的责任感,故而林肯不会

为了贪求更多,而冒他相信能够保障的好处之险。

林肯在 1858 年的政策公然宣称,要创建一个拥有实施这种政策的政治手段的大的政党,来将奴隶制排除出准州,郝福斯塔德并不否认这一政策设计得很好,可以实现它想要实现的目标。[372]当时,国家的民意状况是,如果林肯宣布不但想把黑人奴隶制驱入"迈向最终灭亡"之路,而且还想做更多的事情以保障黑人权利,那么林肯自己以及他的事业早就毁掉了,郝福斯塔德也不怀疑这一点。林肯反复重申,他相信,全国的民意几乎一致反对黑人拥有更多的平等,他们只能享有使奴隶制回到蓄奴州现存法律权利的政策所包含的平等。林肯究竟在多大程度上认为这是正确的,我们可以进一步从他在 1859 年 6 月写给蔡斯的两封信中得知。蔡斯要比林肯更加激进,其名声尤其来自他对 1850 年《逃奴缉捕法》的反对。林肯已经从报上阅悉,共和党俄亥俄州代表大会已经通过党纲,采纳如下建议作为一条纲领,那就是,"废除……凶恶残暴的逃奴缉捕法"。并且林肯这样结束了他的第一封信:

> 我无意参加任何一方进行辩论;但我可以肯定告诉你,如果共和党在任何情况下使自己对这一条款负有责任,那共和党的事业在伊利诺州便将面临绝望的境地。

而且,在第二封信的结尾,他再次写道:

> 我的唯一目的只是向你表达我相信是正确的看法,就是说,如果在下次共和党全国代表大会上提出废除《逃奴缉捕法》这一法案,那不仅那次会议,而且连我

们的党组织都将会遭到彻底的毁灭。①

　　郝福斯塔德教授对林肯的政治敏锐称许备至,而且我们认为,他也不怀疑上述判断的准确性。但是,任何胡乱想象的为黑人争取完全公民权的计划(这在当时是可能出现的),在多大程度上是正确的呢? 要想这样的建议不"摧毁"共和党,那么唯一的办法就是把建议者当作疯子悄悄软禁起来,此外别无他途。但是,这样他必然就不能在 1858 年领导伊利诺州的共和党了。有人像郝福斯塔德教授一样认为,林肯 1858 年在要求实施那一期待能终结奴隶制的政策时,本来是可以为黑人争取选举权的,在结束这一部分论证之际,我们有一个问题要问一问任何持这种观点的人。是领导当时已经存在、但基础非常不稳固的反奴隶制政党迈向胜利更重要呢,还是[373]宣布种族完全平等的政策——这会拖垮该党并使赞成奴隶制的政党控制全国政府——更重要呢? 我们承认,以道德的名义,可以要求这样一种"完美"德行的劝告(a councel of "perfection")。② 并且,听从这种劝告可能让人得到天国。但是我们相信,正如政治中能证明的任何事情一样,如下说法也是可证明的:如果林肯按照这劝告来行事,他就会使地狱般的奴隶制在地上永远存在。

　　郝福斯塔德曾说过:"结论必然是,林肯无法摆脱对黑人的道德冷漠,这是普通的美国白人特有的东西。"林肯写信给他最

---

① 《著作集》,第三章,页 384,386。
② [译按]这一说法见于《新约·马太福音》19:21。一个富裕少年问耶稣,为得天国,除遵守诫命外,还需什么。耶稣对他说:"你若愿意是成全的,去! 变卖你所有的,施舍给穷人,你必有宝藏在天上;然后来跟随我。"少年听后,就郁闷地走了,因为他有许多财产。

亲密的朋友说，奴隶的景象"持续折磨着我"，而且，"如果你认为
这件一直使我痛苦的事与我毫不相干，那就太不公平了。倒是
你应该意识到，北部广大人民为了保持对宪法和联邦的忠诚，作
出了极大努力来克制他们的感情。"①这样一个人，还有人认为
他对黑人人性的要求是冷漠的，这让我们如何不质疑他的说法。
我们不相信，任何道德感敏锐的人，在读完林肯关于奴隶问题的
演说时，会感觉不到他那些宣泄出来的强烈激情，还有他那些压
抑下去的满腔愤懑。我们不相信，任何意识到林肯具有更广阔
意义上的政治家才干的人，能体贴不到那种苦难——林肯相信，
为了政治拯救必须承受这苦难——的真实性。我们不相信，
任何道德感敏锐的人，会说这个人"从未因黑人问题受过
折磨……"

　　郝福斯塔德指责林肯表现出了"普通美国白人的道德冷
漠"，这不禁让人想起默达尔（Gunnar Myrdal）的宏篇巨作《美
国困境》（An American Dilemma），副标题是"黑人问题和现代
民主"。② 在该书的序言中，默达尔写道：

　　　　本书冠以"美国困境"之名，是指两种价值判断
　　之间始终激烈的冲突。一方面，是普通层面上保存
　　的、我们称之为"美国信条"的价值判断，在这个层面
　　上，美国人在国族和基督教的高尚［374］训导的影响
　　下思、言、行；另一方面，是个人和集体生活的特殊层
　　面上的价值判断，在这个层面上，美国人的世界观被
　　个人和地方利益……妒嫉、对声望和服从的考虑、群

---

① 《著作集》，第二章，页 320。
② New York：Harper，1944。

体偏见……所主导。

但是,在默达尔的描述中,美国困境,那"始终激烈的冲突",是一种道德困境,这困境源自普通美国人对美国信条的诸种要求的感受,这种感受反抗他的偏见的诸种要求,甚至就像他的偏见反抗他的信条的种种要求一样。我们完全承认,这样一种冲突成为了美国人民道德生活的特点。但是,我们和默达尔站在一起,坚决反对郝福斯塔德,因为,我们认为,这样一场斗争既表明了冷漠也体现了敏感。而且,我们认为,美国特有的这种张力——它一方面来自对平等要求的承认,另一方面来自对这些要求中的某些内容的实际否定——在任何恰当的意义上,都不是不健康的条件。相反,政治正义必须在这一独特条件中寻求。

人们普遍承认,《独立宣言》是美国信条的权威表达。但默达尔和其他许多人没有注意到,他所赞扬的困境并不——像他所想的那样——是普遍价值判断和特殊价值判断之间的冲突,或训导和实践之间、理想和现实之间的冲突。美国困境体现在《独立宣言》本身之中。如果困境真的存在,那它是处于理想——这理想产生了双重命令——的结构之中。因为《独立宣言》确实说人人生而平等。但正是由于这种平等,政府就从被统治者的同意中获得了正当权力。对"被统治者的同意"有很多种解释。然而,如果人民不再相信政府能令人满意地保障他们不可剥夺的权利,因而名正言顺地把他们的同意从政府中抽走,那么我们相信,被统治者的同意就不能仅仅在假设的意义上来理解;它不可能只是被动的;它必须体现被统治者的意愿。无论如何,一个不以代议民主制方式来体现民意的政府,就不是一个合法的[375]政府,这一点对林肯来说以及对郝福斯塔德教授来说都毫无疑问。确实,林肯在 1854 年的《皮奥里亚演说》中(首先发表于伊利诺州南部的斯普林菲尔德),说出了他总统生涯之前最激进的民主宣告。正如我们已经看到的,他说,没有人好到这种程度,以至于可以未经他人同意而统治他人,这一原则是美国共和主义的靠山,之后他继续宣告:"让**一切**被统治者在政府中平等发言,这就是自治,也只有这才是自治。"①从这里我们可以看得很清楚,林肯至少没有中世纪的"被动"同意的观念。对林肯来说,以及对任何杰斐逊民主党人来说,同意意味着主动参与,意味着"在政府中平等发言"。于是,对我们的目的而言,被统治者的同意,必然是指那些在政府中发出平等声音的人之意愿,而一切被统治者都有权利发出这样的声音。

现在,对于要把此世建成完美世界的乌托邦主义者来说,不幸的是,被统治者的意见并不总是完全和毫不含糊地赞同承认这种平等,而正是这种平等,哎呀,才让被统治者自身有了权威。不,不止如此,被统治者的意见还可以否定人人生而平等。分裂之家之所以出现危机,就是因为相当大一部分美国人民背弃了自己权利所依赖的这一真理。林肯一次又一次力劝他们回归正道。他坚信,公然背弃人人平等的核心信条,创造了一个革命的环境:没有这样的承认,没有这"靠山",国家之舟将随波逐流、飘浮不定,因此也就不可能保障任何权利,而政府正是为了保障这些权利才建立起来的啊。在林肯看来,承认"抽象"真理,并不会因为它是抽象的而没有实际结果。相反,它是一切政治之善的必要条件。兰德尔教授说,林肯"引证克雷来说明平等是抽象的;你无法运用它。"②这真是荒谬。林肯说,在克雷看来,《宣

---

① 《著作集》,第二章,页 266。
② 兰德尔,前揭,第一章,页 123。

言》中的平等命题"作为一种抽象原则是正确的……但是……在实践中我们无法把它运用到所有情况中去。"①对于林肯来说，平等原则意味着，如果可能的话，奴隶制应从任何社会的基础中驱逐出去；但平等原则还意味着，它应当引导任何现存社会中的立法者，教会他们尽可能地平等保护所有被统治者的权利，只要条件允许。这就是林肯的"准则"理论，[376]我们已经高度关注过这一点。但是，在自由社会中，必须有条件来限制智慧的立法者之行动，而在这些限制条件中，最高的条件就是被统治者的意见，根据平等原则本身，立法者有义务遵从这些意见。

如果唯一重要的事物，唯一创造了政治家之责任的事物，是有条件的平等这一目标——即平等保护人的不可剥夺的权利——那么民选政府观念就是荒谬无稽之谈。为使每一个人都得到他的"平等的"标准，我们就得有享有绝对权力的哲学王，来颁布并执行只有形而上学家才知道如何阐释的法令。然而，如果——有好的和充分的理由——我们不拿可以实现绝对正义的唯一条件去冒险，那么我们就必须准备接受调和了平等要求和同意要求的次等形式的正义。作为平等和同意的揉和物的政治正义，要求尊重和服从意见——否定"抽象"平等中的许多内容的意见，正如它要求拒绝和排斥意见——否认这种平等中的任何内容的意见——一样。

在《皮奥里亚演说》的一段中——四年之后林肯在渥太华第一次论辩中曾把这一段念给听众——林肯说：

> 下一步怎么样？解放他们，让他们在政治上和社
> 会上同我们一律平等？我自己的感情是不容许的；即

---

① 《著作集》，第三章，页303。

使我自己的感情容许这样，我们明知道大多数白人也
不会容许。问题不仅仅在于这种感情是不是符合正义
和合理的判断，即使它确实这样，也是个问题。一种普
遍存在的感情，不论它的基础是好还是坏，对它置之不
理是不行的。

在同一篇演说后面的部分，他还说道：

　　……［道格拉斯］法官对黑人是人这一点印象了
了；因此他没有想过，在制定关系到黑人的法律时，还
有什么道德问题。在他看来，新土地上应实行奴隶制
还是自由制，就像他的邻人应在自己的农场上种植烟
叶还是牧养牛羊一样，是完全无所谓的事。现在，不论
这一看法是对是错，绝大部分人肯定都会持完全不同
的观点。他们认为，奴隶制在道德上极为错误；而且，
他们反对奴隶制的情感并不是短暂易逝的，而是永存
常在的。这情感就在［377］他们的正义感的根子里面，
而且不容侮弄轻看。它是公众行为的伟大而持久的基
础，并且我认为，任何政治家都不能对它置之不理。①

　　林肯的政治正义观念围着一个轴心旋转，而在这两个段落
中，我们恰能看到支撑这一轴心的两个端点。林肯既致力于平
等原则，又同样致力于同意原则。对林肯来说，政治家的才干就
是在现有环境条件下找到共同点，这共同点就是通过普遍同意
获得最大程度的平等。固执于超过人们同意的更大平等，就会

---

① 《著作集》，第二章，页 255，256，281，282。

导致诉诸于强力或少数人的专断统治。但是,以寡头统治作为实施平等的手段,本身就否定了《独立宣言》意义上的平等。正是由于一切人都生而平等,我们才有了为平等而努力并寻求同意的平等义务。林肯相信,他没有蔑视和反对同胞意见——他们认为黑人不应享有政治平等——的道德权利。这么做会意味着否定白人对环境条件进行判断的权利,而只有他们才能够最好地判断,政府在什么样的条件下能够保护他们的权利。《独立宣言》确认,人民有不可剥夺的权利,去判断自己的权利是否安全,而林肯如果要否定他们关于黑人地位之判断的合法性,就不可能不否定人民的这种不可剥夺的判断权。林肯在平等和同意之间的中庸之道——实际上是在平等的两个方面之间的中庸之道——是《宣言》原则所允可的唯一完全前后一致的立场。平等原则被认为是抽象正义原则,而林肯从未停止过呼吁人们忠于平等原则。他不会像道格拉斯那样,当平等不受大众欢迎或不方便之际,就放弃平等。但是,被统治者构成了合众国的政治社会,而林肯也不会放弃反映在他们的意见中的平等的另一面。由于存在同意的要求,因此林肯觉得有义务调整公众政策,以适应社会的道德情感。在平等和同意的张力中,必须同时坚持两者且不放弃任何一个,但又要在两者之间发现共同点来推进公共之善,这就是政治家的创造性任务。要完成这一任务,并没有现成的方法;也没有什么东西可以替代智慧的政治家。

　　[378]《独立宣言》的含义,以及黑人根据其原则可以正当要求的权利,都在很大程度上被曲解了。郝福斯塔德甚为称许林肯的反奴隶制论证,这论证用林肯的话来说就是:"任何在道德上为奴隶制的正当性辩护的人,都创造了一种为奴役他本人之正当性辩护的伦理。"郝福斯塔德继续说道:"但是,同样推理也可用于要否定黑人公民权的任何人。"然而,这样说并不正确。

奴隶制涉及对一切人的"不可剥夺的权利"的否定,即对一切人的自由权的否定,而《宣言》说,依照自然法和自然的上帝,人人都应享有这样的权利。可是,公民资格的享有并非不可剥夺的自然权利,而是由民事程序所确定的公民权利。依照民事程序,组成每一公民社会的成员,可以名正言顺地制定一些规范和条件,那些不属于该公民社会的人,根据这些规范和条件,才可以被允许享有这个社会的利益。

我们要记得《宣言》中包含的关于公民社会起源的观念。原本平等的人们——任何一个人对另一人所拥有的权威,都不超过另一人对他所拥有的权威——联合在一起,为的是更好地保护每一个人凭其人性而应有的权利。除非、并且通过与同伴的联盟,他才能真正享有这些权利。他们如此联合而产生的权威,基于一致同意(unanimity),因为其成员没有一个是不同意加入的,也没有一个是被拒绝加入的。人们组成公民社会,为的是得到更好的保护,任何人,只要他觉得加入公民社会并没有使自己更安全,那他就可以不加入这一联合,而如果一个人的加入没有使其他人感到更安全,那也就没有必要接受他。无论是谁,只要他不是在公民社会甫一建立时就加入了这一联合,那他就无权获得作为公民可以得到的好处,而已经成立的公民社会,也没有权利把公民所应承担的义务强加在他身上。这并不是说,公民和非公民可以不公正地彼此对待。使国家受益但又不属于这个国家的非公民——比如说,一位像拉法耶(Lafayette)①那样的人——应当得到那个国家的感铭。享受国家法律的保护但又不属于这个国家的非公民,应当承担与他所享受的权益相称的义

---

① ［译按］拉法耶,1757—1834,法国军人和政治家,他曾在美国独立战争期间担任乔治·华盛顿的参谋。

务。但是,不伤害他人、知恩图报等等义务,仍然是人与人之间的相互义务,不论有无公民社会的连结,都是如此。这样的义务在自然状态中就已存在,而特定公民社会的非成员对其成员所负有的义务,与我们所说的公民社会[379]形成之前是一样的。然而现在,尽管一致同意建立起了公民社会,但一致同意不能继续作为做决定的基础。立法必须遵循多数规则,因为这一规则在实际上是最接近一致同意的相似物,也最不伤害作为公民社会起源的自然平等。于是,多数人接着根据自己的判断为社会行为建立起规则和规定,因为他们认为,既然社会是为保护这些权利而建,那么这些规则和规定会加强对这些权利的保护(并因而享有这些权利)。在制定这些规则的过程中,多数意见被当作了全体意见。这当然是虚构的;但是,只有当少数觉得——不论是否错觉——多数在立法时像保护自己的权利一样也保护少数的权利时,这虚构才更加可信。如果少数觉得多数的立法非但没有保护他们的权利,反而对他们的权利造成了更大威胁,那么少数就可以——如果能够的话——撤回自己的忠诚。这种革命权利——一种少数可将多数置于险境的权利,如果多数威胁了少数的话——意识,是使多数保持"诚实"的力量之一;所谓"诚实",就是多数要确保自己合理地尽力考虑少数的利益,而不光是考虑自己的利益。

为了更好地自我保存,每一个社会都可以名正言顺地制定规则,这些既包括关于非社会成员的规则,也包括接纳非社会成员作为社会成员的规则。显然,黑人奴隶并非1776年所建立的公民社会的成员,也不是1787年所完善的公民社会[①]的成员。极少数自由黑人是其成员,而坦尼的斯科特案判决理由认为,黑

[①]　[译按]指合众国在本年度制定宪法,进一步完善了合众国的公民社会。

人不可能成为公民，这是完全错误的。如果并且当他们居住的州愿意使他们成为公民时，他们当然可以成为公民。然而，尽管奴役他们在本质上可能是不正义的，但在解放他们之后否定他们的公民资格，在本质上却并非不正义。对公民资格的承认，一直是由公民社会的立法权力，根据该公民社会的利益来决定的。内战之前解放了的黑人的地位，有点奇怪，因为他们既不是公民（在多数州中），也不是外国人。但是，从《宣言》确立的原则来看，他们的地位更接近于外国人，而非公民。无论如何，他们肯定不是公民社会的成员。[380]《独立宣言》的原则并没有要求，选择居住在某地而不是该政治共同体成员的人，仅仅因为服从该共同体的法律，就有权利参与该政治共同体的政府。所有被统治者都有权在政府中发出平等声音的提议，仅适用于公民社会的成员。任何其他假设，都会使公民社会——作为一个为了更好地保护不可剥夺的权利的联合体——成为胡话。如果外国人可以在我们的选举中投票，而我们不先站在自己的立场上对他们的品质和观点作任何了解，那我们的敌人就只需派一队兵马过来投票、不战而屈我之兵了！无论正确与否，内战之前美国白人的普遍观点就是，黑人并不适合行使公民权利，而如果授予他们这样的权利，就是颠覆本政府建立的目的。与杰斐逊一样，林肯认为，除了得到解放之外，黑人拥有的唯一的、公民社会必须承认的自然权利，就是移民的权利。移民权是自由权的必然结果。即使一个人不是某个社会的成员，或不是社会成员的后代，因而不享有该社会的所有特权，那也不应否定他的自然权利。但是，如果他想去建立自己的社会，或去另一个他认为可以更好地保护自己权利的地方，那我们必须允许他这么做。他不能既被剥夺成为某个政治共同体——他遵守该共同体的法律——成员的权利，又被剥夺建立一个他能拥有完全成员资格的政治共同体的可能性,这样做是不义的。

郝福斯塔德教授将公民权和自由权加以比较,并以此来批评林肯,是完全失败的,因为林肯理解《独立宣言》的逻辑和道德含义,就像任何努力按照那一高贵声明生活的人一样,如果不是比他们理解得更好的话。然而,由于同一原因,郝福斯塔德的论点在今天会是正确的,正如它在 1858 年是错误的一样。因为,任何为剥夺黑人公民权辩护的人,都会树立一个可以用来反对他自己的先例。因为,《宪法》的第十四修正案宣称:"所有在合众国出生或归化合众国并受其管辖的人,都是合众国的和他们居住州的公民。"自从 1868 年以来,合众国的黑人在整体上已经拥有了[381]合众国的和他们居住州的公民资格。这同一修正案——我们相信,该修正案足为众所周知——也宣告:"任何一州,都不得制定或实施限制合众国公民的特权或豁免权的任何法律……在州管辖范围内,也不得拒绝给予任何人以平等法律保护。"通过《宪法》中最神圣的立法程序,即修订宪法的程序,而承认黑人对公民资格特权的要求,已经创造了对政治平等的道德要求,因为黑人不可能只凭借《独立宣言》的原则来要求这种政治平等。林肯为改善美国黑人的俗世命运贡献良多,并且,在改变民意上,林肯也厥功甚伟,因为民意的改变才使黑人命运的改善有了可能。我们不想去证明这一点。但我们相信这确实是能够证明的。而且我们也相信,如果《独立宣言》没有首先承认黑人是人的话,那黑人仍未充分实现的平等政治权利,也是不可想象的。但是,如果林肯为了那些权利,而觊觎主张《宣言》并没有要求的权利的话,那他就不可能成功保证《宣言》事实上要求的权利得到承认。

我们一向认为,一个具有保持前后一致之智慧的政治家,一言一行，都不会阻碍未来的政治家更好地实现那些他认为在当时条件下可望而不可及的目标。现在，让我们来问一问，林肯在1858年说，他没想使黑人成为公民，那么，他是否做过或说过什么，可能成为妨碍这一目标在未来实现的先例呢？关于种族平等和不平等，林肯到底相信什么或不信什么，比起他1860年之前生涯的任何事情，都一直是更散漫凌乱和更无批判性的学术主题。比如，威廉姆斯（T. Harry Williams）在他新近编辑的莱茵哈特（Rinehart）版林肯选集的序言中写道：

> 在19世纪，几乎没有人关注文化人类学或种族研究，可能就像当时百分之九十九的美国人那样，林肯坚信有色人种比白种人低劣。他不认为白人和黑人能够共同生活，而一个种族——即优等的白种人——却不寻求压迫另一个种族。

但是，威廉姆斯教授并没有说，[382]林肯认为黑人在哪里是低劣的，他也没有说，林肯是否认为，黑人低劣的方面构成了使黑人在政治上永久处于低等地位的原因。而且，在说林肯认为白人总是会压迫黑人时，威廉姆斯教授认为这是对持续的不宽容的预见呢，还是来自黑人低劣性的推论呢？让我们转向林肯对这一棘手主题的关键论述。

在这么做时，我们必须首先提醒自己，这是一个极为棘手的主题。我们必须记住，道格拉斯在与林肯长期斗争中使用的策略，就是将种族平等主义的指控牢牢拴在林肯身上。正如林肯试图证明道格拉斯是奴隶制的拥护者一样，道格拉斯也试图证明林肯是个废奴主义者和十足的种族融合拥护者。如果人们普遍相信道格拉斯的指控，那么林肯也不可能在政治上存活下来。

在评估林肯否定种族平等主义的含义时,我们不要忘记他在否定时所承受的巨大压力,我们也不要忘记这样一个事实,那就是——正如威廉姆斯教授指出的——也许林肯的百分之九十九的追随者都坚信黑人是如此低劣,以致他们没有能力以符合公众安全和福利的方式来行使公民资格的特权。我们想说,伊利诺州的民意在 1858 年对黑人拥有公民资格所抱的支持态度,很可能与今天阿肯色州民意对在公立学校取消种族隔离所抱的态度相差无几。凡读了以下引言的人,请想一想,今天的阿肯色州或其姊妹州的任何政治家,能否如此有节制地纵容那些他想争取其选票的人们的意见。

我们已经引用过《皮奥里亚演说》中的经典段落,林肯在那一段里说,他自己的感情不容许使黑人获得社会上和政治上的平等,或者,"即使我自己的感情容许这样,我们明知道大多数白人也不会容许。"在渥太华重复过这一意思之后,他接着说道:

我无意使白种人和黑种人在政治上和社会上处于平等地位。两个人种有体质上的差别,依我看,这种差别也许将永远不允许他们在完全平等的基础上一起生活;正因为必然[383]有这种差别,我和道格拉斯法官一样赞成我所隶属的人种占有优等地位。我从未说过任何相反的话,但我认为,即使这样,也绝对没有理由说黑人没有资格享有《独立宣言》中列举的所有自然权利——生命、自由和追求幸福的权利。我认为黑人就和白人一样有资格享有这些权利。我同意道格拉斯法官的话,黑人在许多方面和我不一样——肤色当然不一样,道德或天资方面恐怕也不一样。但是在吃以自己双手挣来的面包而不用任何人恩准的权利方面,他

和我是一样的,和道格拉斯法官是一样的,和每一个活
着的人都是一样的。①

　　林肯在查尔斯顿重复过这一段话,仅在措词上稍有改动。
林肯在查尔斯顿还说,正如我们在上面看到的:"我并不,也从来
没有"赞成过让黑人成为选民或陪审团成员,或者赞成让他们获
得社会上和政治上的平等。
　　从上述引用的段落中,我们可以从林肯的观点中推导出什
么呢? 首先,我们必须注意,林肯在说"我并不,也从来没有"时,
他没有说到将来。就我们所知,林肯从未说过他将来也不会赞
成那种平等。在《皮奥里亚演说》中,林肯说他在感情上是反对
黑人和白人平等的,但他立刻又暗示,作为一种假设可能性,他
在感情上可能不会反对它。为什么? 那个句子,作为一个整体,
语意双关。在黑人素质与白人素质是平等还是不平等方面,我
们注意到林肯仅在说到黑人肤色与他自己不同时才用了"当然"
一词。林肯当然知道,他的听众极其重视这一不同。但林肯对
这一点又有多重视呢? 我们不知道。② 至于道德和天资,他说
"恐怕"黑人在这些方面与白人也不一样。如果我们将隐藏在林

① 《著作集》,第三章,页16。
② 没有证据表明,林肯认为肤色差异本身有重要意义。然而,杰斐逊却认为肤色
差异本身有重要意义,正如下面的话所表明的:"这一差异[即肤色差异]没有重
要性吗? 它难道不是造成了两个种族之间或大或小的在美丽方面的差异吗?
一个人脸上又白皙又红润,搭配精妙,通过或多或少的色彩变化而表达每一种
激情,难道不是比另一张脸上那难显表情的永远单调、那覆盖情绪的无法摘除
的黑色面纱更加惹人喜爱吗? 还有……黑人倾向白人的判断,这在他们对白人
的偏爱中表现出来……"Padover编辑,页622。最后提到的这一点——即白人
和黑人都偏爱白色——表明,如果以肤色作为评估人的价值的基础是一种偏见
的话,那么这种偏见是如此普遍,以至于只要想让非哲学家的民意有分量——
民意总是很重要——,就必须在政治上重视它。

肯一生工作中的观点归属于林肯,那么他相信,道德和资质差异是人与人之间唯一有内在重要性的质的差异。在这一前提之下,据我们所知,林肯从未说过黑人在能力上肯定低于白人。在说"恐怕"时,林肯仅仅是在响应杰斐逊以及所有开化的美国人的观点,[384]他们承认,在非洲当地人的原始条件下,和美国黑人受压迫的条件下,还没有充分机会来对黑人的潜力作结论性判断。① 我们坦陈自己的观点如下:在现实条件下,文化人类学不可能给出比这更聪明的答案了。

至于不同种族能否共存于一个平等社会之中,林肯对此持悲观态度。他认为,身体的肤色差异使偏见得以保存,这会使政治平等成为不可能。但林肯并没有说,源自肤色的不平等,是根植于内在价值的不平等。他也从未说过——正如威廉姆斯教授所相信的那样——"优等的白人"会一直压迫低劣的黑人。林肯的观点是,不是这一方压迫另一方,就是另一方压迫这一方。而且林肯还说,如果必须有优等和低等、被压迫者和压迫者,他自然希望"我所属的种族"是优等一方。这一推理与正义没有任何关系。它思考的是一个古老难题:两个人同在一个只能负载一个人的筏子上。不论谁把谁推下水,都同样是正义或不正义的。这证明,在某些处境中,正义是不可能的。当正义不可能时,在纯粹自利的基础上从两个同样不正义的选择中挑选一个,就也许是正义的。然而,虽然正义在某些处境中是不可能的,但这并

① 让我们再来听听杰斐逊怎么说:"黑人与白人融合而首先在身体和心灵上取得的进步,所有人都看到了,这还证明,他们的劣等并不是由他们的生活条件所造成的。"还有:"因此我仅提出,不论黑人原来就是一个不同的种族,还是后来时间和环境使它成了一个不同的民族,我都怀疑他们在身体和心灵的天赋方面低于白人。同一属的不同物种,或同一物种的不同类别,可能拥有不同的资质,这并不违背我们的经验。"Pandover,页663,664,665。

不意味着正义永远都不可能，也不意味着当正义可能实现时，人们对正义的义务应稍可懈怠。

在林肯对种族问题的悲观主义远景中，以及在对自然权利的每一次诉求的近景中，是杰斐逊的经典思考。在《弗吉尼亚纪事》中，杰斐逊写道：

> 罗马人认为，解放只需要一次努力。他们的奴隶被解放后可能彼此融合，但不会玷污他的主人的血统。但在我们这里，还需要第二次努力，这在历史上是闻所未闻的。我们的奴隶被解放时，必须被迁移到不可能融合的地方。①

当杰斐逊问自己："为何不保留这些黑人并将他们融入到州里面去呢？"他的回答是：

> 白人的根深蒂固的偏见；黑人对自己所忍受的伤害的千思万想；新的挑衅；自然所造就的实际差异；以及很多其他情况，都会将我们分裂，并制造骚乱，除非一个种族[385]消灭了另一个种族，否则这骚乱永远不会结束。②

请注意，这一断言的前提，并非白人优等理论。反过来说，如果杰斐逊相信黑人将来可能成为压迫者的话，那他就一定认为，黑人拥有相当大的政治能力。杰斐逊认为，黑人与白人一样

---

① Padover，页665。
② 同上，页661。

都可能有偏见——因为他们都是人，是人就有人性——而在这一例子中，当偏见如此根深蒂固时，要在同一社会中实现黑人与白人的条件完全平等，其障碍是很难超越的。我们肯定，林肯和杰斐逊一样，都会承认这样的偏见在理论上能被超越。不，我们可以肯定的还要多，我们肯定，他俩对种族问题都没有任何可被称为偏见的观点。"但是，哲人国度的可能性非常微茫，正如柏拉图所希望的哲人王的可能性也很微茫一样。"①言明要建立经被统治者同意的政府的林肯和杰斐逊，也都提出了如下主张，那就是，非哲学的观点必须始终要进入政治正义的实际基础之中、并构成政治正义的关键部分。在《禁酒演说》中，林肯以只有极少数人才有的清醒思维，预见到了专制的可能性，这种可能性隐藏在人们要求仅仅由理性来统治的希望之中。自己受控于理性的任何人都不会试图实行这样的要求。

　　林肯和杰斐逊都相信，除了在不同种族的一些个人之间以外，种族之间不可能有真正友谊。而且谁都会相信，只有当友谊可能时，人们才可能成为同胞，而且只有在同胞这一术语的部分或不完全的意义上才是如此。对民选政府的接受，本质上就是对不完美的接受。但这决不表示民选政府要比其他形式的政府低劣。在林肯看来，美国种族问题的唯一完美解决方案，就是把黑人移居到其他地方，从而把黑人白人完全分开，杰斐逊、克雷和其他人也都如此认为。林肯认为，这一解决方案的可能性史有确证，出离埃及的古希伯来人是例证，为获自由而自**旧世界**君主统治下来到**新世界**、并建立合众国的殖民者，也是例证。在我们的时代，以色列人的复国也证明了这一方案的可能性。在倡导黑人移民和殖民的过程中，林肯并没有贬低黑人；相反，他向

---

① 　参见原文页 245。

黑人表达了崇高[386]敬意,说他们与白人一样有能力建立自由
社会。要建立自由政治制度,人类就要付出巨大的天才和牺牲,
林肯对此感铭尤深,但今日的林肯评论家们却几乎没有林肯的
这般感受。林肯不相信,黑种人会完全享有白种人辛苦建立的
自由和平等,除非黑人在一个属于自己的国家建立了自由和平
等。林肯知道,普通白人的观点之所以对黑人不友善,就是因为
不存在一个黑人自己建立的自由政体,所以没有一个证明黑人
政治能力的样板。只要民意取决于这样一种证明,只要缺乏这
样的证明,那么种族之间的"完全平等"就只会是乌托邦。

在渥太华论辩中,林肯说他不相信这两个种族能够在"完全
平等"的基础上共同生活,但他并没有说他们不能够在一个大得
多的平等基础上共同生活。事实上,他的悲观主义比杰斐逊的
悲观主义要温和得多。在内战中,林肯作了很大努力,来让白人
公众铭记黑人对公民权利的正当要求,因为他们为拯救联邦做
出了奉献和牺牲,而由于他们的奉献和牺牲,这个联邦在某种程
度上也成了他们的联邦。当内战临近尾声,林肯开始酝酿重建
计划时,让有资格的黑人享有政治权利,就当然成为计划的一部
分。这一政策与他在 1858 年和之前所说过的话完全一致。林
肯从未试图提出太过超前的建议,他的建议总是只比政治民意
主流超前一步而已。然而,他总是居若北斗,领袖群伦迈向
大道。

第十八章
奴隶制扩张的"自然极限"

[387]我们已经引用过兰德尔教授的惊人之论,他说,道格拉斯的计划"必然会使堪萨斯成为自由州……"我们已经说过,只要兰德尔的判断依赖的是"人民主权"说的政治后果,那他就完全错了。因为,如果国会中的共和党人在1857—58年不支持道格拉斯,那么他将无力反对布坎南,并且,如果道格拉斯的政策在1854年被接受,也就不会有共和党了;还有就是,如果1858年林肯没有持续地反对道格拉斯,那我们就没有理由相信"人民主权"会使堪萨斯从此成为自由州。但是,兰德尔的观点,以及整个修正主义的理据,还依赖于另一个假定。那就是,一些超出纯政治原因之外的原因,无论如何都会把奴隶制排除出堪萨斯,并排除出联邦中尚未建立奴隶制的任何地方。"到1858年时,奴隶制在堪萨斯显然还没有任何机会,"兰德尔写道,"此后,正如林奇教授(Professor W. O. Lynch)所说,'在剩余的联邦土地中,已经没有哪一块土地的条件如此适合奴隶制了。'乐考普顿宪法支持奴隶制,而反对这一宪法的斗争之胜利,并非由于林肯和道格拉斯的任何一场论辩,而是由于自然原因的逻辑运作以及一场特殊的竞争,在这竞争中,'在共和党人的帮助之下,他

［道格拉斯］赢得了乐考普顿战斗'。"[①]

　　林奇教授的观点是："在剩余的联邦土地中，已经没有哪一块土地的条件如此适合奴隶制了。"我们想，任何读了兰德尔文字的人都会以为，他所引用的林奇教授的文章［388］——见《美国历史辞典》(*Dictionary of American History*)，第四卷，页309——是有某种证据来支持这一观点的。然而，除兰德尔所引用的那唯一的断言外，林奇的文章事实上并没有这样的证据。可是，在林奇的参考文献中，我们发现他罗列了兰姆斯代尔(Charles W. Ramsdell)的经典论文《奴隶制扩张的自然极限》(*The Natural Limits of Slavery Expansion*)，这篇论文发表于1929年10月的《密西西比河流域历史评论》(*The Mississippi Valley Historical Review*)。据笔者考察，这一论文是"自然原因"观点的源头，在这一观点的基础之上，兰德尔、林奇以及其他修正主义者确立了自己的信仰：自由在准州中必然实现。这篇文章一定是内战以来美国历史文献中最具影响力的文章之一。引人注目的是，北方历史学家接受了它，因为作者是最无可争辩的和最顽固的南方事业辩护者之一。就像内战以来多数的南方辩护者一样，他不认为真正的问题是奴隶制。"积极的善"这一理论只是对废奴主义的反应——依据该理论，南方人谴责一切，但却不表示任何歉意——但是，兰姆斯代尔认为，不论是否废奴主义者，"毫无疑问的是，动产奴隶制在1860年已到达巅峰，在较短时间内它很快就会开始衰落，并最终会被南方人自己废除。"可让人难以理解的是，为何南方要如此拼命保存一个即将被废除的制度呢？当然，兰姆斯代尔会说，他们在为州的权利战斗，与联邦不同，州的权利是值得为之

①　兰德尔，前揭，第一章，页127。

战斗的。①

　　一个人勇于为其祖先的事业辩护，总会得到原谅甚至崇拜。但是，看到"自然原因"观点从兰姆斯代尔那样一个老的南部联邦支持者身上，传到兰德尔这样的"宪法联邦主义者"身上，接着又传到郝福斯塔德这样的"废奴主义者"身上，让人既感困惑又受刺激。在郝福斯塔德关于林肯的一篇论文的注释中，出现了下面这段话：

　　　　历史学家普遍同意林肯的同时代人克雷、韦伯斯特、道格拉斯和哈蒙（Hammond）的观点，那就是，**奴隶制扩张的自然极限在合众国殖民地已经达到**。

　　我们强调了这一词组，它说明兰姆斯代尔论文的标题被郝福斯塔德[389]几乎当作自明之理用到了自己的语言中。奇怪的是，郝福斯塔德在其长达三十页、打印考究的参考文献中，以及兰德尔在其《总统林肯》第二卷后附加的长达五十页的参考文献中，都没有列出兰姆斯代尔"自然极限"一文。更令人惊奇的是，两个人都列出了兰姆斯代尔远非重要的责备林肯的文章，他认为林肯不该攻击桑木特（Fort Sumter）。然而，兰德尔不同意他所列出的关于桑木特的文章的观点，却同意他并没有列出的关于"自然极限"的论文的观点。对桑木特的攻击，尽管作为一个事件有其重要性，但这一重要性无法与奴隶制扩张的现实问题的重要性相提并论，因为后者才是南部公开声明的脱离联邦

---

① 参见《美国人阐释他们的内战》(*Americans Interpret Their Civil War*)，Thomas J. Pressly (Princeton University, 1954)，页244—46。这一段中兰姆斯代尔的引言来自 Pressly，页245。

的政治原因。莫非是兰德尔和郝福斯塔德不愿承认欠这个南方人——他既非主张南部脱离联邦者或宪法联邦主义者,又非废奴主义者——的人情,即使他帮助他们指责了林肯?

就我们所知,近来的历史学家们追随的是兰姆斯代尔,而不是克雷、韦伯斯特、道格拉斯或者哈蒙。就克雷和韦伯斯特而言,我们不知道郝福斯塔德有怎样的证据——因为他什么证据也没有提供——能够证明,他们认为奴隶制在合众国殖民地已经到达了"自然极限"。在 1854 年春季关于堪萨斯—内布拉斯加法案的参议院辩论中,蔡斯、萨姆纳、西沃德以及其他反对者令人信服地证明(正如林肯在秋季的《皮奥里亚演说》中要做的那样),1850 年的妥协者们——当然就是那些辉格党妥协者们——所想的只是墨西哥购地,此外没想其他领土。我们在前面某章展示的韦伯斯特著名的三月七日演说,[①]只是谈了以前属于墨西哥的土地,所有反奴隶制的人以及道格拉斯都相信,墨西哥法律在那些土地上是禁止奴隶制的,除非美国当局在那里制定支持奴隶制的实在法。就我们所知,克雷和韦伯斯特都不曾说过或暗示过,即使所有法律限制都被撤销,奴隶制也不会扩张到合众国殖民地的任何地方。不过,克雷和韦伯斯特确实谈过将奴隶制排除在墨西哥西南购地以外的自然原因。在这一意义上,他们确实提出了某种"自然极限"理论。但是,政治家提出这样一种信仰来使人们接受一个特殊法案,与学者把它当作一种普适理论来解释历史,其间别同霄壤。正如我们很快要说的,奴隶制的[390]自然极限概念,作为一种科学理论,是错误的,任何有思考能力的人都不应当赞同。任何读过林肯演说——演说彻底否定了这一概念——的人,都不应片刻持有这样的观点。

---

① 参见原文页 165。

正如韦伯斯特、克雷和道格拉斯在 1850 年所提出的,这一概念仅意味着,奴隶制在可预见的将来,不太可能进入像新墨西哥准州这样的地区。韦伯斯特这么做的理由是,他用了一种似是而非的论证来说服北方放弃威尔莫但书,因为他相信,《1850年妥协案》就整体而言是一个为了整个国家利益的、可以挽救联邦的法案。而如果北方坚持威尔莫但书的要求,那么《1850年妥协案》就是不可能的。上帝和自然会将奴隶制排除在新的西南购地之外的观念,是一个针对北方的观念,其目的是让北方觉得这样一个妥协是不错的,无论如何,南方已经为该妥协付出了代价,它作了一系列让步,其中包括同意加利福尼亚作为自由州加入联邦。很难想象,韦伯斯特或克雷会用"自然极限"理论来为《密苏里妥协案》的撤销辩护,因为这一撤销是对赞成奴隶制观点的完全不求回报的、未得补偿的让步。但是,即使韦伯斯特的论证比我们所想的还更煞有介事,历史学家们也不该有什么借口在一个世纪之后来重复它,因为经验已经显示,它完全空空如也。因为,正如我们已经提到的,新墨西哥准州政府在 1859 年实际上已经为那片广袤地区颁布了一部奴隶法。我们晓得,历史修正主义者会回应说,即使有奴隶法,奴隶制还是没有进入新墨西哥。对这一回应,我们的辩驳是,该地区的危机在奴隶法颁布仅一年之后就达到了高潮,林肯的当选让大多数奴隶主相信,在南部脱离联邦的问题得到解决之前,不要冒险带着自己的财产到任何地方去。以下段落引自新墨西哥准州的秘书长写给华盛顿一个熟人的信,信写于 1858年 8 月 16 日,当时,林肯—道格拉斯竞选运动正如火如荼地进行:

　　　　这里的人们普遍相信,准州立法机构将在下次会议中为准州通过一部奴隶法。我们这里确实并没有什么奴隶,但奥太洛(Otero)[新墨西哥在国会中的代表]使人们[391]认识到,如果新墨西哥希望从华盛顿[即布坎南政府]那里得到什么好处,那么通过一部奴隶法就是明智之举。州长和大多数其他官员都赞同这个做法……我们已经向墨西哥人保证,该法将保护他们自己的劳役抵债制度……①

关于政治原因是如何与"自然原因"一起帮助"人民主权"的,我们已经说了很多。但是,在韦伯斯特声称上帝和自然禁止奴隶制进入新墨西哥近十年之后,在该准州大法官——新英格兰本地人——1859 年 2 月 14 日写给联邦司法部长的一封信中,表露了这样一种情感:

> 这个机构已经通过法律,保护准州中以奴隶为财产的权利。这是必要的,因为事实是,如果没有奴隶制,我不知道这里的美国人将怎样生活下去。不能那么做。抵债工不称职,又没有其他劳力。使用奴隶劳力利润颇丰,因为他们可以耕田,我斗胆这样说一句,按目前物产……和谷物的价格,一个人只要有六个黑人奴隶,就会收入可观。河边的低地,肥沃多产。有人说,以奴隶为财产的权利在这里不可能享有(available),你可千万不要相信这样的传闻。②

---

① 《新墨西哥和地区争议,1846—1861》,L. M. Ganaway(University of New Mexico, 1944),页 66。
② 同上,页 72。

　　我们的印象是,最后一句话中的"享有"(available)一词的用法稍有古风,含"可利用的"或者"能够成功"的意思,正如我们说一个人能够胜任某个职务时也用"合格的"(available)这个词一样。郝福斯塔德教授仍然认真对待韦伯斯特在1850年的观点,然而,对任何像他那样的人,我们都可以引述身处其境的见证人所说的话,以证明用在新墨西哥准州的土壤和气候论证,只不过是林肯所说的哄人的"摇篮曲"。新墨西哥准州几乎没有奴隶的另一个原因是,奴隶价格恰恰就在内战之前突飞暴涨。奴隶在老的蓄奴土地上都很抢手,以至于几乎不可能在新土地上购得。而且,我们还应当注意到,就在新墨西哥立法机构通过奴隶法之时,它也颁布了一系列加强劳役抵债制度的规定。兰姆斯代尔和其他人都认为,廉价的墨西哥劳力会使黑人奴隶制在西南部无法生存。然而事实是,[392]这两种制度反倒沆瀣一气、互相帮助了。黑人奴隶制帮助加强了劳役抵债制度——或者说,如果黑人奴隶作为另一种劳力资源存在的话,它就会起到加强劳役抵债制度的作用。如果奴隶制在邻近地区继续存在,那就不可能改善劳役抵债制度——它比奴隶制好不到哪里去——的最坏影响。林肯的整体看法是,在人们可以自由选择是否引进奴隶制的地方,任何其他劳动制度都必会恶化成类似奴隶所处的境况。总结如下:"自然极限"和"人民主权"理论在新墨西哥经受了最严竣的考验,在那里所发生的事情——甚至在林肯-道格拉斯论辩过程中——进一步证实了林肯在论辩过程中的观点。

　　兰姆斯代尔的论文之所以颇为雄辩,是因为它确认了一个非常有限的命题;那就是,到1860年时,在合众国现有疆土范围之内,传统的南方棉花种植园制度的扩张已经达到极限。

他确实将德克萨斯的大片土地排除在外了,因为铁路还未能延伸到那些地区,从而使这些地方成为市场,还因为在发明带刺铁丝网以免农田受牲畜蹂躏之前,这些土地是没有使用价值的——因为所说的那些土地离木栅栏很远。但是,兰姆斯代尔的文章丝毫没有证明,奴隶制可能由于其他行业对奴隶的使用而得到扩张。它也没有证明,任何现有的局限都是永恒的局限。当林肯在联合论辩中采用他最常被重复的、有先见之明的论点之一时,他瞄准的正是最后这一点。我们抽出林肯在奥尔顿最后一场联合论辩中的一段话来看看,尽管大体一样的话,在 1858 年 7 月 17 日的斯普林菲尔德联合论辩中、在琼斯伯勒和昆西的联合论辩中,以及在无数竞选演说中都出现过。

　　　南卡罗来纳州的布鲁克斯曾经说过,当宪法最初制定的时候,制定者们并没有料到奴隶制会一直延续到今天。当他说这番话的时候,我想他是说出了一个被当代历史充分证明的事实。他还说宪法的制定者比今天的人高明;然而今天的人有前人所没有的经验,而随着[393]轧棉机的发明,奴隶制就非在这个国家永远存在下去不可了。我现在说……道格拉斯法官在改变奴隶制方面……在把奴隶制放在布鲁克斯的轧棉机的基础上这一方面,一直是一件最重要的工具……①

"布鲁克斯的轧棉机的基础"意味着,考虑黑人的权利绝对不应妨碍从黑人身上获取利润。不仅如此,它还意味着更多东

_____
① 《著作集》,第三章,页 316。

西。它意味着国父们的期望——那一期望基于轧棉机发明之前奴隶制经济的前景——被轧棉机的发明完全毁灭了。如果兰姆斯代尔教授在 1790 年写一篇关于奴隶制"自然"极限的文章,他就会看到,那些极限在 1791 年年底之前被整个摧毁了。于是,如果一种人类发明可以整个推翻"自然"所设定的极限,那么自然就成了最不可依赖的易变事物。总之,人的制度有"自然"极限的观念,正如我们所认为的,是极其荒谬的。一项发明已经彻底改变了千百万人的自由的前景。在 19 世纪中叶,人们具有强烈的自我意识,要用迅猛发展的技术来革新人类的生活条件。在与道格拉斯的竞选运动之后,林肯本人曾就科学和发明发表演说,并拥有自己的一项发明专利。"布鲁克斯的轧棉机的基础"因此还体现了更深的问题:我们允许未来的技术发展革新人类的奴隶制度吗? 人的权利会成为技术的奴隶吗,或者,技术会成为人的权利的奴隶吗? 如果不是在道德上决定抵抗奴隶制,那么未来就不可能有任何保障。在兰姆斯代尔的文章中,确实没有丝毫证据来证明,反对奴隶制扩张的保证在 1860 年要比1790 年大。

在南北战争之前,南方奴隶制与棉花种植或多或少结合在一起,这可能是真的。然而,这种联系可以用棉花种植的巨额利润来解释,却并不能证明在人类其他生产领域中剥削奴隶劳力的可能性。黑人奴隶制只能与形式较简单的、无需技术的田间劳动相结合,是一个神话,甚至那些扩张奴隶制的人都会反对这一编造的故事。兰姆斯代尔提到,"黑人技工……的[394]工资相当高。"他并没有说这些黑人是奴隶,但众所周知这些人中很多都是奴隶——而且无人不晓,他们的主人盘剥了他们的绝大部分工资。斯丹普(Kenneth Stampp)在其最近的出色调查《特殊制度》(*The Peculiar Institution*)①一书中说,尽管由于显而易见的原因,大部分奴隶都受雇从事棉花或类似的农业生产,但"在1860年,很可能有五十万男奴生活在南方的城市和市镇中,或者从事与农业并不直接相关或间接相关的工作",而且"尽管自由劳力对此表示抗议",但这些男奴"事实上还是在需要技术和无需技术的所有行业中工作"。② 最能表明林肯立场正确的是下述文字:"某些南方人热情提倡发展可以雇用奴隶的工厂。他们确信,男奴通过训练能获得一切必需的技术[这一信念的证据,在实践中俯拾皆是],男奴能提供比自由白人更廉价、更容易管理的劳力形式。"③ 斯丹普教授还举了一个例子,在弗吉尼亚州里士满市(Richman)有一家著名的钢铁公司,这家公司在1840年代用奴隶来充当劳力,结果导致自由劳力罢工反抗。当时的公司经理——像此后的无数经理一样——"发誓,他会向工人们表明,他们不可能左右他的劳工政策:他拒绝重新雇佣任何罢工者。"④ 从此以后,这家公司就只雇用奴隶。当林肯1860年3月——在库珀学会演说之后——在新英格兰旅行时,他来到康涅狄格州的纽黑文市(New Haven),当时那里的一个鞋厂正在罢工。因为南方试图通过抵制来给共和党的生意和商人施加压力,因此就给后者在南方的生意造成了损失,而罢工部分就是由南方生意的损失引起的。林肯果断地抓住了这一棘手问题,他说:

> 看到新英格兰实行的劳力体制,我很高兴,因为在

---

① New York: Knopf, 1956.
② 斯丹普,前揭,页60,62。
③ 同上,页63,64。
④ 同上,页65。

这一体制下,劳工想罢工时就能够罢工,他们不会被逼
在任何条件下工作,他们也不会无论有没有工资都受
束缚而被逼工作! 我喜欢这样一个体制,因为在这种
体制下,谁想辞职,就能够辞职,我希望任何地方都能
实行这种体制。我反对奴隶制的原因之一就在
于此。①

说奴隶制有"自然极限"的南方辩护者们,真正考虑的不是
经济的"自然"而是黑人的自然(本性)。他们似乎认定——可
能半是出于故意——黑人是一种家畜,[395]像马或骡子一样
用途有限。林肯对整个"土壤和气候"观点的根本反对,源自这
样一个简单认定,即黑人是人,因此任何剥削人类劳力的方式,
都能够用于剥削黑人。对限制奴隶制的法律的任何违反,都会
威胁自由劳力,因为不论在哪里,只要法律允许奴隶劳力和自
由劳力同时存在,奴隶劳力就可以被用来贬低自由劳力。非但
如此,就如斯坦普教授近著令人信服地证明的那样,奴隶制还
是一种变化多端的制度。主人和仆人关系可以有、也确实有多
种形式,如果认为,自由州的煤矿、铸造车间、工厂和田野中
的奴隶制,证明对那里的权贵群体有好处,因此就不可能找到
其他新的规训体制来盘剥奴隶劳力并获得丰厚利润,那就没有
道理了。20世纪的独裁政体充分证明,有多种多样的方式可以
做到这一点。即使以自由劳动为基础的制度,与以奴隶劳力为
基础的制度相比,产出更大,那对经营者来说,也并不必然有更
丰厚的利润。本小利大,仍可能超过本大利微。内战之后,艰
难挣扎于工业革命中——长途爬坡——的自由劳动进行了激

① 《著作集》,第四章,页24。

烈斗争,就我们对这些斗争的了解来看,如果除了所有其他
困难外,奴隶制这个梦魇再被放到天平上反对自由劳动的
一边,那么自由劳动的斗争就不可能取得成功。如果那些大的
公司集团,那些在战后控制州立法机构的"强盗资本家",想引
进奴隶来破坏罢工的话,那么甚至不需要另一个斯科特判决,
奴隶制就扩展到自由州去了。因为这样的事情没有发生,所以
就说它不可能发生,这是不符合历史的。这样的事情没有发
生,是因为林肯认为这样的事情不应该发生,所以就决意不让
它发生。只有他坚定不移的决心,才能够使这样的事情不会
发生。

　　有人认为,不论法律是否禁止,奴隶制都不会进入准州,这
是修正主义在处理内战的政治原因时所持的基本观点。但是,
这一观点本身是为南方辩护的一种次要体现,兰姆斯代尔的著
作对这一观点作了经典阐述。这一辩护的主旨——[396]通过
引述兰姆斯代尔的话,我们已经指明——是奴隶制作为一种经
济制度在 1860 年已经达到巅峰,而且很快就会衰落。如果不是
共和党人让南方处于守势的话,奴隶的逐步解放"很快即将到
来"。这一主张近来遭到了最详尽和最有针对性的批驳,批驳来
自国家经济研究局(NBER)所赞助的两位哈佛经济学家康莱德
(Alfred H. Conrad)和梅耶(John Meyer)所写的文章。《战前
南方的奴隶制经济》(*The Economics of Slavery in the Ante-
Bellum South*)一文,发表于 1958 年 4 月的《政治经济学杂志》
(*The Journal of Political Economy*),这是我们看到的关于奴
隶制问题的最富启迪力的原创性研究。

　　两位作者说,该研究系首度根据经济学而非会计学的利润
概念,来衡量奴隶制的利润。他们注意到,关于奴隶制利润的讨

论,一直都是以各种不同的会计学方法进行的,这些方法通常都用来证明讨论者的观点,而几乎没有观点之间的相互比较。康莱德和梅耶试图以现代资本理论的方法来考察南方奴隶制运作的利润。他们的结论是,在战前的多数棉花种植业中,田间劳动的男性奴隶资本的回报率是百分之五到百分之七,而女性奴隶资本——不论是田间劳动还是生育——的平均回报率为百分之八。他们说,这种回报率比起当时其他投资机会百分之六到百分之七的回报率,当是稍佳。

两位作者认为,奴隶制为整个南方带来了利润,产棉区对劳力的持久要求,保证了不那么高产的沿海和边界州土地上的奴隶繁殖得到回报。而对繁殖的回报使得在较贫瘠土地上的种植业与当时的其他经济活动一样有利可图。他们说,战后南方这些较贫瘠土地上的农业之所以失败,很可能是因为奴隶繁殖的资本没了回报,而不是由于替代种植园制度的租佃制度的效率相对低下,或者由于战争对土地造成的伤害。我们注意到,最后这一点极其重要。有些人指责说,解放了的奴隶一旦与他们过去的监工分开,就没有能力种田,最后这一点是对这些人的一个回应。解放了的奴隶无法[397]与老的种植园体制相竞争,是因为他们打算卖掉自己来保持收支平衡! 斯威夫特(Swift)的“温和建议”的幽灵!①

在康莱德和梅耶的作品中,关于奴隶繁殖对整个奴隶制经

---

① [译按]指斯威夫特在其讽刺作品《一个温和的建议》(A Modest Proposal)里,怀着强烈的憎恶心情,以表面温和的笔法,忿怒地谴责英国的奴役和剥削,指出爱尔兰穷人无法生存,唯一出路只能是吃掉或出卖自己的孩子。作者并一本正经地主张英格兰贵族食用苏格兰农民的婴儿,以此来降低该地区的人口并遏制百姓暴动,还推荐红烧清蒸各法。其实他挖苦了当时英政府对苏格兰人民的压迫。

济的重要性的资料,尤其引人注目。他们提到,这是当时以及后来的南方人都想极力否认和隐藏的信息。我们可以回想一下,①道格拉斯在 1849 年希望所有边界州,从密苏里至德拉瓦州,都采纳逐步解放奴隶的计划。如果在这些州中土壤和气候是唯一的决定因素,那么他的希望就可能是正确的。但是,康莱德和梅耶的作品说明,在这些州中,奴隶的雇用,以及此地养大的剩余奴隶的出售,维持了这里的奴隶制的利润。他们注意到,南方已经形成了买卖奴隶的价格结构和转让奴隶的有效市场机制。正因如此,所以任何只基于一个地区的土壤和气候、而不考虑繁殖所带来的利润的论点,就是不全面的。因此,他们得出进一步的结论:蓄奴土地的持续扩张不但可能、而且在某种程度上是必需的。作者说,利润的保持要靠集约型或粗放型扩张。我们还要补充说,集约型扩张只能意味着更多地使用更有技术的奴隶,这本身就表明,有意为西部自耕农保留的耕作方式是可行的,而且还鼓励在这些耕作方式中使用奴隶。还有一个问题是,除了某几种耕作方式之外,其他耕作方式中的奴隶劳力,据说效率都很低,康莱德和梅耶——像斯坦普一样——对这一问题完全不以为然。他们注意到,整个南方的棉花工厂、煤矿、伐木场和钢铁厂都雇用奴隶(正如已经提到的),而且他们还说,南方的铁路大多也是由奴隶修建的。总之,这一切似乎都在说明,像内战以来的自由黑人一样,奴隶可能已经到过法律和白人允许去的几乎任何地方,而且,只要有机会,白人干过什么,黑人就也会干同样的工作。

　　在总结这一部分论述之际,我们只提醒大家注意,康莱德和

---

① 参见原文页 59。

梅耶的论文不仅是对兰姆斯代尔"自然极限"理论的驳斥,而且
还证实了内战来临之际林肯着力强调的另一个论点。在为逐步
解放奴隶和殖民计划寻求支持时,林肯遭遇了很多困难,在关于
斯科特判决的演说的结尾,他评论说:

> 文字印刷得无论多么清晰,透过金币的鹰徽也是
> 看不见的;一个人如果能够把他的奴隶送到一个新的
> 地方——例如堪萨斯——每名卖得一千五百美元以
> 上,①那么,再要叫他把奴隶送到利比里亚(Liberi-
> a),②还要出路费,要找到许多这样的人,就很难很
> 难了。

在我们已经引用过的纽黑文演说中,林肯同样也说道:

> 这些奴隶的主人把他们当作财产。对奴隶主的头
> 脑起作用的是财产,再没有其他东西,它诱使他们去坚
> 持一切会有利于它作为财产的价值的东西,要求制定
> 法律、制度和公共政策,来增加和巩固它的价值,使它
> 经久长存,风行全球……奴隶主不想被当作坏家
> 伙……所以他内心要进行斗争,并努力使自己相信奴
> 隶制是正确的。财产影响了他的思想。一个不信奉国
> 教的牧师同一个英国国教的牧师就一个神学观点进行
> 辩论,后者总是这样回答:"我看不到。"前者打开圣经,

---

① 《著作集》,第二章,页409,410。
② [译按]利比里亚,非洲西部的一个国家,濒临大西洋,通过美国殖民协会的努力
　 于1821年建立。在1820年至19世纪60年代,主要定居者是获得自由的奴
　 隶。

把一段话指给他看,可是正统的牧师答道:"我看不到。"前者又给他看一个字——"看到了吗?""看不到",后者回答。不信奉国教的牧师把一枚金币放在字上面,"现在看到了吗?""唔,看到了。"后者回答道。事情就是这样。这种财产的主人究竟是不是真正看到了财产的真面目,这我无从回答。但他们如果看到了,他们是透过二十亿金元看到的,这层外壳可实在厚。①

在奥尔顿举行的最后一场联合论辩的第二次答辩中,道格拉斯隐晦地承认了奴隶制扩张的必要性,以及需要新土地的现实,如果要保障那数十亿美元投资的价值的话。道格拉斯说,林肯的主意——

　　是在所有的准州里禁止奴隶制,迫使它们全都成为自由州,在蓄奴州周围筑起一条自由州的封锁线,把奴隶围困起来,局限在目前的范围里,而奴隶不断繁衍增加,直至他们生活于其上的土地再也喂不饱他们,这样他就能用让奴隶挨饿的方法使奴隶制处于最终灭亡的过程中。②

[399]当然,道格拉斯并不希望杰斐逊所提议的、甚至——一旦限制奴隶制降低了奴隶所带来的回报率——南方人所提议的解放奴隶方案再度流行。当然,有补偿的解放奴隶方案确实有希望被采纳,如果补偿是给予逐步减少的投资的话。在这个

---

① 《著作集》,第四章,页 16。
② 《著作集》,第三章,页 323。

意义上,道格拉斯确实很精确地表达了林肯的目的。但是,很难理解,竟然有人会说——正如兰德尔教授所说的那样——在1858年,"关于奴隶制和黑人的重大和基本问题,都没有被列入议事日程中⋯⋯"

第十九章
共和党人在 1860 年选举后放弃了
林肯的原则吗?

[400]在林肯当选之后,共和党就放弃了 1858 年和 1860 年选举运动的主要政纲,这一事实遭到修正主义者的严厉指责,而在修正主义者针对林肯—道格拉斯论辩的重要意义所散播的所有歪曲中,这一指责最能打击林肯领导的共和党声誉,使之身败名裂。郝福斯塔德论林肯的文章简洁表述了这一指责:

> 但是,[林肯—道格拉斯论辩的]最大讽刺在于如下事实:在 1861 年初,国会中的共和党人投票赞成这样一些法案,它们允许在不禁止奴隶制的情况下组建科罗拉多、内华达和达科他准州。在 1860 年击败道格拉斯之后,共和党人反而是根据道格拉斯的而非林肯的政策模式组建准州。①

郝福斯塔德的这一观点明显是来自兰德尔,不过,这一观点无论对于评判历史、还是对于评判历史学家,都是如此重要,以

---

① 强调字体为郝福斯塔德所加。

至于我们不得不把兰德尔著作中的类似段落引下来,扰累读者:

> ……任何研究这一主题的严肃学者都应当转而注
> 意 1861 年初国会的会议记录。如果林肯当选了参议
> 员,而且如果在那一阶段,他像国会中绝大多数共和党
> 人那样,投票赞成组建科罗拉多、内华达和达科他准州
> 的法案,那么他实际上就采纳了道格拉斯的意见,因为
> 共和党人投票赞成在不禁止奴隶制的情况下组建这些
> 准州……这似乎表明……以更广阔的视野来看,准州
> 中的废奴"问题"[401]只不过是口头上说说而已……
> 只不过是竞选运动的一个口号而已,而根本就不是为
> 了指引立法。①

稍停片刻!注意这一句:准州中不存在"废奴"问题。兰德
尔又一次掉到道格拉斯的行话中去了。林肯一直都表明,没有
必要在准州中废除奴隶制;他的目的是不让奴隶制进入准州。
以上段落来自兰德尔书中关于论辩的章节,但是,他在关于南部
于 1860—61 年冬季脱离联邦的危机一章中,又返回到这一
指责:

> 前面我们提到过,道格拉斯在 1861 年如何能够奚
> 落共和党人,说他们放弃了 1858 年林肯—道格拉斯论
> 辩中所争论的原则。这一观点在此尤其值得注意。当
> 通过前面所说的组建科罗拉多、内华达和达科他准州
> 的法案时(1861 年 2—3 月),这些法案并不包括奴隶

---

① 《总统林肯》,第一章,页 126。

制禁止与否的规定,这就使准州奴隶制问题,从国会立
法角度来看,仍与道格拉斯 1854 年的"堪萨斯—内布
拉斯加法案对该问题的处理,没什么差别······在关于
三个准州法案"的会议记录完成后······道格拉斯做了
如下评论,实在是名正言顺。他说:"这一次会议,参众
两院的共和党人······都不再坚持他们的党纲了,也放
弃了让国会禁止奴隶制的主张······他们放弃了当选总
统的理论······"①

　　上引郝福斯塔德和兰德尔的这些段落引人注目,因为这些
段落省略了他们要说的意思。让我们来看看第三十六届国会这
最后的、任期将满而无望连任的会议之情形,然后再关注随后一
些事件。

　　首先,林肯在 1860 年秋季当选之后,南卡罗来纳州就于
1860 年 12 月 20 日脱离了联邦,随后又有佐治亚、弗罗里达、阿
拉巴马、密西西比、路易斯安纳和德克萨斯诸州,都在林肯宣誓
就职之前"脱离"了联邦。上述三个准州法案得以通过,就是因
为当时迫切需要它们来保存联邦。在保存联邦的努力中,最出
名的要算《克里腾登妥协案》(*Crittenden Compromise*)②。这是
[402]抵抗脱离联邦潮流、坚持到最后的努力,也明显是南方领
袖会支持的唯一努力,这一妥协案的条款可以用兰德尔教授在
《内战和重建》(*The Civil War and Reconstruction*)一书中的话
加以总结。

---

① 《总统林肯》,第一章,页 229,230。
② [译按]是来自肯塔基的参议员于 1860 年 12 月 18 日提交给国会的宪法修正
　案,意在修订《密苏里妥协案》条款,使之延伸到西部准州。

让奴隶制在北纬 36 度 30 分以北的国土上被禁止
吧,但是,让联邦保护奴隶制在该线以南地区建立和维
持吧;让未来的州,不论这条线以北还是以南的州,按
照自己的意愿带着或不带着奴隶制进入联邦吧;禁止
国会用其及于全国的管辖权,废除被蓄奴州包围的地
区的奴隶制……①

我们的引述到此为止,因为主要观点已经显明。《克里腾登
妥协案》的关键,当然就是沿着《密苏里妥协案》的分界线来划分
国家领土。而国会中大多数共和党人所坚持的也正是这一点。
正如我们所见,共和党的目的是恢复《密苏里妥协案》的禁令。
但是,共和党之所以想这么做,是因为这么做意味着国会在其权
威可达到的任何地方都能禁止奴隶制,这是原则问题。如果奴
隶制势力不曾扰乱 1820 年妥协案的话,林肯也决不会去扰乱
《1850 年妥协案》。然而现在,由于《堪萨斯-内布拉斯加法案》
和"斯科特判决",所有准州都向奴隶制开放了,林肯是想,一旦
有合适的政治手段时,就把准州之门全部对奴隶制关闭。当讨
论《克里腾登妥协案》中的措施时,林肯就代表即将履任的政府
向他的国会同仁们传了话。下面的话,我们引自林肯在 1860 年
12 月 11 日从斯普林菲尔德写给克劳格(William Kellogg)
的信:

对于奴隶制扩张决不能主张妥协。你一妥协,他
们就又爬到我们头上来了;我们的一切努力就会付诸
流水,早晚还得从头做起。道格拉斯肯定还会兜售他

---

① Boston: D. C. Heath & Company, 1937, 页 202,203。

的"人民主权"。别理他。较量是必不可免的,现在较量比将来较量好。①

这里还有一封林肯在 1860 年 12 月 18 日写给另一位共和党人的信:

> 任何共和党人只要和人民主权论发生任何纠葛都会使我深感不安。按照那一理论,奴隶制和[403]自由具有平等权利,它将使我们丧失掉我们一直为之奋斗的一切。一旦人民主权论作为既定政策捆住了我们的手脚,为整个南方而阻挠我们在国会中议事,而且让整个南方成为蓄奴州,那结果必然就是,尽管我们以最高法院早期的一个判决为据,我们自由州的宪法还是被认为是违宪的。②

当南部脱离联邦的叫嚣鼎沸时,而且当愚蠢的布坎南不知所措地说脱离联邦是违宪的,但《宪法》又禁止他对此采取任何措施时,国会中的共和党人就处于巨大压力之下,因为至少在他们选出的总统就职之前,他们必须作出某些让步来保持国家完整。这种压力可以从克劳格身上看出,上面第一封信就是写给他的,他并没有接纳林肯的建议,而是提出了一个宪法修正案,目的是使奴隶们可以被带入密苏里分界线以南的任何准州。但是当选总统全力反对任何妥协,因为这种妥协会承认奴隶制进入国家任何一寸领土的权利。由于林肯忠于自己的竞

---

① 《著作集》,第四章,页 150。
② 同上,页 155。

选运动所提倡的反对道格拉斯的原则,因此在那个命运攸关的
冬季中,所有妥协方案都搁浅了。林肯坚持这样做是否过于教
条和死板,这可以讨论,但他坚持自己的原则这一点却是毫无
疑问的。

　　当组建科罗拉多、内华达和达科他准州的法案通过时,布坎
南仍在白宫。而且,由于他完全忠于斯科特判决,因此任何禁止
准州奴隶制的法案都肯定会被他否决。但是在第三十六届国会
第二次会议中,共和党人无论如何在两院中都不占多数。他们
在众议院中曾略占优势,但在参议院中有二十六个共和党人,三
十六个民主党人,两个美国党人和两个空缺。① 确实,在南部脱
离联邦各州的国会代表团退出之后,共和党人本来可以施加压
力使各准州法案禁止奴隶制。但南部脱离联邦的问题并没有最
终解决,而各边界州的态度也都悬而未定。因此,当各边界州的
态度——所有其他事务可能都取决于它们的态度——悬而未定
之际,强行取得暂时选举优势的想法不啻是发疯。共和党人的
意图在于禁止准州奴隶制,因此他们坚决反对要他们放弃这一
意图的任何要求,[404]这一事实确实充分体现了实践智慧要求
的原则。

　　这段历史的结局——被郝夫斯塔德完全略掉,却被兰德尔
保留下来,但兰德尔丝毫没有揭示它与林肯-道格拉斯论辩有
何关联——在一年之后才到来。我们借用兰德尔的话来描述一
下这个结局,这段话出现在《总统林肯》第二卷中:②

　　　　在哥伦比亚特区解放奴隶两个月之后,国会在合

---

①　兰德尔,《内战和重建》,页232。
②　页136。

众国准州中废除了奴隶制，无论是在现存准州，还是在此后组建或被批准加入的准州，都是如此［1862 年 6 月 12 日法案］。在这种情况下，正如在哥伦比亚特区的例子中一样，国会通过了、并且林肯也签署了一个法案，根据最高法院解释的判例，这一法案是违宪的。这一事实，以及用来平息准州局势——一触即发的准州局势已经在战前制造了巨大不安——的法律手段，被忽略而过了，几乎没什么流言蜚语。

"用法律手段来灭绝"合众国准州奴隶制，被兰德尔记了下来，他这一极不情愿的记载，也可以以仁慈之心被忽略而过，而不加以流言蜚语。然而，不能忽略的是，在 1862 年 6 月，即在林肯总统任内第一届国会第一次常务会议之后六个月，"无论是在现存准州，还是在此后组建或被批准加入的准州"，都禁止了奴隶制。如果这算是对 1858 年竞选运动原则的放弃，如果这不算是完满实现了林肯为那个命运攸关的夏季所奋斗的一切，那么，言辞就没了意义。

第二十章
昭昭天命的结局

[405]我们刚刚看到,在 1860—61 年冬季南部脱离联邦的危机中,林肯如何斩钉截铁地拒绝向北纬 36 度 30 分以南的奴隶制作任何让步,我们能够理解,他为何从来都没有赞同过道格拉斯在 1848、1849 或 1850 年提出的任何方案,因为在这些方案中,道格拉斯试图通过延伸密苏里分界线来划分国家领土。林肯非常清楚,任何这样的划分,不论表面看起来对奴隶制多么不利,都是对原则的错误妥协。这种划分本身就错误,而且完全不足依赖。林肯知道,一旦道格拉斯控制了国家外交政策,那么墨西哥战争所得的广袤土地,就只是他相信即将来临的前景的预示罢了。林肯相信,只有国家限制奴隶制,才能制止向外侵略和征服的驱动力。许多历史学家怀疑,南方对这种制止是否有相当的支持。当然,人们还普遍不相信道格拉斯对奴隶制扩张感兴趣。然而,他们没有考虑到道格拉斯的野心与奴隶制力量的巧合所产生的推动力。正是这种巧合废除了《密苏里妥协案》。因为,不论《独立民主党人之呼吁》产生了怎样的促成作用,道格拉斯确实与南方人达成了协定,而且,在道格拉斯的政策或原则中,也没有任何东西来阻止他满足奴隶制的任何要求。[406]我

们几乎不用怀疑,道格拉斯会同意奴隶制的扩张,以此作为达到其他目的的手段。在道格拉斯的目的中,最让他渴望的是在西半球摧毁英国人的势力。为达此目的,道格拉斯必定会允许魔鬼信口开价。这个魔鬼就是奴隶制。

林肯在弗里波特向道格拉斯提的第四个问题——由于第二个问题太著名了,以致使它相形见绌——不太显眼。但这一问题也很重要,这么说并非夸张。林肯问:"你是否赞成获得更多的领土,而不顾此类获得的领土将会在奴隶制问题上影响国家?"以下就是道格拉斯的回答:

　　……这是一个年轻并正在成长的国家。它像一窠蜜蜂那样经常要分群,而且……必须有蜂房可供它们居住和酿蜜。如果这个国家在此后十五年仍像此前十五年那样,继续保持出色的发展速度的话,那么在不到十五年内,合众国拥有的从这里到太平洋之间的每一寸空地都将被占用。十五年之后,你们难道就不像现在那样继续繁殖了吗?我告诉你们,繁殖、增长、扩张,是这个国家生存的规律。你们不能仅仅用边界线来限制这个伟大的共和国,说什么"你们就到此为止,不能再发展了。"这就好比你们哪一位先生对十二岁的儿子说他已经长得够大了,不可以再长大了,而且为了不让他再长大,就用箍把他箍住,让他保持现在的模样。结果会怎样?要么箍胀破……要么孩子死掉。这个大国的情况也是这样。随着我们人口的自然增长……随着逃离旧世界的专制统治来到我国寻求庇护的移民像潮水般不断涌入这个国家,需要有更多的土地供他们居住,就像我们的利益和我们的命运需要尽快在北部、南

部或海岛上有更多的领土,我赞成获得更多的领土,当
我们获得更多的领土以后,我们会根据内布拉斯加法
案,让人民在奴隶制问题以及任何其他问题上按照自
己的意愿去做。①

我们要注意,根据这一理论,西半球的土地只有当并入
[407]合众国时,才变得有用! 根据道格拉斯的计算,不论是墨
西哥还是加拿大,都无法作为缓解人口压力的出口,除非它们首
先成为把自己作为牺牲献给昭昭天命的魔洛神。② 然而,就像
道格拉斯无法忍受在英国和美国之间建立伙伴关系的任何考虑
一样,林肯总是暗中假定这种伙伴关系就是美国自由的合理基
础。林肯在 1845 年写道,他看不到兼并德克萨斯会带来什么好
处,"因为他们已经是按照我们模式塑造的自由共和的人民。"这
曾是克雷的态度,而这种态度让他失去了总统宝座,因为他低估
了公众对德克萨斯可能与英国结盟的恐惧。林肯在 1858 年仍
然不明白,为什么必须要通过合众国边界的扩张来达到扩张自
由的目的。在林肯对道格拉斯第四个弗里波特问题的答辩中,
我们可以看到他是如何嘲笑道格拉斯的扩张主义的。这一答辩
发表于盖尔斯堡:

> 如果道格拉斯法官在这个问题上的策略获得成
> 功,而且逐渐适应,所有的反对意见都被消灭,下一步
> 就会霸占可怜的墨西哥的领土,入侵南美洲富饶肥沃

---

① 《著作集》,第三章,页 54,55。
② [译按]Moloch,基督教《圣经·旧约》中的魔洛神,是古代腓尼基等地所崇拜的
   神灵,信徒以焚化儿童向其献祭。比喻引起巨大牺牲的可怖事物。

的土地,然后入侵毗近的岛屿,每一个地方都可望提
供更多的蓄奴土地。而这个问题将由那些国家的人
民来解决。当我们占领墨西哥以后,我不知道法官是
否会赞成让墨西哥人民自己来解决这个问题和其他
一切问题;因为我们知道法官对混血儿是最讨厌的,
而我知道墨西哥的的确确是个混血儿种族。我知道
那儿每八个人中最多只有一个是纯种白人,我从法官
以前的声明推测,当我们占领墨西哥或墨西哥的相当
一部分领土时,他会赞成由这些混血儿来解决这个问
题,这多多少少是同他的嫌恶低等种族的心理抵
触的。①

生存空间(*lebensraum*)②与种族优越论(*racial supremacy*)
相结合的政策,其邪恶潜力在今天不需要进一步解释了。上述
话语中的讽刺口吻也相当明显。关于南边的"混血儿",道格拉
斯曾于 1858 年 7 月 17 日在斯普林菲尔德如此说道:

> [408]我们目睹了把公民权利和政治权利给予墨
> 西哥、中美洲、南美洲以及西印度群岛的低等种族的后
> 果。那些从这里一路行军到墨西哥、在墨西哥战争中
> 为国而战的年轻勇士,可以告诉你们黑人与白人平等
> 的后果。他们将告诉你们,那种平等的后果是社会的
> 混合,是风纪沦丧和道德堕落,是丧失自治的能力。③

---

① 《著作集》,第三章,页 235。
② [译按]纳粹德国主张的理论。
③ 安戈,前揭,页 64,65。

　　道格拉斯的白人优越论的美国帝国政体,与奠基国父们所设想的质朴纯洁的共和理想大相径庭。道格拉斯如此鄙视当地人,所以不会给他们多少珍贵的"人民主权"。而如今,在美国很多州中——正如法国人在阿尔及利亚一样——享有特权的少数可能会被不同肤色的不享特权的多数的仇恨漩涡所吞噬。毫不夸张地说,今日美国的种族适应问题,是个极其巨大的问题。正如一切有识之士所知,尽管黑人的斗争戏剧化地表达这个问题,但这个问题并不局限于黑人。我们的基本法律和基本原则坚持人人皆有尊严,而印第安人、墨西哥人、东方人为了获享这一尊严,都曾在不同的时间、地点,以各种力度进行过殊死斗争。正如林肯在其"准则"理论中所揭示的,热望必须总要超越实现。不过,实现的可能性不能距离热望太过遥远,否则热望非但不能成为希望的源泉,反而会成为笑柄,这也是最基本的一点。道格拉斯解决奴隶制问题——这一问题的纠缠,令举国绝望——的方案,只能使这个问题变得无限复杂。很难想象,民主程序能在那团乱麻中存活下来。如果合众国以极权国家中的排头兵最先迈入 20 世纪,那 20 世纪会是什么样子呢? 一想到这里,我们就不寒而栗。

　　进步观念认为,无论是在堪萨斯平原,还是在其他地方,经济力量"必然"会促进自由。而无论是修正主义者的史撰,还是道格拉斯的政策,其唯一道德正当性就在于对这种进步观念的心照不宣的信仰。只有这样的信仰才能够[409]证成如下理论主张:要避开所有艰难的道德抉择,并且人确实能够达致"和而不同"(agree to disagree)。只要政治人物们给予时间,无言的历史力量就会促进自由。与此相反,林肯的整个政策都否定事物会自我照料,他认为,进步只可能来自人的远见卓识、审慎判断和无畏大勇。林肯相信,独立革命的推力强大无比,正是由于这一推力,诸多伟业才得以实现。但是,1776 年的精神和内布拉斯加法案的精神完全不能相容。对于最终可能证明人有自治能力,人类已感倦怠,但还是怀有微弱的希望。而趋向更遭的民意的重大改变,预示了糟上加糟的种种变化,这些变化乃是完全灭绝人类这一微弱希望的凶兆。如果不是民意发生了上述重大变化,内布拉斯加法案甚至从不可能被考虑。为了防止这些变化的发生,就不能依赖任何像"土壤和气候"这样荒谬的理论。人类的政治拯救只可能建立在磐石之上,这唯一的磐石,独有的依靠,就是人类的道德热情。这道德热情命令我们,要下定决心让人获享自由;这道德热情命令我们,必须要意识到,不管是谁,只要他否认任何其他人——无论这个人属于何种何国——获享平等的自由之权利,那他自己就不能名正言顺地获享自由,也不能在公正的上帝面前长久保有自由。

附　录

附录一
林肯－道格拉斯论辩的一些历史背景

    [430]1858 年夏秋两季的七场联合论辩,是那场盛大的参议员选举的最为轰动之处,而人们理所当然地认为,林肯－道格拉斯论辩首先就是这七场联合论辩。然而,如果我们注意论辩交锋的实际内容,那我们就应当把联合论辩视为长得多的系列论辩的一个部分。这一长得多的论辩的开端,得追溯到 1854 年 10 月的第一个星期在斯普林菲尔德举行的伊利诺州博览会。道格拉斯 10 月 3 日在那里发表了讲话。在讲话中,他一方面回顾了那些已经举国皆知的观点,另一方面,道格拉斯为《堪萨斯－内布拉斯加法案》作了辩护,该法案已在是年春季颁布为法律;而且,通过废除《密苏里妥协案》,该法案又重新点燃了 1850 年的赞成奴隶制和反对奴隶制之间的冲突之火。第二天,即 1854 年 10 月 4 日,林肯对道格拉斯的讲话作出回应。当月 16 日晚间,林肯在伊利诺州的皮奥里亚再次重复这篇回应讲话,而道格拉斯于当日下午也曾在那里讲话。林肯这篇回应讲话的印刷版本来自皮奥里亚讲话的文本,故而史称《皮奥里亚演说》。该演说是林肯当选总统之前最长的一篇演说,在与道格拉斯争论中,这篇演说对林肯立场的表述,要比任何其他单篇演说都更

加完整。值得注意的是，在联合论辩中，林肯频频引用这篇演
说，并不厌其烦地再三阐释其含义，因此，这篇演说是理解
1854—1861 年间林肯立场的最重要的资料。1858 年竞选运动
之前，在林肯的伟大演说中，重要性仅次于《皮奥里亚演说》的是
关于斯科特判决的演说。1857 年 6 月 26 日，林肯也是在斯普
林菲尔德作了这一演说。关于斯科特判决的演说也是对道格拉
斯的直接回应，因为两个星期之前，道格拉斯在同一地点发表过
讲话，当时林肯就坐在听众席中，他一向如此。

[431]分裂之家演说于 1858 年 6 月 16 日正式敲响了参议
员选举的战鼓。其时，伊利诺州议会召开会议，会议刚刚决定
"作为道格拉斯的后继者，林肯是伊利诺州共和党首要也是唯一
的竞选合众国参议员的人选"，林肯就向与会者发表了这一演
说。不论这个决定还是分裂之家演说，都在不少方面是史无前
例的，这其中的一个原因是，当时参议员是由州议会的联席会议
选出，而这样的竞选活动通常都在州议会选出某些成员之后在
议会大厅中进行。通过使合众国参议员的选择成为大选的一个
问题，伊利诺州共和党人带头大踏步迈向《宪法》第十七修正案。
1858 年 7 月 9 日，道格拉斯从华盛顿回到芝加哥，在华盛顿，由
于国会延期，他耽搁了几个星期。是日，在特莱蒙楼（Tremont
House）①的阳台上，道格拉斯发表了充满激情的演说，以回应
分裂之家演说，当时，林肯就坐在道格拉斯身边。第二天晚上，
就在同一个阳台上——当时道格拉斯已经离开芝加哥——林肯
也发表了一篇反驳演说，直到现在，这次演说的结语仍然是对

---

① [译按]芝加哥早期的著名宾馆之一，位于芝加哥河畔，借波士顿同名旅馆命名，
建于 1833 年，为砖结构三层建筑，是当时的社会和政治活动中心，1860 年共和
党总部曾设于此，帮助林肯参加总统竞选。

《独立宣言》的众多援引中最令人感动的一次。离开芝加哥后，两位演说家又一次都来到斯普林菲尔德。7 月 16 日，道格拉斯在布卢明顿(Bloomington)①发表讲话。林肯仍然在场。17 日，道格拉斯在斯普林菲尔德发表大体一样的讲话。这次林肯并没有去听；而原因，我们可以想象，就是他正忙着准备竞选运动的第三篇主要演说，该演说要驳斥道格拉斯的《布卢明顿演说》，同一天，即 7 月 17 日晚，林肯于斯普林菲尔德州议会大厦(State House)发表了这一演说。

不到一个星期之后，即 1858 年 7 月 24 日，两人开始通信，很快，双方同意安排七次联合论辩。由林肯发出挑战，由道格拉斯确定时间和地点：

1. 渥太华，拉萨拉县(Ottawa, La Salle County)，8 月 21 日
2. 弗里波特，史蒂芬森县(Freeport, Stephenson County)，8 月 27 日
3. 琼斯伯勒，联盟县(Jonesboro, Union County)，9 月 15 日
4. 查尔斯顿，考勒斯县(Charleston, Coles County)，9 月 18 日
5. 盖尔斯堡，诺克斯县(Galesburg, Knox County)，10 月 7 日
6. 昆西，亚当斯县(Quincy, Adams County)，10 月 13 日
7. 奥尔顿，麦迪逊县(Alton, Madison County)，10 月 15 日

[432]用道格拉斯的话来说，这种想法就是，挑选"州内每个国会选区里我们都曾经发表过演说的知名地点，除了第二区和

---

① ［译按］伊利诺州中部城市，位于芝加哥和密苏里的圣路易之间，为麦克林县(McLean County)政府所在地。

第六区之外"。1858 年 7 月 29 日,林肯给道格拉斯写信,这封信的附言中有一个奇怪的历史注释,在信中,林肯确认知道了道格拉斯已正式同意举行联合论辩。"照目前的情况,我将不会再出现在你的排外的集会中了。"道格拉斯及其竞选总管对林肯在道格拉斯的群众大会上出没的习惯极端恼火——因为林肯随后会邀请这些听众去听他的演说!

联合论辩的程序是,其中一个人先讲一个小时——由计时员掌握时间,就像在拳击比赛中那样。对手接着回应,讲一个半小时。然后开场者再反驳半个小时。在渥太华、琼斯伯勒、盖尔斯堡和奥尔顿,都是道格拉斯开场和结束的;在弗里波特、查尔斯顿和昆西则是林肯开场和结束的。由于有七场论辩,因此其中一个人肯定在反驳机会上会占优势,但在这么长的系列论辩中,说林肯在这一方面没有优势,因而对他不太公平,也不一定正确。作为一个名声不如道格拉斯大的人,林肯仅从与道格拉斯联合论辩这件事中就已经所获甚多。

桑德伯格(Carl Sandburg)的《草原岁月》(*Prairie Years*)以及众多其他书籍绘声绘色地描述了这些论辩,兹不赘述。我们只需说,每一场论辩的气氛,就像今天美国任何大学城中大猎捕游戏(Big Game)日的气氛一样。以下便是芝加哥《新闻和论坛报》对第一场论辩的报道:

> 渥太华淹没在灰尘之中……晚上八时[演说于下午两点半开始],烟尘弥漫了条条通道,该城活像一个巨大的烟熏室。马车、火车和游行队伍像打着无数旗帜的军队一样从四面八方涌来。国旗、标语和徽章迎风招展,遍布每一个街角。军队和乐队占据了法院和公共广场周围的主要干道。两个铜管乐手和十二个鼓

手咚咚当当、横穿城市中心，用他们自己更高的喧嚣声
淹没了本来就已很大的喧嚣声。名利场以从未有过的
疯狂热情沸腾着。

　　渥太华的听众据估计有一万两千人，弗里波特的听众人数
更多。听众最少的一场是芝加哥南边三百五十英里的小镇琼斯
伯勒，大约一千五百人。盖尔斯堡论辩聚集的听众[433]估计比
之前任何一场论辩都要多。在奥尔顿的最后一场论辩，据说到
场的有四千至五千人。要知道，这些都是露天活动，在三个小时
的演讲期间，除了脚下的土地以外，没有任何其他方便设施。而
且，各种各样的天气都遭遇过——渥太华的炎炎烈日、弗里波特
的大雨，而且几次论辩还遇上了十月份的冷天。壮观的场面、如
此大事，把伊利诺州农民的目光紧紧吸引到这些领袖人物身上
来了，这场面和大事将继续紧扣每一个观察和思考民选政府戏
剧的人之心弦。

　　在林肯－道格拉斯论辩背后，是一系列著名的、甚至曾一度
为每一位学童所熟悉的妥协。当然，《合众国宪法》中首先就有
关于奴隶制的妥协。在这些妥协中，宪法第一条第二款第三项
规定，"众议员名额和直接税税额……按照各州人口比例进行分
配。各州人口数之计算，应在全体自由人民数目之外，再加上所
有其他人口之五分之三。"这一"五分之三"条款使蓄奴州在众议
院中的代表人数按照每五个奴隶算三个"人"的比例来增加，这
尤其让人悲恸忧伤，因为，从代议民主制的角度来看这一规定显
失公正，还因为，后来的发展破坏了这一条款的妥协品质。本
来，该条款是想通过五分之三的比例来增强代表性、提高直接税
收的负担。但是，由于杰斐逊主义者和杰克逊主义者对直接税

收的反感,税收负担那一部分几乎完全被略掉了。当北方各州废除了奴隶制而南方寻求将奴隶制延伸至新的准州时,这一条款就成为自由州的肉中之刺,这恐怕也是奠基者们始料不及的事。

此外,1787 年《宪法》还规定,1808 年之前不得禁止从国外引进奴隶。这一条款(第一条第九款第一项)是彻底禁止的要求和彻底否定禁止[434]奴隶贸易之权的要求之间的一个妥协。该条款表明,那些撰写《宪法》的人的反奴隶制倾向,比如今表面上看起来要积极得多。因为,如坦尼在 1857 年要说的,如果黑人奴隶在 1787 年仅仅被看作商品,而可以像普通商品那样被买卖,那么很难理解,奴隶贸易为何如此与众不同,以至于被排除在宪法(第一条)第八款第三项的“与外国的贸易”之外,而该条文规定,国会有权“管理”与外国的贸易。

正如人们通常注意到的,《宪法》中所谓的“逃奴”条款(第四条第二款第三项)根本就没有提及奴隶。我们几乎无法将其视为《宪法》的一个妥协,因为在 1787 年,对把这一条款写进宪法几乎不存在任何重大反对。所有有责任感的人当时都同意,不论奴隶制与抽象正义如何龃龉,只要实在法确认奴隶是财产,那就必须保护这种财产权。不论华盛顿或杰斐逊这样的人多么赞成逐步解放奴隶计划,他们都不认为鼓励奴隶逃跑是实现这一计划的正当方式。

在有关奴隶制的政治法案中,《密苏里妥协案》当然是研究这些论辩的学者必须常记在心的。然而事实上,在解决密苏里问题的过程中有两个妥协。当密苏里准州在 1819 年初申请加入联邦并构架自己的州宪法时,当时有十一个自由州和十一个蓄奴州。来自纽约州的一个众议院议员,为使密苏里成为州的法案提出一个修正案,这修正案实际上将使密苏里的奴隶制逐步废除。该修正案在众议院通过了,但却遭到参议院否决,于是,关于密苏里加入联邦的所有行动,都由于会议中出现激烈争吵而陷入僵局。当国会于 1819 年 12 月再次召开会议时,缅因地区要求作为自由州加入联邦,于是打破僵局的方法出现了。第一个《密苏里妥协案》终于形成,该妥协案同意缅因以自由州身份加入联邦,同时,它也是一个授权法案,允许密苏里以蓄奴州身份加入联邦,这一授权法案中有一条规定是,以北纬 36 度 30 分为界对余下的路易斯安纳购地进行划分,此线以北地区,得"永远"禁止奴隶制。

在 1820 年 3 月的这个授权法案的基础上,密苏里举行了[435]立宪会议,并随后带着宪法申请加入联邦。但是,该宪法却赋予立法机构从州内排除自由黑人和黑白混血人的权力。当该宪法上交国会后,另一场狂风暴雨随之而来,因为自由州坚信,这样一项规定抵触《宪法》第四条第二款,那就是,"每个州的公民享有各州公民的一切特权和豁免权。"自由黑人和黑白混血人因此明确无疑地拥有自由州宪法所赋予的公民特权。正是密苏里宪法中这一自由黑人条款的绊脚石,才使得第二个《密苏里妥协案》成为必需。而克雷就是第二个妥协案的推动者,他在国会中的协调技巧,促生了这一法案。通过第二个妥协案,克雷保证,无论何时,只要密苏里令人满意地保证,它的宪法中不会有任何可被解释为削减合众国公民特权和豁免权之意的条款,国会就会支持密苏里加入联邦。密苏里很快就作了保证,但却没有废除其宪法中的那条抵触性条款,接着,它被批准加入了联邦。总之,第二个《密苏里妥协案》是在言辞上使第一个妥协案生效的保存面子的法案。对密苏里(或任何其他州)随心所欲歧视自由黑人的权力,第二个妥协案没施加任何影响。

　　通过反对墨西哥的成功革命,德克萨斯在 1836 年建立了共和国,由此,合众国兼并德克萨斯共和国的长期斗争开始了,这场斗争以德克萨斯最终于 1845 年加入联邦而告终。尽管"昭昭天命"这一语词只出现在 1845 年,但在讨论兼并德克萨斯的九年期间,人们愈加理解到,奴隶制和联邦向墨西哥拥有的北美广袤土地——几乎未(被白人)占据——的扩张,间接使合众国陷进了危机。德克萨斯兼并之后的墨西哥战争——这战争在兼并时就预料到了,它实际上是兼并的必然后果——把大片土地并入了联邦,从那时起直至内战爆发,这些土地促成准州问题主导了美国政治。

　　内战的爆发,首先源自关于"威尔莫但书"的争议。这一著名但书[436]是在与墨西哥交恶之后不久出现的。波尔克总统要求国会拨款两百万,用于与墨西哥和平谈判战后土地割让问题——在这些谈判中,合众国将以"购买"而不是征服的名义,来夺取加利福尼亚和其他昭昭命定要列于星条旗下的墨西哥省份。当这一拨款法案于 1846 年 8 月 8 日提交给众议院时,宾夕法尼亚州民主党人威尔莫(David Wilmot)对该法案提出一个修正案,修正案"规定,国会在拨款时要加入一个明确的和基本的限制性条件:在合众国凭借谈判可能从墨西哥共和国取得的任何领土上,应禁止实行奴隶制或强制性劳役……"众议院经过艰难论辩之后——在论辩中,所有努力都试图让该法案更缓和一些,比如把它对奴隶制的禁止限制在 36 度 30 分以北地区,但这些努力都以失败告终——以 87 对 64 票通过了威尔莫但书。但是,参议院却否决了它。然而,在下一届国会中——林肯是此届国会议员,但尚且默默无闻——威尔莫但书又以各种面目复活了,而且,众议院绝大多数人又多次支持这一但书,但参议院又多次否决。1848 年 2 月 2 日,美墨签订《瓜达卢佩－伊达尔戈和约》(Treaty of Guadalupe Hidalgo)，结束了墨西哥战争，正是这一和约，打败了威尔莫但书所主张的、并为美国绝大多数人民的代表们多次支持的观点。参议院——它从来都不欢迎威尔莫但书——批准了这一和约，该合约保证，不对墨西哥诸省份施加任何奴隶制限制。参议院——在那里，代表奴隶制利益的议员数量过多——与总统合作击败了"人民直接代表"的意愿，这是一个深刻教训，让主张自由土地观点的北方铭记尤深。支持威尔莫但书的旧的党派阵线打破了，这预示了此后十几年中共和党的出现。

正如在密苏里争议之前一样，在墨西哥战争结束之际，自由州和蓄奴州的数量相等，各为十五个州。因此，当加利福尼亚在 1849 年带着禁止奴隶制的宪法申请加入联邦时，威尔莫但书所引起的激情又一次被煽动起来，并酿成了毁灭性火灾。依卡尔霍恩命令召开的纳什维尔代表大会(the Nashville Convention)①形成的决议是，[437]国会没有权力禁止奴隶主携带他们的特殊财产进入任一准州，相反，国会有义务保护奴隶主的权利，该大会并试图将这一理论确定为南方的最后通牒。纳什维尔代表大会尽管表达了通过将密苏里分界线延伸至太平洋来达成妥协的意愿，但它也表示，如果没有一个令人满意的解决方案，则南部将脱离联邦，这是一个威胁。正是在这种背景下，《1850 年妥协案》在是年春夏得以彻底讨论。由于这一妥协，也许正是由于这一妥协，南部脱离联邦的威胁流产了。然而，十年之后，纳什维尔代表大会的议题又复活了，而且威胁变成了

---

① [译按]卡尔霍恩于 1850 年在田纳西的纳什维尔召集的南方蓄奴州代表会议，分别于是年 6 月和 11 月举行会议，并在 11 月的会议上订下决议。

行动。

　　实际上,《1850 年妥协案》是五个独立法案的总称。这些法案反映了克雷的意见,克雷作为议会一个特别委员会的主席,提出了包含这些意见的一揽子法案。然而,这个一揽子法案不仅没能团结支持不同条款的朋友,反而还使它的敌人得到了团结,因此,法案最终没能通过。当道格拉斯指挥立法时——他看到,如果不要求某些北方参议员投票赞成《逃奴缉捕法》、也不要求某些南方参议员投票赞成加利福尼亚加入联邦的话,该法案有可能颁布——整个法案才得到了通过。"调停法案"(measures of adjustment)于是就成了这样:批准加利福尼亚作为自由州加入联邦;为尤他和新墨西哥建立准州政府的法案,这一法案规定,将来在这两个准州基础上形成的州,既可以带着、也可以不带着奴隶制加入联邦,这要看它们各自的宪法规定;放弃对新墨西哥大片土地要求、并明确界定两州边界的补偿德克萨斯的法案;废除哥伦比亚特区奴隶交易(但不废除奴隶制)的法案;最后,还有提高旧的《逃奴缉捕法》的效率的法案,因为南方现在认为那个旧法案完全不够。

　　1820 年接受密苏里成为州的授权法案第八款规定,新政府管辖的区域应"永远"禁止奴隶制,而 1854 年的《堪萨斯－内布拉斯加法案》建立了两个新准州政府,并废除了这一授权法案。这一废除行为建立在如下假定的基础上,那就是,《1850 年妥协案》已经"替代"了《1820 年妥协案》。与这一假定相反的事实是,道格拉斯在 1854 年 1 月提出的法案,本身[438]就是几星期前爱荷华参议员道奇提出的法案之替代物。道奇的法案又是什么呢?我们知道,内布拉斯加法案最初在众议院获得通过但在参议院被否决——显然是由于休会的爆发被耽搁的——而道奇

的法案只不过就是上次会议的内布拉斯加法案的重提。这个法
案甚至都没有提到《密苏里妥协案》。然而,在对道格拉斯法案
的接二连三的修正案中,密苏里限制被宣称为"不起作用的"并
进而是"无效"的。一个被本顿(Thomas Hart Benton)称为"法
案内部的政治演说"的著名条款宣称,国会的真实意图和目的既
不是通过立法让奴隶制进入准州,也不是通过立法把奴隶制排
除出准州,而是让那里的人民"完全自由地"组织和制定他们自
己的内部制度。这种宣称的一个明显问题就是,当这一宣称做
出时,它所说的"人民"还不存在——除了很少几个闯入公共领
地的人以外——因为在法案成为法律之前,堪萨斯和内布拉斯
加都还没有从法律上向定居者开放。涉及这一问题的堪萨斯
"人民",仍然是要么来自自由州,要么来自蓄奴州,因此他们肯
定就是要么支持奴隶制,要么反对奴隶制。《堪萨斯－内布拉斯
加法案》用立法手段促使了内战的爆发,且规定了内战应发生在
堪萨斯平原上。

　　"血溅堪萨斯"的故事在此就不必重复了。用"比彻的圣
经"——即来福枪——武装起来并由移民资助的反奴隶制组织,
与"边境暴徒"和密苏里"蓝穴人"之间的争斗,就是引入"定居于
新开辟土地者主权"的实际后果。双方都毫无拘束地使用了欺
骗和暴力,但由于与密苏里接壤,因此赞成奴隶制的居民在最初
占了上风。① 故而,1855 年选出的准州立法机构倾向赞成奴隶
制,并准备乘反奴隶制的人们暂时无力反抗之机,使用这显然是
暂时的优势来强行使堪萨斯成为蓄奴州。而反奴隶制的居
民——在第一次选举之后,他们必定立刻成了多数(即使他们在

---

① ［译按］由于密苏里州当时为蓄奴州,所以密苏里的许多奴隶主听到消息后,就
　　赶紧携带奴隶涌入堪萨斯。故而造成这种状况。

选举时还不是多数)——作出的反应是抵制"合法"政府,并建立他们自己的政府,这在历史上被称为托皮卡①运动(the Topeka Movement)。两个"政府"不仅在堪萨斯、而且也在华盛顿进行争斗——但华盛顿是决定性战场。

本书前面的章节已经详细讨论了"欺骗性的"《乐考普顿宪法》。我们毫不迟疑地[439]使用了这个贬义表达,因为它代表了林肯和道格拉斯的共同立场。然而,读者应更确切地了解这一欺骗的本质。因为赞成奴隶制的居民在早期处于优势地位,因此才直接导致了这一欺骗。正如我们说过,由于决心使堪萨斯成为蓄奴州,故而堪萨斯立法机构不顾州长的否决,就通过了法律,该法律规定于 1857 年 9 月 7 日在堪萨斯的乐考普顿召开立宪大会。选举参加本次立宪大会代表的投票,于此前的 6 月 15 日举行,但是,赞成自由州的人们拒绝参加投票,因为他们认为,整个选举机构都操纵在赞成蓄奴州的人手中,这是极好的理由,因此,这不可能是一场诚实的选举。立宪大会于 11 月上旬完成了工作,并向准州选民提交了一个选择,那就是,宪法在被采纳时,既可以含有、也可以不含保护黑人奴隶制的条款。然而,欺骗在于:选民不能选择拒绝整部宪法,而且,"不含"奴隶制的宪法并没有规定解放堪萨斯已有的奴隶。相反,该宪法明确规定,未来的州议会只有在经过奴隶主同意、且提供充分赔偿时,才能解放堪萨斯已有的奴隶。该宪法还进一步规定,在 1864 年之前,不得对州宪法进行修订——这显然是要阻止改变奴隶制的地位。当时堪萨斯的奴隶只有两百个左右,但是,只要保证他们以及他们的后代继续当奴隶,那么不论选民怎样投票,堪萨斯在原则上就必定是蓄奴州。这就是欺骗的核心。当然,

---

① ［译按］托皮卡,为堪萨斯首府。

在法律上保障甚至少量奴隶的存在,就不太可能把他们与随后从密苏里偷运来的奴隶区分开。为了保证在实践中无法区分这些奴隶,乐考普顿的代表们还在他们的宪法中规定,临时选举机构——一旦该州加入联邦就立刻生效——将控制在乐考普顿的这些人手中。他们将"监督"州立法机构的第一次选举。

1858 年 12 月 21 日,《乐考普顿宪法》在几乎一致同意的投票中得到"批准"。这"批准"既代表了赞成自由州的人对投票的弃权,也代表了赞成奴隶制的选举[440]法官们对选票的筛选。在华盛顿,布坎南现在对糟糕的事业表现了很大决心,对美好的事业他从未露出过这么大的决心,而这时,华盛顿所有蓄奴州的权力都团结起来支持软弱的布坎南,然而,宪法还是被提交到了华盛顿。参议院批准了《乐考普顿宪法》,但众议院却以 120 票同意,112 票反对而否决了这一宪法,表决胜利一方包括 92 个共和党人,22 个道格拉斯领导的民主党人,以及 6 个一无所知党人。这一事实使《乐考普顿宪法》濒于死亡,但还没有死亡。一个名为"印第安纳州代表性英国人"(Representative English of Indiana)提出的妥协被采纳,它规定该宪法应再次交给堪萨斯选民去决定。这次投票表决,要么就不回避奴隶制条款、完全接受该宪法,要么就完全拒绝它。如果堪萨斯选民接受它,那堪萨斯将立刻成为州,得到政府拨给的大片土地,并且还会获得所许的其他政府卖出的土地。如果他们拒绝《乐考普顿宪法》,则准州必须等人口达到九万时(这是按比例产生一个众议员的人口数)才能再次申请州资格。很明显,英国人的法案是想贿赂堪萨斯人接受《乐考普顿宪法》,并想让堪萨斯作为蓄奴州加入联邦(当时它的人口不超过两万五千人)。然而,所有支持自由州的人所想要的,就是对整个《乐考普顿宪法》的不法进行投票的透明机会。在举国监督下,在投票舞弊可能性被降至最低的情况下,《乐考普顿宪法》终于在 1858 年 8 月 2 日以 11812 票对 1926 票的结果被否决。尽管由于 1857 年的斯科特判决,奴隶主如果愿意仍可把奴隶带到堪萨斯,但赞成自由州的人现在牢牢地掌握了堪萨斯。由于奴隶主的敌人实际上垄断了合法的和非法的暴力工具,因此任何奴隶主现在都不太可能再把奴隶带到那里去了。

附录二
关于斯科特判决的一些说明

[441]有些人试图把内战爆发的所有责任都推到共和党身上,在这些企图中,尤其要注意郝德(Frank Hodder)撰写的出色和影响深远的文章《斯科特案中的一些语词》,该文发表于1929年6月的《密西西比河流域历史评论》(卷十六,页3—22)。郝德认为,联邦最高法院原来已经判决,关于密苏里州境内人的地位问题,密苏里州最高法院的判决就是终审判决。郝德说,联邦最高法院没有必要涉及《密苏里妥协案》的合宪性问题,而且,如果大法官麦克林和柯蒂斯没有在反对意见中表达他们想调查这一问题的意图的话,它本来也不会涉及这个问题。麦克林是一位活跃的共和党总统候选人,因此郝德认为他是罪魁祸首,尽管郝德更多的是指责柯蒂斯对麦克林的支持,因为柯蒂斯(郝德说)正在反奴隶制的新英格兰进行巩固地位的活动,他打算不久之后退休,到那里去作律师赚钱。麦克林当时狂热、雄心勃勃,而柯蒂斯则较可鄙,因为他的行为更是出于贪婪。所有这些关于动机的推断都纯粹是猜想,这种推断使我们对郝德的了解比对法官们的了解还要多。然而,假设郝德正确,也就是说,如果没有麦克林和柯蒂斯的反对,假设尼尔森大法官的判决理由会

成为联邦最高法院的判决理由,那么,我们就要问一问,一个像
林肯那样真正关注奴隶制全国化的通情达理的人,是否仍会提
出反对意见(正如麦克林和柯蒂斯那样)。

郝德写道:

> 尼尔森的判决理由——如果不是麦克林和柯蒂斯
> 反对的话,会成为联邦最高法院的判决理由——认为,
> 当奴隶回到蓄奴州时,其身份得由该州法院来决定。
> 1850年,联邦最高法院已在斯特拉德诉格拉汉姆
> (Strader v. Graham)案中,以全体一致的判决意见决
> 定了这个问题。无论《1787年法令》和[442]《1820年
> 妥协案》的效力如何,它们都没有域外的拘束力。斯科
> 特是奴隶,因为密苏里最高法官已经判决他是个奴隶。
> 下级法院的判决因此应被确认。这是联邦最高法院作
> 出的唯一让人尊重的判决意见。这一判决意见不仅在
> 法律上正确,而且也是对自由州最有利的判决。它将
> 自由州从实行蓄奴州法律的义务中解脱出来,使自由
> 州仅受《宪法》逃奴条款的约束。

之所以断言尼尔森的判决意见"在法律上正确",郝德是基
于斯特拉德诉格拉汉姆案判决的合理性,以及所涉诸法律问题
的同质性。我们可以简要讨论一下,这一先例中的判决是怎样
一个正确法。郝德展示了尼尔森的判决意见是如何使用类比
的:"正如尼尔森指出的那样,如果对伊利诺州法律的适当尊敬
要求密苏里州实施那些法律的话,那么对密苏里州的适当尊敬
也要求伊利诺州实施密苏里州的法律,这样一来,斯科特在伊利
诺州就不会是自由的。"但是,这一推理显然是基于自由州法律

和奴隶州法律平等的假设——而这是密苏里州最高法院1852年所否决的八个先例中从也不曾做出的假设！然而,对眼下目的来说更重要的是,斯特拉德诉格拉汉姆案不同于斯科特诉桑佛德案。在前一个案例中,奴隶穿过肯塔基去俄亥俄,而俄亥俄是一个处于联邦禁令之下的自由州而非准州。斯特拉德案中的原告说,《西北土地法令》已使俄亥俄河以北的土地永久地成了自由土地,但法院驳回了这种说法,并裁决旧有法令在采纳《宪法》之后已被另一部法律所取代,而且在俄亥俄成为州之后,那另一部法律又被各州平等的原则取代了。法院在1850年案例中做出的真正判决是,当奴隶回到肯塔基之后,俄亥俄州法律的域外拘束力是一个州与州之间礼貌承让的问题,而非联邦最高法院裁夺的问题。这与斯科特案相差甚远,因为斯科特不仅在自由州伊利诺伊被当作奴隶(像俄亥俄州一样,该州原来也受《西北土地法令》管辖),而且在奴隶制已被1820年《密苏里妥协案》所禁止的威斯康星准州也当过两年奴隶。这涉及的是不同的问题,即联邦法律和州法律之间的关系问题,因此与1850年案件中州法律对抗州法律的问题不同。[443]郝德所举的先例完全是失败的。如果把斯科特案等同于斯特拉德案,这就相当于旧瓶装新酒。它可能避免坦尼的判决在北方所引起的风暴,这是郝德和所有修正主义者所殷切希望的。但它可能因此对反奴隶制事业带来更大危险。让我们来看看为何如此。

正如我们已经讨论过的,郝德认为,当1852年密苏里州最高法院以二比一票数反对斯科特判决后,他们实际上"推翻了八个有利于斯科特的先例,理由是'时代变了',阻碍交还逃亡奴隶的自由州拒绝承认蓄奴州的法律。"时代的确变了,因为过去蓄奴州法院曾不止一次遵守《1787年法令》和《密苏里妥协案》。但在密苏里州最高法院的那个判决背后,是整个1850年的艰苦

争执。我们在上面已经详细证明,《1850 年妥协案》在一些重要
方面根本就没有妥协,因为国会在争议最大的问题上(国会对准
州中奴隶制问题的权力)没有作任何表态,而是把这个问题推给
了合众国最高法院。我们也已经看到,《堪萨斯－内布拉斯加法
案》尽管废除了 1820 年《密苏里妥协案》第八款,但《堪萨斯－内
布拉斯加法案》在这个问题上也没有定论,因为它表面上把对奴
隶制的所有决定权都给了准州立法机构,但实际上却说所有这
些权力"必须服从……《宪法》",并因此让合众国最高法院来决
定,到底《宪法》允许准州立法机构享有多少权力。既然准州立法
机构的权力来自国会,那它显然不可能拥有国会没有的权力,因
此国会权力问题和准州立法机构的权力问题就是同一个问题。

原来,尼尔森的判决意见只是想小心翼翼地暗中实现坦尼
的判决意见,这就容易明白为什么迈克林和柯蒂斯可能会将整
件事公开了。郝德断言尼尔森"在法律上正确",这很荒唐,除非
郝德打算相信——但实际他并不相信——《密苏里妥协案》实际
上违宪。尼尔森的判决意见与坦尼的判决意见一样——用林肯
的话来说——都产生了这样的效果,即它们裁定,"一个黑人在
自由州[444][或自由准州]中实际上当过奴隶,是否就会使这个
黑人——违反他的主人的意愿——变成自由人,联邦的法院将
不会对此做出裁决,而会把这个问题留给奴隶主强迫黑人进入
的那个蓄奴州的法院去裁决。"确实,尼尔森的判决意见并不公
开否定密苏里法律。但是,如果我们还记得《宪法》的至上条
款——根据这一条款,当州法律与有效的联邦法律产生冲突时,
优先适用联邦法律——我们就不能怀疑这是一个含蓄的否决。
麦克林肯定比郝德教授更了解他的同僚的想法,他很可能也无
法打消这一疑虑。如果麦克林确实强行推动了这个问题,那是
因为他知道,联邦最高法院的多数法官打算要打倒国会或准州

立法机构在准州中禁止奴隶制的任何努力，并且他确信，民主党的奴隶制势力的策略之意义——即把准州中奴隶制法律地位的秘密交给合众国最高法院去裁决——到了应该被整个国家了解的时候了。

　　郝德为坦尼、麦克林和柯蒂斯的判决意见受政治影响感到惋惜。然而，一旦国会把美国历史上最重要的政治问题交给联邦最高法院，那么这种情况就不可避免。自从"威尔莫但书"引起骚动以来，奴隶制势力在众议院中已经弱至谷底，而在参议院中却强达顶峰。只要弱势总统和强势南方参议员能使联邦最高法院倾向南方，那么在准州问题上南方就会处于有利地位。自由土地支持者只能依靠让支持自由土地的总统当权的政党，因为这样的总统将任命支持自由土地的法官。尼尔森实际上准备否定1820年《密苏里妥协案》，这可以从他随后对坦尼判决意见的支持中看出来。确实，尼尔森和坦尼是在玩一场不折不扣的政党游戏，麦克林也一定看到了这一点。谁如果在今天还看不到这一点，就一定是个瞎子。郝德教授发现，麦克林是一个雄心勃勃的政治家，而坦尼的行动仅是出于"责任上的错觉"而非"任何对奴隶制的偏袒"。或许如此；或许坦尼从来没有希望，那位来自同党的总统这么快就在咨文中向国会高呼："我们的法定最高司法裁判机构已经庄严宣判，根据《合众国宪法》，奴隶制可以在堪萨斯存在。职是之故，与佐治亚或南卡罗来纳一样，堪萨斯是蓄奴州。"

图书在版编目(CIP)数据

分裂之家危机：对林肯—道格拉斯论辩中诸问题的阐
释/(美)雅法著；韩锐译，赵雪纲校. —上海：华东师范大学出版
社,2007.9
(西方传统　经典与解释)
ISBN 978－7－5617－5494－8

I.分... II.①雅...②韩...③赵... III.林肯,A.(1809～1865)－
政治哲学—研究 IV.D0

中国版本图书馆 CIP 数据核字(2007)第 108393 号

上海六点文化传播有限公司
企划人　倪为国

丛书主编/刘小枫
特约编辑/吴雅凌
美术编辑/吴正亚

西方传统　经典与解释

分裂之家危机——对林肯-道格拉斯论辩中诸问题的阐释
[美]雅法著　韩锐译　赵雪纲校
统　　筹　储德天
责任编辑　审校部编辑工作组
责任制作　李　瑾
出版发行　华东师范大学出版社
社　　址　上海市中山北路 3663 号　　邮编　200062
电　　话　021－62450163 转各部　　行政传真：021－62572105
网　　址　www.ecnupress.com.cn　　www.hdsdbook.com.cn
市 场 部　传真 021－62869887　021－62602316
邮购零售　电话 021－62869887　021－54340188
印 刷 者　上海华成印刷装帧有限公司
开　　本　890 x 1240 1/32
插　　页　2
印　　张　17.25
字　　数　350 千字
版　　次　2007 年 9 月第 1 版
印　　次　2007 年 9 月第 1 次
书　　号　ISBN 978－7－5617－5494－8/D·125
定　　价　39.80 元
出 版 人　朱杰人

(如发现本版图书有印订质量问题,请寄回本社市场部调换或电话 021－62865537 联系)